本書爲中國香港特別行政區研究資助局優配研究金 (General Research Fund) 支持之"王念孫、王引之稿本、抄本、校本研究計劃" (442113)、"新見王念孫《荀子》校本、王引之《經義述聞》稿本研究計劃" (14616819) 之成果。

王念孫稿抄校本研究

張錦少 著

上海古籍出版社

圖書在版編目(CIP)數據

王念孫稿抄校本研究 / 張錦少著. —上海：上海古籍出版社，2022.10
ISBN 978-7-5732-0425-7

Ⅰ.①王… Ⅱ.①張… Ⅲ.①經學—訓詁—研究②經學—文字學—研究 Ⅳ.①Z126.2②H131.6

中國版本圖書館 CIP 數據核字(2022)第 165761 號

王念孫稿抄校本研究
張錦少　著
上海古籍出版社出版發行
(上海市閔行區號景路 159 弄 1-5 號 A 座 5F　郵政編碼 201101)
(1) 網址：www.guji.com.cn
(2) E-mail：guji1@guji.com.cn
(3) 易文網網址：www.ewen.co
常熟人民印刷廠印刷
開本 635×965　1/16　印張 21.25　插頁 6　字數 305,000
2022 年 10 月第 1 版　2022 年 10 月第 1 次印刷
ISBN 978-7-5732-0425-7
Ⅰ·3651　定價：98.00 元
如有質量問題,請與承印公司聯繫

《詩經群經楚辭合韻譜》手稿　　　　　《西漢合韻譜》手稿

《古音義索隱》手稿　　　　　《〈劉端臨遺書〉序》手稿

（見《二王文稿》）

《方言疏證補》王國維抄本

《山海經》校本

《管子》校本　　　　　　　　　《荀子》校本

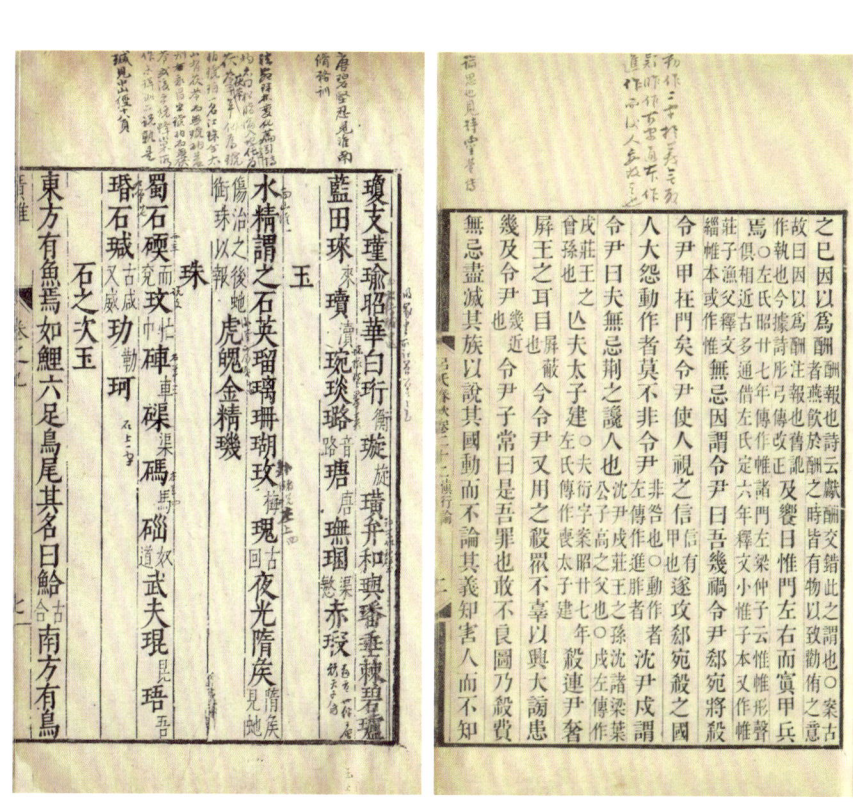

《廣雅》校本　　　　《吕氏春秋》校本

目　錄

第一章　近二十年高郵二王稿抄校本的發現與研究 ... 1
　一、引言 ... 1
　二、高郵二王稿抄校本的流傳、發現、研究 ... 4
　　（一）二王友朋之間流通 ... 4
　　（二）二王子孫整理刊行 ... 6
　　（三）二王稿抄校本漸次散出 ... 8
　　（四）羅振玉、王國維首開風氣 ... 9
　　（五）從私藏到公藏 ... 11
　　（六）二王稿抄校本研究復興 ... 14
　三、近二十年所見二王稿抄校本的内容 ... 17
　四、二王稿抄校本的價值 ... 26
　　（一）王念孫的合韻研究 ... 27
　　（二）二王的古籍校釋 ... 33
　　（三）二王著作權的爭議 ... 41
　五、結語 ... 50

第二章　北京大學藏王念孫《合韻譜》手稿新繹 ... 53
　一、引言 ... 53
　二、入藏前王國維對手稿的校理考實 ... 56
　　（一）王國維與高郵王氏的結緣 ... 56
　　（二）王國維對手稿的校理 ... 58

（三）《高郵王懷祖先生訓詁音韻書稿序錄》的撰作與內容 60
三、入藏後陸宗達對手稿的校理考實 64
　　　（一）手稿入藏北京大學的經過 64
　　　（二）陸宗達對手稿的校理 66
　　　（三）"國立北京大學所藏王念孫手稿影存"計劃 69
四、從手稿看王念孫的古韻分部 71
　　　（一）王念孫"初析古韻十七部"說辨正 71
　　　（二）手稿所見"古韻二十一部"及"古韻二十二部"考實 76
　　　（三）《合韻譜》手稿研究概述 80
五、從《合韻譜》手稿看王念孫的"合韻"說 86
　　　（一）"合韻"說的提出 86
　　　（二）《合韻譜》輯錄文例的標準 90
　　　（三）《合韻譜》編排文例的體例 93
　　　（四）《合韻譜》二韻通合文例數量統計 94
　　　（五）王念孫"合韻"說的特色與局限 98
六、結語 131

第三章　中國國家圖書館藏王念孫《方言疏證補》王國維抄本相關故實考論 136

一、引言 136
二、《方言疏證補》抄本考實 138
　　　（一）王國維謄清《方言疏證補》的時間 138
　　　（二）《方言疏證補》抄本的實態 140
　　　（三）《方言疏證補》抄本所見王國維校語 141
三、王念孫撰作《方言疏證補》考實 144
　　　（一）從《方言》校本到《方言疏證補》 144
　　　（二）《方言疏證補》草稿寫作時間考論 151
　　　（三）草稿與清稿的差異 153

四、《方言疏證》與《方言疏證補》關係考實 157
　（一）《方言疏證補》草稿對《方言疏證》的取捨 157
　（二）求是與尊師之間的取捨與《廣雅疏證》的撰作 164
五、《重校方言》與《方言疏證補》關係考實 170
　（一）戴震、盧文弨校勘理念的差異 174
　（二）《方言疏證補》所見王念孫的校勘理念 176
　（三）《重校方言》暗襲王念孫説考略 181
六、結語 184

第四章　王念孫古籍校本研究綜論 187
一、引言 187
二、校本存佚的現況 189
三、校本真偽的鑒定 193
四、校本材料的過錄 200
五、校本的整理與研究 209
　（一）校本的内容以校勘與訓詁爲主 209
　（二）校本與《讀書雜志》的比較研究 222
　（三）校本與二王著作權公案的研究 234
六、結語 245

第五章　王念孫的校勘成果及其屬性
　　　　——從胡適《校勘學方法論》説起 249
一、引言 249
二、校勘作爲一門科學 251
　（一）胡適對校勘性質的看法 252
　（二）胡適校勘思想的時代背景 253
　（三）陳垣與胡適對理校的不同看法 257
三、理校的屬性 259

（一）西方校勘學理論對理校屬性的討論 ... 259
　　（二）理校是科學 ... 262
　　（三）科學是思想 ... 266
四、王念孫理校的屬性 ... 272
　　（一）歸納例證,發明條例 ... 272
　　（二）類比推理,質量兼顧 ... 280
五、從出土文獻看王念孫的古籍校釋 ... 286
六、結語 ... 294

引用及主要參考文獻 ... 297

後　記 ... 333

第一章　近二十年高郵二王稿抄校本的發現與研究

一、引　言

　　王念孫(1744—1832)、王引之(1766—1834)是清代乾嘉時期的重要學者,合稱"高郵王氏父子"、"高郵王氏"或"高郵二王"。王念孫,字懷祖,號石臞,江蘇高郵人。清乾隆九年(1744)生,道光十二年(1832)卒。自幼聰穎好學,年十歲而十三經誦畢,旁涉史籍。十三歲,其父王安國(1694—1757)延請碩儒戴震(1724—1777)爲念孫師,奠定了王念孫的古學根基。乾隆四十年(1775)會試中式,殿試二甲第七名進士。及第後回鄉,謝絶人事,獨居湖濱精舍,一心著述,窮搜博采四年有餘。三十七歲始入都供職翰林院,此後歷任工部主事、郎中,陝西道監察御史,吏科給事中,山東運河道,直隸永定河道。王念孫有子二人,名爲引之、敬之(1778—1856),其中以王引之最能傳其古學。王引之,字伯申,號曼卿。乾隆三十一年(1766)生,道光十四年(1834)卒。引之聰慧過人,嗜好讀書。十八歲入國子監,並侍父受讀。乾隆六十年(1795)應順天鄉試,以官生中式第十九名。嘉慶四年(1799)試禮部中式,殿試一甲第三名進士,授翰林院編修。祖孫鼎甲三代,傳爲一時佳話。歷任河南學政、大理寺卿、都察院左副都御史、禮部侍郎、工部尚書。王引之秉承父教,文字、音韻、訓詁之學,一脈相傳。王念孫所撰《廣雅疏證》、《讀書雜志》與王引之所撰《經義述聞》、《經傳釋詞》,並稱爲"高郵王氏四種"。

　　過去研究王氏之學的論著長期局限在"高郵王氏四種"等幾部已經成書的刻本上,成果雖多,却較難有突破。王國維(1877—1927)在《最近二三十年中中國新發見之學問》一文裏説:"古來新學問起,大都由於新發見。"①學術研究的創新藉由新的方法和材料帶動,而方法的創新又往往建基於新材料的發現。而材料的新,指的是其被發現以前不爲人知或者未經整理與研究,不爲時地、數量、形式、載體所限,因此"殷虚甲骨文字"、"漢晉木簡"、"六朝及唐人寫本書卷"、"元明以來書籍檔册"②以至"文字之外的各種有關考古資料"③皆在其列。至於庋藏各地圖書館善本書庫的稿抄校本,特別是名家手寫、批校、迻録、傳抄的本子,更是彌足珍貴的新材料。王氏父子篤學好古,精博淹通,其學術觀點與研究實績除了以刻本傳世以外,尚有以稿本、校本的形式保留下來,當中與王念孫相關的材料不僅數量多,涉及的古學領域也相當廣。筆者曾以古籍研究爲例,指出存世王念孫校治古籍的成果有三類:

> 其一是刻本,即《廣雅疏證》、《讀書雜志》、《經義述聞》、《經傳釋詞》,並稱"高郵王氏四種"。刻本的内容基本上是王氏研究相關古籍的總結,前二書屬王氏的代表作,後二書雖屬王引之所作,但書中也徵引了大量王氏校讀古籍的見解。
>
> 其二是稿本,即王氏已經寫成但未經刊印成書的札記,後來爲其他學者整理出版,包括羅振玉在 1922 年將"於藏文簡父子手稿之江君購得叢稿"排印而成的《高郵王氏遺書》及李宗焜在 2000 年將臺灣"中研院"傅斯年圖書館所藏王氏父子手稿影印而成的《高郵王氏父子手稿》。
>
> 其三是校本,即王念孫校讀古籍時在原書隨文删訂衍訛、增補闕文、訓解詞句的批校。④

王氏爲學既廣且勤,嘉慶十五年(1810)六十七歲休致後更終日以讀書爲

---

① 王國維:《最近二三十年中中國新發見之學問》,《學衡》1925 年第 45 期,述學,第 1 頁。
② 王國維:《最近二三十年中中國新發見之學問》,述學,第 1 頁。
③ 裘錫圭:《古代文史研究新探》,江蘇古籍出版社 1992 年版,第 33 頁。
④ 張錦少:《王念孫古籍校本研究》,上海古籍出版社 2014 年版,第 2 頁。

樂,以著述爲常,加上得享耆壽,因此學術成果豐碩。王引之幼承庭訓,克紹家學,專攻群經、小學,亦不無創獲。上述三類材料不僅呈現了王氏父子校治古籍的過程,還包括了兩人不同時期在音韻、訓詁、文字等方面的發明。此外,作爲清代乾嘉考據之學的一座高峰,王氏手澤所存片言隻字,子孫後學無不視若拱璧,迻錄傳抄。王引之幼子王壽同(1805—1853)①在蒐葺寫校父祖存稿上更是不遺餘力,現藏北京大學圖書館的《觀其自養齋爐餘錄》以及臺灣傅斯年圖書館的"高郵王氏父子論音韻文稿",保存了少量王壽同整理二王遺稿時的抄本。② 民國以後,王國維協助羅振玉(1866—1940)校理"於藏文簡父子手稿之江君購得叢稿",期間部分謄寫叢稿的抄本後來入藏中國國家圖書館。③ 因此,除了稿本、校本外,名家的抄本也是刻本以外研究王氏之學的重要原始材料。

　　1922年,羅振玉從由北京江氏購得的一箱王氏叢稿中,選取可以繕寫的遺稿重新排版,收入《高郵王氏遺書》印行。此後十數年間,以北京爲中心的學術圈,掀起了收藏、整理二王遺文遺稿的風氣,可惜後來無以爲繼,戛然而止。直至2000年,李宗焜輯校影印出版臺灣"中研院"傅斯年圖書館所藏二王手稿,爲學界提供了《遺書》以外另一批難能可貴的新材料。此後關於二王稿抄校本不斷有新的發現,特別是新近的二十年。從研究方法言,二王之學的論著數量再多,範圍再廣,如果沒有參照這些原始材料,顯然無法對父子二人的學術實績、演變、局限等作比較全面的評價。而在這百年之間,二王稿抄校本的流傳與發現的情況如何?近二十年新發現的材料具體有哪些?其學術價值又體現在哪些方面?這些問題迄今尚無一個比較宏觀的學術史解答。

　　筆者在2010、2013、2019年先後獲香港特區政府研究資助局(The Research Grants Council)撥款資助,開展全面整理與研究二王稿抄校本

---

① 案:據《子蘭府君行狀》所記,王壽同生於嘉慶九年十二月二十三日,即公元1805年1月23日。卒於咸豐二年十二月初四,即公元1853年1月12日。見王恩錫、王恩炳:《子蘭府君行狀》,收入羅振玉輯印《高郵王氏遺書》,江蘇古籍出版社2000年版,第53頁。
② 張錦少:《北京大學所藏高郵王氏手稿的流布與現狀考實》,《中國文化研究所學報》2021年第73期,第83—85頁。
③ 張錦少:《中國國家圖書館藏王念孫〈方言疏證補〉殘稿王國維鈔本研究》,《經學文獻研究集刊》第21輯,上海書店出版社2019年版,第167—168頁。

的計劃,迄今共收集到四十七種稿抄校本,本書是筆者近年研究這些新材料的成果。中國傳統學問講求辨章學術,考鏡源流。因此在開展本書各章討論前,需要對新近二十年筆者知見所及的二王稿抄校本做一個鳥瞰式的回顧,並以此作爲後文各章的綱目與張本。準此,本章之撰,以筆者收集到的二王稿抄校本爲基礎,首先梳理這百年之間,王氏稿抄校本流布的歷史脈絡,輔以書影以呈現其實貌。又以個案研究的形式,從王念孫的合韻研究、二王的古籍校釋、二王著作權的爭議三個方面,總結這些新材料,特別是數量最多的王念孫手寫稿草、古籍批校等在如實反映王氏之學形成過程中獨一無二的版本學、文獻學、史料學價值。

二、高郵二王稿抄校本的流傳、發現、研究

王氏父子兩人爲學既精且勤,特別是王念孫,舉凡經、史、子、集、文字、音韻、訓詁,無不深究,且多有專論。因此,除了二王在世之時已經刊刻成書的"高郵王氏四種"**刻本**外,兩人尚有爲數甚多的遺文遺稿存世,這包括二王學術著作的**稿本**(包括手稿、清稿),學者傳抄二王著作的**抄本**以及二王在校讀古書時隨文批校批注的**校本**等。考百年之間二王稿抄校本的流傳、發現、研究,大致經過以下幾個階段:

(一) 二王友朋之間流通

二王在世之時,即以平日研治所得求正於友朋。① 臺灣傅斯年圖書館藏有王念孫《呂氏春秋》校本一函四冊,當中夾附了五十七條陳昌齊②墨書

---

① 案:清代學者之間常以所校之書參互對校,有時候更會抄錄所校以遺朋友,如郭沫若撰寫《管子集校》時,曾從潘景鄭處借得陳奐《管子》校本,據郭氏所記,此校本原爲王念孫藏書,郭氏云:"此本即鈔自墨寶堂本,並經陳奐手校,校錄以遺高郵王氏,有鈐印可證。"見潘景鄭:《著硯樓讀書記》,遼寧教育出版社 2002 年版,第 310 頁。
② 陳昌齊,字賓臣,一字觀樓,廣東海康(今雷州市)人。《清史稿》卷三百六十二、《清史列傳》卷七十五有傳。《碑傳集》卷八十七《浙江温處道陳公昌齊傳》云:"乾隆乙酉[引注:三十年,1765]拔貢生;庚寅[引注:三十五年,1770]領鄉薦,明年成進士,入翰林,充三通、四庫館纂修官。"見錢儀吉等纂:《清代碑傳全集》,上海古籍出版社 1987 年版,第 444 頁。

的紙簽。例如《吕氏春秋·召類》:"禍福之所自來,衆人以爲命,焉不知其所由。"校本有陳氏浮簽云:"昌齊案:前《應同篇》作'衆人以爲命,安知其所',《注》云:'不知其所由也。'此以'雨'、'影'、'所'爲韻,不當於'所'下著'由'字,疑'不'字、'由'字皆因前《注》而衍。"王念孫在同一條浮簽裏加案曰:"念孫案:正文本作'焉知其所',下'不知其所由'五字,乃是《注》文。今本作'焉不知其所由'者,正文脱去'知其所'三字,而《注》内'不知其所由'五字又誤入正文耳。"(參見圖一)考陳氏著有《吕氏春秋正誤》,也徵引了五條王氏校本裏的校語,這證明王念孫當日曾將校本見示陳昌齊,陳氏以紙簽條陳己見,同時抄録王氏的批改校語。①

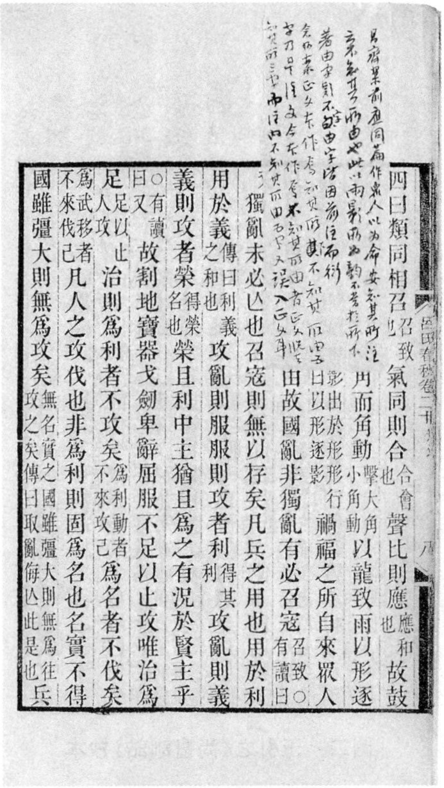
四曰類同相召召致氣同則合合會也聲比則應應和也故鼓
角而角動擊大角小角動以龍致雨以形逐
影影出於形形行曰以形逐影禍福之所自來衆人
由故國亂非獨亂有必召寇召致有讀曰〇
獨亂未必亾也召寇則無以存矣凡兵之用也用於利
用於義傳曰利義之和也攻亂則服服則攻者利得其利攻亂則義
義則攻者榮得榮名也榮且利中主猶且爲之有況於賢主乎
〇有讀曰又故割地寶器戈劍卑辭屈服不足以止攻唯治爲
足足以止人攻治則爲利者不攻矣爲利動者不來攻己爲名者不伐矣
爲武移者不來伐己凡人之攻伐也非爲利則固爲名也名實不得
國雖彊大則無爲攻矣無名實之國雖彊大則無爲往攻之矣傳曰取亂侮亾此是也兵

圖一　《吕氏春秋》校本

乾隆五十三年(1788)王念孫致書劉台拱(1751—1805),提及自己研究《方言》的情況:

> 去年夏秋間欲作《方言疏證補》,已而中止。念孫己亥年(引案:乾隆四十四年,1779)曾有《方言》校本,庚子(引案:乾隆四十五年,1780)携入都,皆爲丁君小雅録去。②

---

① 具體考證詳參張錦少《王念孫古籍校本研究》,第139—144頁。

② 王念孫:《王石臞先生遺文》,收入羅振玉輯印《高郵王氏遺書》,卷四,第152頁下。

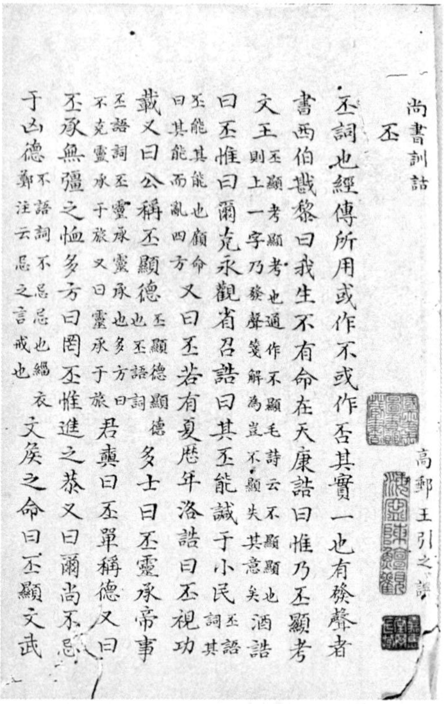
尚書訓詁　高郵王引之譔
丕
丕詞也經傳所用或作不或作否其實一也有發聲者
書西伯戡黎曰我生不有命在天康誥曰惟乃丕顯考
文王丕顯考顯考也通作不顯毛詩云不顯顯也則上一字乃發聲箋解爲豈不顯失其意矣酒誥
曰丕惟曰爾克永觀省召誥曰其丕能誠于小民丕語詞其
丕能其能也顧命曰其能而亂四方又曰丕若有夏歷年洛誥曰丕視功
載又曰公稱丕顯德丕顯德顯德也丕語詞多士曰丕靈承帝事
丕語詞丕靈承靈承也多方曰不克靈承于旅又曰靈承于旅君奭曰丕單稱德又曰
丕承無疆之恤多方曰罔丕惟進之恭又曰爾尚不忌
于凶德不語詞不忌忌也緇衣鄭注云忌之言戒也文侯之命曰丕顯文武

圖二　王引之《尚書訓詁》抄本

丁小雅又名丁小山，即乾隆時期著名校勘學家丁杰（1738—1807）。王氏提及的《方言》校本現藏上海圖書館，當中有少量王氏抄録丁氏的校語，可見兩人當日曾互通校勘《方言》的意見。又例如王引之在乾隆五十五年（1790）入都侍親期間，紬繹《尚書》虚詞，寫成《尚書訓詁》一卷，並曾録呈翁方綱（1733—1818），而稿本亦在學者間傳抄收藏。《“國家”圖書館善本書志初稿・經部・書類》有“尚書訓詁”一條，書録云：“《尚書訓詁》一卷一册，清嘉慶間鈔本，清王引之撰。……封面左方有段玉裁題‘王伯申説尚書訓詁一卷’，下小字雙行‘茂堂/題籤’。”①抄本原件首頁爲封面，第二頁鈐有“海寧陳鱣觀”印，證明此本曾經段玉裁（1735—1815）、陳鱣（1753—1817）寓目（參見圖二）。

（二）二王子孫整理刊行

二王稿抄校本最初應該是以上述這種友朋私人之間的方式流通。直至王念孫在道光十二年（1832）去世，王引之、王敬之整理亡父遺稿時，始把部分内容付梓，這包括王引之從遺稿檢出的二百六十餘條未見載於《雜志》的札記，因“恐其久而散失，無以遺後學”，於是刻爲《餘編》兩卷，附於

① “國家”圖書館特藏組編：《“國家”圖書館善本書志初稿・經部》，“國家”圖書館出版中心（臺北）1996 年版，第 65 頁。

《雜志》全書之後。① 而王敬之則在道光十四年整理出王念孫在乾隆三十二年(1767)二十四歲時所作古詩二十首，彙爲《丁亥詩鈔》一卷。據《子蘭府君行狀》所記，其後二王未刊行的遺稿主要由王引之幼子王壽同整理刊布：

> 曾王父(引案：王念孫)有《廣雅疏證補遺》一册，未訂之作也，府君(引案：王壽同)謹集成之。《釋大》一書，府君力求其解而爲説以示後學。又手輯三世遺文，梓將成而黄郡失守，版毁於兵。②

王壽同在咸豐二年十二月初四③武昌城陷時殉國，已經付梓的三世遺文④也因此"版毁於兵"。

王壽同除了致力於輯校刊刻外，更整理校讀了父祖的遺文遺稿。李宗焜指出，現藏臺灣傅斯年圖書館的二王手稿中"偶有'同按'的夾簽，則是王引之的四子王壽同的批注"，又"書眉偶或有'已録，恩炳記'的題記，恩炳爲壽同第三子"，因此"雖然主要是王念孫、王引之的手稿，但校讀、抄録等，實際上包含了王家幾代人的心血"。⑤ 此説還可以在北京大學所藏的手稿裹得到印證。手稿中有一册王國維命名爲《雅詁雜纂》的材料，首頁有夾簽曰："按此乃聲轉同義之字，訓詁本於聲音，於此可見。祖父分寫有見字、精照，則亦按字母而分也。又按《釋大》即此義也。"(參見圖三[1])參照手稿裹其他夾簽⑥(參見圖三[2])，此條亦當出自王壽同之手，其校讀父祖遺稿的心得更是散見於《觀其自養齋燼餘録》。例如卷二有"釋大"一篇，序論王念孫《釋大》的内容與體例等問題，並提到《釋大》稿本是在"庚

---

① 《讀書雜志餘編目録》後有王引之道光十二年四月所寫的識語，王氏云："先子病没，敬檢遺稿十種而外，猶有手訂二百六十餘條，恐其久而散失，無以遺後學，謹刻爲《餘編》二卷，以附於全書之後。"王念孫：《讀書雜志》，志餘目録，第1頁下。
② 王恩錫、王恩炳：《子蘭府君行狀》，收入羅振玉輯印《高郵王氏遺書》，第52頁下—53頁上。
③ 王恩錫、王恩炳：《子蘭府君行狀》，收入羅振玉輯印《高郵王氏遺書》，第53頁上。
④ 指王安國、王念孫、王引之三人之遺文。
⑤ 李宗焜：《景印解説高郵王氏父子手稿》，"中研院"歷史語言研究所2000年版，第4頁。
⑥ 例如《諧聲譜》有夾簽曰："壽同案：束字：帝加一點，祢加二點。案：《説文》'帝'從'束'聲，故加一點；'祢'從'帝'聲，故加二點，此孳乳浸多之義也。謹記于此，以後照此例遍攷之。"

戌(引案:道光三十年,1850)冬十月,啓篋出之,屬張廷甫大令錄而付梓",且"欲輯凡例數則,以明著書之旨"。《子蘭府君行狀》亦言王壽同對《釋大》"力求其解而爲説,以示後學"。可惜的是,由王壽同輯校整理的二王遺稿在他生前都没有梓行。咸豐七年(1857),王引之孫王恩泰、王恩沛①才重新抒集先祖遺文,輯刻《高郵王氏家集》四種十九卷補遺一卷,②可惜流布不廣。

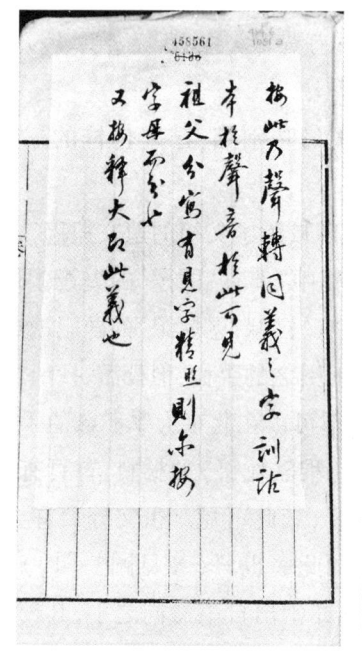

[1]《雅詁雜纂》王壽同夾簽

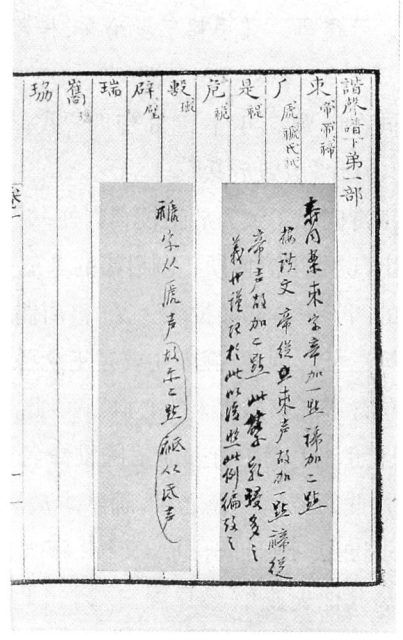

[2]《諧聲譜》王壽同夾簽

圖三

(三) 二王稿抄校本漸次散出

二王遺文遺稿一開始由王氏子孫搜集整理,現藏各地圖書館的二王

---

① 王恩泰爲王引之長子王壽昌之子,王恩沛爲王引之次子王彦和之子。
② 指王安國、王念孫、王引之、王壽同四人之遺文,包括《王文肅公遺文》一卷補遺一卷、《王光禄遺文集》六卷、《王文簡公遺集》八卷、《王壽昌文集》四卷。

稿校本絕大多數就是由王氏後人漸次散出的。例如上海圖書館的王念孫《管子》校本，最初由江蘇藏書家宋焜(1889—1955)購得，宋氏叙其購藏經過時，提到自己在民國初年①經過高郵，"懷祖先生裔孫持趙刻《管子》求售。披閱之下，獲見懷祖先生校勘手迹，至再至三，丹墨滿紙"，②於是傾貲斧以歸之。又現藏中國國家圖書館的《山海經》校本原爲盛昱(1850—1900)所藏，費念慈(1855—1905)在光緒十七年(1891)曾向盛氏借讀校臨，並在校本封面記曰："光緒十七年二月既望，從伯羲(引案：指盛昱)前輩假讀，用明吳琯本校臨一過。"可見校本最晚在光緒年間已由王氏後人出售。

像《管子》、《山海經》校本這種我們可以掌握其流傳情況的材料屬於少數，但咸豐以後至民國初年這五十幾年間，二王遺文遺稿陸續由王氏後人散出並由不同藏書家購藏，應屬合理的推測。劉盼遂(1896—1966)在《高郵王氏父子年譜》附《著述考》中提到二王有十數種校本，據劉氏稱述，這些校本部分已經散佚，保留下來的都是以私人收藏的形式保存，如《山海經》校本"舊藏盛昱意園，今歸上海涵芬樓"，③《經典釋文》校本"見藏蕭山朱氏"。④ 又有"藏鹽城孫氏"、"藏新會陳氏"、"藏北平莊氏"、⑤"東莞倫氏藏"、"藏江陰繆氏"的二王遺文遺稿等。⑥

(四) 羅振玉、王國維首開風氣

不過論數量之多，影響之大，當推羅振玉在 1922 年"於藏文簡父子

---

① 據宋焜《靜思軒藏書記》所記，宋氏購得王念孫《管子》校本是在"癸丑春仲，擬游京滬，過秦郵"之時，即民國二年(1913)。

② 案：校本原件有宋氏手書題跋記述購藏經過曰："民國初元，于役秦郵，懷祖先生裔孫持趙刻《管子》求售。披閱之下，獲見懷祖先生校勘手迹，至再至三，丹墨滿紙。復釋要簽出，猶加改竄，始刻入《讀書雜志》中，視此本什一而已。余既遘此重寶，傾囊中五百金歸之。其人欣喜過堂，而不知余之愉快殆將與此書共垂不朽云。山陽宋焜識於秦郵客舍。(原注：《平津館藏書記》有此書款，爲書賈剜去，尚不知爲趙刻也。焜識。)"題識前又有"首頁云：'凡據宋本校者，以藍色別之。'今以《四部叢刊》影宋本比勘，良信"數語，當係補筆。

③ 劉盼遂：《高郵王氏父子年譜》，收入羅振玉輯印《高郵王氏遺書》，附錄，第66頁下。

④ 劉盼遂：《高郵王氏父子年譜》，收入羅振玉輯印《高郵王氏遺書》，附錄，第67頁下。

⑤ 王念孫著，劉盼遂輯校：《王石臞文集補編》，收入羅振玉輯印《高郵王氏遺書》，附錄，第3頁下、4頁下、12頁上。

⑥ 王引之著，劉盼遂輯校：《王伯申文集補編》，收入羅振玉輯印《高郵王氏遺書》，卷上，附錄，第26頁上、下。

手稿之江君購得叢稿一箱"。① 羅氏其後請王國維將部分王氏父子未刊手稿寫定,並在1925年整理出版,這就是高郵王氏四種以外,流布最廣的《高郵王氏遺書》。這一箱手稿裏,羅氏輯印的學術著作只有三種,分別是《方言疏證補》、《釋大》、《毛詩群經楚辭古韻譜》,至於"其他未寫定之遺稿,以韻書爲多"。二王遺稿的刊刻不始於羅氏,但自《遺書》刊行以後,補遺之作不輟,包括1936年劉盼遂輯校的二王文集補編、1996年北京大學輯印的《王念孫手稿》、②2000年李宗焜編撰的《景印解説高郵王氏父子手稿》、2014年筆者編撰的《王念孫古籍校本研究》與《王念孫〈韓非子〉校本集證》、2019年舒懷等輯校的《高郵二王合集》、2021年劉玉才及陳紅彥主編的《國家圖書館藏未刊稿叢書》影印出版稿本《經義述聞》等。羅振玉輯印的《高郵王氏遺書》可以説爲後來者起了示範的作用,至於在探研工作上起承前啓後作用的是王國維。

　　1923年,王國維在《國學季刊》發表《高郵王懷祖先生訓詁音韻書稿序録》一文,③臚列細目,闡明各種書稿的要旨。《高郵王氏遺書》的輯印雖然繫名於羅振玉,但書稿的實際"整理繕寫"者是王國維。例如現藏中國國家圖書館的《方言疏證補》抄本是王國維在1924年分兩次從王念孫的草稿以及清稿裏謄抄整合出來的,《遺書》即據抄本排印。④ 自此以後,二王的這些新材料逐漸爲學界所知悉,而當時以北京爲中心的學術圈,陸續有學者如陸宗達(1905—1988)、許維遹(1900—1950)、周祖謨(1914—1995)、劉盼遂等對這些新材料做了整理研究。

---

① 羅振玉:《〈高郵王氏遺書〉目録後記》,見《高郵王氏遺書》,目録,第1頁。
② 收録在《北京大學圖書館藏稿本叢書》第5册。佘彥焱、柳向春曾考證此《王念孫手稿》當係王壽同所著而整理者誤作王念孫手稿,當更名爲《觀其自養齋爐餘録》,見氏著《〈王念孫手稿〉辨誤》,《圖書館雜誌》2005年第5期,第79—80頁。後來李宗焜進一步指出,《王念孫手稿》其實有兩種,一是編者誤題的《觀其自養齋爐餘録》,另一種是編者題爲"王念孫撰"的《讀書雜志補遺》,後者"凡案語有名字者,均稱'引之案'",與《讀書雜志》引王引之説法例稱"引之曰"不同。見氏著《景印解説高郵王氏父子手稿》,第34頁。
③ 見《國學季刊》1923年第1卷第3期。又見王國維:《觀堂集林》,收入《王國維遺書》,第1册,卷八,上海書店1996年版,第433—442頁。
④ 張錦少:《中國國家圖書館藏王念孫〈方言疏證補〉殘稿王國維鈔本研究》,《經學文獻研究集刊》,第21輯,第167—168頁。

1932年，在北京大學中文系任教預科國文課的陸宗達，在《國學季刊》發表了《王石臞先生〈韻譜〉〈合韻譜〉遺稿跋》，其後又有《王石臞先生〈韻譜〉〈合韻譜〉稿後記》，二文是陸氏整理北大從羅振玉處購得未刻的王氏遺稿後所寫的介紹。① 1935年，任教於清華大學的許維遹出版《呂氏春秋集釋》，作爲清華大學古籍整理叢刊之一。該書彙匯集了八十種前人校勘訓釋《呂氏春秋》的論著，其中首次引用王念孫的《呂氏春秋》校本。同年，就讀於北京大學的周祖謨以北大中文系系主任羅常培（1899—1958）迻錄陳垣（1880—1971）所藏的《廣雅疏證》手稿三卷參校刻本後，撰寫了《讀王氏〈廣雅疏證〉手稿後記》一文。② 1936年，王國維在清華大學國學研究院的學生劉盼遂輯校出版"段王學五種"，其中與二王相關的是《王石臞文集補編》、《王伯申先生文集補編》、《高郵王氏父子年譜》，前二者是《高郵王氏遺書》的補遺，而《年譜》附有《著述考》，當中劉氏運用到王國維整理的叢稿且有更進一步的研究，例如指出《釋大》清稿本"中有子蘭（引案：王壽同）所加案語，知今本出子蘭之手"。又補充了叢稿裏尚有"《古音索隱》、《雅音釋》、《逸周書穆天子傳戰國策合韻譜》、《諧聲表》四種"，劉氏認爲是王國維"或當時校理未竟，因致闕漏"。《著述考》同時透露了更多有關二王稿抄校本的存佚信息。③

（五）從私藏到公藏

二王遺文遺稿經過幾代學人的努力，陸續刊刻公布，而原件則因爲中國近代新式圖書館的建置而多由私藏變爲公藏，分散各地。④ 例如羅振玉購自北平江氏的一箱手稿，部分在1930年售予了北京大學，⑤保留至

---

① 見《國學季刊》1932年第3卷第1期。又見陸宗達：《陸宗達語言學論文集》，北京師範大學出版社1996年版，第1—44頁。
② 見周祖謨：《問學集》，中華書局1966年版，第889—893頁。
③ 見劉盼遂：《高郵王氏父子年譜》，收入羅振玉輯印《高郵王氏遺書》，附錄，第65、67頁。
④ 其中中國國家圖書館、北京大學圖書館、上海圖書館以及臺灣傅斯年圖書館的收藏尤爲可觀。
⑤ 陸宗達《王石臞先生〈韻譜〉〈合韻譜〉遺稿跋》曰："前歲（引案：1930）北京大學從羅氏購得未刻之稿，都若干册。"見氏著《陸宗達語言學論文集》，第2頁。

今。筆者在 2012 年對北大所藏的這批手稿進行調查和整理時發現，共有手稿六十六册，其中一册是段玉裁《古十七部諧聲表》抄本，非王氏所撰，故不計入王氏手稿之中，因此北大所藏王氏手稿實際上共有六十五册，其中撰者爲王念孫的手稿共五十七册，王引之的手稿一册，王壽同的手稿三册，王恩錫的手寫清稿四册。① 王壽同、王恩錫的七册《觀其自養齋爐餘録》已經收録在《北京大學圖書館藏稿本叢書》中出版。其他尚未出版的手稿由於部分原稿並無標題，筆者參照王國維《高郵王懷祖先生訓詁音韻書稿序録》、劉盼遂《高郵王氏父子年譜》"乾隆四十一年"條所記目録，則《詩經群經楚辭合韻譜》、《西漢韻譜》、《西漢合韻譜》、《諧聲譜》、《疊韻轉語》、《雅詁雜纂》等俱在。又例如上海圖書館藏有三種二王古籍校本，分別是明萬曆十年（1582）趙用賢（1535—1596）刻本《管子》、明萬曆三十一年（1603）胡文焕刻本《方言》、清乾隆五十一年（1786）謝墉（1719—1795）刻本《荀子》。前揭《管子》校本後來由葉景葵（1874—1949）收藏，《卷盦書跋》有著録。② 《荀子》校本卷首鈐有"武林葉氏藏書印"、"合衆圖書館藏書印"、"上海圖書館藏"三印，知此本亦係葉氏舊藏。而據《中國古籍稿鈔校本圖録》所記，《方言》校本係"潘景鄭舊藏"。③ 可見這些二王校本原是葉、潘兩人的私人藏書。④

由私藏到公藏不僅是收藏形式的改變，而且是學術資源面向公衆開放的重要標誌。但從二十世紀三十年代以後，二王稿抄校本的整理與研究却在很長的一段時間裏停滯不前。這固然有其歷史因素，但更

---

① 詳參張錦少：《北京大學所藏高郵王氏手稿的流布與現狀考實》，《中國文化研究所學報》2021 年第 73 期，第 103 頁。
② 葉景葵著，顧廷龍編：《卷盦書跋》，收入《中國歷代書目題跋叢書》，上海古籍出版社 2006 年版，第 84—85 頁。
③ 《中國古籍稿鈔校本圖録》收録了《方言》校本書影兩幀，題解云："此帙王氏取校《説郛》本《方言》，並以《爾雅疏》、《玉篇》、《廣雅》諸書參校，間或引丁杰之説。潘景鄭舊藏。"見陳先行等編：《中國古籍稿鈔校本圖録》，上海書店出版社 2000 年版，第 738 頁。
④ 1939 年，葉景葵、張元濟、陳陶遺等人發起成立私立的合衆圖書館，並延請北平燕京大學圖書館的顧廷龍南下籌辦。顧氏《〈卷盦書跋〉後記》曰："先生（引案：葉景葵）晚年適丁喪亂，目睹江南藏書紛紛流散，文化遺産之淪胥，輒焉心傷，遂發願創設文史專門圖書館，捐書捐貲，乃克有成。命名曰合衆，蓋寓衆擎易舉之意，即今之上海市歷史文獻圖書館是也。"（《卷盦書跋》，書末頁，無頁碼）二王校本應該在葉景葵捐書之列。1945 年，顧氏婦弟潘景鄭亦將藏書捐出，而"上海市歷史文獻圖書館"在 1958 年 10 月，與上海圖書館、上海市科學技術圖書館、上海市報刊圖書館合併成爲上海圖書館，集中了各館原來的藏書。

重要的是這些材料因爲文物價值高,反而成爲了各地圖書館的善本珍藏,借閱不易,甚至因爲各種原因不予借閱,限制了相關的研究。此外,二王治學肆力勤,用心專,往往數易其稿,陸宗達就指出北大所藏王念孫"韻學之稿凡數十册,穿穴百家,排批彙類,莫不旁行斜上,細字朱箋",①驗諸原件則知陸氏洵非虛言。二王的材料,特别是稿本、校本,大多蠅頭小楷,批校處處,有時更是行草夾雜,辨認困難。因此釋讀文字、抄錄批校成爲研究這些材料第一個也是最耗時間與目力的工作。過去私人藏書,即使無法像羅振玉般輯印刊行,公諸同好,却也可以在友儕間流通。整理者有原件在手,可以反覆核對,例如王國維前後用時三個月把一萬五千多字的《方言疏證補》的草稿、清稿整理繕寫完畢。許維遹撰作《吕氏春秋集釋》時,將所見《吕氏春秋》校本其中近三百處的批校散載全書。據劉盼遂所記,校本是傅斯年(1896—1950)所藏,②因此許氏是從傅氏處借抄校本的。1960年傅斯年圖書館建成,傅夫人俞大綵(1904—1990)捐贈傅氏藏書1 200餘册,校本即在其中,可惜其後原件一直藏在書庫,反而乏人問津。直至2008年,筆者始從該館借得校本,結果發現許維遹所引有小部分與校本原件文字稍異的地方,亦有許氏易字引用校本的情況,更重要的是筆者發現校本原有156條校改、校語並未見載於《集釋》。③

近年隨着電子科技發展日趨成熟,各地圖書館陸續把館藏善本拍照或掃描供讀者在館内的電腦上閱覽,少數圖書館更透過互聯網將電子資源公開,如中國國家圖書館2016年9月起將近兩萬部古籍電子本,在該館綫上"中華古籍資源庫"(http://read.nlc.cn/thematDataSearch/toGujiIndex)上發布,大大促進了古籍善本的普及與研究,當中包括了新近上綫的《經義述聞》稿本和《山海經》校本。善本電子化是在學術公器與文物保護之間取得的平衡,筆者期待有更多的圖書館加入綫上免費發布平臺,充分發揮學術公器的價值。

---

① 陸宗達:《陸宗達語言學論文集》,第44頁。
② 劉盼遂:《高郵王氏父子年譜》,收入羅振玉輯印《高郵王氏遺書》,附録,第66頁。
③ 詳見張錦少:《王念孫古籍校本研究》,第131—135頁。

(六) 二王稿抄校本研究復興

2000 年李宗焜對傅斯年圖書館藏的十七册二王手稿做了整理,重新釐定篇題、次序、作者等,編撰出版了《景印解説高郵王氏父子手稿》。書中以黑白形式影印手稿原件,各篇皆有解題及釋文,可以説是繼踵羅、王而有所突破,也標誌着久藏書庫的二王遺文遺稿重見天日。其後兩岸三地陸續有整理成果,公布的新材料增多,而且有别於過去以稿本爲主,校本、抄本漸爲學者重視。以《景印解説高郵王氏父子手稿》的出版計起,二王稿抄校本的研究大致可以 2009 年作爲分水嶺,此前相關論著並不多見,許華峰 2000 年發表《王引之〈尚書訓詁〉的訓詁方法》,首次公布了王氏《尚書訓詁》抄本,該文收録在蔣秋華主編《乾嘉學者的治經方法》上册。2006 年華學誠整理了《方言》校本,並在《文史》第 1 輯發表《王念孫手校明本〈方言〉的初步研究》,以附録形式摘抄了 172 處王氏校勘《方言》的文字。

2009 年臺灣學者蔡根祥在《經學研究集刊》第 6 期發表《中研院史語所藏王念孫論經義函手稿之再議及研探》,是繼李宗焜後對傅斯年圖書館所藏王氏手稿的專論。筆者則在 2009—2012 年間先後發表王念孫《方言》、《吕氏春秋》、《管子》、《韓非子》校本的研究論文(以上詳參書末參考文獻),配合書影公布了校本原件的實貌,評騭王氏校治群籍的實績,同時利用校本、《尚書訓詁》抄本以及傅斯年圖書館所藏《廣雅疏證·釋草》殘稿,對二王著作權的問題重新考實。相關成果在 2014 年以專著《王念孫古籍校本研究》出版,從材料、方法、觀念,突破了傳統以"高郵王氏四種"爲主的二王之學的研究,引起了學界對此課題的關注。①

2015 年開始,學界對二王新材料的關注由校本回歸稿本,並以中國

---

① 如李宗焜的《王念孫批校本〈吕氏春秋〉後案》因筆者公布的《吕氏春秋》校本,對王引之"著作"問題提出新的證據,載復旦大學出土文獻與古文字研究中心編:《出土文獻與傳世典籍的詮釋:紀念譚樸森先生逝世兩週年國際學術研討會論文集》,上海古籍出版社 2010 年版,第 495—503 頁。虞萬里的《〈經義述聞〉整理本序》、《〈讀書雜志〉整理本序》引用了筆者公布的校本材料作爲證據之一,詳考王氏四種的撰作歷程與作者問題。見王引之著,虞思徵等校點《經義述聞》,上海古籍出版社 2016 年版;王念孫著,徐煒君等校點《讀書雜志》,上海古籍出版社 2017 年版。趙永磊的《〈讀書雜志〉稱引王引之學説探源——〈經義述聞〉疑案考實》則詳細回應了筆者對二王著作權問題的研究,見《漢學研究》2016 年第 34 卷第 2 期,第 207—244 頁。

國家圖書館與北京大學所藏稿本爲主。2015 年,虞萬里的《〈讀書雜志〉"補遺"殘稿校理》由殘稿得到啓發,提出從王氏四種中"案"與"曰"術語與體式切入,梳理王氏父子著作所有權的問題,是具方法學意義的新嘗試。筆者的《從北京大學圖書館藏王念孫〈合韻譜〉手稿看其合韻理論的得失》則利用北大所藏《合韻譜》考察了王氏合韻理論構成的經過。2016 年,趙永磊的《王念孫"古韻二十二部"形成源流考》利用北大所藏的四十三册《韻譜》、《合韻譜》考證王念孫古韻二十二部的形成過程。趙曉慶在2017—2019 年間先後發表了四篇與北大所藏王氏手稿相關的論文,對王氏手稿流傳經過、學術價值做了考證與論述,並從當中的《合韻譜》及《疊韻轉語》考論王念孫的古音系統,成果相當可觀。但筆者以 2012 年從北大抄錄及影存的手稿原件材料比對,①發現趙氏所據部分材料與原件不符,結論也有值得商榷之處。筆者因此在 2021 年發表《北京大學所藏高郵王氏手稿的流布與現狀考實》,重新考證手稿入藏北大的經過與原件的現狀。

值得一提的是,作爲香港高郵王氏之學研究中心的香港中文大學,在近二十年的二王新材料的發掘與研究上發揮了積極的推動作用。香港中文大學在二十世紀六七十年代創校伊始,在周法高、劉殿爵兩位教授的帶領下,奠定了研究王氏之學的傳統。1973 年,時任英國倫敦大學中文講座教授的劉殿爵教授向港中大李卓敏校長提出《廣雅疏證》標點計劃,李校長於是委任周法高教授爲召集人,並由研究生范國、陸中石兩位先生以及筆者業師陳雄根教授擔任編纂工作。1978 年,港中大禮聘劉教授出任中文系講座教授,《廣雅疏證》新式標點及索引工作亦告完成,②相繼出版《廣雅疏證:新式標點》四册、《廣雅疏證引書索引》③一册,在當時是首創。雄根師其後在劉教授指導下完成博士論文《從〈廣雅疏證〉看王念孫

---

① 北大從 2014 年開始不提供手稿原件借閱,改爲在館內電腦閱覽手稿圖檔,但此圖檔有重複缺頁、次序顛倒的問題。本書所論以筆者在 2012—2013 年多次親自赴館借抄影存的手稿原件爲據。
② 何志華:《研思精微 學術典範:劉殿爵教授生平概述》,《中國文化研究所學報》2010 年第 51 期,第 9 頁。
③ 《廣雅疏證引書索引》由范國、陳雄根、陸中石、莊富良四人編纂。

的聲轉理論及其實踐》,1989年出版《讀書雜志資料便檢》,以字及詞爲單位將《雜志》中散見的文字訓釋、通用、異體、古音等材料分條輯錄,同條共貫。① 而劉教授傾注半生的《淮南子韻讀及校勘》亦在2012年出版,是書繼踵王念孫之業,除了校勘外,還補訂了《淮南子韻譜》的脫漏,可謂後出轉精之作。爲了紀念劉教授在先秦兩漢古籍研究上的貢獻,港中大在2011年將前身爲成立於1988年的"漢達文庫"的"中國古籍研究中心",冠名爲"劉殿爵中國古籍研究中心"。研究中心在過去三十多年裏,先後在劉教授與何志華教授兩位主任的擘劃下,出版了一系列先秦兩漢古籍逐字索引、漢達古籍研究叢書等,可以說是以現代學術研究的方法,繼承並發揚二王周秦兩漢典籍校釋的工作。

在二王研究項目上,雄根師與筆者在2005年獲研究資助局資助,開展"《經義述聞》、《讀書雜志》研究計劃",對二書所見假借字、同源字、古今字、異體字、文字訓釋校勘、特殊讀音等材進行比較研究。2010年,筆者與雄根師再獲研資局優配研究金(General Research Fund)撥款,開展"新見王念孫古籍校本研究"計劃,是首個對現存各地圖書館所藏王氏批校古籍進行普查、收集、研究的項目。計劃的成果除了見於《王念孫古籍校本研究》一書,更以"王念孫古籍校本集證"爲題,收入港中大文化研究所劉殿爵古籍研究中心"漢達古籍研究叢書"出版系列。目前已經出版《王念孫〈韓非子〉校本集證》,《王念孫〈荀子〉校本集證》亦即將出版。筆者其後在2013、2019年獲研究資助局資助開展了"王念孫、王引之稿本、抄本、校本研究計劃"、"新見王念孫《荀子》校本、王引之《經義述聞》稿本研究計劃",②陸續公布筆者從各地圖書館親自發掘、整理、研究的二王新材料。本書即是以上計劃所得的最新成果,而"王念孫合韻譜校證"專題亦已收入"漢達古籍研究叢書"出版系列。計劃部分所得的材料、書影、論文亦適時在計劃網頁(www.wangniansun.hk)上發布,爲學界提供極具學術價值的新材料,解決目前有關王氏之學在研究材料上的局限問題。在

---

① 沈明謙、鄭誼慧:《從語言跨界的探尋者——香港中文大學陳雄根教授》,《國文天地》2011年第317期,第105—109頁。
② 以上計劃如果沒有研究資助局的資助是無法開展的,筆者謹致萬分的謝意。

2016—2021 年間,香港中文大學中文系共有五篇與二王新材料研究相關的博士碩士論文。① 其中彭展賜近年在其博士論文《〈經義述聞〉研究》的基礎上,②以國圖所藏《經義述聞》稿本、校本、校補本,仔細比勘《述聞》各種刻本在內容上的損益,嘗試還原各條目付刻前的面貌、王引之編撰工作的實態,從而釐清父子兩人,特別是王引之對《述聞》中學術觀點之發明、補充及推演等實質貢獻,並以《左傳》、《周易》爲例分别發表《高郵王氏父子〈左傳〉校勘與訓詁傳承探論》、《王氏父子〈周易〉論説比較研究》,突破以往王氏父子合論的框架,對王引之個人治學特點的揭櫫尤有助益。

三、近二十年所見二王稿抄校本的内容

2002 年筆者首次發現上海圖書館所藏的王念孫《方言》校本,其後接續開展了三個研究計劃,對各地圖書館所藏二王著作的稿本、抄本以及經二王批校過的古籍校本等材料進行普查,編製目録,確定館藏地點,並到館實地目驗原件,迻録材料,拍攝書影,然後將材料輸入電腦,建立"二王稿抄校本資料庫",參校考覈,比勘探研。二十年間收集並整理所得稿本

---

① 例如周慧儀利用北大所藏《雅詁雜纂》、《詩經雜纂》、《韻譜》、《合韻譜》等材料,探討了王念孫《爾雅》研究中的聲訓原理、詞義觀念及科學化的研究方法,見氏著《從王念孫對〈爾雅〉首三篇的研究看其轉音、義原理的構建與實踐》,香港中文大學哲學碩士論文,2017 年;韋澤輝利用臺灣"國家"圖書館所藏《尚書訓詁》比對《經傳釋詞》、《經義述聞》,從王引之虛詞研究的角度,爲《述聞》與《釋詞》的著作權問題提供了新的證據,見氏著《王引之〈經義述聞〉探微》,香港中文大學哲學碩士論文,2018 年;曾向鑒比對了上海圖書館所藏《荀子》校本與《讀荀子雜志》,發現《雜志》多出的內容不少屬於王念孫對《荀子》文意和學理的闡發,反思王氏《荀》學前後期在校勘與義理之間的取捨,見氏著《王念孫〈讀荀子雜志〉新論》,香港中文大學哲學碩士論文,2021 年;黃慶榮以《左傳述聞》爲例,比勘中國國家圖書館《經義述聞》不同版本之間的內容變化,發現王引之從"述聞於父"的撰作角色逐步轉變爲《左傳述聞》的主要作者,從一手材料具體考見了王氏《左傳》學的演變,同時釐清《述聞》著作權的問題,見氏著《王引之〈左傳述聞〉研究》,香港中文大學哲學碩士論文,2021 年。
② 彭展賜通過利用新見二王稿本、校本,重新梳理《經義述聞》的版本沿革,嘗試突破以往父子合論,實際以父代子的二王研究視角,以期更全面了解是書之早期面貌和撰作情況,"動態"觀照書中學術觀點的形成、發展歷程。文中整理、考察了過去爲學者所忽略,現藏中國國家圖書館的《經義述聞》三種批校稿本——"稿本"、"校本"及"校補本",比對各稿本與刻本內容上之損益,力求逼視條目付刻前原貌、王引之編撰工作實態,填補以往研究之空白,釐清父子二人,特別是王引之對條目中學術觀點之發明、補充及推演等實質貢獻,作爲下文進一步發掘王引之治學特點的基礎。見氏著《〈經義述聞〉研究》,香港中文大學哲學博士論文,2016 年。

三十二種、抄本兩種、校本十三種，合共四十七種。茲將這四十七種二王新材料按稿本、抄本、校本的題名及藏館表列如下，然後歸納其內容。

著　　目	藏　館
一、稿本	
（1）三十二卷本《經義述聞》 （2）不分卷本《經義述聞》 （3）不分卷本《經義述聞》（存《爾雅述聞》一至五、《太歲考》上下） （4）《周秦名字解詁》 （5）《讀書雜志》（存《讀漢書雜志》卷六至卷十、《讀墨子雜志》卷一至卷六） （6）《二王文稿》①	中國國家圖書館
（7）《周秦諸子韻譜》 （8）《楚辭韻譜》 （9）《文選韻譜》 （10）《淮南子韻譜》 （11）《易林韻譜》 （12）《史記漢書韻譜》 （13）《詩經群經楚辭合韻譜》 （14）《周秦諸子合韻譜》 （15）《逸周書穆天子傳戰國策合韻譜》 （16）《西漢合韻譜》 （17）《楚辭合韻譜》 （18）《文選合韻譜》 （19）《素問新語易林合韻譜》 （20）《易林通韻譜》 （21）《史記漢書合韻譜》 （22）《雅詁雜纂》 （23）《爾雅分韻》 （24）《方言廣雅小爾雅分韻》 （25）《諧聲譜》 （26）《古音義索隱》 （27）《疊韻轉語》	北京大學圖書館

---

①　現藏中國國家圖書館的《二王文稿》，原著錄作"王石臞先生文稿"，實則收錄的是王念孫、王引之的文稿，因此本書定名爲"二王文稿"。

續 表

著　　目	藏　館
(28)《雅詁表》初稿① (29)《讀書雜稿》 (30)《詩經雜纂》② (31)《讀書雜志補遺》	北京大學圖書館
(32)《廣雅疏證》殘稿(存《釋草》一卷)	傅斯年圖書館
二、抄本	
(33)《方言疏證補》殘稿王國維抄本	中國國家圖書館
(34)《王念孫論音韻文稿》抄本③	傅斯年圖書館
三、校本	
(35)《晏子春秋》校本 (36)《韓非子》校本 (37)《山海經》校本 (38)《楚辭章句》校本	中國國家圖書館
(39)《方言》校本 (40)《管子》校本 (41)《荀子》校本	上海圖書館
(42)《焦氏易林》校本	南京圖書館
(43)《孫子》校本 (44)《北堂書鈔》校本	"國家"圖書館(臺北)
(45)《廣雅》校本 (46)《吕氏春秋》校本 (47)《風俗通義》校本	傅斯年圖書館

①　《高郵王懷祖先生訓詁音韻書稿序錄》曰："以《爾雅》建首字爲次，僅成《釋詁》之半，乃前書[引案：指二十一册《雅詁表》]之初稿。"(第522頁)此處增"初稿"二字以區分二十一册《雅詁表》。又二十一册《雅詁表》今已不存。

②　王國維、劉盼遂皆未提及此稿。原件無題，稿内取64個詞建首，然後纂輯《詩》句，故今名爲"詩經雜纂"。

③　現藏傅斯年圖書館的《王念孫論音韻文稿》，原著録作"高郵王氏父子論音韻文稿"，實則收録的是王念孫所著九篇與古韻研究相關的文稿、信札，因此本書定名爲"王念孫論音韻文稿"。

需要説明的是,筆者收集材料的原則是在避免重複的情況下盡力求全求真。原件在開展計劃以前已經影印或排印出版的則不再收錄,例如王引之《尚書訓詁》已經由許華峰整理發表,傅斯年圖書館藏有的二王手稿已經由李宗焜影印出版,故只收集還没有出版的《王念孫論音韻文稿》抄本。但是如果原件只經學者介紹但具體内容没有公布,或者經學者轉載但内容不全面,則仍在筆者收集的範圍内。這有兩類材料,一類是北京大學圖書館藏有的十五種王念孫《韻譜》、《合韻譜》。陸宗達最先整理並有兩篇跋文闡述手稿的韻例以及其與王氏古音學構築的關係,提綱挈領,導乎先路。但限於篇幅,陸氏只擷取部分例子説明。又羅常培《漢魏晉南北朝韻部演變研究》附《淮南子》、《易林》韻譜,係作者根據王氏《韻譜》改編,並非原貌。因此筆者决定收集這批達一千五百多頁的古音手稿以求全。

另一類是三種古籍批校本,其一是經袁珂(1916—2001)載入《山海經校注》①的《山海經》校本,校本原有六百多處的批校,袁氏只轉引當中的一百六十一處,而且不少是以意撮引,與原件文字不盡相同。其二是經許維遹載入《吕氏春秋集釋》的《吕氏春秋》校本,校本原有四百二十七處校改、校語,許氏只引用了二百七十一處,且有少數易字引用校本的情況。如《蕩兵》:"國無刑罰則百姓之悟相侵也立見。"校本圈"悟"字,校語曰:"念孫案:'悟'字衍文,朱删之,是也。盧曲爲之説,非也。《治要》無'悟'字。"王氏案語針對畢沅(1730—1797)刻本於《蕩兵》此句下的校注,原注作:"朱本(引注:明末錢塘朱夢龍《吕氏春秋》刻本)於此書又删去'悟'字,輕改古書,最不可訓。"②案畢刻本《吕氏春秋》雖題名畢沅校刻,但主其事者實爲盧文弨(1717—1795)、梁玉繩(1745—1819),其中以盧氏用力最多。③ 王念孫認同朱夢龍删去"悟"字的做法,所以案語説"盧曲

---

① 袁珂:《山海經校注》,上海古籍出版社1980年版。
② 高誘注,畢沅校刻:《吕氏春秋》,《百部叢書集成》影印《經訓堂叢書》,藝文印書館1969年版,第2册,卷七,第3頁。
③ 案:梁玉繩《清白士集》卷十有《吕子校補》,其自序云:"今年(引注:乾隆五十三年,1788)春,畢秋帆尚書校刻《吕氏春秋》。余厠檢讎之末,而會其事者抱經盧先生也。"梁玉繩:《清白士集》,清嘉慶梁氏家刻本(現藏香港中文大學中國文化研究所參考圖書室),卷十,第1頁。

爲之説"。但《集釋》引録時却將王氏案語改爲"畢曲爲之説",①一字之差,指稱迥異。其三是經華學誠載入《王念孫手校明本〈方言〉的初步研究》中的《方言》校本,這一方面是筆者早於華文發表前已經有相關研究,②更重要的是校本原有二百九十六處批校,華文只附録了一百七十二處。例如《方言》卷一"凡土高且大謂之墳",校本有夾籤:"念孫按:'墳'字注'即大陵也','陵'字本作'防',俗儒改之耳。《爾雅·釋丘》:'墳,大防。'《詩·周南》:'遵彼汝墳。'《毛傳》:'墳,大防也。'是其證。俗儒不知'大防'所本,又以此文云'凡土而高且大者謂之墳',遂以'大陵'當之,不知'陵'與'墳'高卑懸絶,且'大陵'謂之'阿',不謂之'墳'也。"諸如此類重要的校改、校語均亟待補正以求真。

最後需要指出的是,2019年,舒懷、李旭東、魯一帆有見過去學者所輯二王遺文"傳布不廣,查檢不易;多未加整理,使用不便;囿於見聞,遺漏亦不免",於是"收録諸家所輯二王遺文,又從圖書館藏稿、叢書和清代學者著述中蒐出若干篇,並增補二王後人、友朋及後學與二王有關之文字",③輯校爲《高郵二王合集》一書,共三編六册,是迄今收録二王材料最多的資料彙編。《合集》甲編"王念孫文集"、乙編"王引之文集"皆有"考辨"一目,收録二王的稿本、抄本、校本達五十多種,當中轉引自諸家所輯二王遺文的佔多數,例如汪中(1745—1794)《大戴禮記正誤》王念孫校語據《清經解》本、《群經字類》據羅振玉《嘉草軒叢書》、《古韻譜》據嚴式誨(1890—1976)《音韻學叢書》、《古訓依聲》據李宗焜《高郵王氏父子手稿》録出等。④至於没有注明出處的則按理應該是整理者親自抄録的文字,例如《方言廣雅小爾雅分韻》,整理者指出"手稿藏北京大學,是《高郵王石臞先生手稿四種》之三。稿中加圓圈解釋語,用紅筆書寫。此據筆者

---

① 許維遹著,梁運華整理:《吕氏春秋集釋》,中華書局2015年版,第159頁。
② 筆者將初步研究成果收録在《從〈廣雅疏證〉看王念孫的〈方言〉學》,香港中文大學哲學碩士論文,2002年,第7—26頁。
③ 舒懷、李旭東、魯一帆輯校:《高郵二王合集》,上海古籍出版社2019年版,凡例,第1—2頁。
④ 分別見舒懷、李旭東、魯一帆輯校:《高郵二王合集》,第169、360、505、1612頁。

手抄謄正"。① 又例如《諧聲譜》殘稿,作者謂"此稿藏北京大學,是《高郵王石臞先生手稿四種》之四"。② 這兩種整理者自稱手抄謄正的手稿也見於筆者收集的四十七種材料之中,比對之下,筆者發現《合集》所錄並非全帙。例如《諧聲譜》原件共有兩冊,《合集》作者只抄錄了上冊的韻目,③下冊韻目以及上下冊韻目後最有學術價值,將近四十頁的諧聲字例悉數未錄。又《方言廣雅小爾雅分韻》一冊共一百四十多頁,《合集》只謄正了其中的一頁。④ 至於《合集》第一冊收錄的《管子》校本,據筆者逐條比對,發現與筆者已經公布的校錄有所重合。⑤ 由於《合集》存在各種問題,本書未加采用。

總括而言,筆者收集到的四十七種二王稿抄校本的內容主要有以下幾個特點:

第一,稿本、校本佔全部材料的九成半。校本比較容易理解,就是二王在古籍上的隨文批校。二王稿本的具體情況則較爲複雜,據陳先行、石菲對明清稿抄校本的研究,若全文爲作者親筆書寫者稱"手稿本";由他人謄錄復經作者親筆修改者稱"稿本";全文爲他人謄錄者則稱"清稿本"或"謄清稿本",如果由作者親自謄錄,當然亦稱"手稿本"。⑥ 按照這個標準,北京大學所藏的《韻譜》、《合韻譜》等材料以及中國國家圖書館所藏的《二王文稿》,都是二王的手稿本。而中國國家圖書館所藏的三種《經義述聞》(包括三十二卷清稿本、不分卷白口刻本混合清稿本,存《爾雅述聞》一至五及《太歲考》上下的不分卷黑口刻本混合清稿本)、《周秦名字解詁》刻本、存《讀漢書雜志》及《讀墨子雜志》的《讀書雜志》清稿本等,由於都有二王親筆的修改甚至重寫的文字,與純粹的清稿、刻本或由他人謄抄而未經二王審定的抄

---

① 舒懷、李旭東、魯一帆輯校:《高郵二王合集》,第366頁。
② 舒懷、李旭東、魯一帆輯校:《高郵二王合集》,第418頁。
③ 《合集》所錄上冊韻目亦有誤:(1)原稿第一部"冬宋"中間相隔一格,"宋"乃去聲,與"送"、"用"、"絳"同在一橫列。(2)原稿第九部爲"刪清諫","諫"《合集》誤植爲從言從束。(3)原稿第九部"仙獮綫"後尚有"分先　分銑　分霰",《合集》闕。
④ 原稿"挴"字,《合集》誤植爲"梅"。
⑤ 見舒懷、李旭東、魯一帆輯校:《高郵二王合集》,第169—254頁。關於《合集》襲用筆者的校錄,詳見本書第四章的考辨。
⑥ 陳先行、石菲:《明清稿抄校本鑒定》,上海古籍出版社2009年版,第8頁。

本不同，本書把這類材料與手稿統稱爲廣義的"稿本"。

第二，抄本只有兩種，其中一種是現藏中國國家圖書館的《方言疏證補》抄本，抄者爲王國維。另外一種是現藏傅斯年圖書館的《王念孫論音韻文稿》，原著錄作"高郵王氏父子論音韻文稿"，實則收錄的是王念孫所著九篇與古韻研究相關的文稿、信札，包括《古詩隨處有韻》、《答江晉三書》、《與江晉三書》、《簽江晉三古韻總論四條》、《與丁大令若士書》、《簽記宋小城〈諧聲補逸〉十四條》、《古韻廿一部》、《衿從令聲》、《地從也聲》等，又有三十三則討論古韻歸部的札記。此外，文稿中有《書朱夼〈詩經韻考〉後(己酉)》一篇，節錄王氏批校《詩經韻考》的案語。從筆跡來看，此册當係倩人的謄抄本，但有不少王壽同批校的痕跡。

第三，2002 年以前，學者公布的二王材料主要集中在稿本，雖然劉盼遂早在二十世紀三十年代就提到二王有數種古籍的校本存世，但是實態如何一直無從得知。校本是二王校讀古籍時在原書隨文删訂衍訛、增補闕文、訓解詞句的批校，是王氏校讀古籍的最初形態，沒有傳寫翻刻的舛訛，材料最爲可靠。校本也是王氏後來將讀書心得寫成札記，收入《廣雅疏證》、《讀書雜志》、《經義述聞》、《經傳釋詞》等專著的基礎。加上二王治學態度矜慎，校讀個別古籍往往經歷十數甚至數十載，反覆校勘，所以校本同時反映了二王校治個別古籍的過程。筆者發現的校本不僅數量多，而且絕大部分是新見的。

第四，古韻研究與古籍批校是兩大主要内容。前者體現在北京大學圖書館所藏的音韻手稿以及傅斯年圖書館所藏的音韻手稿抄本，後者則體現在十三種古籍校本上。當中王念孫的材料佔最多，即便是《經義述聞》稿本，也有不少王念孫的校語。而校本裏除了《北堂書鈔》是王引之所校，其他十二種校本都以王念孫的批校爲主。校本主要是王念孫對子部古籍的批校，當中有些校本的内容後來載入《讀書雜志》之中。例如嘉慶二十四年(1819)，王念孫從《管子》校本中上千條的批校裏，選取部分材料寫成札記，撰就《讀管子雜志》，全書共分十二卷，凡六百五十則。① 例如卷一

---

① 這 650 則包括卷一 53 則、卷二 58 則、卷三 57 則、卷四 46 則、卷五 59 則、卷六 57 則、卷七 52 則、卷八 50 則、卷九 61 則、卷十 57 則、卷十一 50 則、卷十二 50 則。

《形勢》"見與之交,幾於不親;見哀之役,幾於不結",①校本"交"旁有校記"友"(參見圖四[1]),《讀管子雜志》"見與之交　見哀之役"條即據校本曰:

> "見與之交",當從朱本作"見與之友",後《解》亦作"友"。(原注:隸書"交"字作"友",與"友"相似而誤。後《解》云"以此爲友則不親,以此爲交則不結",是此文上句作"友",下句作"佼"也。)"見哀之役","哀"與"愛"古字通,"役"當爲"佼"字之誤也。(原注:"役"字古文作"伇",與"佼"相似。)"佼"與"交"同,後《解》作"見愛之交"是其證也。②

又例如《荀子》卷一《勸學》:"君子曰:'學不可以已。青,取之於藍,而青於藍。'"校本天頭有校語曰(參見圖四[2]):

> 《埤雅》引此正作"出",《意林》作"出",《治要》作"取"。
> 《困學紀聞》十云建本"青出之藍",監本作"青取之於藍"。續《三王世家》〔引〕《傳》曰:"青采出於藍而質青於藍者,教使然也。"
> 《新論·崇學篇》:"青,出於藍而青於藍;冰,生於水而冷於水。"
> 《御覽·地部卅三》作"冰生於水而寒於水"。《百卉部三》引"青生於藍而青於藍"。《類聚·草部上》作"青出於藍"。

《讀荀子雜志》首條"取之於藍"即據校本而作。可見從校本到《雜志》,我們可以藉此考見王氏校治相關古籍的進程。

校本這些後來載入《雜志》之中的批校固然是王氏所認爲的"最要者",③但以王氏校治古籍的精審程度來考量的話,那些沒有收入《雜志》之中的材料,今天看來不少還是信實可從的。例如《管子》校本三百四十

---

① 黎翔鳳著,梁運華整理:《管子校注》,中華書局 2009 年版,第 56 頁。
② 王念孫:《讀書雜志》,志五之一,第 6 頁。
③ 王念孫:《讀書雜志》,志五序,第 1 頁下。

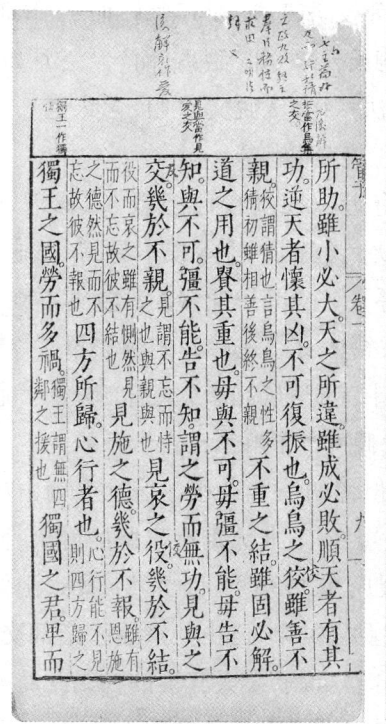

第一章　近二十年高郵二王稿抄校本的發現與研究　25

[1]《管子》校本 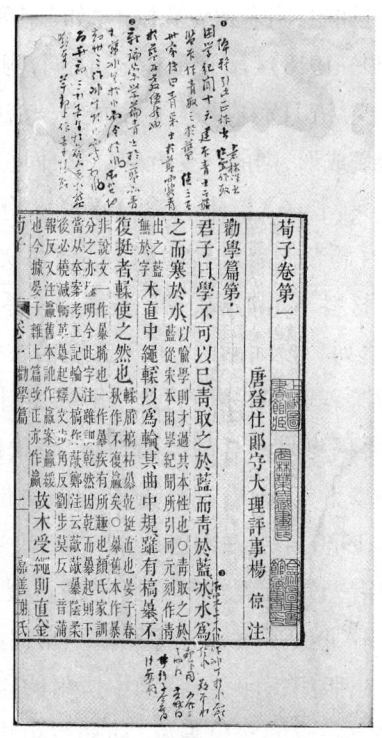　　　　[2]《荀子》校本

圖四

四條未見於《雜志》的材料中,不少是校釋《管子》中的虛詞,如卷七《大匡》:"桓公乃告諸侯,必足三年之食安,以其餘修兵革。"尹《注》:"有三年食,然後可安。"①校本校語曰:"'安'屬下讀,語詞也。""必足三年之食安"爲句顯然是語意不通的,當如王氏讀作"必足三年之食,安以其餘修兵革",言有三年之食,乃以其餘修兵革。考《經傳釋詞》"安"字條下,王引之云:"安,猶於是也、乃也、則也,字或作'案',或作'焉',其義一也。"並引《大匡》作"安以其餘修兵革",云:"尹知章以'安'字絶句,《注》曰:'有三年食,然後可安。'失之。此家大人説。"②又例如卷十四《水地》:

---

① 黎翔鳳著,梁運華整理:《管子校注》,第 364 頁。
② 王引之:《經傳釋詞》,卷二,第 6 頁下—7 頁上。

"三月如咀,咀者何?"①校本"如"字旁校語曰:"'如'讀爲'而'。"陶鴻慶(1859—1918)《讀管子札記》説同,陶氏云:"'如'讀爲'而','三月如咀'與下文'五月而成'、'十月而生'句法一律。《説文》'咀,含味也',言三月精氣成形,則能含受五味之氣,而生五藏也。"②

與《管子》校本、《荀子》校本有近六成批校已經載入《讀管子雜志》、《讀荀子雜志》相比,《呂氏春秋》、《韓非子》等校本見諸《雜志》之中的材料不足半成,《山海經》、《孫子》、《風俗通義》等書更不在《雜志》之列。換句話說,王念孫校治古籍的實績遠較我們過去單從"王氏四種"所認知的多而且廣。至於四十三冊的《韻譜》、《合韻譜》、《通韻譜》手稿更是難得的原始材料,讓我們可以了解王氏古音系統由二十一部到二十二部,由古無去聲到四聲俱備的演變過程。這批手稿由羅振玉在1930年左右轉售北京大學,短短幾年,北大即有出版的計劃,而主其事者乃著名語言學家羅常培。羅氏在1936年11月21日致函傅斯年,稱"北大所藏王念孫手稿經弟促動之結果,已由陸宗達手全部交出,即由出版組影印"。據函中所附的印行計劃,參與其事的皆爲當時或後來名重一時的文史專家,如初校由史鴻勉(1905—1985,字岫海),覆校由陸宗達(字穎明),末校由馬裕藻(1878—1945,字幼漁)、鄭奠(1896—1968,字石君)、魏建功(1901—1980,字益三)及羅氏(字莘田)本人負責。這一方面反映了北大慎重其事,一方面說明了王氏手稿的價值非同一般。③

四、二王稿抄校本的價值

陳寅恪(1890—1969)在《陳垣〈敦煌劫餘錄〉序》裏說:"一時代之學術,必有其新材料與新問題。取用此材料,以研求問題,則爲此時代學術

---

① 黎翔鳳著,梁運華整理:《管子校注》,第815頁。
② 引自郭沫若:《管子集校》,收入氏著《郭沫若全集(歷史篇)》,第6卷,人民文學出版社1984年版,第486頁。
③ 信函原件現藏傅斯年圖書館,承蒙臺灣政治大學中國文學系博士生呂偉豪先生協助向館方申請影印原件,謹致謝忱。

之新潮流。"①這段話用來説明二王稿抄校本的價值也是合適的,因爲二王稿抄校本的學術意義最先體現在其材料上的價值。王念孫、王引之的學術成就早有定論,其學術貢獻更可以説是跨時代的。"王氏四種"刊刻以來,澤被後學,研者不輟。單從文物價值來看,近二十年發現的這批二王材料已經是難能可貴,更重要的是二王手稿、批校甚至是他人迻録原稿的抄本,其作爲原始材料的學術價值是刻本無法媲美的。特別是稿本、校本屬於二王學術論著成書或學術觀點構築的最初形態,没有傳抄翻刻而出現人爲删改的問題,配合相關的刻本,可以如實反映二王治學從萌芽、形成、演變、發展、成形到定見的軌迹。以下從王念孫的合韻研究、二王的古籍校釋、二王著作權的爭議三個方面,舉例説明這批新材料在考徵王氏學術觀點的形成、"王氏四種"從雛型到定型的過程、二王學術面貌異同等方面的學術價值。

(一) 王念孫的合韻研究

筆者收集到的王念孫論韻材料相當豐富,當中以十五種共四十三册的《韻譜》、《合韻譜》手稿的份量最多,也最爲重要。王念孫治古韻之學始於少時,最初服膺顧炎武(1613—1682)《音學五書》。乾隆三十一年(1766)二十三歲入都會試之時,得見江永(1681—1762)《古韻標準》,始知顧氏所分十部尚有罅漏,取《詩》韻反覆尋繹後又知江氏之書仍有未盡,於是以己意重加編次,分古韻爲二十一部。乾隆四十五年(1780),王氏始得段玉裁《六書音均表》,書中分支、脂、之爲三,尤、侯分爲二,真、諄爲二與己見若合符節,②所謂"閉户造車,出而合轍"。③王國維指出清代"治古韻者,始於崑山顧君;至婺源江君,休寧戴君(引案:戴震),金壇段君,而剖析益精;比先生與曲阜孔君(引案:孔廣森,1751—1786)出,而此學乃大備"。又謂:

---

① 陳寅恪:《陳垣〈敦煌劫餘録〉序》,見劉夢溪主編《中國現代學術經典·陳寅恪卷》,河北教育出版社 2002 年版,第 855 頁。
② 王念孫:《答江晉三論韻學書》,收入羅振玉輯印《高郵王氏遺書》,第 156 頁。
③ 王國維:《高郵王懷祖先生訓詁音韻書稿序録》,《觀堂集林》,收入《王國維遺書》,第 1 册,卷八,第 440 頁。

顧五家之書先後行世,獨先生說,學者謹(引案:當爲"僅")從《經義述聞》卷三十一所載《古音(引案:當爲"韻")二十一部表》窺其崖略。今遺稿粲然出於百年之後,亦可謂學者之幸矣。①

洵哉斯言。王念孫曾自謂"潛心有年,於古韻既得其要領,於是取三百篇日夕讀之",②期間屢經改訂,且態度矜慎,除非確鑿無誤,否則不肯輕易示人。因此諸《譜》手稿面世以前,學者考論王氏古韻之學大抵只能以載於《經義述聞》中的《古韻廿一部表》爲據,以致羅振玉把《詩經群經楚辭韻譜》排印出版時,誤據《述聞》韻目將《韻譜》"質"、"月"易爲"祭"、"至",又四聲備載。後來陸宗達重新董理諸《譜》,即發現"羅氏未檢類目,遽以《述聞》成表冠之篇首,致使名實俱非,表裏各異"。③ 陸氏於是據所見十八册《韻譜》、二十五册《合韻譜》,④考訂王氏古韻分部由二十一部更别爲二十二部,由初從段氏無去聲之說,到宗孔氏無入聲之說,至晚年主古有四聲之說的過程。⑤ 陸氏指出:

《韻譜》成書,當在晚歲;譜中箋識,多與《讀書雜志》相關,如《雜志》訂《管子·心術篇》"耆欲充益","益"字當爲"盈"字之類,皆據諧韻以考其誤者,悉見譜中。又《韻譜》中改正誤字,每注"詳見《雜志》",由此可知《韻譜》之成,當在撰《雜志》時也。(原注:《雜志》蓋始於嘉慶庚午,成於道光辛卯。)而《合韻譜》之成,又在《韻譜》之後,故其條例既異,部居亦殊。蓋先生韻學至晚歲而有變也。⑥

---

① 王國維:《高郵王懷祖先生訓詁音韻書稿序録》,《觀堂集林》,收入《王國維遺書》,第1册,卷八,第439頁。
② 王引之:《經義述聞》,卷七,第30頁下。
③ 陸宗達:《陸宗達語言學論文集》,第12頁。
④ 《韻譜》之中尚有《詩經群經楚辭韻譜》一種,羅振玉已刻入《高郵王氏遺書》,故不在北大購自羅氏的王念孫手稿之中。但據陸宗達所述,《詩經群經楚辭韻譜》原稿當時尚在,且陸氏曾經目驗,惜今已不存,不知去向。
⑤ 陸宗達:《陸宗達語言學論文集》,第7頁。
⑥ 陸宗達:《陸宗達語言學論文集》,第2頁。

陸氏篳路藍縷,考述部目,闡明韻例,厥功至偉。但由於諸《譜》數量極多,陸氏只選取當中的《詩經群經楚辭合韻譜》排印發表。北大當年雖有印行手稿的計劃,可惜最終因爲1937年的七七事變而中止,其後又因戰亂幾經波折,手稿在1952年調歸北大圖書館收藏至今。

五十多年來手稿庋藏善本書庫,2012年8月,筆者首次到北大圖書館借閱陸氏當年整理過的舊稿,一年内多次往返京港,抄錄諸《譜》,並付費拍攝原件存檔,2015年首先公布九種《合韻譜》的整理成果。① 這九種《合韻譜》包括《詩經群經楚辭合韻譜》、《周秦諸子合韻譜》、《逸周書穆天子傳戰國策合韻譜》、《西漢合韻譜》、《楚辭合韻譜》、《文選合韻譜》、《素問新語易林合韻譜》、《易林通韻譜》、《史記漢書合韻譜》,其中《楚辭合韻譜》、《文選合韻譜》、《易林通韻譜》未立"冬"部,其他六種皆"東"、"冬"分立。如《易林通韻譜》分二十一部,而《素問新語易林合韻譜》同樣采《易林》韻字而分爲二十二部,可見諸《譜》寫作時間不同。道光元年(1821),王念孫致書江有誥(1773—1851),於孔廣森"東"、"冬"分立仍抱懷疑態度,②但同年在致丁履恒(1770—1832)的書中,已明言"向作酌定古韻凡廿二部",③且對丁氏采孔氏之説已無異議。準此,王氏從孔氏另立"冬"部而析古韻爲二十二部,當在道光元年。我們可以據此推斷《詩經群經楚辭合韻譜》等六種《合韻譜》應該寫在道光元年以後。"合韻"之説由段玉裁提出,陸宗達據嘉慶十六年(1811)王念孫箋識宋保《諧聲補逸》"有闡發'支'、'元'及'脂'、'幽'諸部相通之説"而推斷此年以後,王氏始有"合韻"之説。④ 因此《楚辭合韻譜》、《文選合韻譜》、《易林通韻譜》等三種《合韻譜》應當寫在嘉慶十六年至道光元年這十年之間。

王念孫持"合韻"之説雖然晚於段氏,但在博稽群書,推闡段説後,能够實事求是,因而其"合韻"之見更爲融通。陸宗達指出《合韻譜》

---

① 張錦少:《從北京大學圖書館藏王念孫〈合韻譜〉手稿看其合韻理論的得失》,2015年8月首爾漢陽大學第23届國際中國語言學會年會(23rd Annual Conference of the International Association of Chinese Linguistics)宣讀論文,未刊稿。
② 王念孫:《答江晉三論韻學書》,收入羅振玉輯印《高郵王氏遺書》,第156—157頁。
③ 王念孫:《與丁大令若士書》,據傅斯年圖書館《王氏父子音韻手稿》抄本。
④ 陸宗達:《陸宗達語言學論文集》,第6頁。

"有二韻通合及三韻通合二例",①檢諸原件,更有四韻通合之例,例如《西漢合韻譜》"冬"部"冬侵耕真"四韻通合列《春秋繁露》"賢人心情佞今賢争宗人名成"十二字通合一例(參見圖五[1])。②《素問新語易林合韻譜》"之"部更有"止語厚黝"(參見圖五[2])、"職鐸屋毒"、"之魚侯宵"、"止語黝小"四韻通合之例,且皆出《焦氏易林》。兹據手稿原件抄録如下:

止語厚黝

酒　口　酗　怒　悔　《大壯之家人》。③

酒　口　苦　有　《旅之蠱》。④

職鐸屋毒

得　澤　縮　促　《易林・賁之涣》。⑤

之魚侯宵

巢　雛　去　姬　《易林・訟之睽》。⑥《觀之屯》。⑦

[志御笑候]⑧

處　倒　嫗　織　《易林・夬之蹇》。⑨《小過之訟》。⑩

止語黝小

稻　去　有　藁　《易林・小畜之大壯》。⑪《豫之師》。

酒　右　槁　所　《大壯之无妄》。⑫

―――――――

① 陸宗達:《陸宗達語言學論文集》,第 30 頁。
② 《春秋繁露・立元神第十九》:"謀於衆賢,考求衆人,得其心,遍見其情,察其好惡,以參忠佞。考其往行,驗之於今。計其蓄積,受於先賢。釋其讎怨,視其所争,差其黨族,所依爲宗,據位治人,用何爲名,累日積久,何功不成?"
③ 《焦氏易林・大壯第三十四》:"家人,舉觴飲酒,未得至口。側弁醉酗,拔劍相怒,武侯作悔。"
④ 《焦氏易林・旅第五十六》:"蠱,延頸望酒,不入我口。深目自苦,利得无有。"
⑤ 《焦氏易林・賁第二十二》:"涣,火石相得,乾無潤澤。利少囊縮,祇益迫促。"
⑥ 《焦氏易林・訟第六》:"睽,秋冬探巢,不得鵲雛。銜指北去,愧我少姬。"
⑦ 《焦氏易林・觀第二十》:"屯,秋冬探巢,不得鵲雛。銜指北去,愧我少姬。"
⑧ 案:此頁王氏未寫所合之韻,今據入韻字補。
⑨ 《焦氏易林・夬第四十三》:"蹇,手足易處,頭尾顛倒。公爲雌嫗,亂其蚕織。"
⑩ 《焦氏易林・小過第六十二》:"訟,手足易處,頭尾顛倒。公爲雌嫗,亂其蚕織。"
⑪ 《焦氏易林・小畜第九》:"大壯,蝗食我稻,驅不可去。實穗無有,但見空藁。"
⑫ 《焦氏易林・大壯第三十四》:"无妄,張氏捐酒,請謁左右。王叔枯槁,獨不蒙所。"

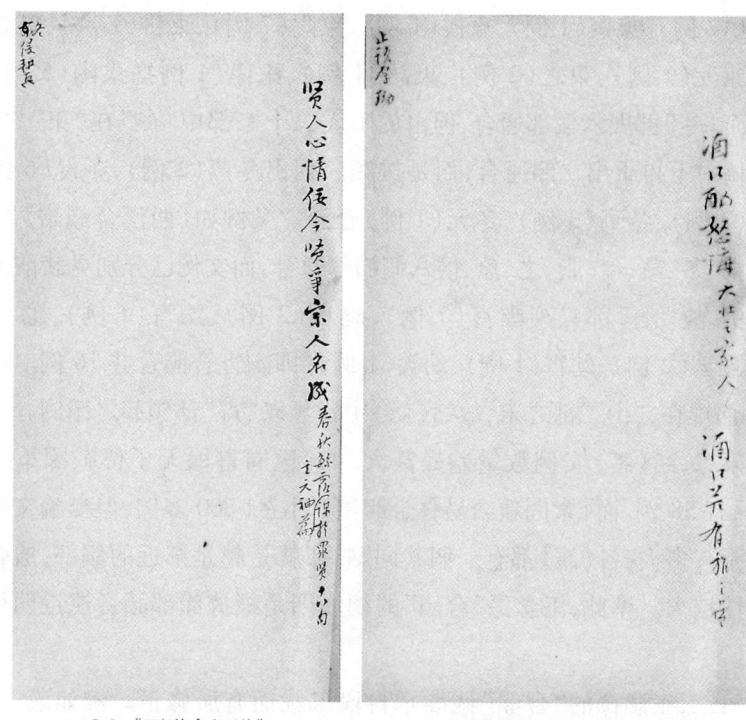

[1]《西漢合韻譜》　　　　　[2]《素問新語易林合韻譜》

圖五

根據以上各例，可以得知《合韻譜》的體例是按王氏古韻二十二部分類編纂，然後按次輯錄二韻通合、三韻通合、四韻通合文例，文例只列入韻字及出處。總體而言，諸《譜》中二韻通合的例子還是佔絕大多數。筆者對六種"東"、"冬"分立的《合韻譜》中二韻通合①的文例做了統計，發現有幾個特點：

第一，手稿二韻通合諸例按其二十二部先後次序逐一排列，有條不紊。② 例如《詩經群經楚辭合韻譜》"東"部與其他十一個部通合，手稿以

---

① 即《詩經群經楚辭合韻譜》第1—2冊(第3冊爲三韻通合)、《周秦諸子合韻譜》第1—2冊(第3冊爲三韻通合)、《逸周書穆天子傳戰國策合韻譜》1冊(其中三韻通合4例不計算在内)、《西漢合韻譜》第1—2冊(第3冊爲三、四韻通合)、《史記漢書合韻譜》第1—2冊(第3冊爲三、四韻通合)、《素問新語易林合韻譜》第1—3冊(第4冊爲三、四韻通合)，合共6種12冊。

② 只有一個例外，就是《西漢合韻譜》第2冊，"錫鐸"(文例1個：卻敵)先於"錫職"，但"錫職"以後又列"錫鐸"(文例2個：惕鳥墊、積石)。

東冬(17例)、東蒸(1例)、東侵(1例)、東陽(7例)、東耕(1例)、東諄(1例)、東元(1例)、東之(2例)、東語(1例)、東厚(1例)、東幽(5例)爲序。而"冬"部與六個部通合,但由於王氏二十二部中"冬"在"東"之後,故手稿中不再重出二韻通合,而是按順序列出冬蒸(2例)、冬侵(6例)、冬陽(3例)、冬真(3例)、冬元(1例)合韻。又例如《西漢合韻譜》"幽"部與東、冬、蒸、侵、脂、之、魚、侯八個韻部通合,而文例已分別見諸前面七部之中,故"幽"部只列幽宵(7例)、幽小(2例)、黝宵(1例)、黝小(2例)、黝笑(2例)、幼宵(1例)、幼笑(1例),即幽宵合韻合共16例。由於"宵"部排在二十二部之末,故諸《譜》中皆無以"宵"部領起之韻例。

第二,諸《譜》文例數量差異甚大,如《逸周書穆天子傳戰國策合韻譜》只有58例,而《素問新語易林合韻譜》則達1 800多例,但無論文例數量差距有多大,各《譜》都有一個共同點,那就是越是鄰近的韻部,通合的可能性越大。準此,王念孫"合韻"的總原則是根據韻部讀音遠近關係來決定。

第三,王念孫的"合韻"觀繼承自段玉裁而有所修正。例如段、王兩人皆不約而同主"支"、"脂"、"之"三分,段氏對此發明頗爲得意,以爲獨得之秘,但亦因而拘泥於三部之分。江沅(1767—1838)在《説文解字音均表》的弁言裏就指出段氏因此"於《説文解字》嚴分其介,以自殊異。凡許氏所合韻處,皆多方改使離之",並謂此"段氏之癥結處也"。① 近人蔣冀騁《説文段注改篆評議》更批評段氏"過分拘泥於十七部的畛域,尤其是'支脂之'三部的界綫,因而不能用變通的眼光來看待那些聲符與字音不一致的現象。……由於三部分立是他的創見,出於偏愛,更是力主畛域分明,不容混淆,對那些聲有通轉者,往往指斥爲誤,甚至徑改篆文以就己説"。② 反觀六種《合韻譜》,"支"、"脂"、"之"三部類皆有通合之例,當中脂之合韻尤多。

以上是我們利用《合韻譜》手稿的材料對王念孫"合韻"觀的初步考

---

① 江沅:《説文解字音均表》,《皇清經解續編》卷六八〇,《清經解 清經解續編》,上海書店出版社2014年版,第10册,弁言,第359頁下。
② 蔣冀騁:《説文段注改篆評議》,湖南教育出版社1993年版,第60—61頁。

察,具體考論詳見本書第二章。2016 年,趙永磊利用北大所藏的全部《韻譜》,考訂王念孫古韻二十二部的形成過程,得出王氏古韻分部經過十七部(古無去聲)、二十二部(古無去聲)、二十一部(古無去聲)、二十一部(古無入聲)、二十一部(古有四聲)、二十二部(古有四聲)凡六變,前後綿歷達四十四年有餘的結論。① 2019 年,趙曉慶選取《詩經群經楚辭合韻譜》、《周秦諸子合韻譜》二種做了精審細密的研究,趙氏認爲二《譜》"不論是古韻分部還是合韻歸納,都代表了清代中期古音學研究的較高水準"。② 考王念孫論韻材料,從陸宗達以來,數十年間經不同學者整理探究,成果迭出。雖各取所需,互有側重,但無一不以手稿作爲原始材料。

(二)二王的古籍校釋

乾嘉以來,漢學復興,所謂"家家許鄭,人人賈馬",群籍研治蔚爲大宗。當時學者治書往往對材料窮搜冥討,竭澤而漁,王氏父子亦不例外。特別是王念孫,十三歲從戴震問學,一生傾注學問,至死方休。八十七歲猶成《讀荀子雜志補遺》一卷,八十八歲撰《〈漢隸拾遺〉叙》、《〈讀晏子春秋雜志〉叙》、《〈讀墨子雜志〉叙》。《高郵王氏父子年譜》"乾隆四十一年丙申三十三歲"條下,劉盼遂記王念孫"自是以後四年,皆獨居於祠畔之湖濱精舍,以著述至(引案:當爲"爲"字)事"。劉氏以爲王氏"畢生精粹之作,厥惟《廣雅疏證》一書",而此數年間王氏對群籍"條理儲偫,以備爲他日之櫽經義、攷小學之利器",因而有《疏證》之作,"若夫《讀書雜志》、《經義述聞》諸作,斯亦賈《廣雅疏證》之餘勇"。③《疏證》始撰於乾隆五十三年(1788),嘉慶元年(1796)初成書,④嘉慶初年梓行,⑤當時王氏不

---

① 趙永磊:《王念孫"古韻二十二部"形成源流考》,《中國學術年刊》2016 年第 38 期,第 49 頁。
② 趙曉慶:《北大藏王念孫〈合韻譜〉稿本二種考述》,《經學文獻研究集刊》,第 21 輯,第 219 頁。
③ 劉盼遂:《高郵王氏父子年譜》,收入羅振玉輯印《高郵王氏遺書》,附錄,第 49 頁下—50 頁上。
④ 劉盼遂繫於乾隆五十二年秋。虞萬里對《廣雅疏證》撰作起訖時間有精審的考證,今據氏著《王念孫〈廣雅疏證〉撰作因緣與旨要》,《史林》2015 年第 5 期,第 34—36 頁。
⑤ 據虞萬里考證,《廣雅疏證》在"嘉慶三年三月以後至四年四月前刊成",見氏著《王念孫〈廣雅疏證〉撰作因緣與旨要》,第 35 頁。

過五十五六歲。此後三十餘年,王氏筆耕不輟,精益求精。父子兩人更是分工合作,相得益彰。因此謂王氏假《廣雅》以證其所得①固無不可,若謂《讀書雜志》是王氏餘勇之作,則不符事實。

陸宗達整理王氏《韻譜》、《合韻譜》手稿後,指出諸《譜》所引文例有改正誤字者,多與《雜志》互見。例如《周秦諸子韻譜》"耕"部下所列諸例中有"盈聲"一例,王氏案曰:"《心術篇》'耆欲充盈'三句,今本'盈'訛作'益'。"(參見圖六[1])今本《管子·心術篇》"嗜欲充益,目不見色,耳不聞聲",《讀管子雜志》"充益"條曰:

> "充益"當爲"充盈",字之誤也。上以"道"、"理"爲韻(原注:"道"字合韻讀若"峙",下文"上離其道"與"事"爲韻。《白心篇》"天之道也",與"殆"、"己"爲韻。《正篇》"臣德咸道",與"紀"、"理"、"止"、"子"爲韻。《恒·彖傳》"久於其道也",與"己"、"始"爲韻。《月令》"毋變天之道",與"起"、"始"、"理"、"紀"爲韻。凡周秦用韻之文,"道"字多如此讀,不可枚舉),此以"盈"、"聲"爲韻,此篇中多用韻之文。②

諸《譜》之中亦有不少改正誤字之例未見載於《雜志》,例如《周秦諸子合韻譜》"耕"部"耕真"合韻下,王念孫錄《老子》第二十二章"曲則全,枉則正;窪則盈,弊則新"四句,並以"正"、"新"二字合韻,案曰:"今本'正'作'直',依唐龍興觀本改。"(參見圖六[2])"龍興觀本"指唐中宗景龍二年(708)河北易州龍興觀《道德經》碑文拓本,又稱"景龍本",王氏據此改王弼(226—249)本"枉則直"爲"枉則正"。唐傅奕(555—639)《道德經古本篇》、南宋范應元《老子道德經古本集注》亦作"正"。王氏此校第一以韻校字,今本作"職"部的"直"字則失其韻;第二以古本爲據,碑本保留了初唐《老子》傳本原貌,較傅、范二本更爲近古。

---

① 段玉裁《〈廣雅疏證〉序》謂王氏"假《廣雅》以證其所得,其注之精粹,再有子雲,必能知之"。王念孫:《廣雅疏證》,江蘇古籍出版社2000年版,段序,第1頁下。
② 王念孫:《讀書雜志》,志五之六,第14頁下。

馬王堆漢墓帛書《老子》乙本作"汪[枉]則正",甲本作"枉則定",整理者讀"定"爲"正"。① 可以作爲王校之證。

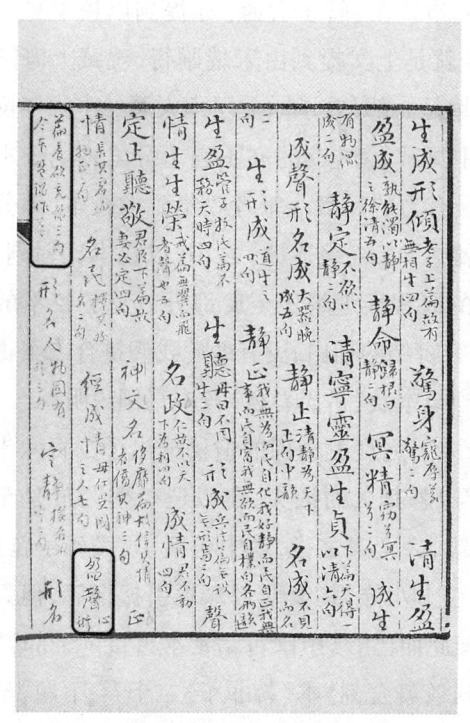

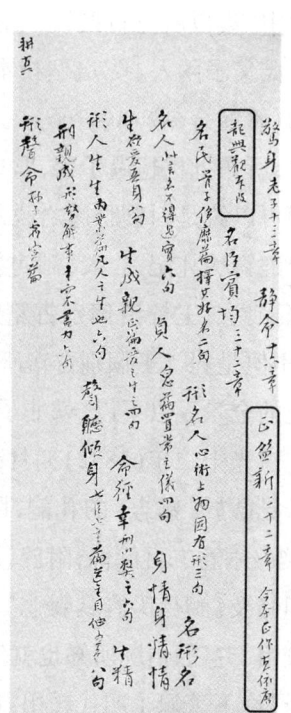

[1]《周秦諸子韻譜》　　　　　[2]《周秦諸子合韻譜》

圖六

由此可見,校勘古籍是王氏治學的基礎,且貫徹始終,而筆者發現的十二種古籍批校本就是二王校治相關古籍的底本。由於王氏治學極爲矜慎,校治一書往往經年累月。據王氏《〈讀管子雜志〉叙》,嘉慶元年(1796)《廣雅疏證》成書後,王氏即"取家藏趙用賢本《管子》,詳爲稽核"。嘉慶十四年"官山東運河兵備道時,孫氏淵如(引案:孫星衍,1753—1818)采宋本與今不同者,錄以見示",王氏於是"就曩所訂諸條,擇其要者,商之淵如氏","又與洪氏筠軒(引案:洪頤煊,1765—1837),稽

---

① 裘錫圭主編:《長沙馬王堆漢墓帛書集成》,中華書局 2014 年版,第 4 册,第 206、41 頁。

合異同,廣爲考證"。嘉慶二十四年寫成《讀管子雜志》十二卷,計六百四十餘條札記。王念孫在《叙》裏更特别提到王引之在自己校讀《管子》的過程中"婁以所見質疑"。① 洪頤煊在《管子義證》亦提到以校本見遺的是王氏父子兩人。② 這個校本就是上文提到由宋焜購得,現藏上海圖書館的《管韓合刻》本《管子》。單是一部《管子》,父子兩人歷二十餘年反覆校訂,所作批校超過千條,當中見載《雜志》的亦不過十分之六。校本的發現可以説是對劉盼遂之説最有力的反駁。筆者收集到的校本,部分批校已經寫成札記,收入《讀書雜志》、《經義述聞》之中,以校本比對刻本,可以探見二王校治個别古籍的歷程與進境。至於部分只見於校本的校釋,不但是對二王個别古籍研究實績的補白,更有助於我們拼合二王古籍研究的全景。以下以《韓非子》校本及《吕氏春秋》校本爲例説明。

道光十二年(1832)四月,王引之從王念孫的遺稿檢出了二百六十餘條未見載於《雜志》的札記,因"恐其久而散失,無以遺後學",於是刻爲《餘編》兩卷二百餘條,附於《雜志》全書之後,當中包括了《讀韓子雜志》十四條及《讀吕氏春秋雜志》三十八條,其後學者無不引據參證,但對王氏校治二書的情況所知也就僅此而已。《中國古籍善本書目·子部》"韓非子"條下著録了明代趙用賢《管韓合刻》本《韓非子》二十卷,下題"清王念孫校",③現藏中國國家圖書館。筆者 2010 年到館借抄校本,所見校改、校語、夾簽等共六百多處(條),是迄今所見最直接也最全面反映王念孫校治《韓非子》成果的原始材料。校本有不少校釋或與其他學者的意見暗合,暗合的校釋,嚴格來説並没有爲我們提供新的看法,然而由於王氏校讎、訓詁亦皆擅場,其校訂、訓釋多信實可從,校本的校釋,可以作爲今人判斷諸家校治《韓非子》得失的參證。例如《主道》:"明君之道,臣不陳言而不當。"校本"陳"上補"得"字。陶鴻慶《讀韓非子札記》曰:"此有脱句。據

---

① 王念孫:《讀書雜志》,志五序,第 1 頁上。
② 洪氏《管子義證》序曰:"歲己巳,頤煊在德州使署,孫淵如觀察以所校《管子》屬頤煊審定,會王懷祖觀察暨令嗣伯申學士又以校本見遺。"洪頤煊:《管子義證》,《續修四庫全書》據嘉慶二十四年刻本影印,上海古籍出版社 2002 年版,第 970 册,序,第 511 頁下。
③ 中國古籍善本書目編輯委員會編:《中國古籍善本書目·子部》,上海古籍出版社 1994 年版,第 1 册,第 71 頁。

《二柄篇》,當作'臣不得越官而有功,不得陳言而不當',承上文'功當其事,事當其言'而言。"①劉師培(1884—1919)《韓非子斠補》亦曰:"'得'字應補,所脱之文亦當援據《二柄篇》補入。"②可見王念孫早有此見。

《韓非子》校本更重要的學術價值是爲我們提供新的材料,例如《主道》:"故明君無偷賞,無赦罰。賞偷則功臣堕其業,赦罰則姦臣易爲非。"校本"赦罰則姦臣易爲非"乙作"罰赦則姦臣易爲非"。諸家無校改。此文先言"明君無偷賞,無赦罰",後言"賞偷則功臣堕其業",則"賞偷"一語變爲主謂結構,如句法一致,則"赦罰則姦臣易爲非"當從校本乙正,"罰赦"亦主謂結構。

又例如《揚權》:"夫道者,弘大而無形;德者,覈理而普至。至於群生,斟酌用之,萬物皆盛,而不與其寧。道者,下周於事,因稽而命,與時生死。參名異事,通一同情。"校本"與時生死"乙作"與時死生"。諸家無校改。考《周秦諸子韻譜》"耕"部下列"形　生　盛　寧　生　情"一例即出自《揚權》,王氏案曰:"'夫道者'下十三句。"第五個入韻字"生"字即指"與時死生"一句。據此可知校本亦以韻改字,當從校本改"生死"爲"死生"。

又例如《五蠹》:"夫垂泣不欲刑者,仁也;然而不可不刑者,法也。先王勝其法不聽其泣,則仁之不可以爲治亦明矣。"校本天頭有校語曰:"勝,猶任也。"案《韓非子》此文"勝"字非"勝敗"之"勝",當從校本解作"任",言先王任其法而不聽其泣,即先王從法而不從仁。《淮南子》:"隨天地自然者,爲能勝理而無愛名。"《讀淮南内篇雜志》"勝理"條下,王念孫曰:"勝,亦任也,言任理而不愛名也。'隨天地自然',即所謂任理也。《吕氏春秋·適音》:'勝理以治身則生全矣。'亦謂任理爲'勝理'也。高《注》曰:'理,事理,情欲也。勝理去之。'以事理爲情欲,義不可通。皆由誤以'勝'爲'勝敗'之'勝',故多抵牾矣。"③又《吕氏春秋·先己》:"無

---

① 陶鴻慶:《讀韓非子札記》,見氏著《讀諸子札記》,收入嚴靈峰編《無求備齋韓非子集成》,成文出版社有限公司 1980 年版,第 37 册,第 3 頁。
② 劉師培:《韓非子斠補》,收入嚴靈峰編《無求備齋韓非子集成》,第 37 册,第 2 頁。
③ 王念孫:《讀書雜志》,志九之十四,第 9 頁下。

爲之道曰勝天,義曰利身,君曰勿身。勿身督聽,利身平靜,勝天順性。"①王念孫《呂氏春秋》校本"無爲之道曰勝天"句上天頭亦有校語曰:"勝,猶任也,故下文曰'勝天順性'。"

《呂氏春秋》校本的底本是乾隆五十四年(1789)畢沅《經訓堂叢書》刻本,校本夾附了五十七條陳昌齊墨書的校語。陳昌齊在嘉慶十四年(1809)因失察温州府知府擅用刑訊一案,從浙江解組回籍,②自此以著述教學爲事,居粤終老。考陳氏在乾隆三十六年中式,入翰林散館,乾隆四十七年清廷開館編纂《四庫全書》,陳氏爲分校官。王念孫則在乾隆四十五年入都供職翰林,③後充《四庫》館篆隸分校官。陳、王兩人很可能在《四庫》館共事的時候訂交,並交流校讀《呂氏春秋》的心得。準此,王念孫校讀畢刻本《呂氏春秋》當在乾隆五十四年至嘉慶十四年之間,即校本反映的是王氏中晚年研究《呂氏春秋》的成果。二十世紀三十年代,許維遹撰作《呂氏春秋集釋》時,即從傅斯年處借讀校本,並將校本四百二十七條批校中的二百七十一條收入《集釋》之中。至於一百五十六條許氏當年不取的材料因爲原件的發現而得以曝光,筆者細審這些批校,發現仍有不少值得今人參考的校釋。

例如《孟春紀》:"候鴈北。"《注》:"候時之鴈從彭蠡來,北過至北極之沙漠也。"④校本删高《注》"極之沙"三字,作"北過至北漠也",校語曰:"'極之沙'三字據《時則訓・注》删。"案《淮南子・時則》:"候鴈北。"高《注》:"是月候時之鴈從彭蠡來,北過周、洛至漠中,孕卵㲉也。"⑤又:"仲秋之月……候鴈來。"《注》:"候時之鴈從北漠中來,過周、雒,南至彭蠡也。"又:"季秋之月……候鴈來。"《注》:"是月候時之鴈從北漠中來,南之彭蠡。"又:"鴈北鄉。"《注》:"鴈在彭蠡之水,皆北向,將至北漠中也。"⑥可見《時

---

① 許維遹著,梁運華整理:《呂氏春秋集釋》,第70頁。
② 朱慶瀾、梁鼎芬、鄒魯等編:《廣東通志稿》,全國圖書館文獻縮微複制中心2001年版,第2册,第752頁。
③ 劉盼遂:《高郵王氏父子年譜》,收入羅振玉輯印《高郵王氏遺書》,附録,第50頁下。
④ 許維遹著,梁運華整理:《呂氏春秋集釋》,第6頁。
⑤ 何寧:《淮南集釋》,中華書局1998年版,第381頁。案:高《注》"是月候時之鴈"原作"是月時候之應鴈";"漠中"原作"漢中",今據《淮南子集釋》改。
⑥ 何寧:《淮南子集釋》,第415、417、430頁。

則》高《注》没有一例作"北極之沙漠"。王氏以高《注》校高《注》,删《孟春紀》高《注》"極之沙"三字,可從。《吕氏春秋·季冬紀》:"鴈北鄉。"高《注》作:"鴈在彭蠡之澤,是月皆北鄉,將來至北漠也。"①是其證。

又例如《勿躬》:"是故聖王之德,融乎若月之始出,極燭六合,而無所窮屈;昭乎若日之光,變化萬物而無所不行。"②校本校語曰:"融,明也。"案:"融乎"是光亮的樣子,"融乎若月之始出"與"昭乎若日之光"句式相近,"融"、"昭"對文,並有"明"意。《大雅·既醉》:"君子萬年,介爾昭明。"《箋》云:"昭,光也。"③《國語·周語下》:"和於民神而儀於物則,故高朗令終,顯融昭明。"④王引之謂"顯融昭明"四字"皆明也"。⑤《釋名·釋丘》:"鋭上曰融丘。融,明也。"⑥陳奇猷以"融和"之"融"解釋曰:"謂若月始出之融和,遍照六合而無所窮屈。"⑦不如校本。

又例如《慎行論》:"動而不論其義,知害人而不知人害己也,以滅其族,費無忌之謂乎!"⑧校本圈"論"字,校語曰:"論,思也。見《詩·靈臺·傳》。"案:"論"多作"討論"、"議論"解,如《説文·言部》:"論,議也。"⑨校本以"論"通"侖",故解作"思"。《廣雅·釋詁》:"侖,思也。"《疏證》云:

侖者,《説文》:"侖,思也。"《集韻》引《廣雅》作"惀"。《説文》:"惀,欲知之皃。"《大雅·靈臺·傳》云:"論,思也。"揚雄《答劉歆書》云:"方復論思詳悉。"班固〈《兩都賦》序〉云:"朝夕論思。"論、惀並與侖通。⑩

---

① 許維遹著,梁運華整理:《吕氏春秋集釋》,第258頁。
② 許維遹著,梁運華整理:《吕氏春秋集釋》,第451頁。
③ 毛亨傳,鄭玄箋,孔穎達疏:《毛詩正義》,北京大學出版社2000年版,第1281頁。
④ 徐元誥:《國語集解》,中華書局2002年版,第98頁。
⑤ 王引之:《經義述聞》,卷二十,第13頁上。
⑥ 王先謙:《釋名疏證補》,巴蜀書社2001年版,卷一,第25頁。
⑦ 陳奇猷:《吕氏春秋新校釋》,上海古籍出版社2002年版,第1095頁。
⑧ 許維遹著,梁運華整理:《吕氏春秋集釋》,第602頁。
⑨ 許慎:《説文解字》,中華書局1996年版,卷三上,第52頁上。
⑩ 王念孫:《廣雅疏證》,卷二下,第15頁上。

案:《慎大論》旨在強調行事要以"義"爲準則,篇首即云:"行不可不孰。不孰,如赴深谿,雖悔無及。君子計行慮義,小人計行其利,乃不利。""孰"即"熟",指深思熟慮,高《注》:"孰猶思也。"①"君子計行慮義,小人計行其利"指君子行事考慮道義,小人則謀求利益。又《察傳》:"凡聞言必熟論。"②"熟論"即深思的意思。準此,"動而不論其義"的"論"應從校本解作"思",即考慮的意思。《中山王鼎》有"龠"字,字作🈳,銘曰:"龠其悳(德),肯(省)其行。"③《説文·眉部》:"省,視也。"④"德"發自内心,故謂思其德;"行"見諸實踐,故謂視其行。《慎行論》"論其義"與《中山王鼎》"龠其德"皆宜從校本作"思"解。

　　校本是二王平日校讀古書時隨文的批校,因此校本的校改、校語都極爲簡略,且絕大部分只是簡單的圈改、勾乙。從簡單的批校到整理成論證詳明、條理清晰的讀書札記,中間的過程過去由於文獻不足而無法具體考論。二王校本的發現,讓我們可以利用這些反映二王校治古籍實貌的材料,嘗試勾勒出王氏古籍研究從雛型到定型的歷程。以王念孫爲例,校本是王氏研究古籍的首階段,王氏一般會選定一個通行的版本作爲底本,然後對校別本。例如《管子》用《管韓合刻》本,校以明萬曆七年(1579)朱東光《中都四子》本、《道藏經》本、宋本,因此校本中有"朱作某"、"朱本作某"、"(莊)〔藏〕本作某"、"宋本作某"等的校記。《山海經》用康熙五十三至五十四年(1714—1715)項絪群玉書堂本,同樣校以《道藏經》本而稱"《藏經》本作某"、"《道藏》本作某"。現藏南京圖書館的《焦氏易林》校本用明崇禎三年(1630)毛晉(1599—1659)《津逮秘書》本,校以明陸貽典(1617—1686)校宋本,因此校本有"宋校本作某"的校記。除了對校外,王氏常用的校勘方法還包括本校與他校。值得一提的是王氏運用他校時,對唐宋類書尤爲關注,幾乎每種校本都有王氏引據類書的例子,當中以《管子》、《荀子》、《韓非子》、《呂氏春秋》、《山海經》五種校本的數量最

---

① 許維遹著,梁運華整理:《呂氏春秋集釋》,第600頁。
② 許維遹著,梁運華整理:《呂氏春秋集釋》,第618頁。
③ 案:戴家祥《金文大字典》引張政烺讀《中山王鼎》"龠其德"的"龠"爲"論",引自《古文字詁林》,上海教育出版社2002年版,第5册,第387頁。
④ 許慎:《説文解字》,卷四上,第74頁上。

多。而從校本引存的類書，我們更可以推定相關批校的時限。例如唐魏徵（580—643）等編的《群書治要》自宋代以後逐漸散佚，①嘉慶初年始從日本傳入刊本。② 嘉慶七年（1802），阮元（1764—1849）影鈔日本天明本《群書治要》，收入《宛委別藏》。阮刻本是清人最早的刊本，王念孫看到《群書治要》並據之校勘群書也只能在嘉慶七年以後。據此則校本中引用《治要》的校記或校語，肯定是王氏晚年所寫。

二王古籍校釋實績與歷程可以藉由二王校本、手稿本的發現而得以考見。而在一切與二王相關的材料裏，校本與手稿由於是二王親手批校、書寫，因此最貼近原始狀態，加上二王顯然沒有設想要把這些原始材料公諸於世，因此校本與手稿最能如實反映二王在世之時的種種信息。從這個角度來看，校本與手稿在民國以來關於二王著作權的爭議中，可以說是最爲直接的證據，有着無可比擬甚至一錘定音的史料價值。

（三）二王著作權的爭議

1930 年代，劉盼遂據王國維"在津沽曾見石渠先生手稿一篇，訂正《日知錄》之誤，原稿爲'念孫案'，塗改爲'家大人曰'"之說，從而質疑《經義述聞》的作者不是王引之。劉氏認爲"《經義述聞》爲石渠所著，伯申則略入己說而名爲己作"。③ 此說後爲學者駁正。④ 近年有學者重申劉説，更在劉説基礎上，質疑《經傳釋詞》亦王念孫所著，但托名歸美王引

---

① 南宋王應麟《玉海》卷五十四引《中興書目》云："《群書治要》十卷，秘閣所錄唐人墨迹，乾道七年（引案：南宋孝宗乾道七年，1171）寫副本藏之。起第十一，止二十卷，餘不存。"《玉海》，華文書局 1964 年版，第 2 册，卷五十四，第 29 頁。

② 考日人最早刊行的《群書治要》是在日本元和二年（萬曆四十四年，1616）根據鐮倉時代（1192—1330）日本僧人手抄本，以銅活字排印的本子。手抄本現藏日本宫内廳書陵部，原書缺卷四、十三、二十，1989 年東京汲古書院曾將此本印行。另外，東京大學東洋文化研究所藏有一部銅活字排印本，（據東京大學東洋文化研究所漢籍善本全文資料庫 http://shanben.ioc.u-tokyo.ac.jp/index.html）著錄云："元和二年銅活字印本，原闕三卷。"日本天明七年（乾隆五十二年，1787），尾張藩據銅活字印本重新刊刻，是爲天明本《群書治要》。天明本在嘉慶初年自日本傳入中國，阮元據此收録在《宛委別藏》。

③ 劉盼遂：《高郵王氏父子年譜》，收入羅振玉輯印《高郵王氏遺書》，附録，第 64 頁下。

④ 如張文彬：《〈經義述聞〉作者之商榷——兼駁劉盼遂"〈述聞〉係王引之竊名"之説》，《國文學報》1980 年第 9 期，第 87—94 頁。李宗焜：《記史語所藏〈高郵王氏父子手稿〉》，《景印解説高郵王氏父子手稿》，第 38—43 頁。

之而已。① 二王著作的作者問題直接影響我們對兩人學術成就的評價，意義重大。民國以來，學者就二王著作權公案的探研主要有兩種意見：持王念孫有"歸美"、王引之有"掠美"之嫌的論者，主要爲早年的王國維、劉盼遂、許維遹，至近年的陳鴻森、趙永磊，②其中陳、趙兩位先生均舉出具體例證，追蹤比對二王前後考證論說中文字觀點類同之處，嘗試證明今本王氏論著中的"引之謹案"、"引之曰"，實發源於王念孫獨見或授意，名實不副，王引之官務繁重，難以專心爲學；反對"歸美"、"掠美"之說者，主張父子授受一庭，學問觀點未必能一一截然區別，父子論學切磋，相輔相成，分頭撰述而各有心得，主要有張文彬、李宗焜、蔡根祥、虞萬里、彭展賜以及筆者。

通過2010年開展的"新見王念孫古籍校本研究"計劃，筆者收集到大量王念孫批校古籍的珍貴原始資料，將王氏父子批校中的學術觀點，與"王氏四種"細加比勘，首次提出《經義述聞》、《經傳釋詞》的作者問題，應當實事求是，以出自二王之手的校本、稿本作爲考證二王著作權爭議的直接證據。並須慮及當時的學術環境，在沒有直接證據的情況下，不宜單憑推理，輕誣古人。③ 筆者以《呂氏春秋》校本原件，反駁了劉盼遂謂《讀呂氏春秋雜志》"則凡引之說者"在校本中"皆爲'念孫案'"的說法，更懷疑劉氏未曾看過校本原書；以《管子》校本中王引之批校，證明了王念孫在《〈讀管子雜志〉叙》中所謂王引之"屢以所見質疑"不是虛美之辭；以《廣雅疏證·釋草》殘稿證明《廣雅疏證》卷十係王引之所"述"；以《尚書訓詁》抄本證明王引之撰作《經傳釋詞》前已有

---

① 如陳鴻森：《阮元刊刻〈古韻廿一部〉相關故實辨正——兼論〈經義述聞〉作者疑案》，《中研院歷史語言研究所集刊》2005年第76期第3分，第427—466頁。于廣元：《〈經傳釋詞〉作者考證》，《揚州大學學報（人文社會科學版）》2005年第9卷第5期，第64—68頁。陳鴻森：《〈經傳釋詞〉作者疑義》，《中華文史論叢》2006年第4期，第29—74頁。趙永磊：《〈讀書雜志〉稱引王引之學說探源——〈經義述聞〉作者疑案考實》，《漢學研究》2016年第32卷第2期，第220—236頁。

② 趙氏雖强調王引之於《經義述聞》不乏個人發明，然其舉出《經義述聞》內部分條目與王念孫《廣雅疏證》文字幾近全同，頗疑引之自述"過庭之日，謹錄所聞於大人"是否屬實，並針對王念孫部分校語敷演成引之名義的考證條目，重申"歸美"之說。趙永磊：《〈讀書雜志〉稱引王引之學說探源——〈經義述聞〉作者疑案考實》，第207—244頁。

③ 張錦少：《王念孫古籍校本研究》，第335—378頁。

長編資料的積纍。① 其後學界關於"王氏四種"學術觀點著作權歸屬的討論,漸漸轉向、深入到高郵王氏學術的發展,包括王氏著作的撰作及成書過程、王氏父子學問的互動傳承,乃至於父子觀點及治學特點的探索。其中虞萬里的《王氏父子著述體式與〈經義述聞〉著作權公案》一文,更是標誌二王著作權研究之成熟。②

虞氏通過深入探討王氏著作中"念孫案"、"家大人曰"、"引之謹案"、"引之曰"等術語體式,以及王氏父子不同稿本、校本、王氏四種等著述中觀點的異同損益,力圖展示父子撰述從切磋、增補到完善的複雜經過。相較斤斤於條目的歸屬而求之過深,虞氏以下的論斷洵爲公允:

> 撰作之中,因父子同處共著,其切磋交流,可謂無日無之,故你中有我,我中有你,難分彼此,儘管以父説爲主。稿成之後,可能互審,至少念孫審閲過引之部分文稿,並略有補充。補充文字刊出時以正文大字還是雙行小字,抑或大小字皆有,尚需深入研究。③

事實上,我們只有把著作權的問題置於高郵王氏學術傳承的視角下思考,方能突破"歸美"、"掠美"的局限,更全面地審察其中細節,推動王氏父子學術之研究。不然,即使有校本、手稿等可資比較的材料,學者的看法依舊見仁見智。如趙永磊早年以王念孫校本簡單的批校與《經義述聞》、《讀書雜志》内王引之的論述有相近之處,遂認爲王念孫有歸美之嫌。又以王引之有徑取《廣雅疏證》原文考證,寫定爲《經義述聞》條目,即坐實"過庭之日,謹録所聞於大人"爲子虚烏有,恐皆有先入爲主而致以偏概全之嫌。2021年,中國國家圖書館所藏《經義述聞》稿本由鳳凰出版社影印出版,趙氏所撰的《提要》對其舊説似乎有所修正:

---

① 張錦少:《王念孫古籍校本研究》,第335—378頁。
② 虞萬里:《王氏父子著述體式與〈經義述聞〉著作權公案》,《文史》2015年第4期,第121—182頁。
③ 虞萬里:《王氏父子著述體式與〈經義述聞〉著作權公案》,第180頁。

以王念孫校語、《廣雅疏證》及相關文獻，可知《經義述聞》諸稿本及刊本"引之謹案"，均不乏王引之沿承王念孫經説之例，或其考證之文與王念孫經説一致，或立説要旨與王念孫成説契合。由此可見，王引之與《經義述聞》之成書與刊行關係密切，而《經義述聞》經由王念孫撰修，王念孫經説非僅"家大人曰"而已，"引之謹案"中亦不乏其例，《經義述聞》雖題稱王引之撰，而由其文本生成過程言之，仍當視爲父子合著爲妥。①

誠然，王氏父子學問一脈相傳，王引之亦從未諱言其畢生治學以父爲楷模，《經義述聞》的題名充分説明了王念孫在王引之經義發明上的啓導作用。《述聞》中父子兩人"你中有我，我中有你，難分彼此"的經説，竟引起後人紛擾不斷的爭議，恐怕是身爲作者本人的二王所始料不及的。筆者認爲造成後人對王引之著述作者成疑的一個主因是，王念孫學問博大精深，學者以高郵王氏爲一整體考察時，王引之往往成了王念孫的附庸，其於高郵王氏著作及學術體系建構之貢獻，以至本身治學之獨立特徵，長期爲人忽視，結果引起後人對王引之學力的質疑。王國維即以伯申之才宜作《太歲考》、《經義述聞·通論》認爲，"謹嚴精覈者，恐非所任"，②陳鴻森更以舉業與學問不可兼得展開對《述聞》、《釋詞》作者疑案的討論。然而以王引之的識力難望其父項背爲説，在没有實據的情況下，推測王念孫有"歸美"之舉，王引之有"掠美"之嫌的看法實有欠公允。綜觀有清一代，王念孫的學問可謂世罕其匹，難望其項背者又豈止伯申一人。況且高郵王氏家學深湛，王引之年少得志，不僅王念孫推許其能傳己學，而且段玉裁在嘉慶六年(1801)致書劉台拱，更表示"《説文注》恐難成，意欲請王伯申終其事"。③ 曾釗(1793—1854)在《陳觀樓先生傳》裏提到陳昌齊在京師時"與戴東原、王懷祖善。……懷祖有子曰伯申，博學負氣，不肯下

---

① 王引之：《經義述聞》，收入《國家圖書館藏未刊稿叢書》，鳳凰出版社 2021 年版，第 32 頁。
② 劉盼遂：《高郵王氏父子年譜》，收入羅振玉輯印《高郵王氏遺書》，附録，第 64 頁下。
③ 段玉裁著，鍾敬華校點：《經韻樓集》，上海古籍出版社 2008 年版，補編，卷下，第 412 頁。

人。懷祖患之,命謁先生,論《大戴禮記》,往返十餘,遂屈"。① 此一軼事一方面說明了王念孫律子以嚴,一方面證明了王引之早負才名。

彭展賜近年聚焦於《經義述聞》一書,一方面利用中國國家圖書館所藏《經義述聞》稿本,重新梳理《經義述聞》包括初刻不分卷本等版本沿革,考察是書不同時期稿本與刻本之間內容上的損益,從而全面了解《述聞》早期面貌與撰作歷程,掌握王引之學術觀點形成、發展的過程,藉以釐清王氏父子對於書內條目的實質貢獻——即學術觀點的"發明權",闡明王引之編撰之功。另一方面嘗試深入到二王學術的"內部",循文字訓詁的角度,考察王引之如何繼承融會、發展,乃至轉化王念孫學術觀點而成一家之說,尤其關注父子於《尚書》、《詩經》、《左傳》諸經中解經異義的現象,以見引之於父說非徒亦步亦趨而已。②《高郵王氏父子〈左傳〉校勘與訓詁傳承探論》一文以《廣雅疏證》與《經義述聞》中父子兩人《左傳》考釋異義爲切入點,肯定王引之考證不乏青出於藍之處,非徒止於"融會疏記"父說。③《王氏父子〈周易〉論說比較研究》則指出,目前所見高郵王氏《周易》研究,主要由王引之完成,父子解《易》的側重實有不同,引之的整理、建構及發展之功,至關重要。④《周易述聞》由初刻至三刻的過程中,王引之不但考證的條目數量持續增益,超邁其父,更調整了高郵王氏《周易》研究的整體方向。相較王念孫多本文字訓詁釋經,王引之展現出兼顧文字訓詁與卦爻義理的傾向,並對經學傳統有更多的關注。父子治學之旨趣大同之中仍存細微差異。《從名字明義:王引之〈周秦名字解故〉詞義研究探論》嘗試通過梳理、闡述引之少作《周秦名字解故》內部分學術觀點的演進歷程,結合其學術發展,具體呈現是書如何由最初的個人讀書心得,融合引之的長期鑽研、王念孫的指導啓發、父子的學術進益、父

---

① 曾釗:《面城樓集鈔》,《續修四庫全書》據清光緒學海堂叢刻本影印,上海古籍出版社2002年版,第1521冊,卷四,第557頁下。
② 彭展賜:《〈經義述聞〉研究》,香港中文大學哲學博士論文,2016年。
③ 彭展賜:《高郵王氏父子〈左傳〉校勘與訓詁傳承探論》,《東華漢學》2020年第32期,第79—140頁。
④ 彭展賜:《王氏父子〈周易〉論説比較研究》,臺灣《清華中文學報》2020年第23期,第55—106頁。

子之間以至與當代學人的切磋借鑒諸種助力,反覆改訂而演變爲《春秋名字解詁》此一訓詁學重要論著。並由此揭示引之學有專精,擅長結合名物考證、文字訓釋,綜貫推演的治學特點。① 彭氏近年一系列的研究表明:要更準確把握二王學術及各自於著述中的工作及貢獻,必須深入研考二王學術觀點,鈎沉背後藴含的治學理路、特點,嘗試突破"父子一體(實以父賅子)"的視角,擺脱王氏父子學術特點的固有印象。

回顧近百年來學者就二王著作權的探研,雖持論或異,但總體從起初流於印象的主觀論斷,逐漸發展出比較條目異同、考據版本流變、歸納著作體式等不同方法,對釐清"王氏四種"著作權的問題,助益匪淺。而隨着這方面成果的積澱,反過來又適足深化高郵王氏學術的版本學、文獻學、學術史諸領域的研究,可謂相得益彰。在各種材料之中,王氏的手稿、批校始終是最直接也最可靠的證據。二十世紀三十年代,劉盼遂撰《高郵王氏父子年譜》,揭開二王著作權爭議的序幕,而此一公案實由民國時期出現的王氏稿本所引發。由於當時稿本原件並未公布,學者只能"道聽途聽",無法核實。隨着近二十年二王稿抄校本陸續發現、公布,我們能夠以貼近實貌的材料追本溯源,還原父子兩人當日校訂羣籍,質疑問難,商定條目,撰述補正,刊刻成書的實況。

不過在我們利用這些原始材料前,必須先充分且準確掌握材料的内容、性質、作者乃至於流傳經過、原件現狀等。近年趙曉慶提到北大所藏王念孫手稿中有一種叫作"虚詞譜"的材料,是"以古韻部遠近羅列虚詞,爲《經傳釋詞》之草稿"。據趙氏介紹,《虚詞譜》有一組虚詞"'一'(引案:原稿作'壹')、'抑'、'夷'、'伊'、'維',它們的聲母分别爲影、影、喻、影、喻,此據聲紐繫虚詞,與《經傳釋詞》順序一致",②趙氏又特别比對了"夷"這個虚詞在手稿與《釋詞》裏所列材料的詳略異同,指出"《手稿》僅列典籍用例,而《經傳釋詞》在此基礎上補充解説並有加詳",③並據以

---

① 彭展賜:《從名字明義:王引之〈周秦名字解故〉詞義研究探論》,臺灣中興大學中國文學系主辦,2021 經學與文化"全國"學術研討會,2021 年 12 月 3 日,未刊稿。
② 趙曉慶:《北大藏〈王念孫手稿〉價值述略》,《文獻》2018 年第 2 期,第 181 頁。
③ 趙曉慶:《北大藏〈王念孫手稿〉價值述略》,第 181 頁。

上兩個證據,得出"手稿之發現,可以確證《經傳釋詞》初爲王念孫所作,王引之是最後增補統稿和修訂者"①的結論。筆者以2012年從北大收集到的五十七册王氏手稿比對趙氏所謂的"虚詞譜"諸例,發現當中的確有一種内容跟趙氏所稱"虚詞譜"完全一致的手稿。不過筆者對於這份手稿的實態、性質以及其與《經傳釋詞》的關係,却有完全不同的看法。

考手稿原件並無題名,"虚詞譜"事實上是趙氏所命名。原件一册綫裝,取六十四個見於《詩經》的詞②建首,纂輯的文例絶大部分出自《詩經》,是王念孫隨手輯録詩句的雜纂,多至二三十句,少至一兩句,多爲虚詞,亦有實詞③若干,筆者認爲稱作"詩經雜纂"更爲貼切。《詩經雜纂》中王念孫的手稿是逐張黏貼在書頁上的,手稿紙邊發黄,紙上間有污迹,但綫裝封面封底以及書頁簇新。可見手稿原係單頁散裝,後經整理者黏貼成册。至於整理者的身份、整理的時間由於没有記録,無法考證,但筆者相信應當在1930年入藏北大以後。換言之,這份趙氏判斷爲"據聲紐繫虚詞,與《經傳釋詞》順序一致"的手稿,其原件各頁的先後次序很可能是整理者隨意排列。例如手稿中"育"、"用"二詞之間貼有一頁王念孫訓釋《詩經·邶風·匏有苦葉》"濟盈不濡軌"的札記;"憯"、"行"二詞之間貼有一頁韻譜草稿;"逝"、"斯"二詞之間貼有兩張王壽同説明《諧聲譜》體例的夾簽,皆與本册内容無關。凡此有關手稿實態的基本信息,趙氏在文中皆不着一辭,在手稿實態、性質都没有得到充分描述與考慮的情況下,貿然得出手稿"以古韻部遠近羅列虚詞"、"與《經傳釋詞》順序一致"的看法顯然是不够慎重的。況且手稿僅録文例,並無解説,且不成體系,部分詞條更是父子兩人所引《詩》句迥異,例如圖七[1]《雜纂》"瑕"與《釋詞》"遐　瑕"條。

《詩經雜纂》"瑕"條所引三例分别出自《邶風·泉水》、《邶風·二子

---

① 趙曉慶:《北大藏〈王念孫手稿〉價值述略》,第182頁。
② "將"字重出,算作一個。
③ 例如"育"條下列《邶風·谷風》"昔育恐育鞫"一例,此條未見於《經傳釋詞》。考《廣雅疏證補正》"毓,稚也"條下,王念孫引王引之曰:"育子,稚子也。育,字或作'毓'。"又引"昔育恐育鞫",並謂"鄭箋解'昔育'云:'育,稚也。'"見王念孫著,張靖偉等校點:《廣雅疏證》,上海古籍出版社2016年版,第896頁。

[1]《詩經雜纂》　　　　　　[2] 嘉慶家刻本《經傳釋詞》

圖七

乘舟》"不瑕有害"、《大雅·下武》"不遐有佐"以及《大雅·抑》"遐有愆"。《經傳釋詞》"遐　瑕"條所引三例則爲《小雅·南山有臺》"遐不眉壽"、《小雅·隰桑》"遐不謂矣"、《大雅·棫樸》"遐不作人"(參見圖七[2])。馬瑞辰(1782—1853)謂"不瑕"是"疑之之詞","遐不"是"信之之詞"。① 可見《雜纂》與《釋詞》對《詩經》中"瑕(遐)"字的釋義不同因而引例亦不相同。《雜纂》中更有十六個詞②不見於《釋詞》之中。準此,把這份内容單薄的雜稿目爲《釋詞》的草稿是名不符實,以此作爲"《經傳釋詞》初爲王念孫所作"的"確證"更是有欠穩妥。

王念孫一生以讀書爲樂,以著書爲常。乾隆四十年(1775),王氏試禮部中式,十一月歸里,獨居湖濱精舍,以著述爲事。嘉慶十五年(1810),王氏以六品休致,此後二十二年之間,謝絶人事,不務虛名,繼續

---

① 馬瑞辰著,陳金生點校:《毛詩傳箋通釋》,中華書局2004年版,第163頁。
② 這16個詞分别是"俾"、"迄"、"職"、"胡"、"予"、"胥"、"舍"、"瘏"、"百"、"屢"、"罵"、"育"、"烝"、"印"、"涼"、"願"。

潛心著述。王氏每校一書無不慎思明辨，專心縝緻。稿凡數易，迭加修訂，刻成以後，又條簽補正，務實求真，勤勉力學，終成大器。王氏所校之書，確證精疏，絕無嚮壁虛造，鹵莽滅裂之嫌，至今仍爲學者引據取法。王引之幼承庭訓，以父爲師。治學門庭雖然不若乃父宏敞，但專精經術，亦名聞學林。其校釋群經，疏證明通，舉證謹嚴，不飾不誣。王念孫離休之時，王引之亦在河南學政期滿返京，迎養其父於京邸。父子兩人旦夕相從，研討學術。伯申肄經之餘，旁訂群籍，偶有所得，或面質問難，或條錄成文。王氏一門雙傑，一脈相傳，阮元譽爲"海内無匹"。① 力排漢學如方東樹(1772—1851)者，亦謂"近人説經，無過高郵王氏。《經義述聞》實足令鄭、朱俛首，自漢唐以來，未有其比"。② 可見王氏喬梓學術成就早有定評。近世王國維疑伯申之才，本屬一家之言，見仁見智。劉盼遂徑據耳聞爲說，既無考覈，亦無實證，臆度之辭，徒滋疑竇。考清人以前代剿襲作僞爲鑒戒，著述"凡采用舊說，必明引之，剿說認爲大不德"。③ 顧炎武以爲"凡述古人之言，必當引其立言之人。古人又述古人之言，則兩引之，不可襲爲己説也"，④可謂後學法式。總覽"王氏四種"，凡屬采用他家之說，王氏父子必先標其名氏，甚至删去與他家相合之説，如《〈讀史記雜志〉叙》稱"近世錢少詹事大昕作《史記攷異》，討論精核，多所發明，足爲司馬氏功臣。後有梁明經玉繩作《志疑》一書，所説又有錢氏所未及者，而校正諸表，特爲細密。余嚮好此學，研究《集解》、《索隱》、《正義》三家訓釋，而參攷經、史、諸子及群書所引，以釐正訛脱，與錢氏、梁氏所説或同或異"，又謂"凡所説與錢、梁同者，一從刊削，尚存四百六十餘條"。⑤ 此王氏治學求真、求實之明證。近年二王稿抄校本陸續面世，俾學者能以最直接的證據，證明王念孫既無以己説托名其子，王引之亦無剿竊父説據爲己用。二王手澤至今猶存是今人之幸，以敬慎的態度整理、研究這批珍貴的材料，不溢美，不虛誣，更是今人應有之義。筆者以爲"王氏四種"著作權

---

① 阮元：《揅經室續集》，商務印書館 1935 年版，卷二下，第 93 頁。
② 方東樹：《漢學商兑》，道光十一年刻本，卷中之下，第 33 頁下。
③ 梁啓超：《清代學術概論》，上海古籍出版社 2000 年版，第 47 頁。
④ 顧炎武撰，黄汝成集釋，秦克誠點校：《日知錄集釋》，嶽麓書社 1996 年版，第 725 頁。
⑤ 王念孫：《王石臞先生遺文》，收入羅振玉輯印《高郵王氏遺書》，卷三，第 135 頁上。

問題,除非有原始證據,否則應當尊重作者,名從主人,而王氏之學的研究更應該聚焦在二王治學之方法與著述之創獲上。

五、結　語

　　王念孫、王引之父子是清代樸學大家,一門絕學,其稿本、校本,甚至由著名學者謄寫的抄本,由於具有較高的學術與文物價值,一直以來私人藏家還是公家機構無不珍同拱璧,藏於金匱。過去我們大多藉由各地圖書館的善本書目,或學者所撰書錄題記而略知其梗概,很少做具體的研究,更遑論藉此探論二王的學術面貌。本章以筆者收集到的四十七種二王稿抄校本爲論述中心,總結近二十年親身的經驗,考察這些材料在學術史上的來龍去脈,並以個案研究的方式,從王念孫的合韻研究、二王的古籍校釋、二王著作權的爭議三個角度,一方面證明了這些新材料與"王氏四種"有互證互補的學術價值,一方面凸顯了這些新材料在構築二王學術創作,從形成觀點到寫成文字,從條簽札記到刊刻成書此一歷程中所起的關鍵作用,爲突破過去局囿在二王論著定本的研究範式,提供了新的切入點。

　　四十七種二王稿抄校本中,以王念孫的材料佔絕大多數,而作爲清代乾嘉學派的巨擘,王念孫與清代古音學、訓詁學、校勘學、文獻學乃至於高郵王氏之學的形成與發展密切相關,因此對王念孫稿抄校本的研究具有建立範式的意義。筆者對王氏新材料的關注始於 2002 年,二十年來親自走訪各地圖書館,一方面盡力搜討、目驗原件,一方面因應原件的內容,從古音、訓詁、文字、校勘、考據、義理、學術史等不同角度,綜合考證、比較、分析這些原始材料,藉由個案研究的實踐,揭示這批材料的學術價值。2014 年,筆者出版首部專著《王念孫古籍校本研究》,通過對王氏批校的四種古籍的研究,考論王氏校釋相關古籍的經過、方法與實績。由於公布的材料皆爲新見,從研究方法上突破了學界長期只能依賴"高郵王氏四種"的局限,引起了部分學者的注意,而這些難得的原始材料也逐漸成爲了研究高郵王氏之學不可忽略的部分,相關的研究論著也陸續增加,成爲了王氏之學研究裏的新領域。其後的數年間,筆者在研究資助局的支持下,竭力收集存世的二王遺文遺稿,成果甚豐。本書是筆者繼《王念孫古籍校本研究》後,第二部利用新發現的材料,探析王氏之學的著作。與前著相比,本書研究的對象由四種古籍校本增至四十多種稿抄校本,研究的重點則從闡發王念孫對個別古籍的批校,擴展至綜論王氏的古籍校本學,鈎沉王氏分合古韻、通釋故訓的遺稿,以及考證與稿抄校本流布息息相關的民國學術史,乃至於從比較中西校勘學的背景下,評騭王氏校勘的實績與屬性等。可以説本書各章所論,在廣度與深度兩方面皆有所開拓與深化。這不僅是新材料在數量與種類上的增加,更是在研究王氏之學的新領域裏,還原王氏不同學術觀點的演變過程,考索王氏治學方法的要領,使王氏久藏書庫的學術資料得以重見天日,釐清了部分具爭議性的學術問題。凡此皆有助於今人以較爲宏觀的角度,認識王氏古學研究的成績,爲王念孫的學術成就提供一個重要的評價依據。

　　本書分爲五章,第一章述論近二十年王氏稿抄校本的發現與研究情況,作爲後文各章的引論。第二至四章爲本論,分別從稿本、抄本、校本三類材料中,選取各類之中最重要且能凸顯王念孫治學旨趣與成就的材料,結合"高郵王氏四種",參照近人論著,因應材料的內容與性質的不同,采用語料分析、數據統計、原典細讀、史實考證、綜合論述、理論比較等不同的研究方法與框架,如實呈現各種材料的特色與價值。

　　第二章基於筆者近年校注北京大學藏《合韻譜》手稿的成果,從六種共十二冊的《合韻譜》手稿所見近四千個二部通合的文例,重新尋繹王念孫對古韻分合的看法,並首次以數據統計的方法,歸納其"合韻"説的特色。筆者參照今人對先秦兩漢韻部的研究成果,評騭《合韻譜》的得失,肯定手稿在韻字校勘、審訂韻字、鈎稽語料、梳理上古音各韻部的關係以及對各部韻值擬測的參考價值。

　　第三章以中國國家圖書館藏《方言疏證補》王國維抄本爲座標,以接近原稿的狀態,考察王念孫補正《方言疏證》的經過以及前後文字增訂、觀點嬗變的緣由,並探論王國維在民國時期推動王氏之學的導引之功。抄本中五條王氏直接批駁盧文弨《重校方言》的材料,不但涉及方法學上迥然不同的校勘理念問題,更爲釐清盧氏暗襲王念孫《方言》校本成果的學術史公案提供了難得的史料。

第四章則是筆者在王念孫古籍校本研究工作上的集成。筆者從校本存佚的現狀、校本真僞的鑒定、校本材料的過錄三個方面,總結二十年來親自從北京、上海、南京、臺灣四地圖書館過錄、整理、研究十二種校本的經驗。校本所見批校數量相當可觀,但大多十分簡略,且不同校本由於内容各異而各具特色,如何把這些校本的批校整理成具系統的研究材料,成爲了校本研究的一大挑戰。幸而這十二種校本與通行的"高郵王氏四種",有不少可以直接或間接比勘的材料。而從研究校本新見王氏校釋古籍的成果,更爲今人研治傳世與出土先秦兩漢文獻提供了極爲重要的參考。此外,校本的發現,爲二王著作權公案的爭議提供了最爲原始的實物證據。筆者全面爬梳這十二種校本後,非但沒有發現任何王引之塗抹父說的痕迹,更在校本裏找到父子二人當日旦夕相從,研討學術的紀錄。現存校本裏部分可以確認爲王引之手迹的批校即爲明證,而校本在清代學術史研究上的意義亦由此可見。

作爲清代首屈一指的校勘學家,王念孫一生校治過的古籍多不勝數,其校釋意見更屢爲出土文獻所證,卓識可見一斑。王氏校釋群籍的成果除了直接見諸十二種校本外,亦淹貫於王氏的手稿之中。如何把如此大量的校勘成果提升到理論層面上的討論,是筆者近年研究王氏之學經常思考的問題,本書第五章的撰作是這個方向的一種新的嘗試。筆者以二十世紀三十年代,胡適對王念孫理校成果的批評爲背景,從中西方校勘學的比較,剖析有本可依的對校與無本可據的理校在中西方不同的歷史條件下的發展,藉此反思王氏校勘方法的實績與理路,並回應近年學界有關乾嘉學派科學思想的討論,探論王氏理校方法的科學屬性。

第二章 北京大學藏王念孫《合韻譜》手稿新繹

一、引　言

現藏北京大學的五十七册王念孫手稿，大部分是北大在 1930 年從羅振玉手中購入的。1922 年秋，羅振玉經金梁（1878—1962）介紹，從北京江氏購入一箱高郵王氏遺稿。1925 年 11 月，羅氏把王念孫遺稿中可以"整理繕寫"的《方言疏證補》、《釋大》、《詩經群經楚辭韻譜》，連同王氏父子其他遺文排印，收入《高郵王氏遺書》中刊行，並在識語中扼述了個中的來龍去脈：

> 壬戌（引案：1922）秋，金息侯少府梁始爲介紹於藏文簡父子手稿之江君，購得叢稿一箱，亟求茂堂先生墓誌，仍不可得也。因將石臞先生及文簡遺文編録，共得八卷。已而友人以王氏家集刊本見假，則刊於咸豐末年，取校新緝本，則互有出入。因重爲釐定，付諸手民。其石臞先生遺著，可整理繕寫者得三種。復編録其家狀、誌、傳，成書六卷。因彙印爲《王氏遺書》。其他未寫定之遺稿，以韻書爲多，異日當陸續刊布。①

羅氏未能如願在遺稿裏找到王念孫爲段玉裁所撰的墓誌銘，却把遺稿中部分遺文遺著整理刊布。而《遺書》也成爲了當時在"高郵王氏四種"以

---

① 羅振玉輯印：《高郵王氏遺書》，識語，第 1 頁。

外,學者能够掌握的新材料,引起學界關注。同時,以北京爲中心的文史界亦掀起了一股收藏高郵王氏手稿的風氣。

1934年秋,北京琉璃廠書肆通學齋出售王氏家藏稿本,由於"索價甚高,更數主皆不諧",最終由時任輔仁大學國文系教授的余嘉錫(1884—1955)、陳垣及中國大學國學系教授孫人和(1894—1966)等人,在通學齋主人倫明(1875—1944)的建議下,"集資合購"。這批王氏家藏大部分歸孫人和,小部分歸余、倫二氏,"精華則爲陳援庵先生所得"。余嘉錫後來數從陳垣假觀二王手稿,"歡喜贊歎,不忍去手",並在1936年6月跋記陳氏所藏二王手稿的來源:

> 甲戌秋(引案:1934),北平琉璃廠書肆通學齋購得高郵王氏三世稿本若干種,爲一大捆,頗叢雜無緒。自石臞、伯申兩先生書牘詩文稿草外,凡謝恩剳子、庶常館課卷,以至醫方計簿及伯申子壽同任湖北監司時所治官文書皆在焉。

通學齋這批王氏稿本中,"石臞先生所撰《段懋堂墓誌銘》、《與江晉三論音韻書》"爲陳垣所得,加上陳氏此前購得的"石臞先生《廣雅疏證》殘稿數册",此後"又從北平莊氏得石臞《與朱武曹書》、《〈漢隸拾遺〉叙》及伯申自請處分摺稿"等,數量相當可觀,余嘉錫因此推斷"王氏家藏之稿盡出矣"。① 余氏在跋文中特別提到,"《段懋堂墓誌》爲上虞羅氏輯《王氏遺書》時所未見",又謂"兹忽得其全稿,豈非快事乎",興奮之情躍然紙上,而王氏手稿在民國時期爲學人所珍秘的實況於此亦可見一斑。

羅振玉與陳垣等人購藏的遺稿同爲王氏家藏之稿,且當爲王引之季子王壽同一脈所傳,並由後人散出。根據劉盼遂1936年輯校的《王石臞文集補編》、《王伯申文集補編》所述,當時收藏二王手稿的除了上述數家外,尚有侯汝承(1859—1937)、莊尚嚴(1899—1980)、于省吾(1896—1984)等人,且多以友朋之間的私人交流研究爲主。例如據陳垣憶述,

---

① 余嘉錫:《跋王石臞父子手稿》,收入氏著《余嘉錫文史論集》,嶽麓書社1997年版,第600—601頁。

《廣雅疏證》手稿除余嘉錫外,亦曾爲沈兼士(1887—1947)所借,且"一借借數年"。① 羅常培亦曾向陳氏借抄此本,並交周祖謨以刻本參校。② 不過這種因私交而能夠經眼二王手稿的人始終是少數,影響也有限。從這個角度來看,羅振玉將手稿排印布公,不但開風氣之先,更有助手稿的流布與研究。羅氏在識語中,雖然對王念孫遺著"整理繕寫"的過程未着一辭,但從《釋大》所見王國維案語,以及現藏中國國家圖書館的《方言疏證補》王國維抄本(詳見本書第三章的討論),乃至於羅、王二氏在此期間的往來書信,都證明了王國維才是王念孫手稿的實際"整理繕寫"者。手稿經過王氏將近兩年的校理,眉目初具,而羅氏亦有將手稿"陸續刊布"的計劃。可惜最終因爲羅、王兩人關係的變化以及静安的去世,手稿"整理較難,後以轉讓北京大學"。③

北京大學以兩千元從羅振玉手中購入《高郵王氏遺書》所收遺文遺著以外的數十册王氏遺稿,作價之高,數量之多,實屬罕見。④ 手稿入藏北大後,時任北大國學門研究所編輯的陸宗達,整理了其中四十三册的《韻譜》、《合韻譜》,北大更有影印出版手稿的計劃,後來因爲戰事被迫中止。可以説學界先後兩次錯過了全面認識王氏手稿的機會,而這批真實反映王氏治學原貌的珍貴材料,自此在善本書庫庋藏至今,問津者不多。從王國維到陸宗達,十數年間,兩人接續對手稿校理的經過以及其具體成果迄今尚無系統的整理。幸而近年陸續有學者開始關注手稿,或抄錄材料,或撰作專文,重新把手稿納入當前王氏之學研究的場域之中。但由於

---

① 陳垣著,陳智超編:《史源學實習及清代史學考證法》,商務印書館 2014 年版,第 49 頁。
案:此書是編者據李瑚在 1947 年 9 月至 1949 年 6 月聽陳垣在輔仁大學講授"史源學實習"及"清代史學考證法"時的課堂筆記整理而成。
② 周祖謨:《問學集》,第 889—893 頁。
③ 羅繼祖輯述:《永豐鄉人行年錄》,收入羅振玉著,羅繼祖主編《羅振玉學術論著集》,上海古籍出版社 2010 年版,第 12 集,第 439 頁。
④ 沈乃文:《北京大學圖書館藏古籍的價值及來源》,收入氏著《書谷隅考》,上海古籍出版社 2011 年版,第 479 頁。
案:1927 年 8 月,奉系軍閥政府教育部將包括北京大學在內的九所高等院校合併爲"京師大學校",北大圖書館處於停頓狀態。直到 1931 年 4 月,"中華文化教育基金董事會"通過《北京大學與中華文化教育基金董事會合作研究特款辦法》,其中一半經費用於購置書籍儀器及整頓圖書館實驗室之用。此後北大圖書館才逐步恢復,基本經費維持在每月六千至九千元左右。以此比照,北大當時購置手稿作價之高實屬罕見。參見朱强主編:《書城春秋——北京大學圖書館 110 年紀事》,北京大學圖書館 2012 年版,第 15 頁。

手稿原件只能到館借閱，相關的研究便成了獨得之秘，其他沒有看到原件的學者，往往只能引據而無法驗證，這也間接説明了羅振玉與北大當年出版手稿計劃的重要。本章之撰，以筆者近十年來親自到北大抄錄並付費購買手稿原件的照片爲基礎，首先回顧手稿入藏北大前後王國維、陸宗達校理手稿的實績，然後以手稿中數量最多的古韻材料爲對象，重新尋繹王、陸二氏早已注意但尚未深入研究的王念孫"合韻"之説，同時配合原件書影，對近人相關研究提出一些新的看法。

二、入藏前王國維對手稿的校理考實

（一）王國維與高郵王氏的結緣

1918年1月27日，王國維在上海哈同公園的古物陳列會上，遇見一個叫王丹銘的人，自稱是"文簡公之曾孫，已易道士裝，携來乾嘉諸老致懷祖先生父子書札共五十六通"。静安當晚即致書羅振玉具論此事曰：

> 中有段懋堂先生四五通，劉端臨（引案：劉台拱）二通，汪容甫（引案：汪中，1745—1794）一通，孔顨軒（引案：孔廣森）一通，王南陔（引案：王紹蘭，1760—1835）二通，阮文達（引案：阮元）六七通，陳恭甫（引案：陳壽祺，1771—1834）、宋于庭（引案：宋翔鳳，1776—1860）、陳碩甫（引案：陳奂，1786—1863）、丁履恒（引案：字若士，一字道久）等各若干通，大抵論學之文，極有價值，維皆一一讀之。

又謂王丹銘"言文簡公遺文四卷已刻版，已不全云云"。① 當時身在京都的羅振玉得知此事後，2月3日即有復書曰：

> 王文簡後人竟於哈園邂逅，此事奇快，千祈公與商，文簡公文集

---

① 王國維著，謝維揚、房鑫亮主編：《王國維全集》，浙江教育出版社、廣東教育出版社2009年版，第15卷，第382—383頁。
案：編者謂王丹銘爲王引之孫，非是。

雖不全,亦請代印百廿部,今日不可不爲流傳也。並請問渠處若尚有舊本可據補者,弟願爲之刊補。此事即彼自爲之,俟刻成,弟出資可耳。愈速愈妙。諸家書札,若哈園不印或遲緩,乞公與王君一商,抄一本,弟付刊可也。乞迅與商爲荷。①

字裏行間充分流露出羅氏對保存二王故物的關切,而亟欲將之刊刻流傳之情更是躍然紙上。此後數月,二人先後至少在二十七通書信中提及王引之曾孫王丹銘之事,當中透露的主要信息有:王丹銘爲王壽同之後,②曾爲清末太守。而王家已無二王著作書版,惟王引之遺集以及王安國、王念孫、王引之等行狀各房尚有數部。③ 至於清儒致二王書札幾經波折,④最終由羅振玉於1918年7月起在日本分兩次付印,第一次印諸家致王念孫札,第二次印致王引之札,合共印有百部。⑤ 從二人往還書信中可以印證王國維在《昭代經師手簡》輯印過程中,除了出謀獻策充當溝通橋

---

① 王慶祥、蕭立文校注:《羅振玉王國維往來書信》,東方出版社2000年版,第339頁。
案:校注者將此書年份誤植爲1917年,今據前後書函日期及信中內容改正。
② 1918年3月14日,王國維致書曰:"今日高郵王君又過訪,出其姑《貞孝事略》,索公及永題詠。始知文簡之子名壽同者,官湖北漢黃德道,於咸豐間殉粤匪之難,賜謚忠介。貞孝即忠介之女。賢者子孫,宜其如此,然名臣碩學忠孝出於一家,亦近世所罕覯也。"王慶祥、蕭立文校注:《羅振玉王國維往來書信》,第355頁。
案:王丹銘之姑即王壽同長女王淑儀(1829—1888),《貞孝事略》後附刻《高郵王氏遺書·王氏六葉傳狀碑誌集》中。
③ 1918年3月5日前後,王國維致書曰:"此君本係太守,現作道士裝,道號丹明,或已於白雲觀受籙亦未可知。詢其家中書版,則云無存,惟文簡小集及文蕭以下三世行狀則各房尚有數部,可着人至家取之。"王慶祥、蕭立文校注:《羅振玉王國維往來書信》,第353頁。
④ 1918年3月21日,王國維致書曰:"乾嘉諸老尺牘,詢之景叔(引案:即鄒安,1864—1940,與王國維在哈園内的倉聖明智大學共事),哈園大抵不印,日内可以決議,如此王太守亦可有辭索回矣。"3月31日再致書則曰:"王氏所藏乾嘉諸賢手札,哈園已決定付印。"其後王丹銘又曾一度失去聯絡,6月14日羅振玉致書問及王丹銘是否已回上海,6月26日王國維復書曰:"王太守竟無消息,其諸家手札尚存哈園,竟未去取,可見其人到之滬也。"9月28日致書仍謂"王太守尚無消息"。直到12月初,王國維才在信中再次提到王丹銘欲刻《道藏》之事云云。王慶祥、蕭立文校注:《羅振玉王國維往來書信》,第357—358、362、377、384、418、426頁。
⑤ 1918年7月12日,羅振玉致書曰:"此項擬分二次印之,第一次印諸家致石臞先生札(原注:甲乙共八十紙矣),第二次乃印致文簡札。現致石臞先生札已付印矣。"8月7日再致書曰:"此稿以諸家致石臞先生者爲一編,已印成大半,又致文簡者爲一編,尚未付印,大約下月末或八月上旬(引案:即公曆8月底或9月上旬)可印竣也。"11月27日致書曰:"《昭代經師手簡》二册,此次印百部,計印照等費計日幣五百廿餘元,約合中幣三百元左右。"王慶祥、蕭立文校注:《羅振玉王國維往來書信》,第390—391、402、425頁。

梁外,還負責原札的寄取。而羅振玉亦意外從王丹銘手中獲得王氏數世的行狀,後來刻入《高郵王氏遺書》之中。羅、王這次的合作亦爲數年後二人整理王氏手稿奠定了基礎。

(二) 王國維對手稿的校理

1922年秋,羅振玉從江氏手中購入一箱王氏遺稿後,同年12月8日即致書身在上海的王國維:

> 弟近得王文簡公三代遺稿(原注:惜已不全,價則千金矣,亦稱貸而應之),欲編葺王氏四世遺文(原注:連文肅),其諸稿中言音均者,高可尺許,異日當請公爲之理董,想爲公所亟欲快睹者也。①

有了《昭代經師手簡》的合作經驗,王國維自然是羅氏心中理董手稿的不二之選,而靜安對高郵王氏之學亦傾慕已久,②兩人因此一拍即合。

1923年1月下旬,羅氏南下抵滬,並把王氏手稿交付王國維。2月2日即羅氏返津後不久王國維即致書曰:

> 高郵王氏訓詁、音韻諸書稿已粗理一過。《釋大》一書,乃纂輯有"大"義之字,以聲分類而通其義,每字母爲一卷。所已成者,見、谿、群、疑、影、喻、曉、匣八字母,他母字無有。雖未成之書,實曠代之絕作也。《古韻二十一部通表》,其書題名與每部前之表皆王梓材所爲。梓材於韻學所造不深,其表可用、其簽條可存者不多,然惟此尚爲完書。其《諧聲譜》則爲《説文》作,所寫出者,僅《説文》十四卷之一耳。《詩經》、群經訖兩漢《合韻》(原注:即狹本所寫者)似尚全,

---

① 王慶祥、蕭立文校注:《羅振玉王國維往來書信》,第552頁。案:此函原無日期,羅振玉在信中提到自己"廿由都返",即在農曆十月二十日(公曆12月8日)返回天津,故校注者繫於1922年12月10日前後。

② 例如上文所舉王國維在1918年1月27日致羅振玉書中,除了提及王丹銘之事外,亦言及"近以釋氏二《音義》并原本《玉篇》校《方言》。……他日擬并戴、盧二家所校作續疏證,惟不用戴氏法,而用高郵王氏法耳"。見王國維著,謝維揚、房鑫亮主編:《王國維全集》,第15卷,第381頁。

而分韻纂集訓詁之書及纂集聯綿字之書，亦不完之甚，蓋着手未久，後即棄置也。維意所可刻者，《釋大》及《二十一部表》二種（原注：尚有一種與《釋大》相似者，雖不全，亦可刊），或及《合韻》餘書，僅可撰一總叙錄，述其著書之大恉，附於全書之後。①

由此可見，是次校理的目的是要爲刊刻手稿做準備，而這通書信則透露了幾個與手稿相關的重要信息。第一，手稿内容以訓詁、音韻爲主，或以聲分類，或以韻纂集，貫徹了王念孫以聲音通訓詁的治學特色。第二，手稿中不同書稿的完闕情況不一，部分手稿較爲齊全，似爲完書；部分則屬稿草，不完之甚。第三，《釋大》、《二十一部表》、諸種《合韻譜》等可刻。第四，静安有撰寫序錄總括王氏著書旨意的想法。

2月15日歲次壬戌年除夕，王國維再致書羅振玉曰：

> 高郵王氏遺稿亦當俟開歲付寫。《釋大》外，尚有殘稿一，以字母排比《爾雅》訓詁，亦可印行。蓋懷祖先生意，尚欲作《釋始》、《釋君》諸篇，而此殘稿當爲其最初之長篇也。②

書中提到的殘稿即現藏北大的《雅詁雜纂》，稿本按聲母排比雅書中有"始"、"君"義之字，性質與《釋大》相近，但只存見、匣、精三個聲母（參見圖一）。王國維此書補充了前書中所稱"尚有一種與《釋大》相似者，雖不全，亦可刊"的詳情。静安僅以半個月不到的時間，已經將可以印行的手稿寫定，並準備付寫。

---

① 此書《羅振玉王國維往來書信》未收，今據《王國維全集》補，參見王國維著，謝維揚、房鑫亮主編：《王國維全集》，第15卷，第539頁。
案："《詩經》、群經訖兩漢《合韻》"原標點作"《詩經群經訖兩漢合韻》"。今案手稿並無《詩經群經訖兩漢合韻》一篇，王氏實泛指《詩經》、群經以迄兩漢諸《合韻譜》。
② 王慶祥、蕭立文校注：《羅振玉王國維往來書信》，第557頁。
案：此段原標點作"《爾雅訓詁》亦可印行"，今案手稿中並無《爾雅訓詁》之目，王氏謂殘稿以字母排比《爾雅》訓詁，亦可印行。

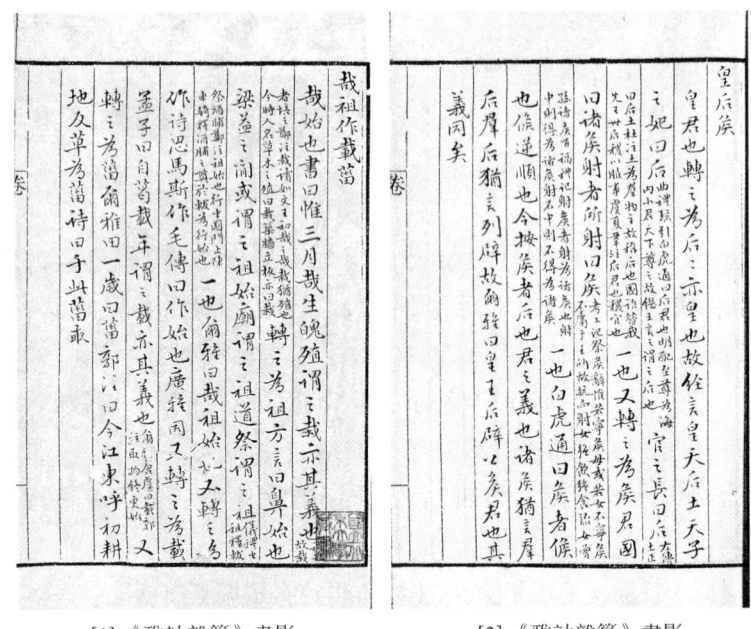

[1]《雅詁雜纂》書影　　　　　[2]《雅詁雜纂》書影

圖一

此後一個多月,羅振玉至少在三通書信中透露了靜安整理手稿的進度:3月19日書謂"王氏韻書已寫定",①3月30日書謂"知王懷祖先生韻書已寫定",②4月5日書謂"王氏書目收到"。③準此,王國維由始至終實際擔當了釐定手稿、寫定校正、編次目錄的工作。

(三)《高郵王懷祖先生訓詁音韻書稿序錄》的撰作與内容

5月25日,王國維奉溥儀(1906—1967)之命啟程北上入直南書房,28日到津,31日入都,④此後定居北京。在王國維移居北京的前一年,即1922年的1月,北京大學研究所成立了國學門,蔡元培(1868—1940)在

---

① 王慶祥、蕭立文校注:《羅振玉王國維往來書信》,第559頁。
② 王慶祥、蕭立文校注:《羅振玉王國維往來書信》,第560頁。
③ 王慶祥、蕭立文校注:《羅振玉王國維往來書信》,第561頁。
④ 趙萬里:《王靜安先生年譜》,收入王國維著,謝維揚、房鑫亮主編《王國維全集》,第20卷,第468頁;王德毅:《王國維年譜》,蘭臺出版社2013年增訂版,第291頁。

《〈國立北京大學研究所國學門概略〉序》中稱國學門的工作是對國故的"搜集、整理、發表"。① 早在國學門成立之前,時任北大校長的蔡元培已有聘請王國維爲教授之意。據趙萬里(1905—1980)《王靜安先生年譜》所記:

> 歲在己未(1919),夏,北京大學文科擬聘先生爲教授,倩先生友人鄞縣馬叔平衡先生爲先容,先生却之。庚申(1920),又提前請,生仍以不能北來爲辭。辛酉(1921),北大研究所國學門成立,函聘先生爲通信導師,强之乃就。②

《年譜》提到北大曾三度延聘之事實際上都與馬衡(1881—1955)有關。馬衡,字叔平,浙江鄞縣人,近代著名金石學、考古學家。由於在金石學上的共同興趣,王、馬二人早有交情,蔡元培也因此在 1919 年請馬衡爲"先容"勸説王氏應聘北大。1920 年 12 月 31 日,馬衡致書王國維曰:"大學講席先生堅不欲就,而同人盼望之私仍未能已。擬俟研究所成立後先聘爲通信研究之教授。"③國學門成立之初,爲了羅致海内外名師宿儒,除定員的教授外,還設有"導師"、"通信員"制度。在王國維"堅不欲就"的情況下,馬衡只好以"研究所導師不在講授,研究問題盡可通信"④爲由,改爲聘請王氏擔任通信導師,而王國維也礙於情面不便再三推却,最終接受了北大的邀請。

1922 年 4 月 16 日,馬衡在收到王氏的回信後,即有復書,徵求王國維近年未刊著述,翌年 1 月《國學季刊》第一卷第一號出版,一共收録了八篇論文、兩篇附録以及一篇《國立北京大學研究所國學門重要紀事》。這八篇論文裏,王國維就佔了兩篇,一篇是專文《五代監本考》,另一篇是伯

---

① 蔡元培:《〈北京大學研究所國學門概略〉序》,載北京大學研究所編《北京大學研究所國學門概略》,北京大學研究所 1927 年版,第 3 頁。
② 趙萬里:《王靜安先生年譜》,收入王國維著,謝維揚、房鑫亮主編《王國維全集》,第 20 卷,第 466 頁。
③ 王國維、馬衡著,馬思猛輯注:《王國維與馬衡往來書信》,三聯書店 2017 年版,第 25 頁。
④ 馬奔騰輯注:《王國維未刊來往書信集》,清華大學出版社 2010 年版,第 148 頁。

希和(Paul Eugène Pelliot,1878—1945)《近日東方古言語學及史學上之發明與其結論》的譯文。1923年4月上旬,時任國學門主任兼《國學季刊》編輯委員會委員的沈兼士致書王氏曰:

> 《國學季刊》第二期本月中旬可以出版,惟同人學問淺薄,當肯先生不棄,隨時指導。第三期中尤盼能以大作賜登,俾增聲價。①

王國維此時剛好在校理王氏手稿,且已有著錄在手,於是應沈氏之約稿,在7月出版的《國學季刊》第一卷第三號上發表《高郵王懷祖先生訓詁音韻書稿序錄》一文。

《序錄》全文約二千五百字,篇幅不大,却是手稿首次以公開的形式爲學者所知,而靜安的著錄亦爲手稿做了最爲全面的導引。《序錄》大抵以先訓詁後音韻的順序條列書目,並對合共十六種八十冊的手稿進行編次、定名、分冊、解題、述要,但詳略不一。例如佔了手稿數量超過一半,共四十多冊的《韻譜》《合韻譜》,《序錄》除了分別記錄了題名、冊數外,僅有"右諸韻譜,但摘經典中韻字書之,而於同韻合韻之字旁加記識,與金壇段氏《六書音均表》同例,多完具可繕寫"數句云云,②未有申論。部分手稿的解説則相當詳盡,例如《雅詁表》:

> 《雅詁表》,二十一冊。
> 手稿,無書題。
> 取《爾雅》、《方言》、《廣雅》、《小爾雅》四書詁訓,以建首字(原注:即用以訓釋之字)爲經,而以古韻二十一部分列所釋之字以緯之,其建首字亦各分爲二十一部,故共爲二十一表。每表又分二十一格,如《爾雅·釋詁》:"初、哉、首、基、肇、祖、元、胎、俶、落、權輿,始也。""始"爲建首字,在王氏古韻第十七部,故此條入第十七表;而所釋之字,則"元"、"權"二字在第九部,"哉"、"基"、"胎"三字在第十

---

① 馬奔騰輯注:《王國維未刊來往書信集》,第59頁。
② 王國維:《高郵王懷祖先生訓詁音韻書稿序錄》,第524頁。

七部,"初"、"祖"、"落"、"輿"四字在第十八部,"首"、"俶"二字在第二十部,"肇"字在第二十一部,故此諸字亦各分別入第九、第十七、第十八、第二十、第二十一,五格;而"權輿"二字爲聯綿字,不可分割,則於第九格大書"權"字,而注"輿"字於其下,第十八格則小書"權"字,大書"輿"字。其《方言》、《廣雅》諸訓"始"之字,亦各以其部列入。如是,諸書訓"始"之字三十有一盡在一覽中,而其聲義相通之故亦從可識矣。

昔戴東原先生作《轉語》二十章,其書不傳,惟有一序在集中。先生此表,殊與戴君書類。惟戴君書以字母列字,先生以韻列字,此事全異;然欲以通聲音訓詁之郵,則所同也。

原稿書《爾雅》用黑字,《方言》用朱字,《廣雅》用綠字,然亦不盡用此例,而所蒐《爾雅》諸書之字,核以原書,亦尚未盡,蓋猶非寫定之稿也。

據王氏所述,此二十一册的《雅詁表》仍以古韻二十一部分列《爾雅》、《方言》、《廣雅》、《小爾雅》四書詁訓,則此稿仍東、冬二部不分,且尚未寫定。又例如《釋大》八篇,王國維根據稿中"岸"字有"説見第十八篇"、"著"字有"説見第二十三篇"的注文,在《序錄》裏進一步推論《釋大》原書取有"大"義的字,按二十三個聲母彙而釋之:

《釋大》七篇,二册。

正書清稿。

取字之有"大"義者,依所隸之字母彙而釋之,并自爲之注,存見、谿、群、疑、影、喻、曉七母,凡七篇,篇分上下。據第四篇"岸"字注云:"説見第十八篇'洒'字下。"又第三篇"著"字注云:"物之大者皆以牛馬稱之,説見第二十三篇。"是先生此書略已竣事,惜遺稿中已不可見矣。

案唐宋以來相傳字母凡三十六,古音則舌頭舌上,邪齒正齒,輕脣重脣,並無差別,故得二十三母。先生此書亦當有二十三篇:其前八篇爲牙喉八母;而"洒"字在第十八篇,"馬"字在第二十三篇,則此書自十五篇至十九篇當釋齒音精、清、從、心、邪五母之字,自二十篇至二十三篇當釋唇音邦、滂、並、明四母之字;然則第九至第十四六篇,其釋端、透、定、泥、來、日六母字無疑也。①

據《序錄》所述,《釋大》當有二十三篇,雖未成書,但"略已竣事"。據上文所引 1922 年 2 月 2 日王國維致羅振玉書,王氏所見《釋大》存牙喉八母,第八匣母是殘稿,與第七篇同在一紙上。經王氏錄出寫定的《釋大》八篇在 1925 年,也就是三年多後,與《方言疏證補》、《毛詩群經楚辭古韻譜》一同收入《高郵王氏遺書》中,由羅振玉印行。可惜的是後來羅氏轉售北大的王氏手稿中並不包括這三種。

《序錄》發表後的一年多,羅、王二氏書信中有關手稿整理的消息明顯減少,且以羅氏致書爲主。② 而王國維定居北京後,公私雜務酬應不絕,又要爲移居物色住所,因此除了 1924 年夏天分兩次將手稿中的《方言疏證補》草稿、清稿謄清外,其他與手稿有關的工作基本暫停。羅、王兩人在 1926 年 10 月後更因家事決裂,王國維在 1927 年 6 月去世,手稿整理的工作亦戛然而止。

三、入藏後陸宗達對手稿的校理考實

(一) 手稿入藏北京大學的經過

"以藏養藏"是羅振玉古物收藏的一大特色,羅氏在購入王氏手稿後

---

① 王國維:《高郵王懷祖先生訓詁音韻書稿序錄》,第 522 頁。
② 例如 1923 年 8 月 17 日羅氏致書王國維,報告了自己整理遺文的情況:"幸京友送高郵王氏四世文集至,乃以一夕之力取校弟之録本,則互有異同,即當遺胥補錄篋中所無,成一定本。刊本乃秦郵所刻,陳碩父(引案:指陳奂)所訂,刊於咸豐中,蓋在子蘭先生殉難後,此版應存其家中,不知何以無傳本。""王氏四世文集"指咸豐七年王氏家刻的《王文肅公遺文》、《王光祿遺文集》、《王文簡公遺集》、《王子仁文集》。羅振玉取校所錄,發現刊本與篋中遺文互有出入,準備付諸手民寫成定本。這就是後來收入《高郵王氏遺書》中《王文肅公遺文》、《王石臞先生遺文》、《王文簡公文集》的由來。又 8 月 24 日書曰:"前王氏書稿欲托商生携奉,而渠匆匆啓行,不及交與。兹托馮友携呈,到祈檢入。"商生即商承祚(1902—1991),師從羅氏,當時在讀北京大學研究所國學門。又 11 月 4 日書曰:"王石臞先生集中《文肅行狀》,擬別刻入《高郵王氏六世志傳碑狀集》,不入文集。"王慶祥、蕭立文校注:《羅振玉王國維往來書信》,第 562、595 頁。

不久，即有轉售的打算。1923 年 3 月 30 日致王國維書中，叔蘊除了再一次提到刊刻《遺書》之事外，更首次透露有出售手稿的打算：

> 連得手教，知王懷祖先生韻書已寫定，忻佩無似。此書翰怡（引案：劉承幹，1881—1963）不願刻（原注：其中不知何故，因前購此書，渠實勉強也），弟擬與商，書由渠購，版由弟刻，分任其事。請將寫本原書一同寄下，以便付寫。①

準此，羅振玉當年很可能是向劉承幹稱貸購置手稿，②劉氏最終不願意刊刻手稿，羅氏因而有手稿轉售翰怡，書版由自己出資付梓的想法。轉售之事最終不了了之，直至 1925 年，時任北京大學國文系主任兼國學門委員的馬裕藻（1878—1945）因其弟馬衡的關係，從王國維假觀手稿。現藏中國國家圖書館的王國維往還書信中有兩通來自馬裕藻，其中一通提及馬氏向王國維借閱王念孫韻譜手稿之事（參見圖二）。③

此書下款並無年份，所署日期亦無法確定為公曆抑或農曆。幸好我們在 1925 年 3 月下旬前後羅、王兩人的書信中找到綫索。羅振玉在 3 月 22 日書中提到王國維"孫女前數日甚佳，乃今日又熱至卅九度以上"一事，④王氏兩日後復書曰"前日接手書，敬悉一切。小孫女發熱想已退，但得不再發即可無虞"。⑤ 書中又提到馬裕藻托其四弟馬衡歸還《韻譜》書稿的事：

> 今日馬叔平來，還其兄所借高郵王氏韻書稿，云大學所借鈔，不知公可否？維告以公正欲付刊，現文集成後即印此書，且維欲移居，

---

① 王慶祥、蕭立文校注：《羅振玉王國維往來書信》，第 560 頁。
② 羅振玉在 1922 年 12 月 10 日前後致書王國維，稱從江氏購入的王氏遺稿"價則千金矣，亦稱貸而應之"。王慶祥、蕭立文校注：《羅振玉王國維往來書信》，第 552 頁。
③ 中國國家圖書館古籍館編：《國家圖書館藏王國維往還書信集》，中華書局 2017 年版，第 6 冊，第 2299 頁。
④ 王慶祥、蕭立文校注：《羅振玉王國維往來書信》，第 639 頁。
⑤ 王慶祥、蕭立文校注：《羅振玉王國維往來書信》，第 639 頁。
案：此書亦未署日期，校注者只繫諸 3 月。今據《王國維全集》所定日期，參見王國維著，謝維揚、房鑫亮主編：《王國維全集》，第 15 卷，第 570 頁注一。

正擬將此書送津了此首尾。公來信望提及此事,以便回覆爲幸,其書當托便人帶津也。①

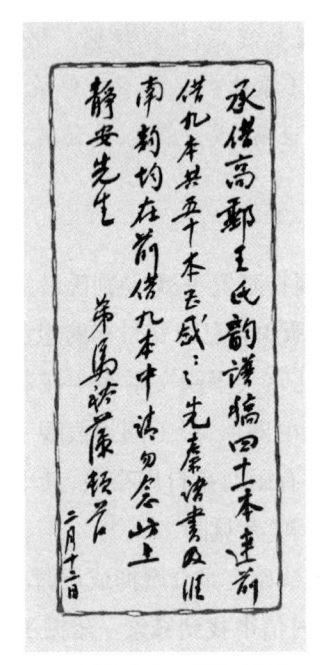

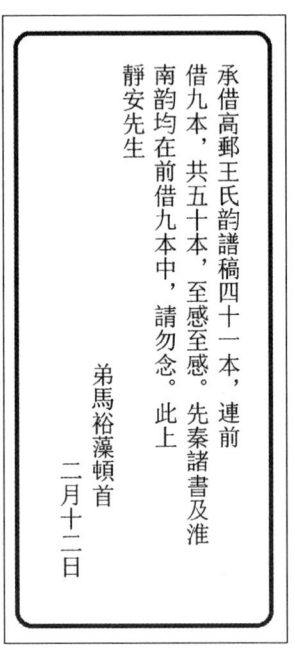

[1] 馬裕藻致王國維書原件　　[2] 馬裕藻致王國維書釋文

圖二

據此則馬裕藻的致書寫在 1925 年 2 月 12 日或 3 月 6 日(農曆二月十二日)。北大原先想借抄韻譜,最終未能成事,手稿亦由王國維托人帶回天津交還羅振玉。但就在馬氏昆仲穿針引綫下,北大注意到了這批材料,促成了數年後北大從羅氏手中購入手稿一事。

(二) 陸宗達對手稿的校理

手稿入藏北京大學後,最先收藏在位於東城區沙灘北街原嵩公府的

---

① 王國維著,謝維揚、房鑫亮主編:《王國維全集》,第 15 卷,第 640 頁。
案:校注者所錄與原件略有出入,此處據中國國家圖書館古籍館編《國家圖書館藏王國維往還書信集》原件改訂,第 1 册,第 434 頁。

研究所國學門圖書館,並由國學門編輯室編輯陸宗達整理其中四十三册的《韻譜》、《合韻譜》書稿。陸氏在八十年代口述自己1928年9月從北大國文系畢業後參與手稿整理的經過:

> 不久,北大國文系主任馬裕藻先生聘請我到北大任教,教預科的國文課,一九三〇年,我還兼任了國學門研究所的編輯。當編輯期間,我作了兩件事:一件是接替戴明揚編寫《一切經音義》的索引,另一是整理王念孫的《韻譜》與《合韻譜》遺稿。這部遺稿是羅振玉刻《高郵王氏遺書》未采用的,被北大買到。我發現,王氏在《合韻譜》中分古韻爲二十二部,將"東"、"冬"分立,對他自己的古韻學又有發展。於是我在羅常培(原注:莘田)先生的支持下,承擔了整理任務。一九三二年,我寫了《王石臞先生韻譜合韻譜稿後跋》(引案:原篇題爲"王石臞先生韻譜合韻譜遺稿跋")。一九三五年,又寫了《王石臞先生〈韻譜〉〈合韻譜〉稿後記》。現在,王念孫古韻晚年分二十二部的結論,已被語言學界接受。這部書,莘田先生本要印出,因爲抗日戰爭的爆發,便擱下了,至今整理稿還留在北大圖書館善本室。①

這段憶述中的人與事並不是依據時序的先後,陸氏擔任編輯所做的兩件事中,整理手稿要早於編寫索引,因爲陸氏1936年在《國學季刊》上發表的《編輯慧琳〈一切經音義引用書索引〉之經過二》一文中,明確提到自己是在"民國二十三年(1934)九月繼戴君之任,從事整理"。② 從1930年到1935年之間,陸氏獨力承擔整理、謄清諸《譜》的工作,並分別在《國學季刊》1932年第三卷第一號及1935年第五卷第二號發表研究諸《譜》的初步成果。

《王石臞先生韻譜合韻譜遺稿跋》首次公布四十三册《韻譜》、《合韻

---

① 陸宗達口述,王寧筆錄並整理:《我的學、教與研究工作生涯》,《文獻》1986年第3期,第82頁。
② 陸宗達:《編輯慧琳〈一切經音義引用書索引〉之經過二》,《國學季刊》1936年第6卷第1號,第183頁。

譜》的具體題名與册數,簡述王念孫治古韻之學的經歷以及與段、孔、江三家的異同。陸氏據《合韻譜》別"冬"於"東",因而指出:

> 先生治韻始分二十一部,晚歲虚懷孔説,又成二十二部;然先生撰述不傳,世鮮窺曉,雖有與丁道久一書可資探討,而單辭孤證,取信所難,幸得先生手稿,確定二十二部之論,則源流有自,取證有由,晚年定論,于是在矣。

關於四聲之説,陸氏則據"《韻譜》及《合韻譜》排比四聲義法三易"而指出:

> 《詩經群經楚辭韻譜》(原注:已刻入《高郵王氏遺書》)、《周秦諸子韻譜》、《淮南子韻譜》悉依《六書音均表》之例,惟析"有入"、"無入"爲二類,與段小異。段氏證古無去聲,先生從其説。……《易林韻譜》、《西漢(楚辭中)韻譜》、《西漢(文選中)韻譜》排比類例,取無入之説,故于"支"、"脂"、"之"、"魚"、"矦"、"幽"諸部皆廑列平上去三聲。是宗孔氏之誼也。《史漢韻譜》及諸《合韻譜》又於"支"、"脂"、"之"、"魚"、"矦"、"幽"諸部四聲俱列,"宵部"列平上去三聲;"祭"、"至"列去入二聲(原注:"緝"、"盍"僅有入聲,無入之韻僅有平聲),此又先生晚年古有四聲之説也。①

陸氏藉由對諸《譜》的整理,揭示出王念孫古音系統中分古韻爲二十二部,且四聲俱備之定見,厥功至偉。

至於《王石臞先生〈韻譜〉〈合韻譜〉稿後記》,則爲前文的續編,陸氏分别對《韻譜》、《合韻譜》的韻目、譜例、韻例加以歸納説明,同時指出《高郵王氏遺書》所刻《詩經群經楚辭韻譜》存在韻目名不符實、删剟原稿音轉、合韻標識的問題。陸氏又據此《韻譜》所見三百篇韻例,比較王念孫與段玉裁

---

① 陸宗達:《王石臞先生〈韻譜〉〈合韻譜〉遺稿跋》,第170—171頁。

《詩經韻分十七部表》之異同,就《韻譜》詳於段表者,表而出之,並得出王氏"《韻譜》中求韻之法,亦不外句末句中二例"的結論。關於王念孫合韻之説,陸氏注意到"《合韻譜》有二韻通合及三韻通合二例",並依《詩經群經楚辭合韻譜》原例,在正文列舉王氏晚年古韻二十二部中二韻、三韻通合的文例,俾當時學者能夠一窺究竟。陸氏在文末總結近五年校理諸《譜》的體認曰:

> 余述《韻譜》、《合韻譜》之例既竟,而有以知先生爲學之勤也。先生韻學之稿凡數十册,穿穴百家,排批衆類,莫不旁行斜上,細字朱箋,雖義例數更,而衷于一是,其用力之勤如此。如從段説,終更孔義,雖屢加駁辯,而要渺知歸,其服義之篤如此。蓋由博大以造精深,擷衆長而止至善,德進乎日,不可幾已。至于二十一部與二十二部之分,特示韻學嬗變之迹,轉不足以窺先生之深也。①

可謂知人之論。值得注意的是,陸氏在此文引言部分,有"今付印在即,謹就其異同之處,揭橥而箋識之,所以解疑惑,明指歸也"數語,其中"付印在即"一語,指的是陸氏在憶述中提及的"(手稿)莘田先生本要印出,因爲抗日戰争的爆發,便擱下了"一事。

(三)"國立北京大學所藏王念孫手稿影存"計劃

傅斯年圖書館藏有一通羅常培在 1936 年 11 月 21 日致傅斯年的信件,提到北京大學計劃將王念孫手稿影印出版的事:

> 孟真吾兄:久未致信爲念。北大所藏王念孫手稿經弟促動之,結果已由陸宗達手全部交出,即由出版組影印。兹寄上進行計畫一份,請指正爲幸。本所所藏一部分爲《段氏説文箋記》,近已爲奉天人吴甌印入《稷香館叢書》。《釋衿》、《釋地》已印入《王氏遺書》。《觀其自養齋爐餘録》(原注:王壽同稿)只有卷三一本(原注:北大

---

① 陸宗達:《王石臞先生〈韻譜〉〈合韻譜〉稿後記》,《國學季刊》1935 年第 5 卷第 2 號,第 152、154、173—174 頁。

共有七卷)。其餘均係殘稿無關重要者,可否交丁或周整理,由所中單印,或即付入北大一部分印行。目錄已抄寄本所圖(引案:"圖書館"一詞合文)一份,請索閱後斟酌示覆爲荷。專此,即頌

撰安

弟　常培謹啓　廿五・十一・廿一

　　羅常培在 1929 年辭去中山大學教職,到在廣州剛成立的中央研究院歷史語言研究所任專職研究員,同年 5 月史語所遷到北京。1934 年 7 月 14 日劉復(1891—1934)病逝,羅常培由史語所借聘到北大任國文系教授,接手主持語音樂律實驗室工作,並在 1935—1936 年間兼任國文系系主任。由於當時史語所所長傅斯年(1896—1950)對所員在外工作有嚴格的限制,羅常培能夠正式支持手稿的整理與出版不會早於 1934 年秋。根據羅氏信中夾附的計劃書(參見圖三),北大是次出版計劃的總名爲"國立北京大學所藏王念孫手稿影存",全書總目用王國維《高郵王懷祖先生訓詁音韻書稿序錄》,另撰"編印緣起",説明北大購自羅振玉的手稿清單。計劃先影印原件發行,然後再排印出版,排印稿件由陸宗達指導時任研究所書寫員的史岫海抄寫,每種稿件如王國維《序錄》未及詳述,則由陸宗達加按提要。而原擬參與校對排印稿、撰寫序例的學者,則都來自國文系以及前身爲國學門的文科研究所。①

　　影印手稿的計劃最終因爲 1937 年的七七事變被迫中止,北大也在 9 月南遷長沙,連同手稿在内的文科研究所藏品則留在嵩公府的研究所。1946 年 10 月,北大在北京復校開學。1952 年,全國院系調整,北大遷至北京西郊燕京大學校址,文科研究所停辦,手稿也在這個時候調歸北大圖書館,收藏至今。2018 年 12 月,北京泰和嘉成拍賣有限公司拍賣了十四袋標示爲陸宗達、羅常培整理王念孫手稿擬出版時的抄本,包括《詩經群經楚辭合韻譜》、《周秦諸子合韻譜》、《逸周書穆天子傳戰國策合韻譜》等共十四種,這些抄本或許就是陸氏在憶述中提及的"整理稿"。

---

① "國學門"在 1934 年改稱爲"文科研究所"。

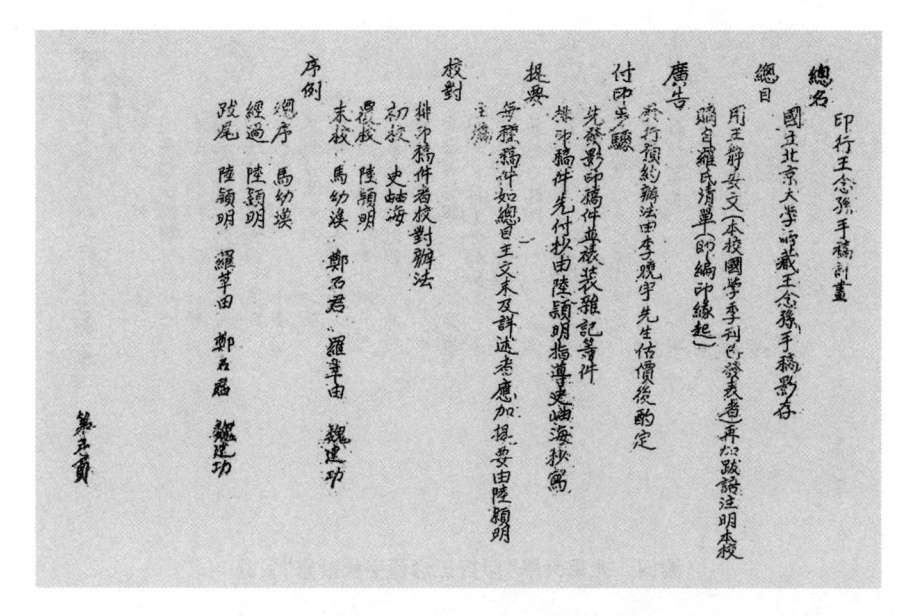

圖三　北京大學"印行王念孫手稿計畫"詳情

四、從手稿看王念孫的古韻分部

（一）王念孫"初析古韻十七部"說辨正

羅常培在1936年抄寄史語所的目錄（參見圖四），目前仍然保存在傅斯年圖書館。筆者以羅氏所列細目逐一比對北大現藏的王念孫手稿，發現北大從羅振玉手中購入的手稿，至今基本完好無缺。

北大入藏的這批王念孫手稿中，與古韻研究相關的材料佔絕大多數。可惜的是，手稿入藏北大前後，兩次印行的計劃都因爲不同原因而擱置。在相當長的時間裏，學者據以討論王氏古音之說的新材料，依舊只是《高郵王氏遺書》所刻的《詩經群經楚辭韻譜》與陸宗達兩篇專文所節錄的小部分《韻譜》、《合韻譜》。例如王力的《清代古音學》是近人研究清代古音學的經典之作，書中第八章《王念孫的古音學》，雖然提到王氏古音理論除了"見於《與李方伯書》，載於其子王引之《經義述聞》卷三十一"外，"另有《詩經群經楚辭韻譜》，見於羅振玉所輯《高郵王氏遺書》"。又有《韻

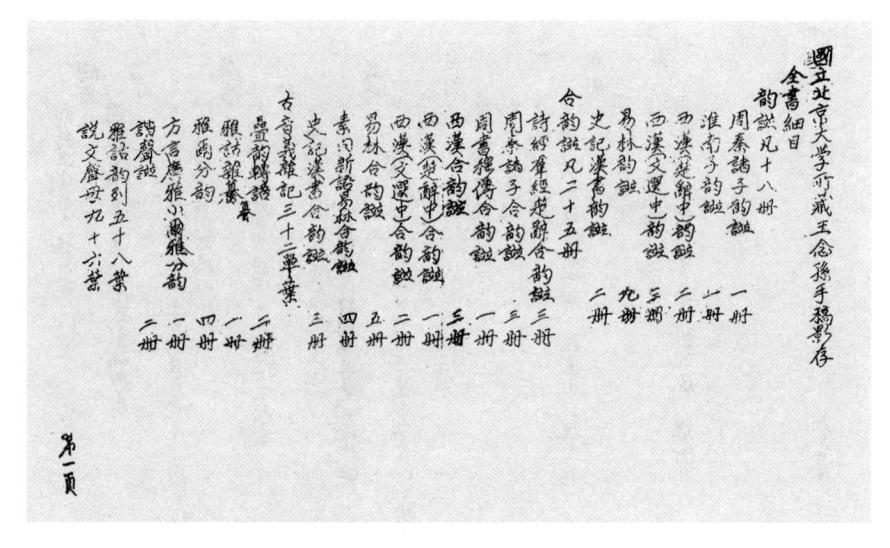

圖四　北京大學"印行王念孫手稿計畫"目錄

譜》與《合韻譜》，未刊行"。①但全章所論仍以王氏二十一部爲主，只有結語部分稍及"王氏《合韻譜》爲晚年所改定，他終於增加一個冬部，共成古韻二十二部"數語，並據此肯定"清代古音學到王念孫，已經是登峰造極。考古派只能做到這一步"。②

直到 2016 年，趙永磊才首次全面爬梳陸宗達當年校理過的四十三册《韻譜》《合韻譜》，並參照王念孫其他存世文稿、抄本，依王氏韻部形成的先後次序，鈎沉王氏古韻分部的概況，探見王氏古韻二十二部的源流。趙氏關於諸《譜》所見古韻分部與四聲更定的描述，雖與前揭陸宗達整理手稿時的觀察大同小異。但由於趙氏充分掌握原始材料，且細意比對，鈎隱抉微，因此對王念孫古韻分部演變歷程之描述較陸氏更爲完備，也爲學者進一步發掘諸《譜》的古音信息，提供了一個一目了然的框架，大致信實可從。然而趙氏認爲"王念孫初析古韻僅析十七部"，"其古韻分部實在段玉裁《六書音均表》之後"的看法則不無可商之處。兹先引録趙氏結論於下：

---

① 王力：《清代古音學》，中華書局 2013 年版，第 194 頁。
② 王力：《清代古音學》，第 206—207 頁。

王念孫古韻二十二部之形成過程,歷經古韻十七部(原注:古無去聲)、古韻二十二部(原注:古無去聲)、古韻二十一部(原注:古無去聲)、古韻二十一部(原注:古無入聲)、古韻二十一部(原注:古有四聲)、古韻二十二部(古有四聲)六階段。自乾隆四十二年(1777)沿承段玉裁《六書音均表》之說,析古韻爲十七部,至道光元年(1821)從孔廣森"東、冬"分部之說,歷時四十四年有餘。

　　從王念孫古韻分部言之,王念孫古韻分二十二部,至、祭、緝、盍四部而外,冬部獨立說源出孔廣森,餘十七部則爲段玉裁《六書音均表》之規模,故王念孫古韻二十二部可謂融合乾嘉學者古音學說之結晶體。清代古音學考古派,至王念孫古韻二十二部出,遂臻於極致。

　　王念孫在上古聲調上,觀念三變,初主段玉裁"古無去聲"說,而後又主"古無入聲"說,最後以上古韻文韻脚字有異調同押現象,主"古有四聲"說。①

趙氏"王念孫初析古韻僅析十七部"之說主要有三個依據:其一是現藏國家圖書館一篇没有年份、題名的古韻分部表民國抄本,趙氏名爲《古韻十七部韻表》;其二是劉盼遂所輯的《王石臞文集補編》收録的《平入分配說》;其三是現藏上海圖書館的"王念孫《六書音均表》校本"。趙氏利用三者構築了王念孫古韻分部的第一階段:

　　乾隆四十二年(1777),段玉裁《六書音均表》刻竣。王念孫獲見《六書音均表》,因仍段氏"古韻十七部"及其"古無去聲"說,並校正段玉裁《六書音均表》,此後先後成《古韻十七部韻表》、《平入分配說》兩文,重定"質、術、月"等入聲韻與平聲韻之搭配問題。②

同年六月,趙氏再以"王念孫《六書音均表》校本"爲據,另文考證王氏"韻部體系源出《六書音均表》"。趙氏雖然在文末補記部分,澄清校本原爲

---

① 趙永磊:《王念孫"古韻二十二部"形成源流考》,第49—50頁。
② 趙永磊:《王念孫"古韻二十二部"形成源流考》,第47頁。

"清人過録王念孫校本,非王氏自校",然細審内文則似尚未修訂,如謂"諦審上圖校本朱筆校語字迹,與北京大學圖書館所藏王念孫《詩經群經楚辭合韻譜》稿本墨迹不甚分别",又謂"校本爲王念孫早期古韻分部之最初形態",並據此比對《詩經群經楚辭韻譜》,得出"王念孫古韻分部在段玉裁《六書音均表》之後,最初僅分爲古韻十七部,在聲調上主古無去聲説,與段玉裁雷同"的結論。①《禮記·曲禮》云"毋剿説,毋雷同",此固爲學之要道。然細察清代考古派學者治韻的經歷,無不遵循離析《廣韻》、繫聯韻脚、歸納諧聲、比較韻部等方法,彌縫補苴,加上消息隔閡而往往"閉門造車,出而合轍"。如王念孫與江有誥二人"如趨一軌"的古音成果即人所共知。王力對此有過相當精闢的解釋:

> 處理古韻,只是用簡單的客觀歸納方法,材料有限,方法簡單,各家所得結論往往不謀而合,因爲材料是一樣的,方法是一樣的,只要方法做得細緻,决不會做出不同的結論來。②

他認爲"王念孫如果早生一百年,他只能做到顧炎武的成績;顧炎武如果遲生一百年,也就能有王念孫的成績。我們只須看王念孫之與戴、段、江,江有誥之與戴、王,皆不約而同,就知道科學方法能使人們趨向於同一的真理了"。③ 趙氏僅以數頁韻分十七部的《六書音均表》過録本書影比對韻分二十一部的《韻譜》手稿,以段、王二氏古韻系統中皆有的"陽"、"蕭(宵)"、"幽"三部部分相合韻段爲據,即坐實王氏"韻部體系源出《六書音均表》",似稍欠公允,以此目爲學術公案,亦無必要。陸宗達曾經提及馬裕藻以手録王氏《六書音均表》校本見示,據陸氏所述:

> 其間修正段氏與《韻譜》頗有異同。如段表第十二部(原注:真)原

---

① 趙永磊:《王念孫古韻分部新探——〈詩經群經楚辭韻譜〉韻部體系形成考》,《漢語史學報》2016 年第 16 輯,第 182、184、187 頁。
② 王力:《清代古音學》,第 255—256 頁。
③ 王力:《漢語音韻學》,中華書局 2014 年版,第 249 頁。

有入聲,先生則取段表第十五部(原注:脂)入聲,析爲二部。一繫于段表第三部(原注:諄),一繫于段表第十四部(原注:元)。蓋以《切韻》"質"承"眞","術"承"諄","月"承"元"。段表取"術"、"月"爲"脂"之入聲,則"諄"、"元"二部無入聲矣。而又以"質"爲"眞"之入。是自亂其例。故先生依據《切韻》,補苴段例。雖規正彼失,而不強從己意。①

可見校本原件與《韻譜》原稿互異頗多,而陸氏"不強從己意"一語更道破王氏於古韻分部早有己見。道光元年(1821),王念孫致書江有誥,對自己早歲治韻的經過有以下一段夫子自道:

  念孫少時服膺顧氏書,年二十三入都會試,得江氏《古韻標準》,始知顧氏所分十部猶有罅漏。旋里後,取三百五篇反覆尋繹,始知江氏之書仍未盡善。輒以己意重加編次,分古音爲二十一部,未敢出以示人,及服官後,始得亡友段君若膺所撰《六書音均表》,見其所分"支"、"脂"、"之"爲三,"眞"、"諄"爲二,"尤"、"侯"爲二,皆與鄙見若合符節,唯入聲之分合及分配平、上、去,與念孫多有不合。嗣值官務殷繁,久荒舊業,又以"侵"、"談"二部分析未能明審。是以書雖成而未敢付梓。②

準此,與其説王氏"沿承段玉裁《六書音均表》之説",倒不如説王氏受江永《古韻標準》啓發,"始有以己意重加編次,分古音爲二十一部"之説。其後得見段氏《六書音均表》,則兩人分"支"、"脂"、"之"爲三,"眞"、"諄"爲二,"尤"、"侯"爲二,如桴鼓相應,唯入聲分合與隸配則多有不合。王氏於是研覈異同,精益盡善。趙氏所舉《古韻十七部韻表》、《平入分配説》、《六書音均表》校本或爲王念孫以舊説比合段説的紀錄。筆者認爲王國維因"世人或以先生説本於戴、段者"而在《序録》中考其原委的看法最爲通達:

  考先生會試旋里始治古韻在乾隆三十一年,段君書成在三十五

---

① 陸宗達:《王石臞先生〈韻譜〉〈合韻譜〉稿後記》,第132頁。
② 王念孫:《王石臞先生遺文》,收入羅振玉輯印《高郵王氏遺書》,第156頁。

年,先生始服官見段君書在四十年(引案:當爲乾隆四十六年[1781],庶吉士館散官,王氏考列一等五名,旋任工部都水司主事),戴君九部之分又在四十一年,然則先生二十一部之分,稍後於段君而先於戴君。三君者,皆得之於己,不相爲謀,而其説之大同如此,所謂"閉門造車,出而合轍"者歟?然先生諸譜與段書體例略同,殆分部在先,成書在後歟,抑其體裁又自暗合歟?而先生之精密,要在戴、段二家上已。①

(二) 手稿所見"古韻二十一部"及"古韻二十二部"考實

筆者檢諸北大所藏各種與王氏古韻分部相關的手稿原件,或分二十一部,或分二十二部,未嘗見有分十七部者。其中除了陸宗達校理的四十三册《韻譜》、《合韻譜》外,尚有兩册的《諧聲譜》,上册分爲十部,下册分爲十一部(參見圖五),亦合共二十一部。且細審兩册字體皆工筆端楷,

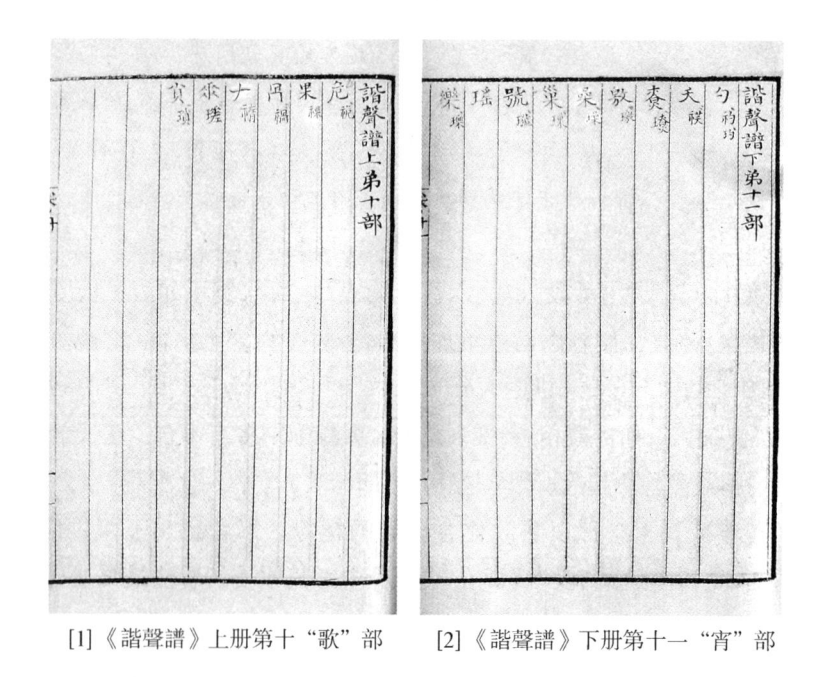

[1]《諧聲譜》上册第十"歌"部　　　[2]《諧聲譜》下册第十一"宵"部

圖五

---

① 王國維:《高郵王懷祖先生訓詁音韻書稿序録》,第525頁。

稍嫌拘謹,當爲王氏早年所作。

至於王念孫韻分二十二部的時間,可以從王氏致江有誥、丁履恒的書信而得其端倪。道光元年致江氏書中,王念孫仍力排孔廣森"東"、"冬"二分之説曰:

> 孔氏分"東"、"冬"爲二,念孫亦服其獨見。然考《蓼蕭》四章,皆每章一韻,而第四章之"沖沖"、"雝雝"既相對爲文,則亦相承爲韻。孔以"沖沖"韻"濃"、"雝雝"韻"同",似屬牽強。《旄邱》三章之"戎"、"東"、"同",孔謂"戎"字不入韻;然"蒙"、"戎"爲疊韻,則"戎"之入韻明矣。《左傳》作"尨茸",亦與"公"、"從"爲韻也。又《易·彖傳》、《象傳》合用者十條,而孔氏或以爲非韻,或以爲隔協,皆屬武斷。又如《離騷》之"庸"、"降"爲韻,凡若此者,皆不可析爲二類。故此部至今尚未分出。①

上海圖書館現藏一册丁履恒《諧聲類篇》稿本,有王念孫批校夾簽及王氏答書原件殘頁(參見圖六[1]),傅斯年圖書館藏有答書抄本(參見圖六[2]),②今據補。王氏曰:

> 奉讀大著論韻諸篇,精心研綜,纖悉靡遺;"本韻"、"合韻"條理秩然,不勝佩服之至。弟自去年肝血虧損,左臂左足幾於偏廢,迄今不能出户,愧不克趨詣尊齋請教。弟向所酌定古韻凡廿二部,説與大著略同;惟"質"、"術"分爲二部,且"質"部有去聲而無平上聲,"緝"、"盍"二部則并無去聲。

書中王氏稱去年"左臂左足幾於偏廢"一事,準諸道光元年致江有誥

---

① 王念孫:《王石臞先生遺文》,收入羅振玉輯印《高郵王氏遺書》,第157頁。
② 據傅斯年圖書館著録,抄本爲咸豐年間所抄,抄有王念孫三十五條夾簽,且有許瀚(1797—1866)朱筆批校。又鈐黄陂陳毅鑒藏善本、諸城李方赤氏收藏秘笈印信、東方文化事業總委員會所藏圖書印諸印記。

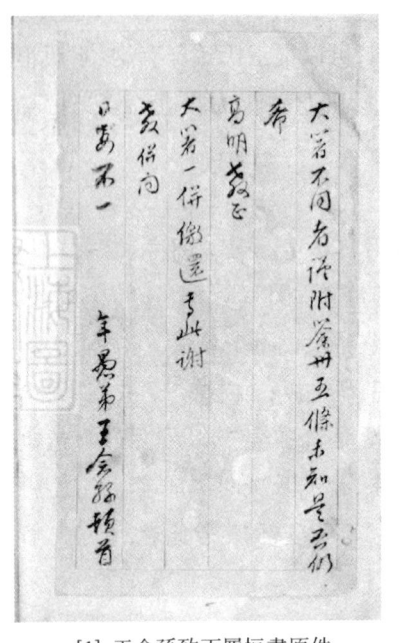

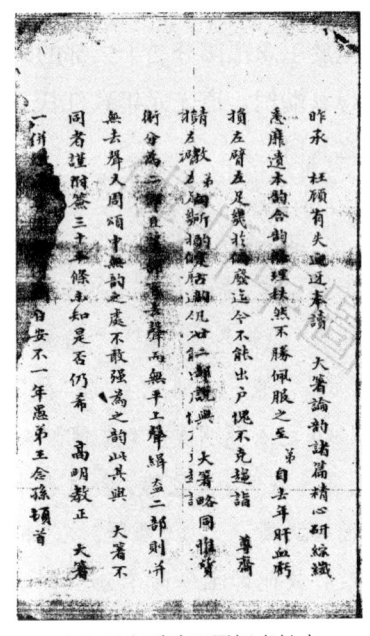

[1] 王念孫致丁履恒書原件　　[2] 王念孫致丁履恒書抄本

圖六

書已言及"左畔手足偏枯,不能步履",①則此書當作於道光二年(1822)。據此可知王念孫在道光元年以後以古韻分二十二部,古有四聲爲其定見。

考北大所藏王念孫手稿中,《詩經群經楚辭合韻譜》、《周秦諸子合韻譜》、《逸周書穆天子傳戰國策合韻譜》、《西漢合韻譜》、《素問新語易林合韻譜》、《史記漢書合韻譜》六種共十二冊已別"冬"於"東",則可知皆成於道光元年以後。如前揭《詩經群經楚辭合韻譜》"東"、"冬"合韻書影,王氏已從孔廣森説,以《蓼蕭》四章"濃"、"沖"、"雝"、"同"合韻;《離騷》"庸"、"降"亦析爲二類。兹據此十二册《合韻譜》,表列王氏二十二部韻目如下:

---

① 王念孫:《王石臞先生遺文》,收入羅振玉輯印《高郵王氏遺書》,第156頁。

韻 次	韻 目			
	平 聲	上 聲	去 聲	入 聲
第一部	東			
第二部	冬			
第三部	蒸			
第四部	侵			
第五部	談			
第六部	陽			
第七部	耕			
第八部	真			
第九部	諄			
第十部	元			
第十一部	歌			
第十二部	支	紙	寘	錫
第十三部			至	質
第十四部	脂	旨	鞪	術
第十五部			祭	月
第十六部				盍
第十七部				緝
第十八部	之	止	志	職
第十九部	魚	語	御	鐸
第二十部	矦	厚	候	屋
第二十一部	幽	黝	幼	毒
第二十二部	宵	小	笑	藥

嘉慶二十一年(1816),王念孫致書李廣芸(1754—1817)論其古韻分部曰:

> 不揣寡昧,僭立二十一部之目,而爲之表。分爲二類:自東至歌十部爲一類,皆有平、上、去而無入。自支至宵之十一部爲一類,或四聲皆備,或有去、入而無平、上,或有入而無平、上、去,而入聲則十一部皆有之,正與前十類之無入者相反。此皆以九經、《楚辭》用韻之文爲準,而不從《切韻》之例。①

以此爲準,則《合韻譜》雖增加一個冬部,但王氏仍然按"古有四聲"分韻,且以《廣韻》韻目爲古韻定名,以東部爲二十二部之始,再以有入、無入分爲兩類,即東、冬、蒸、侵、談、陽、耕、真、諄、元、歌十一部爲無入,支、至、脂、祭、盍、緝、之、魚、侯、幽、宵十一部爲有入。東部以後以各部相近相通的關係排列韻目的先後次序,這與王氏據群經、《楚辭》用韻之文,從而對韻部分合與遠近的認識密切相關,十二册的《合韻譜》更是王氏"合韻"研究的具體成果。

(三)《合韻譜》手稿研究概述

陸宗達最先利用《合韻譜》對王氏的"合韻"說做了初步的考察,並將《詩經群經楚辭合韻譜》排印公布,俾學者知道王氏除有《韻譜》外,尚有《合韻譜》之作。陸氏又將此譜與《高郵王氏遺書》所刻的《詩經群經楚辭韻譜》作比對,揭示二《譜》韻部分合與韻例異同的情況。不過陸氏對王念孫"合韻"說的研究只是點到即止,也只排印了一種《合韻譜》,且手民之誤較多,因此尚有不少可以補正之處。2019年,趙曉慶重新關注了這個問題,並據所見手稿,發現"陸先生文中僅舉《詩經群經楚辭合韻譜》大約之例,並非全本",趙氏於是"從北大藏王念孫《詩經群經楚辭合韻譜》稿本實際出發,與《古韻譜》(引案:即《詩經群經楚辭韻譜》)相比較,對其內容體例及學術價值做了考察研究,並附校本於後,以爲學界取資",②可以說是繼陸氏以後,相關研究的另一篇力作。筆者以

---

① 王念孫:《王石臞先生遺文》,收入羅振玉輯印《高郵王氏遺書》,第158頁。
② 趙曉慶:《王念孫〈合韻譜〉〈古韻譜〉比較研究》,《漢語史學報》2019年,第21輯,第30頁。

手稿比勘陸、趙二氏所録，發現趙氏在文末所附校本基本上已經將陸氏排印本的誤字一一改訂，又補上"耕真"合韻2例、"諄元"合譜14例等。然而趙氏校本所録與《合韻譜》原件又有若干不甚吻合之處，而且不僅是誤字的問題，而是涉及到對文例的處理以及對《譜》例的正確理解。

首先，趙氏校本共有三例標明爲手稿有重頁，分別是"東侵"合韻下《楚辭·天問》"沉"、"封"合韻一例；"東元"合韻下《詩經·賓之初延》三章"筵"、"恭"、"反"、"幡"、"遷"、"僊"合韻一例；"之宵"合韻下《大戴禮·武王踐阼篇戶銘》"招"、"謀"合韻一例；①考諸手稿原件並未重複。

其次，趙氏對手稿若干文字的改易與釋讀或有可商之處。例如"黝小"合韻下《巧言》四章"廟"、"猶"合韻一例，校本改"猶"爲"猷"，趙氏曰："羅振玉輯刻本《古韻譜》……作'猷'；《十三經注疏》本作'猷'；《合韻譜》稿本作'猶'。'猷'、'猶'二字異體，《玉篇》：'"猷"與"猶"同。'今統一作'猷'。"抄録手稿當以遵照原稿爲原則，不宜以意改易，且王氏在《合韻譜》改作"猶"，與其對"猶"、"猷"二字正俗關係有了新的看法有關。《讀荀子雜志》"猶"字條，王念孫釋《荀子》引《詩經·常武》"王猶允塞"曰："'謀猶'字，《詩》皆作'猶'，《説文》有'猶'無'猷'，作'猷'者，隸變耳。俗以'猶'爲'猶若'字，'猷'爲'謀猷'字，非也。《君道篇》作'猷'者，亦隸變耳。"②準此，王氏據《説文》而以"猶"爲正體，"猷"爲隸變俗體。又例如手稿"侯"部平聲"侯"王氏寫作"矦"，去聲"候"寫作"俟"，趙氏抄録時間見混同。例如"歌矦"合韻下《詩經·桑柔》十六章"寇"、"可"、"罟"、"歌"合韻一例中，校本誤作"歌侯"合韻。③

再者，趙氏校本置放文例的次序與趙氏對手稿部分符號的理解，與原件並非完全一致。《詩經羣經楚辭合韻譜》置放文例，嚴格按《詩經》、羣經、《楚辭》的先後爲次。《詩經》按三百篇爲序，羣經按《易》、《書》、《儀禮》、《大戴禮》、《禮記》、《周禮》、《左傳》、《國語》、《爾雅》、《論語》、《孟子》爲序，《楚辭》按《離騷》、《九歌》、《天問》、《九章》、《遠遊》、《卜居》、

---

① 趙曉慶：《王念孫〈合韻譜〉〈古韻譜〉比較研究》，第39、50頁。
② 王念孫：《讀書雜志》，志八之五，第18頁下—19頁上。
③ 趙曉慶：《王念孫〈合韻譜〉〈古韻譜〉比較研究》，第46、51頁。

《九辯》、《招魂》、《大招》爲序。① 手稿間見王氏以夾籤或在天頭增補的文例,校本並未按以上體例載錄,例如"鞎祭"合韻下,王氏以夾籤補《大戴禮·曾子立事篇》"二"、"大"合韻一例(參見圖七),陸宗達置於《易·雜卦傳》"外"、"内"、"類"、"退"合韻一例之下,《禮記·月令》"大"、"位"合韻一例之上,甚是。趙氏則置於《詩經·出車》二章"旆"、"瘁"合韻一例之上,與《譜》例不合。又手稿此頁天頭有《禮記·月令》"蓋"、

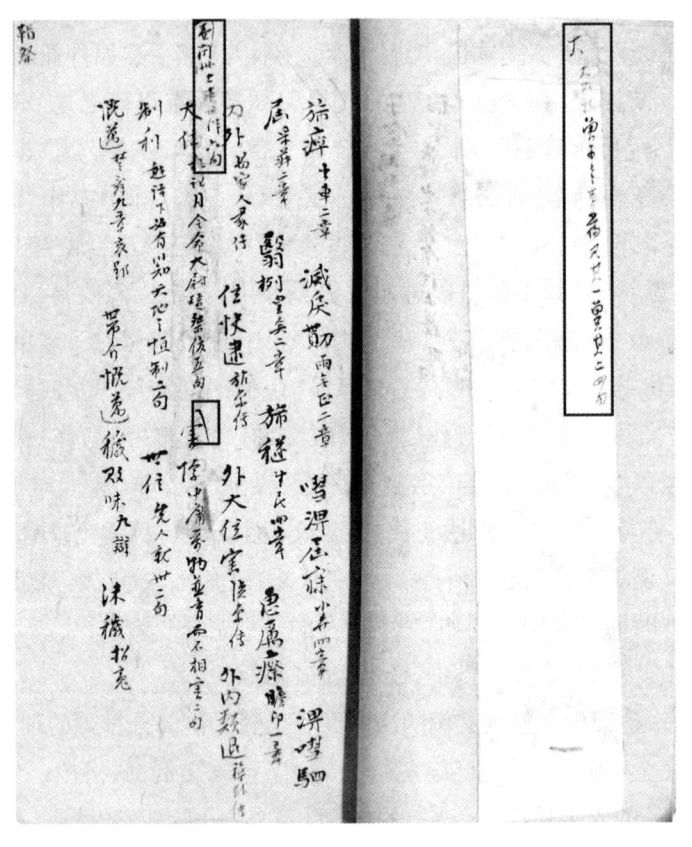

圖七 "鞎祭"合韻

---

① 趙氏稱《詩經群經楚辭合韻譜》收録内容包括《詩經》、《易》、《書》、《大戴禮記》、《禮記》、《左傳》、《國語》、《穀梁傳》、《公羊傳》、《論語》、《孟子》、《爾雅》、《楚辭》(原注:《楚辭》僅收《離騷》、《九歌》、《天問》、《九章》、《遠遊》、《卜居》、《漁父》、《九辯》、《招魂》、《大招》諸篇)等十三部典籍。驗諸手稿,則並無《穀梁傳》、《公羊傳》、《漁父》文例,趙氏校本亦未見載錄,而手稿有的《儀禮》、《周禮》文例趙氏反而未有提及。見趙曉慶:《王念孫〈合韻譜〉〈古韻譜〉比較研究》,第31頁。

"閉"、"泄"合韻一例,並以插入號"\"標示文例置放的位置。由於此例已收入"質月"合韻之中,故王氏後來以勾號"⌒"刪去此例(參見圖七)。趙氏校語曰"'【】'爲王氏稿中刪除符號。"又以間隔號"/"代替"\",皆與手稿不符。又例如"職毒"合韻下,手稿原寫有"繆"、"福"、"服"、"德"四字合韻,王氏注曰:"《(大戴禮·)虞戴德篇》'衆則集'五句。"後增補"治"、"貸"、"治"三個韻字,並勾去原注中"'衆則集'五句"五字,改爲"'是以天下平而國家治'九句"(參見圖八[1])。趙氏似未解此意,故稱"《合韻譜》手稿此稿末用'( )'將'衆則集'一句括了起來,表示此句不韻",①非是。

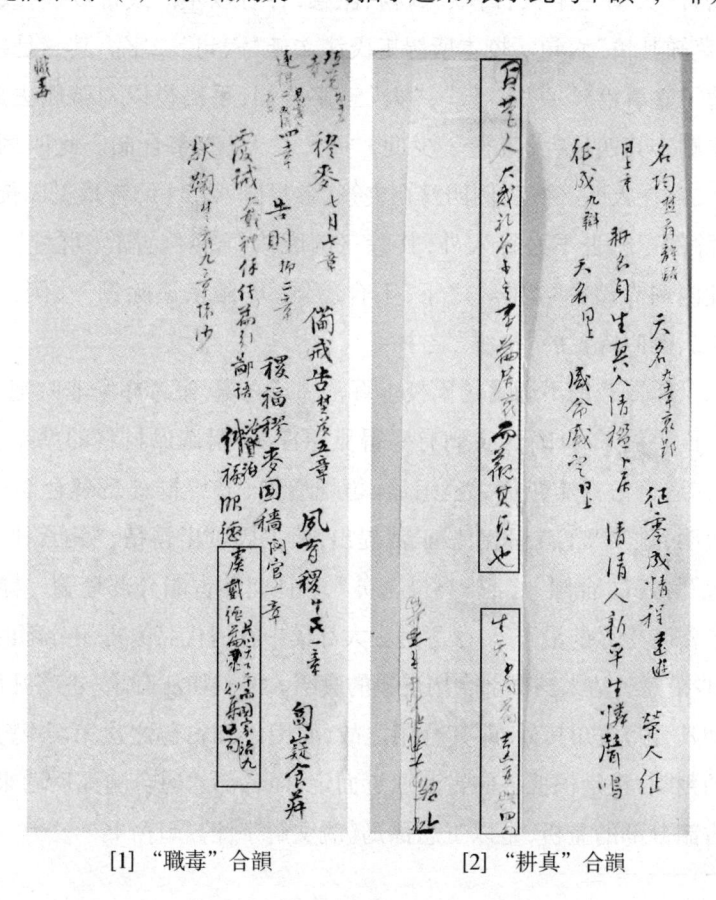

[1] "職毒"合韻　　　[2] "耕真"合韻

圖八

① 趙曉慶:《王念孫〈合韻譜〉〈古韻譜〉比較研究》,第47、50頁。

最後,《合韻譜》"耕真"合韻文例數量最多,趙氏校本的問題亦較多。以校本所列最後四個文例爲例,其一是《大戴禮·文王官人》"情"、"誠"、"信"、"成"、"誠"五字合韻,王氏注曰:"'探取其志以觀其情'五句。"謂此例出自"探取其志以觀其情;考其陰陽以觀其誠;覆其微言以觀其信;曲省其行以觀其備成。此之謂觀誠也"五句。趙氏校本只錄"情"、"誠"、"信"、"成"四字,又誤釋王氏注文"五句"作"三句"。其二是《大戴禮·易本命》"人"、"生"、"情"三字合韻,王氏注曰:"'凡易之生人'六句。"謂此例出自"夫易之生人,禽獸、萬物、昆蟲,各有以生。或奇或偶,或飛或行,而莫知其情"六句。校本所錄王氏注文無"六句"二字。其三是《大戴禮·曾子立事篇》"貞"、"營"、"人"三字合韻,手稿後以勾號删去此例,校本未删。其四是《大戴禮·少閒》"生"、"天"二字合韻。此四例中例一、例二寫在天頭,例三、例四寫在夾簽(參見圖八[2]),皆爲王氏後補的文例,除例三删去不必錄入外,其餘三例應按《譜》例置於"群經"之中。校本此四例皆置於"楚辭"之下,不合體例。① 陸宗達除例一、例三不錄外,例二、例四皆置於"群經"之中。

以上所舉諸例不過是趙氏校本百密一疏之處,筆者亦絕非吹毛求疵。只是王氏手稿未有印行,我們有幸得見原件者,對確保材料的準確,避免以訛傳訛,自當責無旁貸。陸宗達、趙曉慶對《詩經群經楚辭合韻譜》的研究表明,雖然"合韻"説由段玉裁提出,但王氏後出轉精,"鈎玄抉要,并舉兼包",故其"合韻"之説"爲最密矣",② 且與其古韻分部理論一樣,"都走在了當時學界前沿"。③ 學界過去大都集中在清代諸家古韻分部的研究上,較少措意於清人對韻部合用現象的發明。但誠如江有誥《古韻凡例》所言:"知其合乃愈知其分,即其合用之故,而因以知古部之次第。"④ 對合韻與否的判斷,正是根據各韻古音遠近而定,而各部的通合關係反過來又有助於古韻分部的釐析,是以王念孫爲《説文解字注》撰序曰:

---

① 趙曉慶:《王念孫〈合韻譜〉〈古韻譜〉比較研究》,第42頁。
② 陸宗達:《王石臞先生〈韻譜〉〈合韻譜〉稿後記》,第173頁。
③ 趙曉慶:《王念孫〈合韻譜〉〈古韻譜〉比較研究》,第37頁。
④ 江有誥:《音學十書》,中華書局1993年版,第22頁。

> 凡許氏形聲、讀若,皆與古音相準,或爲古之正音,或爲古之合音。方以類聚,物以群分。循而攷之,各有條理。不得其遠近分合之故,則或執今音以疑古音,或執古之正音以疑古之合音,而聲音之學晦矣。①

那麼王念孫的"合韻"觀念是何時、如何形成的?其"合韻"說有何個人特色?王氏的"合韻"說與其晚年韻分二十二部的定見有没有甚麽關係呢?筆者 2015 年曾對《合韻譜》進行過綜合研究,對以上問題有了初步的看法。②但鑒於諸《譜》材料極多,涉及的古書達四十多種,必須一一釐清始能立論。筆者於是開展"王念孫《合韻譜》校注"計劃,首先全面校理筆者從北大抄錄的韻分二十二部共十七册的《合韻譜》材料,條録文例,重新排版,利用香港中文大學劉殿爵中國古籍研究中心的"漢達文庫"(www.chant.org)對手稿文例逐條標點、注明出處,並比照王氏稿、抄、校、刻本,互相發明,俾見王氏晚年以二十二部定見重訂群經、《楚辭》、諸子、《史》、《漢》合韻的具體內容與特色。數年來斷斷續續,終底於成。整理的成果將以"王念孫《合韻譜》校注"爲名,收入劉殿爵中國古籍研究中心"漢達古籍研究叢書"系列,由香港中文大學出版社分上下册出版,上册爲《王念孫先秦〈合韻譜〉校注》(包括《詩經群經楚辭合韻譜》、《周秦諸子合韻譜》、《逸周書穆天子傳戰國策合韻譜》),下册爲《王念孫兩漢〈合韻譜〉校注》(包括《素問新語易林合韻譜》、《西漢合韻譜》、《史記漢書合韻譜》)。必須説明的是,先秦、兩漢時間長達一千三百多年,當中語言的情况顯然是很複雜的。即便是兩漢時期,語音變化亦有所不同。因此筆者把《合韻譜》分爲先秦、兩漢二類只是從其大者概括而言。下文將以筆者編撰的《王念孫先秦〈合韻譜〉校注》、《王念孫兩漢〈合韻譜〉校注》爲據,舉例説明《合韻譜》的內容與體例,並以十二册《合韻譜》合韻文例的

---

① 段玉裁:《説文解字注》,上海古籍出版社 1988 年版,王念孫序,第 1 頁上。
② 張錦少:《從北京大學圖書館藏王念孫〈合韻譜〉手稿看其合韻理論的得失》,2015 年 8 月首爾漢陽大學第 23 届國際中國語言學會年會(23rd Annual Conference of the International Association of Chinese Linguistics)宣讀論文,未刊稿。

統計數據爲本,探論並評價王氏晚年的"合韻"定說。隨着古韻分部研究愈趨精密,《合韻譜》中各字歸部或與今人有所不同。但爲了呈現王氏"合韻"說的實況,下文所舉諸韻字一律以王氏二十二部爲準。如需辨正之處,則以近人鄭張尚芳《上古音系》分部及擬音爲準。①

五、從《合韻譜》手稿看王念孫的"合韻"說

(一) "合韻"說的提出

宋代吳棫、鄭庠等人研究古韻,采用的是合併《廣韻》的方法,他們把中古的幾個韻部合併起來成爲一個上古韻部,這很明顯没有意識到《廣韻》同一個韻的字,上古來源可能是不同的,因此即使合併出來的韻部很少,却仍有出韻的情况。到了清初,顧炎武打破《廣韻》韻部的藩籬,把《廣韻》(清人習慣稱爲《唐韻》)的韻字與《詩經》用韻相結合,重新離析韻部,分爲十部。雖然顧氏研究古韻的方法較宋人進步,但所訂立的韻部仍然無法解釋《詩經》裏一些特殊的押韻現象。顧氏在《音論》中對此提出"古人韻緩不煩改字"的看法:

> 陸德明於《燕燕詩》以"南"韻"心",有讀"南"作"泥心切"者,陸以爲古人韻緩不煩改字,此誠名言。今之讀古書者,但當隨其聲而讀之,若"家"之爲"姑","慶"之爲"羌","馬"之爲"姥",聲韻全别,不容不改。苟其聲相近可讀,則何必改字,如"燔"字必欲作"符沿反","官"字必欲作"俱員反","天"字必欲作"鐵因反"之類,則贅矣。②

王力指出:"'韻緩'是韻寬的意思,'改字'是改讀某音的意思。顧氏的意思是說,韻母相近的字就可以押韻,不必改讀爲韻母相同。"③王力認爲"古人韻緩不煩改字"的議論並不正確,因爲"韻母相近(原注:元音相

---

① 鄭張尚芳:《上古音系》,上海教育出版社 2019 年第二版。
② 顧炎武:《音學五書》,中華書局 1982 年版,第 31 頁。
③ 王力:《清代古音學》,第 6 頁。

近)只能算是合韻。合韻不是正常的情況。必須元音相同,才能和諧。"但顧氏嘗試以韻近來解釋《詩經》中異部押韻的現象,則與"合韻"說的概念不無相合之處。

　　清代真正提出"合韻"說的是段玉裁。其《六書音均表・古合韻說》曰:"古本音與今韻異,是無合韻之說乎? 曰: 有。聲音之道,同源異派,拿侈互輸,協靈通氣,移轉便捷。分爲十七,而無不合。不知有合韻,則或以爲無韻。"①所謂"古本音",指"與今韻異部者",即與《廣韻》異部的古音;而"於古本音有齟齬不合者,古合韻也","如唐宋詩用通韻"。② 換言之,段氏所謂的"合韻",是指韻文中古音異部合用的關係。段氏強調:

> 古與古異部而合用之,是爲古合韻。如"母"字古在之咍部,《詩》凡十七見,而《螮蝀》協"雨"。"興"字古在蒸登部,《詩》凡五見,而《大明》協"林"、"心"是也。知其分而後知其合,知其合而後愈知其分,凡三百篇及三代秦漢之音,研求其所合,又因所合之多寡、遠近及異平同入之處,而得其次第,此十七部先後所由定,而弟三表(引案:《古十七部合用類分表》)及弟四表(引案:《詩經韻分十七部表》)古合韻之義也。③

由此可見,段氏的"合韻"說,從理論上說並不是隨意任何韻部都可以合用。段氏根據各韻部次第近遠,將古韻十七部分爲六類,④"同類爲近,異類爲遠。非同類而次弟相附爲近,次弟相隔爲遠"。⑤ 王力對此有這樣的解釋:

---

① 段玉裁:《六書音均表》,收入氏著《說文解字注》,表三,第830頁下。
② 段玉裁:《六書音均表》,收入氏著《說文解字注》,表四,第834頁上。
③ 段玉裁:《六書音均表》,收入氏著《說文解字注》,吳省欽序,第820頁下。案: 據劉盼遂考證,此序爲段玉裁代吳省欽作。
④ 第一類只有第一部;第二類包括第二部、第三部、第四部、第五部;第三類包括第六部、第七部、第八部;第四類包括第九部、第十部、第十一部;第五類包括第十二部、第十三部、第十四部;第六類包括第十五部、第十六部、第十七部。
⑤ 段玉裁:《六書音均表》,收入氏著《說文解字注》,表四,第831頁上。

近者可合,遠者不可合。例如真元合韻,是因爲真元同屬第五類;之幽合韻,是因爲之部在第一類,幽部在第二類,近類可通。

王力認爲"不知有合韻,則或以爲無韻,或指爲方言,或以爲學古之誤,或改字以就韻,或改本音以就韻。這都是錯誤的"。他認同"段氏合韻的理論是可以成立的",原因是"今人的詩歌可合韻,古人的詩歌爲什麽不可以合韻? 若不容許合韻,先秦韻部只好減少到苗夔七部,這是不合理的"。① 他更在段氏同類合韻、近類合韻、同入合韻的基礎上,提出三種合韻的情況:

第一種情況是元音相同,收音不同。例如《抑》的"言:行"(an: ang),《瞻卬》的"鞏:後"(ong: o),《無將大車》的"塵:疧"(en: e)。第二種情況是收音相同,元音相近。例如《召旻》的"茂:止"(mu: tçiə),《抑》的"告:則"(uk: ək),《生民》的"民:嫄"(en: an),《小戎》的"群錞:苑"(ən: an)。第三種情況是元音相近,收音不相同。例如《新臺》的"泚瀰:鮮"(ei: an),《車攻》的"調:同"(u: ong)。距離太遠的,不能認爲是合韻。第三種情況距離較遠,故此類合韻較爲少見。②

王念孫最初對段氏"合韻"説並不相信。陸宗達指出:

觀此書之旨(引案:指臧庸致阮元《論古韻書》中,提到王念孫有"詩人之例,句末之韻,必用其本類,韻上之字,乃用其通協"的看法),可見先生以詩中句末之韻,規律最嚴,決無合韻之説。若韻上之字稍假借,間有通協。故於《經義述聞·古詩隨處有韻説》中,列舉通協六處多爲韻上之字。且先生通協之説,亦與合韻不同。如書中稱"荷"讀如"胡",蓋古方音;正同顧氏於《小戎》、《七月》、《公劉》等

---

① 王力:《清代古音學》,第 83—84 頁。
② 王力:《清代古音學》,第 85 頁。

篇舉韻類不同之字，指爲出於方音之説。顧氏之論已爲段氏所譏，而先生獨取之；蓋先生不信合韻，而篤守韻部之嚴如此。

直至嘉慶十三年(1808)，前揭王念孫爲段氏《説文解字注》所撰序文中，已經有爲“不得其遠近分合之故，則或執今音以疑古音，或執古之正音以疑古之合音，而聲音之學晦矣”的看法。陸宗達認爲“王氏只是闡發段學，未足證先生有合韻之論”，①但筆者却認爲至少王氏此時並不否定有“合韻”的存在，甚至已經從通合的角度思考古韻分部的問題。嘉慶十六年(1811)，王念孫箋識宋保②的《諧聲補逸》，現藏傅斯年圖書館的王氏箋識抄本共十四條，其中已有兩部相通、兩部相出入之説(參見圖九)。

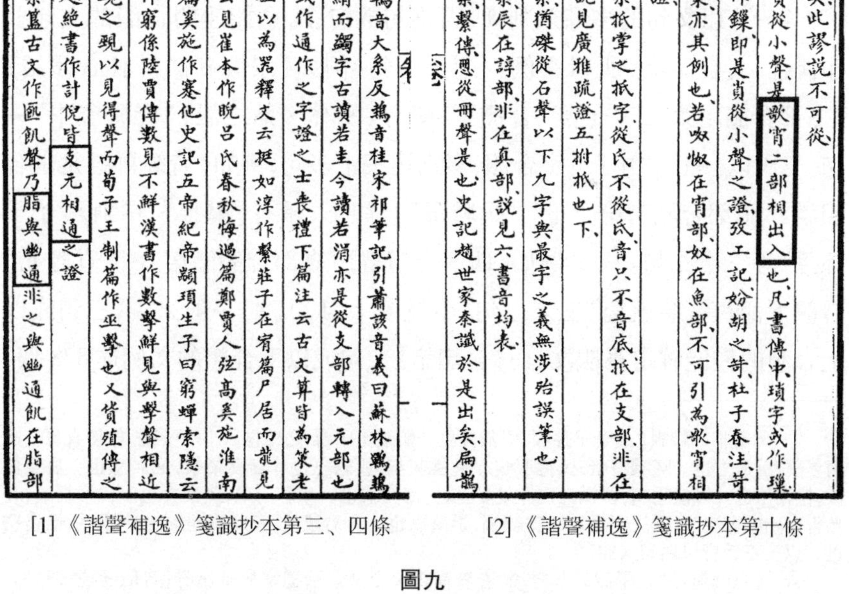
古曰鶪音大系反鶪音桂宋祁筆記引蕭該音義曰蘇林鶪鶪
音殄絹而蠲字古讀若圭今讀若涓亦是從支部轉入元部也
再以或作通作之字證之士喪禮下篇注云古文箅皆為策老
子挻埴以為器釋文云挻如淳作繫莊子在宥篇尸居而龍見
釋文云見崔本作睍呂氏春秋悔過篇鄭賈人弦高奚施淮南
人間篇奚施作蹇他史記五帝紀帝顓頊生子曰窮蟬索隱云
世本作窮係陸賈傳數見不鮮漢書作數擊鮮見與擊聲相近
故巫覡之覡以見得聲而荀子王制篇作巫擊也又貨殖傳之
計然越絕書作計倪皆支元相通之證
念孫案簋古文作𠥱飢聲乃脂與幽通非之與幽通飢在脂部

後可矣此謬說不可從
念孫案𧴪從小聲是歌宵二部相出入也凡書傳中瑣字或作璅
鎖或作鏁即是𧴪從小聲之證攷工記妢胡之笴杜子春注笴
讀為槀亦其例也若呶怓在宵部奴在魚部不可引為歌宵相
通之證
念孫案抵掌之抵字從氏不從氐音只不音底抵在支部非在
脂部說見廣雅疏證五挦抵也下
念孫案猶磔從石聲以下九字與最字之義無涉殆誤筆也
念孫案辰在諄部非在真部說見六書音均表
念孫案繫傳愚從冊聲是也史記趙世家秦讖於是出矣扁鵲

[1]《諧聲補逸》箋識抄本第三、四條　　[2]《諧聲補逸》箋識抄本第十條

圖九

① 陸宗達：《王石臞先生〈韻譜〉〈合韻譜〉遺稿跋》，第169頁。

② 據賴貴三《清代乾嘉揚州學派經學研究的成果與貢獻》述，“宋保，字定之、小城，綿初子，能世其家學。從同里王念孫之門，究心聲音訓詁，得經義會通，不囿於漢宋門户。著《諧聲補逸》、《爾雅集注》。”賴貴三：《清代乾嘉揚州學派經學研究的成果與貢獻》，《漢學研究通訊》2000年第19卷第4期，第591頁。

(二)《合韻譜》輯錄文例的標準

六種共十七册的《合韻譜》分别包括《詩經群經楚辭合韻譜》三册、《周秦諸子合韻譜》三册、《逸周書穆天子傳戰國策合韻譜》一册、《史記漢書合韻譜》三册、《西漢合韻譜》三册、《素問新語易林合韻譜》四册,是王念孫在道光元年以後所作。王念孫編纂《合韻譜》的第一個步驟自然是判斷以上四十多種典籍押韻的情況,對於可以確定爲韻文的《詩經》、《楚辭》、《老子》、《易林》等作品,只要能夠審定韻例,肯定入韻字的韻母相同或相近,便可以從中輯出韻字。然而《合韻譜》不少文例來自散文,這些散文固然可以夾雜一些韻文,但要如何判斷是作者有意入韻抑或只是偶合現象,便成爲了王氏首要解決的問題。筆者細審十七册《合韻譜》共 4 154 個文例,發現王氏輯錄散文合韻文例的方法,有以下幾個比較明顯的標準:

第一,以文句的多寡來判斷,因爲句數愈多,愈能證明合韻的文句並非偶合。《合韻譜》所輯文例少則一兩句,例如《素問新語易林合韻譜》"冬部合韻譜第二""冬蒸"合韻下,輯有《易林·鼎之訟》"蠅墜釜中"一句,王氏以"蠅"、"中"二字合韻;多則達三十多句,例如《詩經群經楚辭合韻譜》"緝部合韻譜第十七""緝職毒"合韻下,輯有《爾雅·釋訓》"子子孫孫"等三十二句。① 又例如《西漢合韻譜》"真部合韻譜第八""真諄元"合韻下,輯有《急就篇》三十七句(參見圖十[1])。② 一般來說,三句或以上合韻的較能確定爲韻文,而《合韻譜》二句或以下合韻的文例達 878 個,

---

① 《爾雅·釋訓》:"子子孫孫,引無極也。顒顒卬卬,君之德也。丁丁嚶嚶,相切直也。藹藹萋萋,臣盡力也。噰噰喈喈,民協服也。佻佻契契,愈遐急也。宴宴粲粲,尼居息也。哀哀悽悽,懷報德也。儵儵嘒嘒,罹禍毒也。晏晏旦旦,悔爽忒也。皋皋琄琄,刺素食也。懽懽愮愮,憂無告也。憲憲洩洩,制法則也。謔謔謞謞,崇讒慝也。翕翕訿訿,莫供職也。速速蹙蹙,惟逑鞫也。"以上王氏皆以偶句入韻。

② 《急就篇》:"宦學諷詩孝經論,春秋尚書律令文。治禮掌故砥厲身,智能通達多見聞。名顯絶殊異等倫,抽擢推舉白黑分。迹行上究爲貴人,丞相御史郎中君。進近公卿傅僕勳,前後常侍諸將軍。列侯封邑有土臣,積學所致非鬼神。馮翊京兆執治民,廉絜平端撫順親。姦邪並塞皆理訓,變化迷惑别故新。更卒歸誠自詣因,司農少府國之淵。遠取財物主平均,皋陶造獄法律存。誅罰詐僞劾罪人,廷尉正監承古先。總領煩亂決疑文,變鬭殺傷捕伍鄰。亭長游徼共雜診,盜賊繫囚榜笞臀。朋黨謀敗相引牽,欺誣詰狀還反真。坐生患害不足憐,辭窮情得具獄堅。籍受證驗記周年,閭里鄉縣趣辟論。鬼薪白粲鉗釱髡,不肯謹慎自令然。輸屬詔作谿谷山,筑斂起居課後先。斬伐材木斫株根。"以上王氏皆以偶句入韻。

佔比達兩成一，包括《詩經群經楚辭合韻譜》39 個、《周秦諸子合韻譜》83 個、《逸周書穆天子傳戰國策合韻譜》20 個、《素問新語易林合韻譜》583 個、《西漢合韻譜》134 個、《史記漢書合韻譜》19 個。但是細審這近九百個文例，皆高度集中以先秦、兩漢諸子爲主的《周秦諸子合韻譜》與《西漢合韻譜》以及以《易林》爲主的《素問新語易林合韻譜》中，而這些作品的作者大多有意以韻文説理，因此可以排除爲偶合的兩句文例亦較多，特別是佔總數約七成的《易林》更是西漢典型的四字句韻文。除此以外，王氏輯録合韻文例時，仍以三句或以上爲準。

第二，以文意是否完整來判斷。王氏在載録各例入韻字時，多會注明涉及韻文的句數，且都是文意連貫的。例如前揭《詩經群經楚辭合韻譜》"之部合韻譜第十八""職毒"合韻下輯有《大戴禮·虞戴德篇》一例，王氏起初以"繆"、"福"、"服"、"德"四字合韻，注曰："《虞戴德篇》'衆則集'五句。"考《虞戴德篇》上下文曰："違此三者，謂之愚民，愚民曰姦，姦必誅。是以天下平而國家治，民亦無貸，居小不約，居大則治，衆則集，寡則繆，祀則得福，以征則服，此唯官民之上德也。"如以"繆"、"福"、"服"、"德"四字合韻的話，則"衆則集，寡則繆，祀則得福，以征則服，此唯官民之上德也"五句足以成文。王氏其後增補"治"、"貸"、"治"三個韻字，因而勾去原注中"'衆則集'五句"五字，改爲"'是以天下平而國家治'九句"，意謂由"是以天下平而國家治"以迄"此唯官民之上德也"，文意始足。

第三，以入韻句的結構來判斷。韻文一般除了在偶數句入韻外，在結構上亦往往兩兩相對，因此王氏輯録的文例很多都是偶數句。《合韻譜》有四句隔句合韻的，例如《周秦諸子合韻譜》"蒸部合韻譜第三""蒸侵"合韻下，輯有《管子·小匡》"子大夫受政，寡人勝任；子大夫不受政，寡人恐崩"四句，王氏以"任"、"崩"二字合韻（參見圖十[2]）；有句句合韻的，例如《西漢合韻譜》"東部合韻譜第一""東陽"合韻下，輯有《淮南子·齊俗》"以視則明，以聽則聰，以言則公，以行則從"四句，王氏以"明"、"聰"、"公"、"從"四字合韻。有六句隔句合韻的，例如《史記漢書合韻譜》"之部合韻譜第十八""之幽"合韻下，輯有《漢書·東方朔傳》"臣觀其齒牙，樹頰胲，吐脣吻，擢項頤，結股脚，連雁尻"六句，王氏以"胲"、

"頤"、"尻"三字合韻。又"止黝"合韻下,輯有《史記·龜策列傳》"故湯伐桀,武王克紂,其時使然。乃爲天子,子孫續世;終身無咎,後世稱之,至今不已"八句,王氏以"紂"、"子"、"咎"、"已"四字合韻(參見圖十[3])。也有十句以上隔句合韻的,例如《周秦諸子合韻譜》"耕部合韻譜第七""耕真職"合韻下,輯有《荀子·樂論》"窮本極變,樂之情也。著誠去僞,禮之經也。墨子非之,幾遇刑也。明王以沒,莫之正也。愚者學之,危其身也。君子明樂,乃其德也。亂世惡善,不此聽也。於乎哀哉!不得成也。弟子勉學,無所營也"十八句,王氏以"情"、"經"、"刑"、"正"、"身"、"德"、"聽"、"成"、"營"九字合韻。又例如《詩經群經楚辭合韻譜》"緝部合韻譜第十七""緝職毒"合韻下所輯《爾雅·釋訓》"子子孫孫"等三十二句,王氏亦以偶句入韻。

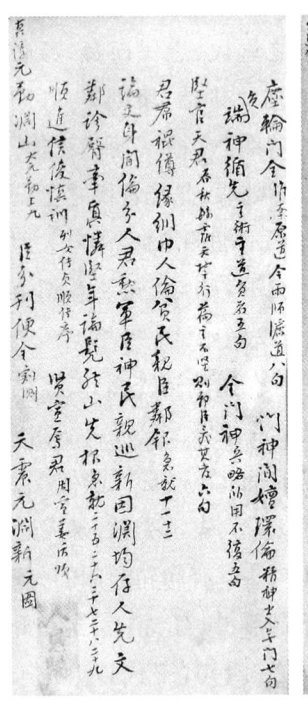

[1]《西漢合韻譜》"真諄元"合韻　　[2]《周秦諸子合韻譜》"蒸侵"合韻　　[3]《史記漢書合韻譜》"止黝"合韻

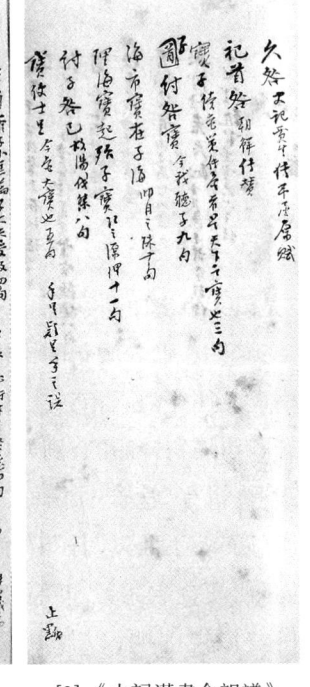

圖十

(三)《合韻譜》編排文例的體例

王念孫在手稿裏雖然没有説明諸《譜》的編排體例,但從各册排比文例的具體情况來分析,我們仍然可以大致歸納出《合韻譜》的幾個主要體例:

第一,各種《合韻譜》皆據王氏古韻二十二部先後爲次,再以韻部遠近關係構成不同的合韻組合,絶大部分是二韻通合,也有三韻、四韻通合之例。如《詩經群經楚辭合韻譜》"東部合韻譜第一",有東冬、東蒸、東侵、東陽、東耕、東諄、東元、東之、東語、東厚、東幽、東冬蒸、東冬侵、東冬陽、東止語、東語厚共十六個合韻組合。由於"東冬"合韻已見於"東部合韻譜第一","冬部合韻譜第二"的合韻組合便由"冬蒸"合韻開始,"蒸部合韻譜第三"由"蒸侵"合韻開始,如此類例。由於"宵部"爲第二十二部,"宵部"與其他韻部通合之例已見於較前的韻譜,因此各種《合韻譜》皆無"宵部合韻譜第二十二"。

第二,合韻組合名稱寫在韻譜内頁的左上角或左下角,相關文例則由右至左直行書寫,先以大字列出入韻字,再以小字列出文例的出處。各合韻組合下出自同一本典籍的第一個文例皆書名與篇名並列,其後各例則只寫篇名。

第三,各種《合韻譜》文例的排列有嚴格的順序,有條不紊。《詩經群經楚辭合韻譜》各書的次序已在上文説明,於此不贅;《周秦諸子合韻譜》按《老子》、《管子》、《墨子》、《晏子》、《孫子》、《吴子》、《莊子》、《荀子》、《韓非子》、《司馬法》、《吕氏春秋》爲序;《逸周書穆天子傳戰國策合韻譜》按三書先後爲序;《素問新語易林合韻譜》按三書先後爲序;《西漢合韻譜》按《淮南子》、《韓詩外傳》、《春秋繁露》、《鹽鐵論》、《急就篇》、《列女傳》、《新序》、《説苑》、《太玄經》、《法言》、《易緯》爲序,另《新書》、《尚書大傳》二書由於各只有一例,無法確考其先後;《史記漢書合韻譜》按二書先後爲序。以上六種《合韻譜》的文例,共計涉及四十五種先秦、秦漢典籍。

(四)《合韻譜》二韻通合文例數量統計

爲了進一步了解王念孫的"合韻"説,特别是各韻通合的組合及其機制,筆者以六種《合韻譜》中共 3 908 個二韻通合的文例爲範圍,統計王氏在各合韻組合下所輯録的文例數量。筆者以二韻通合作爲範圍,主要原因是相對於只有 233 個文例的三韻通合以及 13 個文例的四韻通合,佔《合韻譜》文例總數近九成半的二韻通合,是王氏"合韻"説最爲核心的部分。統計的方法是以二十二部爲次,計算六種《合韻譜》中各部輯録的文例數量。由於是二韻通合,同一個合韻文例實際涉及兩個韻部,爲免重複計算,該文例只計入最先輯録的韻部。例如《周秦諸子合韻譜》"蒸部合韻譜第三"的合韻組合及文例①分别是:

蒸侵
[1] 任　崩　《管子·小匡篇》"子大夫受政"四句。
[2] 心　諮　《心術下》"專於意"四句。
[3] 憎　深　《禁藏篇》"視其所憎"三句。

蒸陽
[1] 勝　藏　《管子·七臣七主篇》"秋政不禁"四句。
[2] 强　應　《吴子·應變篇》。
[3] 行　興　《荀子·大略篇》湯禱辭。

蒸庚②
[1] 冥　霆　成　情　形　應　生　成　生　生　成　《韓子·解老篇》"以爲暗乎"二十二句。

蒸職
[1] 朕　得　《莊子·應帝王篇》"體盡無窮"四句。

"蒸侵"合韻與"蒸陽"合韻分别有 3 個文例,"蒸耕"合韻與"蒸職"合

---

① 本章所舉文例的出處及原文皆據"漢達文庫",不另出注。
② 案:據王氏諸《合韻譜》體例,"庚"當作"耕"。此條爲"蒸耕"通合之例。

韻分別有 1 個文例。準此,《周秦諸子合韻譜》"蒸部合韻譜第三"分別有四個合韻組合,合共 8 個文例。由於蒸部在第三部,蒸部與東部、冬部合韻的文例已見於"東部合韻譜第一"、"冬部合韻譜第二"中,因此在《周秦諸子合韻譜》中,蒸部合韻的組合實際上尚有"東蒸"合韻 6 例、"冬蒸"合韻 2 例:

東蒸

[1] 乘　從　《吳子·應變篇》。①
[2] 應　重　恐　同上。②
[3] 應　動　《莊子·刻意篇》"感而後應"二句。③
[4] 從　應　《漁父篇》"同類相從"二句。④
[5] 應　動　《荀子·正論篇》"彼將聽唱而應"二句。⑤
[6] 應　動　《吕覽·召類》。⑥

冬蒸

[1] 終　閎　窮　《莊子·知北遊篇》"吾已往來焉而不知其所終"三句。⑦
[2] 弓　中　《吕覽·本生》。⑧

基於上述的統計原則,"東蒸"合韻 6 例已見於"東部合韻譜第一",此 6 例計入東部之中。同樣道理,"冬蒸"合韻 2 例已見於"冬部合韻譜第

---

① 《吳子·應變篇》:"武侯問曰:'敵近而薄我,欲去無路,我衆甚懼,爲之奈何?'對曰:'爲此之術,若我衆彼寡,各分而乘之。彼衆我寡,以方從之。從之無息,雖衆可服。'"
② 《吳子·應變篇》:"起對曰:'暴寇之來,必慮其強,善守勿應。彼將暮去,其裝必重,其心必恐,還退務速,必有不屬。追而擊之,其兵可覆。'"
③ 《莊子·刻意篇》:"故曰:聖人之生也天行,其死也物化;静而與陰同德,動而與陽同波;不爲福先,不爲禍始;感而後應,迫而後動,不得已而後起。"
④ 《莊子·漁父篇》:"客曰:'同類相從,同聲相應,固天之理也。吾請釋吾之所有而經子之所以。子之所以者,人事也。天子諸侯大夫庶人,此四者自正,治之美也,四者離位而亂莫大焉。'"
⑤ 《荀子·正論篇》:"世俗之爲説者曰:'主道利周。'是不然:主者,民之唱也;上者,下之儀也。彼將聽唱而應,視儀而動。唱默則民無應也,儀隱則下無動也。不應不動,則上下無以相(有)〔胥〕也。"
⑥ 《吕氏春秋·恃君覽·召類篇》:"四曰:類同相召,氣同則合,聲比則應。故鼓宮而宮應,鼓角而角動;以龍致雨,以形逐影。"
⑦ 《莊子·知北遊篇》:"寥已吾志,無往焉而不知其所至。去而來不知其所止,吾已往來焉而不知其所終,彷徨乎馮閎,大知入焉而不知其所窮。"
⑧ 《吕氏春秋·孟春紀·本生》:"萬人操弓,共射(其)一招,招無不中。萬物章章,以害一生,生無不傷;以便一生,生無不長。"

二",此 2 例計入冬部之中。因此,計入蒸部的文例仍然是 8 個。

筆者嘗試以圖表顯示各《合韻譜》二韻通合的統計數據,藉以考察各《合韻譜》二十二部合韻組合的分布以及合韻的二部之間的遠近關係。爲了排版方便,以下將六個三角形圖表拼合成三個長方形圖表(參見圖十一、十二、十三)。圖表中橫直斜三行皆據《合韻譜》的韻目先後排列而賅四聲,即"支部"包括"支紙忮錫";"至部"包括"至質";"脂部"包括"脂旨鞴術";"祭部"包括"祭月";"之部"包括"之止志職";"魚部"包括"魚語御鐸";"矦部"包括"矦厚候屋";"幽部"包括"幽黝幼毒";"宵部"包括"宵小笑藥"。各圖表中,上表由左至右顯示二韻通合的文例數量,例如上表一"《詩經群經楚辭合韻譜》統計表"第一"東部",包括"東冬"合韻 17 例,"東蒸"合韻 1 例,"冬侵"合韻 1 例,"東陽"合韻 7 例,"東諄"合韻 1 例,"東元"合韻 1 例,"東之"合韻 2 例,"東魚"合韻 1 例(東語合韻),"東矦"合韻 1 例(東厚合韻),"東幽"合韻 5 例。下表則由上而下顯示二韻通合的文例數量,例如下表二"《周秦諸子合韻譜》統計表"第三"蒸部",包括"蒸侵"合韻 3 例,"蒸陽"合韻 3 例,"蒸耕"合韻 1 例,"蒸職"合韻 1 例。

上表一:《詩經羣經楚辭合韻譜》統計表

	東	冬	蒸	侵	談	陽	耕	真	諄	元	歌	支	至	脂	祭	盇	緝	之	魚	矦	幽	宵
東		17	1			7			1	1								2	1	1	5	
冬	9		冬	2		6	3											3				
蒸	6	2		蒸	5		1	1										1		3		
侵			3		侵	1		3														
談			1	3		陽	6	2		1								2				
陽	19		3		2		耕	45	3	2		1						1	1			
耕		1	1	1		3		真	19	6		1										
真							63		諄	14												
諄	1	1				2		22		元	5			2	5		5			1		
元						4	9	10			歌		5			8			2	1		1
歌								5				支			4			1		1		
支							1	11			5		至	10	7			4				
至													脂	22				12		1		
脂							2		13		14		祭									
祭									12		4			盇	2							
盇														緝	5					1		
緝								1	4			3		之		12	3	30	1			
之		1		1				3	5			5		魚	6	3	2					
魚								3							15		矦	13	2			
矦														2	3	13		幽	17			
幽	1											34	4		7			宵				
宵																						

下表二:《周秦諸子合韻譜》統計表

圖十一 《詩經群經楚辭合韻譜》、《周秦諸子合韻譜》統計表

第二章 北京大學藏王念孫《合韻譜》手稿新繹

上表三：《逸周書穆天子傳戰國策合韻譜》統計表

	東	冬	蒸	侵	談	陽	耕	真	諄	元	歌	支	至	脂	祭	盇	緝	之	魚	矦	幽	宵
東	東	3				2																
冬		冬				1																
蒸	21	3	蒸															1				
侵	12			侵																1	1	
談	3	4	8		談																	
陽	1					陽		2		1												
耕	76	4	12	5			耕	8														
真	3	2	2	2		27		真	4	3	1											
諄	10	3	3	9		7	20		諄													
元		1		5		4	4	52		元		1		1								
歌	1	1		3		11	8	36	102		歌		1									
支							1	5		支			1									
至					1			11			至			1				2	1			
脂												1		脂		1			4			
祭						2		3	38	24	16		祭				1					
盇							2		7	14	26			盇								
緝										1	1		緝									
之	3		2	1			6	1	3	11	85	23	8	5	34		11	之	2	6	1	5
魚						9		3	12	2	2	1	1	8	1		魚	6	3			
矦	3							1						4	2		1	216		矦	1	
幽	1			1						12	5	2	1	1	96	129		233	114	74	幽	
宵														2				24	42	12	27	宵

下表四：《素問新語易林合韻譜》統計表

圖十二　《逸周書穆天子傳戰國策合韻譜》、《素問新語易林合韻譜》統計表

上表五：《西漢合韻譜》統計表

	東	冬	蒸	侵	談	陽	耕	真	諄	元	歌	支	至	脂	祭	盇	緝	之	魚	矦	幽	宵
東	東	19	12			48	1	1											2			
冬		冬		8	9		12	1	1												1	
蒸			蒸		14	8	6	1	4						1			1			1	
侵	4			侵	7		8	6	2	2											1	
談		1	1		談	2			1													
陽						陽	22		2	1								5				
耕	20		1				耕	88	12	11		1										
真							13	真	54	29												
諄				4			19		諄	52				2	1							
元				1			31			元	16	1		1								
歌			2			7	12	10		歌		20		43				7				4
支						4				支			12	1			2	3				
至						1	4				至		23	21	1		4					
脂												脂	65				17			1		
祭							2	1	15	3	4		祭									
盇									1	17				盇	2	2	1					
緝										1				緝	11	2						
之												3			之	23	19	42	3			
魚					1					6				1	10		魚		59			
矦													1	15			矦			27		
幽														1	7	22		幽			16	
宵									1					2	39	3	8		宵			
														1			1	3	13	7	6	

下表六：《史記漢書合韻譜》統計表

圖十三　《西漢合韻譜》、《史記漢書合韻譜》統計表

(五) 王念孫"合韻"説的特色與局限

從以上三圖的數據及其分布,可以看出王念孫"合韻"説幾個比較明顯的特色:

1. 以鄰韻、近韻通合爲基礎

六種《合韻譜》的分布模式(pattern)相當一致,那就是文例的多寡與韻部的近遠形成大致正比的關係,即愈是鄰近的韻部,通合的文例相對來説就愈多。筆者以灰色把各表中前後緊鄰的兩個韻部有通合的格子填滿,形成一道灰色的階梯形斜行,愈靠近灰色斜行的,表示韻部的關係愈密切。爲了更清晰顯示各組合中各韻在王氏古韻系統中的遠近關係,筆者以下舉例時將以數字標示各韻在二十二部的先後,如"東冬"合韻以(1-2)標示,第一部與第二部之間前後相差爲1,表示二韻在王氏古韻系統中前後緊鄰(本書稱爲"鄰韻");"之幽"合韻以(18-21)標示,第十八部與第二十一部之間相差3,表示二韻在王氏古韻系統中前後尚算相近(本書稱爲"近韻")。

從以上三圖的分布模式來説,各韻部中文例最多的合韻絕大部分都屬於二部前後相差1或3的,換言之,王氏"合韻"説以"鄰韻"或"近韻"通合爲基礎。例如《詩經群經楚辭合韻譜》"耕部"合韻組合共八個,按文例的多寡排序是:

耕真(7-8) 45例 > 耕諄(7-9) 3例、侵耕(4-7) 3例 > 耕元(7-10) 2例 > 東耕(1-7) 1例、耕至(7-13) 1例、耕之(7-18) 1例、耕魚(7-19) 1例

耕真二部前後相差1,是鄰韻通合。又例如《西漢合韻譜》"蒸部"合韻組合共九個,按文例的多寡排序是:

蒸侵(3-4) 14例 > 東蒸(1-3) 12例 > 冬蒸(2-3) 8例、蒸陽

(3－6)8例＞蒸耕(3－7)6例＞蒸諄(3－9)4例＞蒸真(3－8)1例、蒸之(3－18)1例、蒸幽(3－21)1例

蒸侵二部亦鄰韻通合。又例如《周秦諸子合韻譜》"歌部"合韻組合共五個,按文例的多寡排序是：

歌脂(11－14)13例＞歌支(11－12)11例＞元歌(10－11)5例＞歌魚(11－19)2例＞歌宵(11－22)1例

歌脂二部前後相差3,是近韻通合。又例如《史記漢書合韻譜》"之部"合韻組合共七個,按文例的多寡排序是：

之幽(18－21)39例＞之魚(18－19)15例＞緝之(17－18)10例＞之矦(18－20)7例＞之宵(18－22)3例、脂之(14－18)3例＞至之(13－18)2例

之幽二部亦近韻通合。

這個"鄰韻"或"近韻"通合的現象在多韻通合的文例中亦相當普遍,無論是三韻還是四韻的組合,其中必定有兩個或以上韻部是鄰韻或近韻。例如"東部"與"耕部"的多韻通合的組合及文例數量分別是：

譜　名	"東部"合韻組合及文例	"耕部"合韻組合及文例
詩經群經楚辭合韻譜	東冬蒸(1－2－3)4例 東冬侵(1－2－4)3例 東冬陽(1－2－6)2例 東止語(1－18－19)1例 東語厚(1－19－20)1例	耕真諄(7－8－9)3例 耕真元(7－8－10)1例 冬侵耕(2－4－7)1例 冬耕真(2－7－8)1例 陽耕真(6－7－8)1例
周秦諸子合韻譜	東冬陽(1－2－6)1例	耕真諄(7－8－9)3例 耕真職(7－8－18)1例

續　表

譜　名	"東部"合韻組合及文例	"耕部"合韻組合及文例
逸周書穆天子傳戰國策合韻譜	東冬陽(1-2-6)1例	耕真元(7-8-10)1例
素問新語易林合韻譜	東冬陽(1-2-6)3例 東冬耕(1-2-7)1例 東蒸魚(1-3-19)1例 東陽耕(1-6-7)1例 東厚黝(1-20-21)1例	耕真元(7-8-10)2例 耕諄元(7-9-10)1例 東冬耕(1-2-7)1例 東陽耕(1-6-7)1例
西漢合韻譜	東冬陽(1-2-6)4例 東冬耕(1-2-7)1例 東蒸陽(1-3-6)1例	耕真諄(7-8-9)4例 耕真元(7-8-10)2例 耕諄元(7-9-10)2例 東冬耕(1-2-7)1例 冬陽耕(2-6-7)1例 蒸陽耕(3-6-7)1例 陽耕真(6-7-8)2例 耕真諄元(7-8-9-10)1例 冬侵耕真(2-4-7-8)1例
史記漢書合韻譜	東冬耕(1-2-7)1例 東侵陽(1-4-6)1例 東真諄元(1-8-9-10)1例	耕真諄(7-8-9)1例 東冬耕(1-2-7)1例

　　各部讀音的近遠關係固然影響到王念孫所輯錄文例的多寡,而文例的多寡又反過來幫助王氏酌定古韻的分部,其中最爲明顯的例證就是王氏晚年東、冬二部分立。考孔廣森以冬部獨立以前,學者無不以《廣韻》東、冬、鍾、江四韻合爲一部。但孔氏獨具慧眼,發現東部中從冬、中、農、弓、宫、蟲、宗、戎、夢、降等聲者,因其"古音與東、鍾大殊,而與侵聲最近,與蒸聲稍遠,故在《詩》、《易》則侵韻陰、臨、心、深、禽,覃韻驂字,寢韻飲字,蒸韻朋、應等字皆通協。……冬、侵、蒸三音共貫也",因此"不得闌入(東部)"。① 換言之,孔氏利用了韻部與韻部之間相隔、相通的關係,把冬部從東部獨立出來。前揭道光元年王念孫在致江有誥書中,仍然不采

---

① 孔廣森:《詩聲類》,中華書局1983年版,第13、16頁。

信孔廣森"東"、"冬"二分之説，其理由有四：

（1）《蓼蕭》四章，皆每章一韻，而第四章之"沖沖"、"雝雝"既相對爲文，則亦相承爲韻。孔以"沖沖"韻"濃"，"雝雝"韻"同"，似屬牽強。

（2）《旄邱》三章之"戎"、"東"、"同"，孔謂"戎"字不入韻；然"蒙"、"戎"爲疊韻，則"戎"之入韻明矣。《左傳》作"龙茸"，亦與"公"、"從"爲韻也。

（3）《易象傳》、《象傳》合用者十條，而孔氏或以爲非韻，或以爲隔協，皆屬武斷。

（4）《離騷》之"庸"、"降"爲韻。

以上各例王念孫皆以爲是東韻相押。到了《詩經群經楚辭合韻譜》裏，除了《旄丘》一例由於王氏仍然堅持"戎"、"東"、"同"並押東韻外，其餘各例均已改爲"東冬"合韻，同時也增補了幾個新的文例：

東冬
[詩經]
[1] 蟲 螽 忡 降 仲 戎 《出車》五章。①
[2] 濃 沖 雝 同 《蓼蕭》四章。②
[群經]
[3] 窮 中 功 《易·需·象傳》。③

---

① 《毛詩·小雅·鹿鳴之什·出車》第五章："喓喓草蟲，趯趯阜螽。未見君子，憂心忡忡；既見君子，我心則降。赫赫南仲，薄伐西戎。"
② 《毛詩·小雅·南有嘉魚之什·蓼蕭》第四章："蓼彼蕭斯，零露濃濃。既見君子，鞗革沖沖。和鸞雝雝，萬福攸同！"
案：通行本作"鞗革忡忡"，唐石經作"沖"，《合韻譜》同。
③ 《周易·需·象傳》："《彖》曰：需，須也。險在前也，剛健而不陷，其義不困窮矣。需，'有孚，光亨，貞吉'，位乎天位以正中也。'利涉大川'，往有功也。"

[4] 中 功 《坎·彖傳》。①

[5] 中 窮 功 邦 《蹇·彖傳》。②

[6] 衆 中 功 《解·彖傳》。③

[7] 窮 中 功 凶 《井·彖傳》。④

[8] 功 邦 中 窮 《漸·彖傳》。⑤

[9] 窮 同 中 功 《涣·彖傳》。⑥

[10] 中 窮 通 《節·彖傳》。⑦

[11] 中 邦 《中孚·彖傳》。⑧

[12] 凶 功 中 窮 《隨·象傳》。⑨

[13] 凶 中 功 《坎·象傳》。⑩

[14] 中 窮 功 中 窮 凶 《巽·象傳》。⑪

[15] 功 衆 《禮記·月令》"不可以興土功"三句。⑫

——————————

① 《周易·習坎·彖傳》："《彖》曰：'習坎'，重險也。水流而不盈，行險而不失其信。'維心亨'，乃以剛中也。'行有尚'，往有功也。天險，不可升也。地險，山川丘陵也。"

② 《周易·蹇·彖傳》："《彖》曰：'蹇'，難也，險在前也。見險而能止，知矣哉！蹇'利西南'，往得中也，'不利東北'，其道窮也。'利見大人'，往有功也，當位'貞吉'，以正邦也。"
案：陸德明《經典釋文》謂"邦"本作"國"，爲漢朝諱。

③ 《周易·解·彖傳》："《彖》曰：'解'，險以動，動而免乎險，解。解'利西南'，往得衆也。'其來復吉'，乃得中也。'有攸往夙吉'，往有功也。"
案："動"亦東部，當入韻。

④ 《周易·井·彖傳》："《彖》曰：巽乎水而上水，井。井養而不窮也。'改邑不改井'，乃以剛中也。'〔往來井〕，〔井〕汔至，亦未繘井'，未有功也。'羸其瓶'，是以凶也。"

⑤ 《周易·漸·彖傳》："《彖》曰：漸之進也。'女歸吉'也，進得位，往有功也。進以正，可以正邦也。其位，剛得中也。止而巽，動不窮也。"

⑥ 《周易·涣·彖傳》："《彖》曰：涣'亨'，剛來而不窮，柔得位乎外而上同。'王假有廟'，王乃在中也，'利涉大川'，乘木有功也。"

⑦ 《周易·節·彖傳》："《彖》曰：節'亨'。剛柔分而剛得中。'苦節不可貞'，其道窮也。説以行險，當位以節，中正以通。"

⑧ 《周易·中孚·彖傳》："《彖》曰：中孚，柔在内而剛得中，説而巽，孚，乃化邦也。"

⑨ 《周易·隨·象傳》："《象》曰：'隨有獲'，其義'凶'也，'有孚在道'，'明'功也。《象》曰：'孚于嘉，吉'，位正中也。《象》曰：'拘係之'，上窮也。"

⑩ 《周易·習坎·象傳》："《象》曰：'習坎入坎'，失道'凶'也。《象》曰：'求小得'，未出中也。《象》曰：'來之坎坎'，終无功也。"

⑪ 《周易·巽·象傳》："《象》曰：'紛若'之'吉'，得中也。《象》曰：'頻巽'之'吝'，志窮也。《象》曰：'田獲三品'，有功也。《象》曰：'九五'之'吉'，位正中也。《象》曰：'巽在床下'，'上'窮也，'喪其資斧'，正乎'凶'也。"

⑫ 《禮記·月令》："是月也，樹木方盛，乃命虞人入山行木，毋有斬伐。不可以興土功，不可以合諸侯，不可以起兵動衆，毋舉大事，以摇養氣。毋發令而待，以妨神農之事也。水潦盛昌，神農將持功，舉大事則有天殃。"

［16］終　用　《禮運》"使老有所終"二句。①

[楚辭]

［17］庸　降　《楚辭·離騷》。②

至於原來歸在東部的中、沖、宗、蟲、宮、躬、窮、終諸字，在《詩經群經楚辭合韻譜》裏則被安置在新增的"冬侵"合韻下：

冬侵

[詩經]

［1］中　驂　《小戎》二章。③

［2］沖　陰　《七月》八章。④

［3］飲　宗　《公劉》四章。⑤

［4］蟲　宮　宗　臨　躬　《雲漢》二章。⑥

[群經]

［5］禽　窮　《易·屯·象傳》。⑦

［6］中　禽　中　終　《比·象傳》。⑧

筆者認爲王念孫最終采信"東"、"冬"二分之説，是其"合韻"説在不斷實踐的過程中，從韻部通合文例的分布，得出東、冬二部不得不分的結

---

① 《禮記·禮運》："大道之行也，天下爲公。選賢與能，講信修睦，故人不獨親其親，不獨子其子，使老有所終，壯有所用，幼有所長，矜寡孤獨廢疾者，皆有所養。"
② 《楚辭·離騷》："帝高陽之苗裔兮，朕皇考曰伯庸。攝提貞于孟陬兮，惟庚寅吾以降。"
③ 《毛詩·秦風·小戎》："四牡孔阜，六轡在手。騏駠是中，騧驪是驂。龍盾之合，鋈以觼軜。言念君子，温其在邑。方何爲期，胡然我念之？"
④ 《毛詩·豳風·七月》："二之日鑿冰沖沖，三之日納于凌陰。四之日其蚤，獻羔祭韭。九月肅霜，十月滌場。朋酒斯饗，曰殺羔羊。躋彼公堂，稱彼兕觥，萬壽無疆！"
⑤ 《毛詩·大雅·生民之什·公劉》："篤公劉！于京斯依。蹌蹌濟濟，俾筵俾几，既登乃依。乃造其曹，執豕于牢，酌之用匏。食之飲之，君之宗之。"
⑥ 《毛詩·大雅·蕩之什·雲漢》："旱既大甚，藴隆蟲蟲。不殄禋祀，自郊徂宮。上下奠瘞，靡神不宗。后稷不克，上帝不臨？（耗）〔秏〕斁下土，寧丁我躬！"
⑦ 《周易·屯·象傳》："《象》曰：'即鹿无虞'，以從禽也。'君子舍'之，'往吝'窮也。"
⑧ 《周易·比·象傳》："《象》曰：'顯比'之'吉'，位正中也。舍逆取順，'失前禽'也。'邑人不誡'，上使中也。《象》曰：'比之无首'，无所終也。"

果,而這正是段玉裁"知其合而後愈知其分"的道理。

2. "合韻"觀念較爲靈活通變

鄰韻、近韻通合是王念孫"合韻"說中最常見,也是文例最多的組合,但除此以外,二部前後相差在4或以上的合韻雖然文例很少,組合却相當靈活。例如《詩經群經楚辭合韻譜》"東部合韻譜第一"的組合多達十一個:東冬(1-2)、東蒸(1-3)、東侵(1-4)、東陽(1-6)、東耕(1-7)、東諄(1-9)、東元(1-10)、東之(1-18)、東魚(1-19)、東疾(1-20)、東幽(1-21)。又例如《西漢合韻譜》"侵部合韻譜第四"的組合也有八個:侵談(4-5)、蒸侵(3-4)、冬侵(2-4)、侵耕(4-7)、侵真(4-8)、侵諄(4-9)、侵元(4-10)、侵幽(4-21)。這些組合既有前後鄰近的,也有相距多達二十個韻部的情况,而且在多個《合韻譜》裏同時出現,顯然不是個別現象。例如"東幽"合韻見於《詩經群經楚辭合韻譜》共有5例、《周秦諸子合韻譜》1例、《素問新語易林合韻譜》1例、《西漢合韻譜》2例:

一、《詩經群經楚辭合韻譜》

[詩經]

[1] 務　戎　《常棣》四章。①

[2] 調　同　《車攻》五章。②

[群經]

[3] 從　由　《大戴禮·勸學篇》"物類之從"二句。③

[楚辭]

[4] 同　調　《楚辭·離騷》。④

[5] 龍　遊　《天問》。⑤

---

① 《毛詩·小雅·鹿鳴之什·常棣》:"兄弟鬩于牆,外禦其務;每有良朋,烝也無戎。"
② 《毛詩·小雅·南有嘉魚之什·車攻》:"决拾既佽,弓矢既調,射夫既同,助我舉柴。"
③ 《大戴禮記·勸學篇》:"物類之從,必有所由。榮辱之來,各象其德。"
④ 《楚辭·離騷》:"曰勉陞降以上下兮,求矩矱之所同。湯禹嚴而求合兮,摯咎繇而能調。"
⑤ 《楚辭·天問》:"焉有虬龍,負熊以遊? 雄虺九首,儵忽焉在? 何所不死? 長人何守?"

二、《周秦諸子合韻譜》

［１］　同　　調①　《韓子·揚權篇》"形名參同"二句。②

三、《素問新語易林合韻譜》

［１］　統　　咎　《易林·震之困》。③

四、《西漢合韻譜》

［１］　調　　通　《淮南·本經》"心與神處"四句。④
［２］　調　　同　《泰族》"日月照陰陽調"四句。⑤

以上諸例中，"戎"字當從孔廣森《詩聲類》歸在冬部，⑥冬、幽二部對轉，其餘各例皆屬旁對轉。

六種《合韻譜》裏二部前後相差在 4 或以上的合韻文例數量，絕大部分在個位數以內，因此王氏的合韻觀念雖然較爲靈活，却没有後來嚴可均（1762—1843）等人般濫言合韻，"無復畺界"的問題。⑦ 相反，由於王氏具有較爲通變的合韻觀念，其輯録的合韻文例反而更貼近客觀事實，當中以《合韻譜》脂、之二部多所通合尤爲明證。

脂、之合韻是《合韻譜》裏非鄰韻或近韻通合而文例數量較多的組合。值得注意的是，由於王氏二十二部中入聲韻只有"盇"、"緝"獨立成部，而以"術"爲"脂"之入，以"職"爲"之"之入，因此以下文例實際包含了陰聲韻（脂、之）與入聲韻（術、職）通合的組合：

---

① 案：《合韻譜》原寫作"調　　同"，二字旁各有一點，王氏用以互乙二字。
② 《韓非子·揚權篇》："凡此六者，道之出也。道無雙，故曰一。是故明君貴獨道之容。君臣不同道，下以名禱，君操其名，臣效其形，形名參同，上下和調也。"
③ 《易林·震之第五十一》："困，六明並照，政紀有統。秦楚戰國，民受其咎。"
④ 《淮南子·本經訓》："故至人之治也，心與神處，形與性調，静而體德，動而理通，隨自然之性而緣不得已之化，洞然無爲而天下自和，憺然無欲而民自樸，無機祥而民不夭，不忿争而養足，兼苞海内，澤及後世，不知爲之者誰何。"
⑤ 《淮南子·泰族訓》："聖人天覆地載，日月照，陰陽（調）〔和〕，四時化，萬物不同，無故無新，無疏無親，故能法天。天不一時，地不一利，人不一事，是以緒業不得不多端，趨行不得不殊方。"
⑥ 孔廣森：《詩聲類》，第 15 頁。
⑦ 嚴氏分古韻爲十六類，幾乎每類皆可互相通合。姚文田在《答宋定之書》中指出："友人嚴鐵橋孝廉，曾刻《説文聲類》。……推類言聲……别爲聲類十六表，其引據極爲繁博。……若推類言聲，則《唐韻》二百五部，無不可通，蕩然無復畺界矣。"收入宋保：《諧聲補逸》，商務印書館 1936 年版，第 8 頁上。

一、《詩經群經楚辭合韻譜》

脂祭(14－15) 22 例 > 脂之(14－18) 12 例 > 至脂(13－14) 10 例 > 歌脂(11－14) 8 例、諄脂(9－14) 8 例 > 元脂(10－14) 5 例 > 支脂(12－14) 4 例 > 脂幽(14－21) 1 例

二、《周秦諸子合韻譜》

至脂(13－14) 14 例 > 歌脂(11－14) 13 例 > 支脂(12－14) 6 例 > 脂之(14－18) 5 例 > 脂祭(14－15) 4 例、脂緝(9－17) 4 例 > 諄脂(9－14) 2 例

三、《逸周書穆天子傳戰國策合韻譜》

脂之(14－18) 4 例 > 脂祭(14－15) 1 例、支脂(12－14) 1 例、歌脂(11－14) 1 例

四、《素問新語易林合韻譜》

歌脂(11－14) 38 例 > 脂祭(14－15) 26 例 > 支脂(12－14) 24 例 > 脂之(14－18) 23 例 > 至脂(13－14) 16 例 > 脂幽(14－21) 5 例 > 元脂(10－14) 3 例 > 諄脂(9－14) 2 例、脂矦(14－20) 2 例 > 脂盍(14－16) 1 例、脂緝(9－17) 1 例、脂魚(14－18) 1 例、脂宵(14－22) 1 例

五、《西漢合韻譜》

脂祭(14－15) 65 例 > 歌脂(11－14) 43 例 > 至脂(13－14) 23 例 > 脂之(14－18) 17 例 > 支脂(12－14) 12 例 > 諄脂(9－14) 2 例 > 脂幽(14－21) 1 例

六、《史記漢書合韻譜》

脂祭(14－15) 17 例 > 歌脂(11－14) 15 例 > 至脂(13－14) 4 例 > 支脂(12－14) 3 例、脂之(14－18) 3 例 > 諄脂(9－14) 2 例 > 元脂(10－14) 1 例、脂幽(14－21) 1 例

支、脂、之三部分立是段玉裁的創見，段氏曰：

五支、六脂、七之三韻,自唐人功令同用,鮮有知其當分者矣。今試取《詩經韻表》弟一部、弟十五部、弟十六部觀之,其分用乃截然。且自《三百篇》外,凡群經有韻之文,及楚騷、諸子、秦漢、六朝、詞章所用,皆分別謹嚴。①

職是之故,段氏雖亦創有"合韻"之説,却嚴守三部之分,甚至不惜改易《説文》的篆文以牽合其古韻十七部。近人蔣冀騁指出:

　　段氏創古音十七部,基本上奠定了古韻分部的基礎,是對古音學的巨大貢獻。他的《説文》研究,也在相當程度上得力於他的古音學。但由於他過分拘泥於十七部的畛域,尤其是"支脂之"三部的界綫,因而不能用變通的眼光來看待那些聲符與字音不一致的現象。儘管他在理論上對古音通轉有清醒的認識,也曾有專文論述,但在實踐上却未能一以貫之。有些諧聲偏旁,由於方言和時代的原因,與所諧字並不同屬一部,形成了聲符與字音的矛盾,這本是極爲普遍的語音通轉現象,但段玉裁爲了守住十七部的各自區域,遂改聲符以就字音,造成了失誤。……段氏於古音分合通轉之理見解甚精,但在《説文解字注》中却未能貫徹到底,尤其對第一、第十五、第十六部之間的諧聲通轉,由於三部分立是他的創見,出於偏愛,更是力主畛域分明,不容混淆,對那些聲有通轉者,往往指斥爲誤,甚至徑改篆文以就己説。②

段氏學生江沅在《説文解字音均表·弁言》中就曾以"畀"字爲例,指出段氏自謂支、脂、之三分是"前此未有發明其故者,遂矜爲獨得之秘,故於《説文解字》嚴分其介,以自殊異",結果"凡許氏所合韻處,皆多方改使離之"。由於"畀"字從"由"聲,在第十五部,而古"綦"字的"綼"從"畀"的聲在第一部,段氏於是將"綼"字的"甴"改爲"由",以避十五部與一部之合音。③ 相

---

① 段玉裁:《六書音均表》,收入氏著《説文解字注》,表一,第 809 頁下。
② 蔣冀騁:《説文段注改篆評議》,第 60—61 頁。
③ 江沅:《説文解字音均表》,《皇清經解續編》卷六八〇,《清經解　清經解續編》,第 10 册,弁言,第 359 頁下。

較之下,王念孫亦以支、脂、之分立,與段氏相合,却沒有因爲要遷就其二十二部之分而忽視古書中脂、之二部通合的事實。

脂、之二部從音理上來說並無通合的條件,古書中二部通合很可能是方言音變的痕迹。邊田鋼、黃笑山從傳世、出文文獻中押韻、通假、異文、聲訓、讀若以及古文字構形等材料,考察春秋、戰國、秦漢近千年間支、脂、之三部在秦晉、齊魯、荆楚三個方言分區的相通情況。作者指出:

> 以楚地爲代表的上古後期南方方言在支、脂、之三部關係上,呈現出與北方截然不同的格局。楚地脂、之兩部密切相通,而鮮見兩部與支部相通的情况。此爲三部關係上的"南方型"。之、脂部合韻最早見於先秦楚地,後來擴散到兩漢時期的江東、巴蜀。之、脂部合韻是具有南方特色的押韻形式。

作者認爲之、脂相通的音變條件是:之部 *ə 在開口舌齒聲母條件下,元音高化,最終混入脂部 *i。① 例如《禮記·月令》"毋肆掠",《淮南子·時則》"肆"作"笞","肆"爲心母脂部,"笞"爲徹母之部。《莊子·應帝王》"猨狙之便執斄之狗來藉",《山海經·南山經》郭《注》"斄"引作"犁","斄"爲來母之部,"犁"爲來母脂部。郭店簡《老子(乙)》"賽其事",王弼本作"濟","賽"爲心母之部,"濟"爲精母脂部。②

《詩經群經楚辭合韻譜》、《周秦合韻譜》、《逸周書穆天子傳戰國策合韻譜》所輯先秦古書中脂、之合韻的文例,雖然並無明顯的南北分野,但輯自《禮記》、《孫子》、《莊子》、《戰國策》等書的文例,諸字聲母的確以開口舌齒音居多。例如以《禮記·月令》"齊"(從母脂部)、"時"(禪母之部)二字爲脂、之合韻;③《禮運》"子"(精母之部)、"己"(見母之部)、"禮"(來母脂部)、"紀"(見母之部)、"子"(精母之部)、"弟"(定母

---

① 案:脂部的擬音當爲 *-el,有通音韻尾-l,而主要元音-e 與-i 並爲前元音,但-e 舌位較-i 低而較-ə 高,因此之、脂相通仍然可以視爲元音高化的結果。
② 邊田鋼、黃笑山:《上古後期支、脂、之三部關係方言地理類型研究》,《浙江大學學報》(人文社會科學版)2018年第4期,第149—151頁。
③ 《禮記·月令》:"乃命大酋,秫稻必齊,麴糵必時,湛熾必潔,水泉必香,陶器必良,火齊必得,兼用六物。"

脂部）、"婦"（奉母之部）、"里"（來母之部）、"己"（見母之部）、"起"（溪母之部）十字，①《禮器》"采"、"禮"二字，②《孫子·地形篇》"子"（精母之部）、"死"（心母脂部）二字，③《莊子·達生篇》"體"（透母脂部）、"始"（書母之部）二字，④《戰國策·秦策一》"士"（崇母之部）、"矢"（書母脂部）、"弟"（定母脂部）三字皆爲旨、止合韻。⑤

《素問新語易林合韻譜》、《西漢合韻譜》、《史記漢書合韻譜》所輯西漢古書中脂、之合韻的文例，除了《史記漢書合韻譜》輯自《史記》的3例相對較少外，其他兩種《合韻譜》的文例都有明顯的增加，其中《素問新語易林合韻譜》所輯23個文例全部來自《易林》：

脂之

［1］思　悲　《易林·小畜之歸妹》。⑥
［2］乖　之　時　《姤之萃》。⑦
［3］齊　師　時　《萃之解》。⑧

脂職

［1］飛　息　衰　《易林·蠱之離》。⑨

旨之

［1］龜　火　《易林·恒之大過》。⑩

---

① 《禮記·禮運》："今大道既隱，天下爲家，各親其親，各子其子，貨力爲己，大人世及以爲禮，城郭溝池以爲固，禮義以爲紀。以正君臣，以篤父子，以睦兄弟，以和夫婦，以設制度，以立田里，以賢勇知，以功爲己。故謀用是作，而兵由此起。"
② 《禮記·禮器》："君子曰：'甘受和，白受采，忠信之人，可以學禮。苟無忠信之人，則禮不虛道。是以得其人之爲貴也。'"
③ 《孫子·地形篇》："視卒如嬰兒，故可與之赴深谿；視卒如愛子，故可與之俱死。厚而不能使，愛而不能令，亂而不能治，譬若驕子，不可用也。"
④ 《莊子·達生篇》："夫形全精復，與天爲一。天地者，萬物之父母也，合則成體，散則成始。形精不虧，是謂能移；精而又精，反以相天。"
⑤ 《戰國策·秦策一·蘇秦始將連橫》："當此之時，天下之大，萬民之衆，王侯之威，謀臣之權，皆欲決蘇秦之策。不費斗糧，未煩一兵，未戰一士，未絕一絃，未折一矢，諸侯相親，賢於兄弟。"
⑥ 《易林·小畜第九》："歸妹，三婦同夫，志不相思；心懷不平，志常愁悲。"
⑦ 《易林·姤第四十四》："萃，身無頭足，超躓空乖。不能遠之，中道廢休，失利後時。"
⑧ 《易林·萃第四十五》："解，伯夷叔齊，貞廉之師。以德防患，憂禍不存，聲芳後時。"
⑨ 《易林·蠱第十八》："離，鴻雁南飛，隨時休息；轉逐天和，千歲不衰。"
⑩ 《易林·恒第三十二》："大過，重或射卒，不知所定，質疑蓍龜，孰可避火？明神報答，告以肌如。"
案：手稿記此例第二個韻脚爲"火"，與《續道藏》所記同，漢達文庫則作"大"。

旨止

[1] 罪　有　《易林·泰之夬》。①

[2] 濟　火　恃　《坎之大壯》。②

[3] 齒　視　子　母　《恒之需》。③

[4] 子　毀　《艮之升》。④

[5] 死　鬼　祀⑤　《小畜之萃》。⑥《夬之臨》。⑦《涣之大過》。⑧

鞊止

[1] 利　海　有　《易林·師之復》。⑨

[2] 齒　子　殆　利　《大有之蹇》。⑩

[3] 利　起　《夬之未濟》。⑪

[4] 母　喜　利　《萃之大壯》。⑫

[5] 肄　有　《巽之睽》。⑬

鞊志

[1] 事　位　《易林·隨之乾》。⑭

[2] 媚　背　《復之蒙》。⑮

---

① 《易林·泰第十一》："夬，作凶不善，相牽入井；溺陷辜罣，禍至憂有。"
② 《易林·坎第二十九》："大壯，乘船渡濟，載冰逢火，賴得免患，蒙我所恃。"
③ 《易林·恒第三十二》："需，張牙切齒，斷怒相及，咎起蕭墙，牽引吾子，患不可解，憂驚吾母。"
　　案：手稿記此例第二個韻脚爲"視"，與《續道藏》所記同，漢達文庫則作"及"。
④ 《易林·艮第五十二》："升，賸詐龐子，夷寵盡毀。兵伏卒發，矢至如雨。魏師驚亂，將獲爲虜，涓死樹下。"
⑤ 案：《小畜之萃》、《夬之臨》、《涣之大過》並作"旦生夕死，名曰嬰鬼，不可得視"，故視爲1例。
⑥ 《易林·小畜第九》："萃，旦生夕死，名曰嬰鬼，不可得視。"
　　案：手稿記此例第三個韻脚爲"祀"，與《續道藏》所記同，漢達文庫則作"視"。
⑦ 《易林·夬第四十三》："臨，旦生夕死，名曰嬰鬼，不可得視。"
　　案：手稿記此例第三個韻脚爲"祀"，漢達文庫則作"視"。
⑧ 《易林·涣第五十九》："大過，旦生夕死，名曰嬰鬼，不可得視。"
　　案：手稿記此例第三個韻脚爲"祀"，與《續道藏》所記同，漢達文庫則作"視"。
⑨ 《易林·師第七》："復，淵泉隄防，水道通利。順注湖海，邦國富有。"
⑩ 《易林·大有第十四》："蹇，金牙鐵齒，西王母子；無有患殆，減害道利。"
⑪ 《易林·夬第四十三》："未濟，東失大珠，西行棄襦。時多不利，使我後起。"
⑫ 《易林·萃第四十五》："大壯，生無父母，出門不喜。買菽失粟，亡我大乘。"
　　案：手稿記此例第三個韻脚爲"利"，與《續道藏》所記同。
⑬ 《易林·巽第五十七》："睽，春陽生草，夏長條肄。萬物蕃滋，充實益有。"
⑭ 《易林·隨第十七》："乾，鼻目易處，不知香臭；君迷於事，失其寵位。"
⑮ 《易林·復第二十四》："蒙，鶌鳩娶婦，深目窈身。折腰不媚，與伯相背。"

［3］視　志　《節之巽》。①

鞋職

［1］德　賊　利　《易林·大畜之豫》。②
［2］氣　福　德　《升之姤》。③

術職

［1］極　飾　出　《易林·坤之否》。④
［2］食　出　《比之萃》。⑤
［3］出　國　《旅之坤》。⑥

《易林》舊題爲《焦氏易林》，相傳爲西漢昭帝時人焦贛（字延壽）所作。余嘉錫《四庫提要辨證》據顧炎武、牟庭（1759—1832）等人的考訂，⑦認爲《易林》一書爲王莽時崔篆所作。羅常培、周祖謨更從《易林》四言繇辭用韻與崔篆孫崔駰、崔駰子崔瑗文章押韻情况得出以下結論：

> 前人從書中所提到的史實和古代文獻中引到《易林》的繇辭證明今本《易林》爲崔篆所作，現在又從《易林》押韻和崔駰、崔瑗的韻文證明前人的考證完全是正確的，清人如丁晏、劉毓崧等硬認爲《易林》是焦贛所作的説法就更不能成立了。《易林》既然確定爲崔篆所作，那麼《易林》所代表的方音就是幽州冀州的方音了。⑧

幽、冀二州相當於今日河北省一帶，在揚雄《方言》中稱爲"燕"，並多與其他方言區連稱爲"趙魏燕代"、"晉衛燕魏"、"燕趙之間"、"燕齊之間"、"齊燕海岱之間"等，可見基本上屬於北方秦晉方言而受齊魯方言影響的地區。如果借用邊田鋼、黄笑山二氏提出的南北類型，則《易林》中脂、之

---

① 《易林·節第六十》："巽，六目俱視，各欲有志。心意不同，乖戾生訟。"
② 《易林·大畜第二十六》："豫，道禮和德，仁不相賊。君子往之，樂有其利。"
③ 《易林·升第四十六》："姤，讚陽上舞，神明生氣。拜禹受福，君施我德。"
④ 《易林·坤第二》："否，六龍爭極，服在下飾。謹慎管鑰，結禁毋出。"
⑤ 《易林·比第八》："萃，團團白日，爲月所食。損上毀下，鄭昭出走。"
⑥ 《易林·旅第五十六》："坤。人無定法，綏降牛出，蛇雄走趨。陽不制陰，宜其家國。"
⑦ 余嘉錫：《四庫提要辨證》，雲南人民出版社2004年版，第626—640頁。
⑧ 羅常培、周祖謨：《漢魏晉南北朝韻部演變研究》，中華書局2007年版，第97頁。

通合的現象,可以解釋爲由於齊魯方言出現南北類型重疊的情況,"既具有北方型支、脂部相通,又具有南方型之、脂部相通",①燕齊相鄰,因此崔篆的《易林》一方面保留秦晉方言支、脂通合的特色,②一方面受齊魯方言影響而出現脂、之通合的現象。據羅常培、周祖謨二氏所述,其《易林》押韻研究,是"根據王氏(《合韻譜》)的稿本按照《易林》本身押韻的情況重新校訂",③可惜的是他們在解說《易林》通押現象時,並沒有注意到上舉王氏輯錄的之、脂通合的文例。《合韻譜》雖然只是輯錄文例,但由於王念孫具有較爲靈活通變的"合韻"觀念,且能客觀對待語料,因而能夠不囿於各部的遠近關係,爲後人揭示了先秦、秦漢脂、之二部通合的事實。

3. 已有陰陽入通合的概念

王念孫靈活通變的"合韻"觀念還表現在《合韻譜》中除了主要爲陰聲韻、陽聲韻、入聲韻各自通合外,還有少量陰、陽、入合韻的組合。王氏二十二部以有入、無入分爲兩類,"東"至"歌"十一部皆無入聲。"支"至"宵"十一部中,"盍"、"緝"二部只有入聲,"至"、"祭"二部只有去、入二聲,其他七部皆有平上去,且有入聲相承:"支"以"錫"爲入、"脂"以"術"爲入、"之"以"職"爲入、"魚"以"鐸"爲入、"矦"以"屋"爲入、"幽"以"毒"爲入、"宵"以"藥"爲入。王氏以陰、入相配,因此《合韻譜》中有陰聲韻與入聲韻通合的文例。例如前揭《素問新語易林合韻譜》以《易林·大畜之豫》"德"(職部)、"賊"(職部)、"利"(脂部④)三字合韻,⑤以《升之姤》"氣"(脂部⑥)、"福"(職部)、"德"(職部)三字合韻。⑦ 又例如《詩經群經楚辭合韻譜》以《禮記·禮運》"廟"(宵部)、"朝"(宵部)、"學"(毒部)三字爲合韻。⑧《西漢合韻譜》以《淮南子·齊俗訓》"蜀"(屋

---

① 邊田鋼、黃笑山:《上古後期支、脂、之三部關係方言地理類型研究》,第155頁。
② 案:《素問新語易林合韻譜》支、脂合韻共24例,其中22例輯自《易林》。
③ 羅常培、周祖謨:《漢魏晉南北朝韻部演變研究》,第91頁。
④ 案:"利"字,鄭張尚芳歸在至部。
⑤ 《易林·大畜第二十六》:"豫,道禮和德,仁不相賊。君子往之,樂有其利。"
⑥ 案:"氣"字,鄭張尚芳歸在隊部。
⑦ 《易林·升第四十六》:"姤,讚陽上舞,神明生氣。拜禹受福,君施我德。"
⑧ 《禮記·禮運》:"故祭帝於郊,所以定天位也,祀社於國,所以列地利也。祖廟,所以本仁也,山川,所以儐鬼神也,五祀,所以本事也。故宗祝在廟,三公在朝,三老在學。王前巫而後史,卜筮瞽侑皆在左右,王中心無爲也,以守至正。"

部)、"羣"(屋部)、"詐"(魚部)三字合韻等。①

至於陰聲韻與陽聲韻通合的情況,王念孫雖然並無陰陽對轉之説,但六種《合韻譜》裏亦有少量陰陽合韻的文例。陰陽對轉也是孔廣森的創見,孔氏分古韻十八類爲陽聲、陰聲兩大類,兩兩相配,可以對轉:

陽聲	原類	丁類	辰類	陽類	東類	冬類	緱類	蒸類	談類
陰聲	歌類	支類	脂類	魚類	侯類	幽類	宵類	之類	合類

王力指出孔氏陰陽對轉之説"爲後代音韻學家所崇奉",並認爲"歌元(引案:即原類)對轉、支耕(引案:即丁類)對轉、脂真(引案:即辰類)對轉、侯東對轉、幽冬對轉都是對的"。② 王念孫的二十二部以入聲有無分類,並未明言陰聲韻與陽聲韻的分布,筆者於是根據今人確認的陰陽聲韻,③從六種《合韻譜》中抽出陰聲韻歌、支、脂、之、魚、侯、幽、宵與陽聲韻東、冬、蒸、侵、談、陽、耕、真、諄、元通合的文例,共得136個(約佔二韻通合總數的3.5%),獨立統計整理成表(參見圖十四)。

	東	冬	蒸	侵	談	陽	耕	真	諄	元
歌									1	36
支						2	1			
脂									16	9
之	5		8	4			1		6	1
魚	1					20	1			4
侯	4					1				
幽	9	1		5						
宵										

圖十四　六種《合韻譜》陰陽通合文例統計表

① 《淮南子·齊俗訓》:"何〔者〕?力不足也。故諺曰:'鳥窮則嚙,獸窮則羣,人窮則詐。'此之謂也。"
② 王力:《清代古音學》,第173頁。
③ 陰聲韻在上古音裏與陽聲韻、入聲韻三分。陽聲韻有鼻音韻尾,入聲韻有塞音韻尾是學界的共識。傳統認爲陰聲韻是開尾韻,即無帶韻尾,但近二三十年來,學者對此提出不同的擬測與解説,普遍認同上古陰聲韻可以有輔音韻尾。不過無論如何,歌、支、脂、之、魚、侯、幽、宵諸部都是公認的陰聲韻。

相較於孔廣森陰陽對轉兩兩相配的模式,《合韻譜》裏陰陽通合的組合明顯更爲多變。不過若以相對數量的多寡來觀察,仍然可以分出各陰聲韻與陽聲韻最常見的合韻組合(圖十四以灰色標示的組合)。除了脂諄通合與幽東通合外,《合韻譜》中其他五個組合(歌元通合、支耕通合、之蒸通合、魚陽通合、矦東通合),連同宵部無陽聲韻通合,皆與今人對上古陰陽對轉研究的結論頗相一致,值得我們注意。至於《合韻譜》出現較多幽東通合、脂諄通合的情況,與王氏對東、脂二部歸字未夠精審有關。首先,《合韻譜》裏"脂"部所包括的《廣韻》脂、微、齊、支、咳、哈、皆諸字中,微、灰、哈三韻和脂、皆兩韻合口爲一類,脂、皆兩韻開口和支、齊兩韻爲一類,前一類今人稱爲"微"部,後一類稱爲"脂"部。微部與諄部陰陽對轉,脂部與真部陰陽對轉。《合韻譜》中脂諄通合 16 例中,共有 8 例出自《詩經群經楚辭合韻譜》:

諄脂

[詩經]

[1] 敦　遺　《北門》三章。①

[2] 頎　衣　妻　姨　私　《碩人》一章。②

[3] 焞　雷　威　《采芑》四章。③

[群經]

[4] 分　歸　《禮記·禮運》"男有分"二句。④

[5] 殷　梯　《越語下》"田野開闢"五句。⑤

---

① 《毛詩·邶風·北門》:"王事<u>敦</u>我,政事一埤<u>遺</u>我。我入自外,室人交遍摧我。已焉哉!天實爲之,謂之何哉?"

② 《毛詩·衛風·碩人》:"碩人其<u>頎</u>,衣錦褧<u>衣</u>。齊侯之子,衛侯之<u>妻</u>。東宮之妹,邢侯之<u>姨</u>,譚公維<u>私</u>。"

③ 《毛詩·小雅·南有嘉魚之什·采芑》:"蠢爾蠻荆,大邦爲讎。方叔元老,克壯其猶。方叔率止,執訊獲醜。戎車嘽嘽,嘽嘽<u>焞焞</u>,如霆如<u>雷</u>。顯允方叔,征伐玁狁,蠻荆來<u>威</u>!"

④ 《禮記·禮運》:"男有<u>分</u>,女有<u>歸</u>。貨惡其棄於地也,不必藏於己;力惡其不出於身也,不必爲己。"

⑤ 《國語·越語·范蠡進諫勾踐持盈定傾節事》:"田野開闢,府倉實,民衆<u>殷</u>。無曠其衆,以爲亂<u>梯</u>。"

諄旨
[詩經]
[1] 偕　近　邇　《小雅·杕杜》四章。①

諄鞼
[詩經]
[1] 類　君　比　《皇矣》四章。②

[群經]
[2] 蔚　君　《易·萃③·象傳》。④

細審諸例中,王氏歸入脂部的"遺"(脂合)、"頠"(微)、"衣"(微)、"雷"(灰)、"威"(微)、"歸"(微)、"梯"(齊)、"類"(脂合)、"蔚"(微)諸字皆當在今人所立的微部,而"邇"字在歌部,只有"妻"(齊)、"姨"(脂開)、"私"(脂開)三字在脂部。因此這 8 例中,6 例是微諄通合、1 例是歌脂諄通合、1 例是脂微通合。另外 8 個脂諄通合的文例來自其他四種《合韻譜》:

一、《周秦諸子合韻譜》
諄脂
[1] 沌　豚　紛　遺　《管子·樞言篇》"沌。乎博而圜"四句。⑤
[2] 倫　圜　《莊子·則陽篇》"精至於無倫"二句。⑥

---

① 《毛詩·小雅·鹿鳴之什·杕杜》:"匪載匪來,憂心孔疚。期逝不至?而多爲恤。卜筮偕止,會言近止,征夫邇止!"
② 《毛詩·大雅·文王之什·皇矣》:"維此王季!帝度其心,貊其德音。其德克明,克明克類,克長克君。王此大邦,克順克比。比于文王,其德靡悔。既受帝祉,施于孫子。"
③ 案:此當爲"革"卦,王氏誤記。
④ 《周易·革·象傳》:"《象》曰:'君子豹變,其文蔚也,'小人革面',順以從君也。"
⑤ 《管子·樞言篇》:"聖人用其心,沌沌乎博而圜,豚豚乎莫得其門,紛紛乎若亂絲,遺遺乎若有從治。故曰:欲知者知之,欲利者利之,欲勇者勇之,欲貴者貴之。"
⑥ 《莊子·則陽篇》:"太公調曰:'雞鳴狗吠,是人之所知;雖有大知,不能以言讀其所自化,又不能以意〔測〕其所將爲。斯而析之,精至於無倫,大至於不可圍,或之使,莫之爲,未免於物而終以爲過。'"

二、《素問新語易林合韻譜》

諄脂

[1] 門　微　《易林·大有之復》。① 《鼎之臨》。②

[2] 悲　門　《未濟之蒙》。③

三、《西漢合韻譜》

諄脂

[1] 器　紾　《淮南·本經》"大鍾鼎"四句。④

[2] 問　對　《春秋繁露·立元神篇》"故終日問之"二句。⑤

四、《史記漢書合韻譜》

諄脂

[1] 師　輝　《漢書·韋元成傳》自劾責詩。⑥

[2] 沴　衰　《揚雄傳·河東賦》。⑦

以上諸例,除了《漢書》"師"(脂開)、"輝"(諄)二字是脂諄通合,"沴"(齊)、"衰"(脂合)二字是脂微通合外,其他6例都是微諄通合。準此,圖十四中脂諄通合實際上只有1例。

我們再來看東幽通合的9個文例:

---

① 《易林·大有第十四》:"復,火至井谷,陽芒生角。犯歷天户,闖覦太微。登上玉床,家易六公。"
案:手稿記此例首韻脚爲"門",然參漢達文庫此句並無"門"字。
② 《易林·鼎第五十》:"臨,火井暘谷,揚芒生角。犯歷天門,闖見太微。登上玉床,家易共公。"
③ 《易林·未濟第六十四》:"蒙,北陸藏冰,君子心悲。困於粒食,鬼驚我門。"
④ 《淮南子·原道訓》:"大鍾鼎,美重器,華蟲疏鏤,以相繆紾,寢兕伏虎,蟠龍連組,焜昱錯眩,照耀輝煌,偃蹇寥糾,曲成文章,雕琢之飾,鍛錫文(鏡)〔鐃〕,乍晦乍明,抑微滅瑕,霜文沉居,若簟簾篨,纏錦經冗,似數而疏,此遁於金也。"
⑤ 《春秋繁露·立元神第十九》:"故終日問之,彼不知其所對;終日奪之,彼不知其所出。吾則以明,而彼不知其所亡。故人臣居陽而爲陰,人君居陰而爲陽。陰道尚形而露情,陽道無端而貴神。"
⑥ 《漢書·韋賢傳》:"惟我節侯,顯德遐聞,左右昭、宣,五品以訓。既耇致位,惟懿惟兄,厥賜祁祁,百金洎館。國彼扶陽,在京之東,惟帝是留,政謀是從。繹繹六轡,是列是理,威儀濟濟,朝享天子。天子穆穆,是宗是師,四方遐爾,觀國之輝。"
⑦ 《漢書·揚雄傳上》:"(義)〔羲〕和司日,顏倫奉輿,風發飆拂,神騰鬼趡;千乘霆亂,萬騎屈橋,嘻嘻旭旭,天地稠㬭。簸丘跳巒,涌渭澱溼。秦神下讋,跖魂負沴;河靈矍踢,爪華蹈衰。遂臻陰宮,穆穆肅肅,蹲蹲如也。"

一、《詩經群經楚辭合韻譜》

東幽

[詩經]

[1] 務　戎　《常棣》四章。①

[2] 調　同　《車攻》五章。②

[群經]

[3] 從　由　《大戴禮·勸學篇》"物類之從"二句。③

[楚辭]

[4] 同　調　《楚辭·離騷》。④

[5] 龍　遊　《天問》。⑤

二、《周秦諸子合韻譜》

東幽

[1] 同　調⑥　《韓子·揚權篇》"形名參同"二句。⑦

三、《素問新語易林合韻譜》

東黝

[1] 統　咎　《易林·震之困》。⑧

四、《西漢合韻譜》

東幽

[1] 調　通　《淮南·本經》"心與神處"四句。⑨

[2] 調　同　《泰族》"日月照陰陽調"四句。⑩

---

① 《毛詩·小雅·鹿鳴之什·常棣》:"兄弟鬩于牆,外禦其<u>務</u>;每有良朋,烝也無<u>戎</u>。"
② 《毛詩·小雅·南有嘉魚之什·車攻》:"決拾既佽,弓矢既<u>調</u>,射夫既<u>同</u>,助我舉柴。"
③ 《大戴禮記·勸學篇》:"物類之<u>從</u>,必有所<u>由</u>。榮辱之來,各象其德。"
④ 《楚辭·離騷》:"曰勉陞降以上下兮,求矩矱之所<u>同</u>。湯禹儼而求合兮,摯咎繇而能<u>調</u>。"
⑤ 《楚辭·天問》:"焉有虬<u>龍</u>,負熊以<u>遊</u>?雄虺九首,儵忽焉在?何所不死?長人何守?"
⑥ 案:《合韻譜》原寫作"調　同",二字旁各有一點,王氏用以互乙二字。
⑦ 《韓非子·揚權篇》:"凡此六者,道之出也。道無雙,故曰一。是故明君貴獨道之容。君臣不同道,下以名禱,君操其名,臣效其形,形名參同,上下和調也。"
⑧ 《易林·震之第五十一》:"困,六明並照,政紀有<u>統</u>。秦楚戰國,民受其<u>咎</u>。"
⑨ 《淮南·本經訓》:"故至人之治也,心與神<u>處</u>,形與性<u>調</u>,静而體德,動而理<u>通</u>,隨自然之性而緣不得已之化,洞然無爲而天下自和,憺然無欲而民自樸,無機祥而民不夭,不忿爭而養足,兼苞海内,澤及後世,不知爲之者誰何。"
⑩ 《淮南子·泰族訓》:"聖人天覆地載,日月照,陰陽(<u>調</u>)〔和〕,四時化,萬物不<u>同</u>,無故無新,無疏無親,故能法天。天不一時,地不一利,人不一事,是以緒業不得不多端,趨行不得不殊方。"

以上諸例,"戎"、"統"二字當在冬部,"務"在侯部。《楚辭·天問》"焉有虯龍,負熊以遊",朱熹(1130—1200)《楚辭集注》作"焉有龍虯",①王力《楚辭韻讀》據朱《注》以"虯"、"遊"二字並爲幽部疊韻。②《淮南子·泰族訓》"日月照,陰陽調",劉殿爵指出:"'調',《文子·自然》作'和',今本《淮南子》作'調',蓋許注本避吴太子諱改。"③以上 2 例如果都删去的話,《合韻譜》幽東通合實際上只有 5 例,幽冬通合 1 例,侯冬通合 1 例。換言之,《合韻譜》裏幽東通合與幽侵通合的文例數量相當。幽、東二部通合可以旁對轉加以解釋,但以往上古音擬構裏,侵部並無相應的陰聲韻,《合韻譜》輯録的 5 個幽侵通合文例值得我們注意:

一、《詩經群經楚辭合韻譜》

侵黝

[群經]

[1] 守　念　昝　受　《書·洪範》"有猷有爲有守"五句。④

[楚辭]

[2] 任　醜　《楚辭·九章·橘頌》。⑤

二、《逸周書穆天子傳戰國策合韻譜》

侵幽

[1] 舟　軸　金　《魏策一》"臣聞積羽沉舟"三句。⑥《史記》此下有"積毁銷骨"一句。⑦

---

① 朱熹:《楚辭集注》,上海古籍出版社 1979 年版,第 57 頁。
② 王力:《楚辭韻讀》,收入《王力文集》第 6 卷,山東教育出版社 1986 年版,第 503—504 頁。
③ 劉殿爵:《淮南子韻讀及校勘》,香港中文大學出版社 2013 年版,第 830 頁。
④ 《尚書·洪範》:"凡厥庶民,無有淫朋,人無有比德,惟皇作極。凡厥庶民,有猷有爲有守,汝則念之。不協于極,不罹于咎,皇則受之。"
⑤ 《楚辭·九章·橘頌》:"精色内白,類可任兮。紛緼宜修,姱而不醜兮。"
⑥ 《戰國策·魏策一·張儀爲秦連横説魏王》:"且夫從人多奮辭而寡可信,説一諸侯之王,出而乘其車;約一國而反,成而封侯之基。是故天下之遊士,莫不日夜搤腕瞋目切齒以言從之便,以説人主。人主覽其辭,牽其説,惡得無眩哉?臣聞積羽沉舟,群輕折軸,衆口鑠金,故願大王之熟計之也。"
⑦ 案:《史記·張儀列傳》作"臣聞之,積羽沉舟,群輕折軸,衆口鑠金,積毁銷骨,故願大王審定計議,且賜骸骨辟魏"。

三、《素問新語易林合韻譜》

侵黝

[1] 蔘　甚　《易林·觀之益》。《豐之益》。①

四、《西漢合韻譜》

侵幽

[1] 條　深　《淮南·詮言》"故木之大者害其條"二句。②

孔廣森以幽部配冬部，此一看法在相當長的時間裏普遍爲學者所接受。李新魁在《漢語音韻學》裏最先提出幽部是侵部的陽聲韻：

> 幽部與侵部在上古以至中古時都是"獨韻"，沒有"開合"之分，它們的性質相近。就發音來說，幽以[-u]爲收尾，其作用在唇（帶圓唇勢），緝以[-p]爲收尾，侵以[-m]爲收尾，其作用也在唇，幽部可以說是與唇音收尾韻相對的陰聲韻。③

施向東後來在此基礎上，更從文獻證據、漢藏比較、發音機理等方面，論證上古音幽、宵部與侵緝、談盍部通轉的現象。施氏指出：

> 幽、宵部與侵緝、談盍部之間的通轉是一個無可懷疑的事實。……第一，上古幽部、宵部的音值可簡潔明了地擬作 əu、au。u 的語音特徵已經包括了 wɤ 或 gʷ 這類構擬所要表達的意思，即韻尾同時具有舌根音和雙唇音的特徵。第二，幽部、宵部是上古與侵緝、談盍部相配合的陰聲韻部。因爲這三類韻的韻尾都有雙唇的特徵。④

---

① 《易林·觀第二十》："益，去辛就蔘，毒愈酷甚；避穽入坑，憂患日生。"又《易林·豐之第五十五》："益，去辛就蔘，毒愈苦甚。避穽遇坑，憂患日（主）〔生〕。"由於入韻字相同，文句相近，故視爲1例。

② 《淮南子·詮言訓》："賈多端則貧，工多技則窮，心不一也。故木之大者害其條，水之大者害其深。有智而無術，雖鑽之不（通）〔達〕；有百技而無一道，雖得之弗能守。"

③ 李新魁：《漢語音韻學》，北京出版社1986年版，第343頁。

④ 施向東：《試論上古音幽宵兩部與侵緝談盍四部的通轉》，《天津大學學報》（社會科學版）1999年第1期，第25頁。

準此，幽部可以擬構爲*-əu，侵部爲*-əm，緝部爲*-əp，三部陰陽入相配。筆者引述以上學者的研究，用意是説明幽侵通合有其音理依據，而非證明王念孫已有幽、侵、緝相配的看法，事實上六種《合韻譜》裏連一個侵緝通合的文例也沒有。然而在當時已有戴震提出幽部配冬東，孔廣森提出幽部配冬部、宵部配侵部的背景下，王氏仍舊能以其靈活通變的"合韻"觀念，從不同古書裏輯出幽侵通合的文例，較爲客觀地保留書面文獻所反映的語言事實，洵屬難得。總的來説，王氏"合韻"説最有價值的地方，在於能夠幫助今人梳理上古音各韻部的關係以及擬測各部的韻值。

4. 重視"合韻"的實用性

江有誥在古韻研究上的成果與王念孫最爲接近，王力指出："江有誥的古韻分部，沒有甚麼特點；但也可以説王念孫的四個特點（引案：指至部、祭部、盍部、緝部獨立）中，有三個特點也是江有誥的特點，因爲江有誥與王念孫不謀而同地都主張祭葉（引案：即王念孫的盍部）緝三部從平聲韻部裏分出來。"①雖然如此，王力仍然認爲"江有誥是清代古音學的巨星"。② 周祖謨在《音學十書・前言》稱"江書可以説是集清代古韻學之大成"，③何大安也認爲"大體言之，有清一代之古音學家屬考古派，以江有誥總其成"。④ 江有誥卒於咸豐元年（1851），從年齡及學術經歷來説應當是王念孫的後學晚輩，但從著作刊行的時間來説，江氏早在嘉慶十七年已有《詩經韻讀》寄呈段玉裁，兩年後出版，而王念孫則要到嘉慶二十一年（1816）致書李賡芸（1754—1817，字郟齋），才透露其古韻二十一部的詳情。道光三年（1823）與江有誥書中，仍因爲"侵、覃二部，仍有分配未確之處，故至今未敢付梓，草稿亦未定"，更以與江書"大略相同"而有"鄙著雖不刻可也"之意。⑤ 與江氏《詩經韻讀》、《群經韻讀》、《楚辭韻讀》、《先秦韻讀》、《諧聲表》、《入聲表》、《唐韻四聲正》、《等韻叢説》等古音專著已經刻板相比，王氏古韻二十一部之説只見附於《經義述聞》之中，其

---

① 王力：《漢語音韻》，中華書局1963年版，第134頁。
② 王力：《清代古音學》，第227頁。
③ 見江有誥：《音學十書》，前言，第3頁。
④ 何大安：《聲韻學中的觀念和方法》，大安出版社1991年版，第214頁。
⑤ 李宗焜編撰：《景印解説高郵王氏父子手稿》，第89頁。

晚年東、冬分立以及二十二部"合韻"之說更是秘不示人,致使後人多不知王氏亦有"合韻"之說,且成果豐碩,勝義多有。現藏北京大學的王念孫古音手稿,行世的不到十分之一,導致王氏古音之學迄今尚未能得到全面的評估。筆者認爲,這一方面與王氏治學態度矜慎,凡所見與時人相合即不復著述有關。一方面是因爲相對於理論的闡述,王氏更着重其古音之學的實用性,即古音研究相對於其群籍校治工程,只是探求古義,校正古書訛誤的工具而已,這包括體現在王氏利用"合韻"之說校勘古書的實踐上。

陸宗達指出:"譜中箋識,多與《讀書雜志》相關,如《雜志》訂《管子·心術篇》'耆欲充益','益'字當爲'盈'字之類,皆據諧韻以考知其誤者,悉見譜中。又韻譜中改正誤字,每注'詳見《雜志》'。"①筆者在校注六種《合韻譜》的過程中,特別注意以文例用字比較與各書通行本的異同,結果發現王氏據其"合韻"之說而校訂所引文字者不在少數。例如《周秦諸子合韻譜》"東部合韻譜第一""東陽"合韻下,王氏以《管子·四稱》"不彌人爭,唯趣人訟,湛湎於酒,行義不從。不修先故,變易國常"六句中"訟"、"從"、"常"三字入韻,注曰:"今本'訟'訛作'詔',辯見《讀書雜志》。"《讀管子雜志》"唯趣人詔"條,王念孫曰:

"趣",讀爲"促"。"詔"當爲"訟",字之誤也。(原注:"訟"、"詔"草書相似。)"不彌人爭,唯趣人訟"意正相承,且"訟"與"從"爲韻。(原注:"訟"字古讀平聲。《召南·行露篇》"何以速我訟",與"墉"、"從"爲韻。《管子·問篇》"則人不易訟",與"功"、"宗"爲韻。《堯典》"嚚訟,可乎","訟",馬本作"庸"。《史記·呂后紀》"未敢訟言誅之","訟",一作"公"。)若作"詔",則失其韻矣。尹注非。②

郭沫若《管子集校》引劉師培曰:"《元龜》'詔'作'訟',與《補注》所引或

---

① 陸宗達:《王石臞先生〈韻譜〉〈合韻譜〉遺稿跋》,第164頁。
② 王念孫:《讀書雜志》,志五之六,第6頁下—7頁上。

本合,足爲王校之證。"①此王氏以合韻訂正訛字之例。

又例如"歌部合韻譜第十一""歌紙"合韻下,王氏以《管子·心術下》"是故聖人一言之解,上察於天,下察於地"三句中"解"、"地"二字入韻。"一言之解",通行本作"一言解之"。《讀管子雜志》"一言解之"條,王念孫曰:"'是故聖人一言解之,上察於天,下察於地'……'一言解之',當依《内業篇》作'一言之解','解'與'地'爲韻。"②馬王堆漢墓帛書《十六經·成法》"一之解,察於天地",整理者曰:

> 《管子·心術下》:"是故聖人一言解之(原注:王念孫謂當作"一言之解"),上察於天,下察於地。"同書《内業》:"一言之解,上察於天,下極於地,蟠滿九洲。"《淮南子·原道》:"是故一之理,施四海;一之解,際天地。"③

此王氏以合韻乙正文字之例。

又例如《逸周書穆天子傳戰國策合韻譜》"蒸部合韻譜第三""蒸止"合韻下,王氏以《逸周書·時訓解》"水不冰,是謂陰負,地不始凍,災咎之徵,雉不入大水,國多淫婦"六句中"負"、"徵"、"婦"三字入韻。"災咎之徵",通行本作"咎徵之咎"。《讀逸周書雜志》"咎徵之咎"條,王念孫曰:

> "咎徵之咎",文不成義。此後人妄改之以就韻也。不知"負"、"婦"二字,古皆讀如"否泰"之"否"(原注:説見《唐韻正》),不與"咎"爲韻。《太平御覽·時序部十三》引作"災咎之徵",是也。"徵"轉上聲,爲"宫商角徵羽"之"徵",故"徵驗"之"徵"亦轉而與"負"、"婦"爲韻,古人不以兩義分兩音也。凡蒸、之二部之字,古音或相通,上、去二聲亦然。故《洪範》之"念用庶徵"亦與"疑"爲韻。(原注:文十年《左傳》"秦伯伐晉,取北徵",釋文:"徵,如字。《三

---

① 郭沫若:《管子集校》,第 6 卷,第 247 頁。
② 王念孫:《讀書雜志》,志五之六,第 20 頁下—21 頁上。
③ 裘錫圭主編:《長沙馬王堆漢墓帛書集成(肆)》,第 165 頁。

蒼》云縣屬馮翊。音懲，一音張里反。"）他若《鄭風》"雜佩以贈之"，與"來"爲韻，宋玉《神女賦》"復見所夢"（原注：夢，古音莫登反。說見《唐韻正》），與"喜"、"意"、"記"、"異"、"識"、"志"爲韻，《賈子·連語篇》"其離之若崩"，與"期"爲韻，皆其例也。①

此王氏以合韻訂正訛字，改乙倒文之例。而王氏在《雜志》中所舉蒸、之通合之例，除《神女賦》外，其他三例皆見於《詩經群經楚辭合韻譜》與《西漢合韻譜》之中：

一、《詩經群經楚辭合韻譜》
[詩經]
［1］來　贈　《女曰雞鳴》三章。②
[群經]
［2］疑　徵　《書·洪範》"次七日明用稽疑"二句。③
二、《西漢合韻譜》
［1］崩　期　《賈子·連語》。④

又例如《詩經群經楚辭合韻譜》"耕部合韻譜第七""耕真"合韻下，王氏以《易·大畜·象傳》"《大畜》，剛健篤實，輝光日<u>新</u>。其德剛上而尚賢，能止健，大<u>正</u>也，'不家食吉'，養<u>賢</u>也，'利涉大川'，應乎<u>天</u>也"諸句中"新"、"正"、"賢"、"天"四字入韻。王弼以"輝光日新其德"爲句，《周易述聞》"輝光日新"條，王引之引王念孫曰：

蓋剛健謂乾，篤實謂艮，凡物之弱且薄者必不能久，惟其剛健篤

---

① 王念孫：《讀書雜志》，志一之三，第3頁下—4頁上。
② 《毛詩·鄭風·女曰雞鳴》："知子之<u>來</u>之，雜佩以<u>贈</u>之。知子之順之，雜佩以問之。知子之好之，雜佩以報之。"
③ 《尚書·洪範》："初一曰五行，次二曰敬用五事，次三曰農用八政，次四曰協用五紀，次五曰建用皇極，次六曰乂用三德，次七曰明用<u>稽疑</u>，次八曰念用庶<u>徵</u>，次九曰嚮用五福，威用六極。"
④ 《新書·連語》："紂，天子之後也，有天下而宜然，苟背道棄義，釋敬慎而行驕肆，則天下之人，其離之若<u>崩</u>，其背之也不約而若<u>期</u>。夫爲人主者，誠奈何而不慎哉？"

實,是以輝光日新,此釋《大畜》之義。"其德剛上而尚賢,能止健,大正也",此言其德之大正,乃釋"利貞"之義。"其德剛上而尚賢"與"其德剛健而文明",句讀正同。如輔嗣讀,則亂其例矣。輝光日新,與下"正"、"賢"、"天"三韻正協。如輔嗣讀,則失其韻矣。①

此王氏以韻讀斷句之例。

以上所舉諸例,皆旨在證明王氏一方面充分利用《雜志》、《述聞》的校勘成果,準確釐訂韻字,一方面又以諸《譜》合韻之例,觸類旁通,校正文例中的訛誤。校勘與合韻二者互爲表裏,相輔相成,形成了王氏"合韻"説中重實用的特色。這也是王氏的"合韻"説較諸同時代學者更爲近實的原因之一。就以江有誥爲例,美國漢學家羅杰瑞(Jerry Norman)認爲江氏的古韻分部,今人只要稍加調整,就可以用來做上古音構擬的基礎。② 筆者認爲這是因爲與段玉裁以《説文解字注》、王念孫以"高郵王氏四種"分別體現其古韻研究成果的應用價值不同,江有誥只是專心致志於古韻研究本身,其《諧聲表》"更於每一聲旁注出讀音,或用反切,或用直音,此種作法因承陳第、顧炎武的著作而來,也代表他對古韻部讀音的推測",③可見江氏更爲關注古音理論的研究,值得我們重視。不過以並見於王氏諸《合韻譜》與江氏諸《韻讀》的文例做比較,江有誥對文字的校勘重視顯然不如王念孫,以致判斷韻字時偶有進退失據的問題。例如《老子》第二十二章:"曲則全,枉則直;窪則盈,弊則新。少則得,多則惑。是以聖人抱一而爲天下式。"江有誥《先秦韻讀》以"曲則全,枉則直"與"窪則盈,弊則新"互乙,注曰:"真耕通韻。此二句本在'枉則直'之下,今據韻移在此。"④換言之,江氏以"盈"、"新"二字爲韻,"直"、"得"、"惑"、"式"四字合韻。《周秦諸子合韻譜》"耕部合韻譜第七""耕真"合韻下亦

---

① 王引之:《經義述聞》,卷二,第8頁下—9頁上。
② "Jiang's system of Old Chinese rhyme groups, with a few minor adjustment made by later scholars, is essentially the scheme on which modern reconstructions of the Old Chinese rhymes are made." In Jerry Norman, *Chinese* (Cambridge: Cambridge University Press, 2000), p.44.
③ 見江有誥:《音學十書》,前言,第3頁。
④ 江有誥:《音學十書》,第164頁。

輯有此例,王念孫以"正"、"盈"、"新"三字爲韻,注曰:"今本'正'作'直',依唐龍興觀本改。""龍興觀本"指唐中宗景龍二年(708)河北易州龍興觀《道德經》碑文拓本,又稱"景龍本",王氏據此改王弼本"枉則直"爲"枉則正"。唐傅奕《道德經古本篇》、南宋范應元《老子道德經古本集注》亦作"正"。馬王堆漢墓帛書《老子》乙本作"汪[枉]則正",甲本作"枉則定",整理者讀"定"爲"正"。① 可證王氏校訂之是以及江氏臆說之非。

又例如《荀子·賦》:"大參乎<u>天</u>,精微而無<u>形</u>。行義以<u>正</u>,事業以<u>成</u>。可以禁暴足窮,百姓待之而後泰<u>寧</u>。臣愚而不識,願問其<u>名</u>。"《周秦諸子合韻譜》"耕部合韻譜第七""耕真"合韻下輯有此例,王氏以"天"、"形"、"正"、"成"、"寧"、"名"六字爲韻。"大參乎天,精微而無形"二句,江有誥讀爲"大參乎天精,微而無形",以"精"、"形"二字與"成"、"寧"、"名"三字並押耕韻。② 然而楊倞《注》曰:"言智慮大則參天,小則精微而無形也。"亦以"精"字屬下讀,細審文意,王氏的句讀顯然較江讀暢達易曉。

又例如《逸周書·允文解》"思静振勝,允文維<u>紀</u>。昭告周行,維旌所<u>在</u>。收戎釋<u>賄</u>,無遷厥<u>里</u>。官校屬職,因其百<u>吏</u>。公貨少多,賑賜窮<u>士</u>。救療補病,賦均田<u>布</u>。命夫復服,用捐憂<u>恥</u>。孤寡無告,獲厚咸<u>喜</u>。咸問外戚,書其所<u>在</u>。選同氏姓,位之宗<u>子</u>。率用十五,綏用□安。教用顯允,若得父<u>母</u>。寬以政之"二十五句中,"綏用□安"一句既有缺字且文不成義。盧文弨曰:"《夏小正》:'綏多女士',此當是'綏用士女',與韻協,作'女士'亦協。"③《逸周書穆天子傳戰國策合韻譜》"之部合韻譜第十八""止御"合韻下輯有此例,王氏以"紀"、"在"、"賄"、"里"、"吏"、"士"、"布"、"恥"、"喜"、"在"、"子"、"士"、"母"十三字入韻,則"綏用□安"一句,王氏從《大戴禮》改爲"綏用女士"。江有誥則以"賦均田布"一句不入韻,又謂"綏用□安"當作"綏用士女",亦不入韻。④ 首先,此文"布"字在魚部,與上下文之部字合韻。其次,《大戴禮記述聞》"初昏南門見"條,王

---

① 裘錫圭主編:《長沙馬王堆漢墓帛書集成(肆)》,第206、41頁。
② 江有誥:《音學十書》,第214頁。
③ 黄懷信、張懋鎔、田旭東:《逸周書彙校集注》,上海古籍出版社2007年版,第100頁。
④ 江有誥:《音學十書》,第189頁。

引之曰:"'二月,綏多女士',《傳》曰:'冠子取婦之時也。'是嫁娶謂之'綏女士'。"①朱駿聲(1788—1858)曰:"女子十五許嫁,有適人之道。《越語》:'勾踐令國中女子十七不嫁者其父母有罪。'《漢書‧惠帝紀》:'女子十五以上至三十不嫁,五算。'皆蕃息人民之政。疑文王綏德猶斯意也。"②準此,"綏用□安"一句本作"綏用女士","士"字之部入韻,與上下文之魚部合韻。"安"字則疑爲校者釋"綏"字之語而誤入正文。

韻字的審訂是合韻研究最爲基礎也是最爲重要的一步。假若未能持之謹嚴的話,則或會因未察韻字訛誤而失收,或因誤解文意而誤收,甚或因主觀改字而失其本讀。總覽以上所舉七例,後三例(《老子》、《荀子》、《逸周書‧允文解》)的比較已如上説明。前四例中,《管子‧四稱》一例,江有誥《先秦韻讀》亦改"詔"爲"訟";《易‧大畜‧象傳》一例,江氏《群經韻讀》亦以"輝光日新"爲句。③ 至於《管子‧心術下》"一言之解"與《逸周書‧時訓解》"災咎之徵"二例則爲江氏所失收。由此可見,在韻字的審訂與輯録方面,王念孫的《合韻譜》可以説是更勝一籌,北大所藏的這批手稿的價值亦可由此而得見。

5. 清代研究兩漢合韻第一人

相對於江有誥的"合韻"說僅限於先秦古書,王念孫的目光已經由先秦延伸到兩漢,而且王氏在輯録合韻文例時,有意識地把古書分爲先秦與兩漢二類。羅常培、周祖謨指出:

> 清代對於漢代語音真正做過一些工作的只有王念孫一個人。他在晚年曾經把西漢人的辭賦和《史記》、《漢書》、《淮南子》、《素問》、《新語》、《易林》等書中的韻字都鉤稽出來,按照周秦古韻的部類列成韻譜跟合韻譜,除了少數幾部書如《急就》、《太玄》、《法言》之外,西漢的材料幾乎網羅殆盡了。④

---

① 王引之:《經義述聞》,卷十一,第15頁上。
② 黃懷信、張懋鎔、田旭東:《逸周書彙校集注》,第101頁。
③ 江有誥:《音學十書》,第103、170頁。
④ 羅常培、周祖謨:《漢魏晉南北朝韻部演變研究》,第2頁。

《急就》、《太玄》、《法言》三書事實上皆見於《西漢合韻譜》之中,但羅、周二氏對王念孫是清代研究漢代音韻第一人的觀察却是非常正確的。他們的《漢魏晉南北朝韻部演變研究》的《兩漢詩文韻譜》中《淮南子》、《易林》部分更是根據王氏手稿"重新改編"的。①

爲了進一步考察王氏在兩漢合韻研究上的實績,筆者將上文圖十一至圖十三的統計表,先按先秦、兩漢分爲兩大類:上表一(《詩經群經楚辭合韻譜》)、下表二(《周秦諸子合韻譜》)、上表三(《逸周書穆天子傳戰國策合韻譜》)爲先秦部分,下表四(《素問新語易林合韻譜》)、上表五(《西漢合韻譜》)、下表六(《史記漢書合韻譜》)爲兩漢部分。然後以二十二部爲次,逐一統計各部在六個統計表中的二部通合數量,最後計算總數,並整理成表(參見圖十五)。

	先秦合韻譜				兩漢合韻譜				各部總數
	上表一	下表二	上表三	小計	下表四	上表五	下表六	小計	
東部	38	36	5	79	134	83	24	241	320
冬部	15	4	1	20	18	32	1	51	71
蒸部	11	8	1	20	27	35	2	64	84
侵部	8	3	2	13	26	26	8	60	73
談部	3	2	0	5	0	3	0	3	8
陽部	11	6	3	20	59	30	14	103	123
耕部	53	69	8	130	33	112	26	171	301
真部	26	31	8	65	88	83	43	214	279
諄部	24	12	0	36	111	55	12	178	214
元部	18	6	2	26	14	18	6	38	64
歌部	17	27	2	46	64	74	26	164	210
支部	7	6	1	14	45	18	3	66	80
至部	21	30	3	54	144	49	8	201	255
脂部	35	13	5	53	60	83	21	164	217
祭部	0	2	1	3	13	0	0	13	16
盍部	4	0	0	4	19	8	6	33	37
緝部	6	7	0	13	39	13	13	65	78
之部	46	53	12	111	569	87	64	720	831
魚部	11	18	3	32	285	68	38	391	423
侯部	15	8	1	24	86	28	15	129	153
幽部	17	5	0	22	27	16	6	49	71
宵部	/	/	/	/	/	/	/	/	/
各譜總數	386	346	58	790	1861	921	336	3118	3908

圖十五　六種《合韻譜》通合總數統計表

---

① 羅常培、周祖謨:《漢魏晉南北朝韻部演變研究》,第115頁。

從上圖不難看出,六種《合韻譜》文例的總數差異甚大。這體現在兩個方面。其一是各《合韻譜》文例總數的差異,例如最少的《逸周書穆天子傳戰國策合韻譜》只有58例,最多的《素問新語易林合韻譜》則有1861例,相差達三十二倍。諸《合韻譜》文例總數的差異或源於所收錄典籍的性質本來就有不同,如《素問新語易林合韻譜》超過一半的文例來自本屬韻文的《易林》;又或收錄的典籍數目本來就有明顯的差距,如有921例的《西漢合韻譜》收錄的典籍有《淮南子》、《韓詩外傳》、《春秋繁露》、《鹽鐵論》、《急就篇》、《列女傳》、《新序》、《說苑》、《太玄經》、《法言》、《易緯》、《新書》、《尚書大傳》共十三種,而336例的《史記漢書合韻譜》則只收錄《史記》、《漢書》兩種。

其二是二十二部文例總數的差異,這在兩漢《合韻譜》裏尤爲突出,值得注意。其中之部與其他韻部通合的文例數量一枝獨秀,共720例,加上先秦部分的111例,六種《合韻譜》之部合韻的文例達831例,約佔總數的21.3%。其次是與之部緊鄰的魚部,兩漢《合韻譜》中魚部與其他韻部通合的文例有391例,連同先秦部分共有423例,所佔亦將近11%。細審這八百多個之部通合的文例,之幽近韻與之魚鄰韻通合的數量,除了《逸周書穆天子傳戰國策合韻譜》分別不大外,其他諸《合韻譜》都是之幽近韻通合的較多:

		之魚(18-19)通合	之幽(18-21)通合
先秦	《詩經群經楚辭合韻譜》	12	30
	《周秦諸子合韻譜》	15	34
	《逸周書穆天子傳戰國策合韻譜》	6	5
兩漢	《素問新語易林合韻譜》	216	233
	《西漢合韻譜》	23	42
	《史記漢書合韻譜》	15	39

至於魚部通合的四百多個文例，則以魚侯鄰韻通合的佔多數，其次是魚幽近韻通合：

		魚侯(19-20)通合	魚幽(19-21)通合
先秦	《詩經群經楚辭合韻譜》	6	3
	《周秦諸子合韻譜》	13	4
	《逸周書穆天子傳戰國策合韻譜》	3	0
兩漢	《素問新語易林合韻譜》	129	114
	《西漢合韻譜》	59	5
	《史記漢書合韻譜》	22	3

從《合韻譜》中之、魚二部通合文例的分布，我們似乎可以得出之、魚、侯、幽四個陰聲韻部在兩漢詩文中較常通合的結論，且之部與幽部、魚部與侯部的關係更爲密切，這與後來羅常培、周祖謨關於兩漢詩文押韻情況的描述也頗相一致。不同的是羅、周二氏進一步從先秦、兩漢古書中韻部通合頻率的變化，推論出之、魚、侯、幽四部在兩漢的分合：

  兩漢這一部(引案：之部)大體和《詩經》音相同，惟有尤韻(引案：《廣韻》尤有宥三韻的一部分，如尤郵謀牛丘罘、有支久疚婦負右、囿富舊等字)一類裏面"牛"、"丘"、"久"、"疚"、"舊"幾個字和脂部一類的"龜"字都歸入幽部。……另外還有《詩經》音屬於幽部的字，到兩漢轉入本部(引案：之部)的。那就是"軌"字。

  這幾類字(引案：《廣韻》模、魚、虞、麻四韻，即先秦魚部)在西漢時期和《詩經》一樣是在一起押韻的，但是還跟《詩經》的侯部字合用，没有顯著的分别。……《詩經》音魚侯兩部到了西漢合爲一部固然是一個大的轉變……東漢魚侯也是合爲一部的。[①]

[①] 羅常培、周祖謨：《漢魏晉南北朝韻部演變研究》，第16—17、20—22頁。

换言之，兩漢《合韻譜》裏二百多例的魚矦通合，實際上是先秦魚、矦二部在兩漢合爲一個新的魚部後，同一韻部内的押韻，王念孫對此並未察覺。筆者從兩漢《合韻譜》之幽通合的文例裏"牛"、"丘"、"久"、"軌"等字的歸部情況，發現王氏同樣以這些字的先秦韻部作爲判斷合韻的準繩，例如《素問新語易林合韻譜》"之幽"通合下，王氏以《易林·賁之恒》"恒，舍車而徒，亡其駁牛。雖喪白頭，酒以療憂"、《小過之蹇》"蹇，失羊捕生，無損無憂"中"牛"、"憂"二字合韻。又以《萃之需》"需，機言不發，頑不能達。齊魯爲仇，亡我葵丘"中"仇"、"丘"二字合韻。《西漢合韻譜》"止黝"通合下，王氏以《韓詩外傳》"偽詐不可長，空虛不可守，朽木不可雕，情亡不可久"中"守"、"久"二字合韻。又以《太玄經》"初一，不替不爽，長子之常。測曰，'不替不爽'，永宗道也。次二，内懷替爽，永失貞祥。測曰，'内懷替爽'，安可久也。次三，永其道，未得無咎。測曰，'永其道'，誠可保也"中"道"、"久"、"保"三字合韻。考"牛"、"丘"、"久"三字西漢時已由之部轉入幽部，因此以上諸例皆爲幽部押韻而非之幽通合。《西漢合韻譜》"止黝"通合下，王氏以《太玄經·昆·次六》"次六，昆于井市，文車同軌"中"市"、"軌"二字合韻。《史記漢書合韻譜》"止黝"通合下，王氏以《漢書·叙傳》"宣之四子，淮陽聰敏，舅氏蓬蔯，幾陷大理。楚孝惡疾，東平失軌，中山凶短，母歸戎里"中"子"、"敏"、"理"、"軌"、"里"五字合韻。考"軌"字西漢時已由幽部轉入之部，因此以上兩例皆爲之部押韻而非之幽通合。

　　準此，由於時代的局限，王念孫未能以具發展觀的眼光，洞悉先秦兩漢韻部分合的變化，仍舊以先秦古韻的分部來輯録兩漢詩文通合的材料。除了上舉之、魚二部在兩漢的變化外，目前學界基本同意的"上古的陰聲部脂微、其入聲質術，以及相當的陽聲韻部真文，到了西漢分別合而爲一，成爲脂、質、真三部"，"西漢魚部'家華'等字轉入東漢歌部，西漢歌部'奇爲'等字轉入東漢支部，西漢蒸部'雄弓'等字轉入東漢冬部，西漢陽部'京明'等字轉入東漢耕部"等語音變化的現象，[①]在《合韻譜》裏都一律

[①] 丁邦新：《漢語上古音的元音問題》，收入《丁邦新語言學論文集》，商務印書館1998年版，第58頁。

視爲二部通合,這顯然是不符合事實的。不過平心而論,相較於其他清代研究古韻的學者,王氏能夠注意到周秦以後的兩漢音韻,並有意搜集兩漢詩文合韻的材料,且幾近竭澤而漁,此一成就在清代古音學史而言已是空前未有。作爲考古派,王念孫能夠走到這一步亦屬難能可貴,不應苛責。而北大所藏的這批兩漢《合韻譜》手稿纂錄的材料,更爲今人進一步深化兩漢韻部分合的研究提供了極爲珍貴的語料。

六、結　語

王國維《序録》曰:

　　國朝治古韻者,始於崑山顧君;至婺源江君,休寧戴君,金壇段君,而剖析益精;比先生與曲阜孔君出,而此學乃大備。先生分古音爲"無入"、"有入"二大類,與戴、孔二君同,而不用其"異平閣(引案:當爲同字)入"及"陰陽對轉"之説;其分"支"、"脂"、"之"爲三,"尤"、"侯"爲二,"真"、"諄"爲二,與段君同;又以"尤"之入聲之半屬"侯",與孔君同;而增"至"、"祭"二部,又爲段、孔二君所未及。此六家之於古韻,雖先後疏密不同,其説亦不能强合,然其爲百世不祧之宗則一也。顧五家之説先後行世,獨先生説,學者僅從《經義述聞》卷三十一所載"古音廿一部表"窺其崖略,今遺稿粲然出於百年之後,亦可謂今日學者之幸矣。①

這段文字從古韻分部、四聲之變兩方面,提綱挈領地揭示出王念孫的古音系統裏,或與時人相同,或其個人創見的特色。王國維敏鋭地察覺到手稿的發現,足以突破學者因爲王念孫古音之説一直未有行世而只能"窺其崖略",不能深入研究的局限。

本章充分利用筆者從北大抄録及影存的手稿原件,通過全面爬梳、整

---

① 王國維:《高郵王懷祖先生訓詁音韻書稿序録》,第524頁。

理六種《合韻譜》手稿所見二部通合的近四千個文例，據原件的實貌描述王氏輯錄文例的標準與編排文例的體例。並以數據統計的方法，歸納其"合韻"説的特色，包括：以鄰韻、近韻通合爲基礎，"合韻"觀念較爲靈活通變，已具有陰陽入通合的概念，重視"合韻"的實用性以及首次全面觸及兩漢合韻的材料等。筆者又參照今人對先秦兩漢韻部的研究成果，評騭《合韻譜》的得失，肯定手稿在韻字校勘、審訂韻字、鈎稽語料、梳理上古音各韻部的關係以及對各部韻值擬測的參考價值。同時指出王氏在部分韻字歸部存在不夠精審的問題，也未能以具發展觀的眼光，洞悉先秦兩漢韻部分合的變化，仍舊以先秦古韻的分部來輯錄兩漢詩文通合的材料。以上所論，皆得益於王國維、陸宗達二位先賢對手稿材料的校理與精意地揭示。而北大所藏王念孫手稿除《合韻譜》外，仍有不少亟待研究的新材料。

例如手稿中有一種題名爲《疊韻轉語》的材料，與王氏上古聲母系統密切相關。手稿原件已經裝釘成上下兩册，上册共81頁，下册共78頁，所記聯綿詞不包括異體共316個，按聲母排列：上册牙音見母第一（參見圖十六[1]）、谿母第二、群母第三、疑母第四，舌音端知母第五、透徹母第六、定澄母第七、泥孃母第八，齒音精照母第九、清穿母第十、從牀母第十一；下册齒音心審母第十二、邪禪母第十三，半舌音來母第十四，半齒音日母第十五，唇音幫非母第十六、滂敷母第十七、並奉母第十八（參見圖十六[2]）、明微母第十九，喉音曉母第二十、匣母第二十一、影母第二十二、喻母第二十三。手稿以牙音"見"母爲始，以喉音"喻"母爲終的排序在音理上來説並不合理。筆者於是仔細比對了手稿中的聯綿詞，發現王念孫在手稿裏雖然沒有任何解説，但標記聯綿詞的體例却相當嚴謹。手稿以三十六字母標記疊韻聯綿詞的聲母，由於王念孫的古聲系統舌頭舌上、邪齒正齒、輕唇重唇不分，因此所記聯綿詞的歸類按二十三紐排列。例如"見母"一類底下所録聯綿詞的首字或次字必爲見母，同一主紐下的聯綿詞又據另外一字的聲母按二十三紐排序。筆者發現各類主紐内部所標記的聯綿詞的先後次序仍然大致保留了原來順序的痕迹，且都以唇音作結。準此，《疊韻轉語》原來是以喉音"曉母"爲始，唇音"明母"爲終，"來日"二母則排在齒音之後。後來在流布過程中，喉音誤置在唇音之後，入藏北大以後整理人員直接根據散片的順序裝釘成冊。近人于廣元、周星瑩曾分析王引之《經傳釋詞》分卷的排序，指出"卷一、卷二，'影'、'喻'二母；卷三、卷四，'影'、'喻'、'曉'、'匣'四母，這四卷是喉音字；卷五，'見'、'谿'、'群'、'疑'四母，是牙音字"。① 《經傳釋詞》喉音排在牙音之前的做法正好與《疊韻轉語》相合。不過于氏把卷三、卷四喉音四母的順序籠統地説成是影喻曉匣，但揆諸原書，這兩卷喉音四母的先後並無一定的規律，例如卷三首三條"惟唯維雖"、"云員"、"有"並爲喻母，第四條"或"爲匣母，第五條"抑意噫億懿"爲影母。卷四以匣母字居多，但中間又有喻母的"邪"、"也"、"矣"諸條，影母的"噫意懿抑"一條更是並見兩卷。《疊韻轉語》以喉音"曉母"爲始的發現，無疑爲今人考訂王念孫古聲母系統二十三紐之説提供了極爲重要的原始材料。

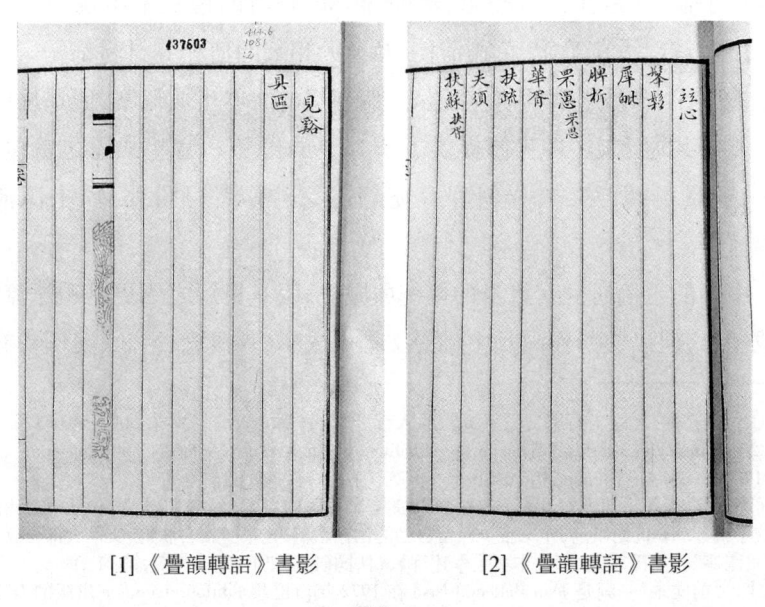

[1]《疊韻轉語》書影　　　　　[2]《疊韻轉語》書影

圖十六

---

① 于廣元、周星瑩：《〈經傳釋詞〉的排序法及其價值》，《揚州大學學報》（人文社會科學版）2010 年第 14 卷第 3 期，第 122 頁。

1935年，余嘉錫數從陳垣假觀所藏《廣雅疏證》殘稿，已"歡喜贊歎，不忍去手"，跋曰："宋彭淵材橐中有歐公五代史稿中巨編，自詫以爲富可敵國。若王氏父子之學，豈復在歐公下哉！"①珍視之情，溢於言表。如今羅振玉購藏的王念孫手稿在1930年轉售北大以後，又粲然復見於近百年之後，俾能研幾探賾，窮本尋源，亦可謂今日學者之幸。1967年，法國國家圖書館收購並典藏了德國詩人海涅（Heinrich Heine, 1797—1856）的手稿，學者處理、解讀手稿的經驗促成了後來文本生成學（critique génétique / genetic criticism）的出現。② 如果以十八世紀作爲古代手稿和現代手稿的分水嶺，③筆者收集到的王氏手稿毫無疑問是數量極爲豐富的現代手稿。1972年，Jean Bellemin-Noël提出"前文本"（avant-texte）一詞，④該詞後來成爲了文本生成學的核心概念。所謂"前文本"指的就是定本付梓以前一切可以體現作者創作過程的材料，⑤包括手稿但不應該只限於手稿，凡是在作者構思、舉綱、起草、謄清的過程中出現的片言隻語、大綱目錄、手札筆記、草稿清稿，乃至於相關的信札等材料都是。在這個意義下，王念孫手稿的研究正是一個理想的文本生成個案，因爲這些材料有幾個共通之處，爲我們提供了研究上的優勢。這些共通之處包括：第一，數量可觀；第二，材料保存完好；第三，作者身份明確，來源清楚可靠。

　　中國的手稿研究有自身的傳統與歷史，版本目錄之學更是源遠流長，自成體系，但以文學作品爲主軸的文本生成學，其概念、術語、案例皆有借

---

①　余嘉錫：《跋王石臞父子手稿》，收入氏著《余嘉錫文史論集》，第600—601頁。
②　Wim, Van Mierlo, "What to do with literary manuscripts? A model for manuscript studies after 1700", *Comma* Volume 2017 Issue 1, pp.75–76.
③　彭俞霞指出西方"'手稿'的概念根據年代不同的定義，一般將其分爲'古代手稿'與'現代手稿'。18世紀以前，作家很少保留自己的創作草稿，也很少親自謄寫，文本大部分以傳抄的形式流傳"。見氏著《法國文本發生學述評》，《法國研究》2012年第1期，第21頁。
④　"前文本"一詞是Jean Bellemin-Noël在1972年由巴黎Éditions Larousse出版的 *Le Texte et L'Avant-Texte: Les brouillons d'un poeème de Milosz* 一書中提出。本文據Bellemin-Noël, Jean, "Psychoanalytic Reading and the Avant-texte", in Deppman, Jed; Ferrer, Daniel and Groden, Michael (eds. and trans.), *Genetic Criticism: Texts and Avant Textes*. (Philadelphia: University of Pennsylvania Press, 2004), pp.28–35.
⑤　Gorden, Michael, "Writing Ulysses", in Latham, Sean (ed.) *The Cambridge Companion to Ulysses* (New York: Cambridge University Press, 2014), p.5.

鑒參照的空間,而我們也可以通過實踐對借鑒的理論有所反饋,例如理論適用範圍的拓寬、材料來源與解讀方法的多元化等。2002年,時任中國現代文學館館長的舒乙(1935—2021)參觀法國國家圖書館手稿研究室後呼籲説:"我們收藏了數以萬計的現當代文學作品的手稿,却基本無人利用。因爲没有手稿學。它還没有建立起來。"①中國手稿學的建立,不僅是與國際學術話語體系接軌,更是對我國自身藏量極豐的材料具有理論應用的意義。近十年,中國現代作家手稿的研究有了長足的發展,隨着越來越多新材料的發現與公布,筆者相信作爲中國手稿學重要分支的清代手稿研究也能够逐步得到學界的重視與開拓。

---

① 舒乙:《呼唤手稿學》,據中國網 http://www.china.com.cn/chinese/RS/175847.htm(2019年2月27日瀏覽)。原載《人民日報》2002年7月18日。

第三章　中國國家圖書館藏王念孫《方言疏證補》王國維抄本相關故實考論

一、引　言

揚雄(前53—18)《方言》自東晉郭璞(276—324)《注》後，經過一千四百多年的傳抄翻刻，"斷爛訛脱，幾不可讀"，①甚至被認爲"是書雖存而實亡"。至清代乾隆年間，戴震始對《方言》加以校勘、疏解，撰就《方言疏證》十三卷，於是《方言》"始有善本"。② 其後盧文弨因不滿《方言疏證》的校改而重校《方言》。③ 錢繹的《方言箋疏》則在戴、盧二家的基礎上，集清人校釋之大成，可謂後出轉精之作。錢氏於書中屢引《廣雅疏證》中訓釋《方言》的條目而據以爲説，此王念孫假《廣雅》以證其校治《方言》所得之證，王引之在《石臞府君行狀》中亦言王氏"嘗作《方言疏證補》一卷，精核過人，晚年猶以精力衰頹，不能卒業爲憾"。④ 可惜終有清一代，學者始終無法得見此書。1925年，羅振玉從購得的一箱王氏遺稿中，選取部分可以寫定的遺稿"整理繕寫"，首次把《方言疏證補》連同《釋大》、《毛詩群經楚辭古

---

① 紀昀總纂：《四庫全書總目提要》，河北人民出版社2000年版，第1064頁。
② 盧文弨《〈重校方言〉序》云："《方言》至今日而始有善本，則吾友戴太史東原氏之爲也。"《抱經堂叢書》本，國際文化出版公司1993年影印本，第39頁上。
③ 盧文弨在乾隆四十六年(1781)致丁杰論校正《方言》一書中説："《方言》一書，戴君疏證已詳，愚非敢掩以爲己也。然疏證之與校正，其詳略體例，微當不同，亦因其中尚有盡者，欲以愚見增成之，故别鈔一編。"盧文弨：《與丁小雅杰進士論校正〈方言〉書》，收入盧文弨著，王文錦點校《抱經堂文集》，中華書局1990年版，卷二十，第284頁。另《重校方言》序》亦謂"余因以考戴氏之書，覺其當增正者尚有也。"(同注②)，可見《重校方言》是針對《方言疏證》而寫的。而王念孫以《方言疏證補》名書，則其補《方言疏證》之旨是很明顯的。
④ 王引之：《石臞府君行狀》，收入羅振玉輯印《高郵王氏遺書》，第32頁。

韻譜》等遺著以及王氏家狀誌傳等遺文,彙印爲《高郵王氏遺書》行世。自此學者始知王氏研究《方言》的梗概,而排印本《方言疏證補》也成爲了至今學者直接研究王氏《方言》之學的唯一憑藉。從發現遺稿到刊刻成書,經過了一個發現、整理、繕寫、排印、刊布的過程,其中發現、整理、繕寫的實況,由於羅振玉在《高郵王氏遺書》識語裏沒有交代,學者一直以來亦無從得知。

筆者2002年從上海圖書館影得《方言》校本全帙,所見王氏批校《方言》及郭《注》文字達二百七十多處,華學誠亦將所見校本抄錄公布,更將校本收入所著《揚雄〈方言〉校釋匯證》之中,①參匯衆說,詳加疏證,於是王氏早年研究《方言》的情況又添一實證。2014年夏,筆者在中國國家圖書館抄錄《經義述聞》稿本時,無意中發現該館藏有一册著錄爲"《輶軒使者絶代語釋別國方言疏證補》殘稿,清戴震撰,十行二十四字,無格,王國維校並跋"的抄本,細察原件共二十二頁,裝釘成册,首頁右下方由上而下鈐有"静安"、"王國維"、"北京圖書館藏"三個方印,末頁左中下方鈐有"臣王國維"、"北京圖書館藏"二方印,確證此爲王國維親筆抄本。抄本首頁題"戴震疏證","王念孫補",末頁王氏跋文有"石臞先生《方言疏證補》手稿"云云,則知此本撰者爲王念孫而非戴震。抄本是王國維分兩次從王念孫的草稿、清稿中清理寫定,原稿中前後改乙之處,静安或以夾注,或在天頭一一注明。筆者再以羅氏排印本比對抄本,發現排印本與抄本寫定的文字近乎完全相同,但静安的校語則一律删去。羅氏在《高郵王氏遺書》識語中,雖未明言"整理繕寫"《方言疏證補》者誰屬,但抄本的發現,證明如同本書第二章討論的北大所藏王氏手稿一樣,王國維才是實際的"整理繕寫"者。

今天通行的排印本《方言疏證補》,乃據中國國家圖書館所藏的這一册由王國維寫定的抄本而來,因此抄本的發現,並沒有爲我們提供排印本以外王念孫補正《方言疏證》的新材料。但是羅氏當日據抄本排印時删去的静安校語,完整保留在抄本之中。校語是王國維用以説明原稿删訂改動的文字,因此校本的發現,讓我們能夠以接近原稿的狀態,考察王念孫補正《方言疏證》的經過以及前後文字增訂、看法嬗變的緣由。而從抄

---

① 華學誠:《揚雄〈方言〉校釋匯證》,中華書局2006年版。

本保存下來的改乙痕迹，筆者留意到王氏在尊師與求是的前提下，對如何補正戴氏之説可謂費盡心思。至於抄本中所見王氏批駁盧校之説的語氣與用詞，更與王氏懷疑盧文弨襲用己説的乾嘉學術公案息息相關。而藉由戴、盧、王三人對《方言》卷一批校的比對，可以探析師事戴震的王念孫，在校勘理念上與戴、盧二氏的同異。凡此與王念孫《方言》研究相關的故實，皆可藉由抄本的發現而得以考論。

二、《方言疏證補》抄本考實

（一）王國維謄清《方言疏證補》的時間

抄本末頁有兩段王國維分别在 1924 年 9 月前後所寫的跋文（參見圖一）：

甲子長夏，檢校大雲書庫所藏高郵王氏藁本，得石臞先生《方言疏證補》手稿八紙，草書荒率，殆不可讀。乃竭三日之力，寫定之，得十九紙有奇。越三月，叔言先生又檢得先生手書清稿，携以見示，又增得二紙，並以朱筆校其筆（引案：此"筆"字疑衍）異同。合二種，手稿並不及一卷，蓋所撰止於此也。稿中"鬱收"（引案：當爲"鬱悠"）一節，注云"説見《廣雅疏證》"，則此稿草於《廣雅疏證》既成（原注：嘉慶元年）之後。八月廿一日海甯王國維記。

乙卯二月，讀文簡所撰先生《行狀》，云"嘗作《方言疏證補》一卷，精核過人，晚年猶以精力衰頹，不能卒業爲憾"，則信乎所撰止於此也。國維又記。

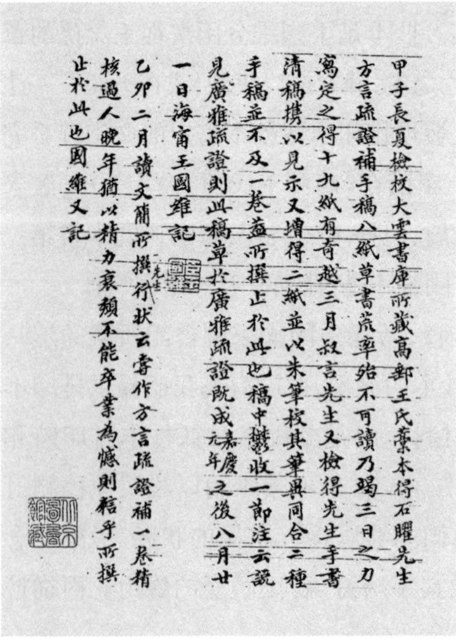
甲子長夏檢校大雲書庫所藏高郵王氏稾本得石臞先生方言疏證補手稿八紙草書荒率殆不可讀乃竭三日之力寫定之得十九紙有奇越三月叔言先生又檢得先生手書清稿携以見示又增得二紙並以朱筆校其筆異同合二種手稿並不及一卷蓋所撰止於此也稿中鬱收一節注云說見廣雅疏證則此稿草於廣雅疏證既成嘉慶元年之後八月廿一日海甯王國維記

乙卯二月讀文簡所撰先生行狀云嘗作方言疏證補一卷精核過人晚年猶以精力衰頹不能卒業爲憾則信乎所撰止於此也國維又記

圖一　《方言疏證補》抄本王國維跋文

"大雲書庫"是羅振玉1911年東渡日本後,在京都所築的藏書樓。1919年羅氏返國,寓居天津。1928年遷居旅順,1932年建樓藏書,沿用"大雲書庫"舊名。準此,王國維在1924年農曆六月,從"大雲書庫"檢校的王氏稿本,當指羅氏在天津時期的藏書。趙萬里《王靜安先生年譜》記王國維在癸亥年(1923),因"長夏無事,赴津,於羅先生處假歸王石臞先生《釋大》及《方言疏證補》稿,手自錄副藏之"。王德毅《王國維年譜》亦據趙《譜》爲説。① 今據抄本跋語,可證靜安赴津從羅氏處假歸手稿,當在歲次甲子的1924年。

王氏以三日之力,將王念孫《方言疏證補》草稿謄清。同年7月31日(農曆六月卅日),王國維致書羅振玉提及此事:

  王氏手稿中觀所抄出者,乃《方言疏證補》,前載東原説而後加以案語,較戴氏説甚爲精深,惟鈔出者僅二十頁,不及一卷,甚可惜也(原注:想原書止此,非缺佚)。觀擬作一跋,成後當與抄稿並寄也。②

羅氏其後從所藏手稿中檢得王念孫手書清稿,携以見示。靜安於是在原抄稿上,以朱筆校其異同。又據清稿補上新見的文字,合共得紙二十二頁,並在9月19日(農曆八月廿一日)寫成第一段跋文。

第二段跋文是靜安在"乙卯二月",讀王引之《石臞府君行狀》後的補記。以靜安生卒年推算,"乙卯"只能指1915年。考王引之所撰《行狀》最早見諸由王氏後人在咸豐七年(1857)刊刻的《王文簡公遺集》之中,但此本流布不廣。本書第二章提到王國維在1918年1月27日致書羅振玉,提及在上海哈同公園古物陳列會上,認識二王後人王丹銘,書中謂王丹銘"言文簡公有遺文四卷已刻版,已不全云云"。羅氏2月3日即有復書,請靜安與王丹銘商量,將遺文"印百廿部",以爲"今日不可不爲流傳也",據此可知王、羅二氏對《王文簡公遺集》所知甚少,印書之事因爲王

---

① 趙萬里:《王靜安先生年譜》,見謝維揚、房鑫亮主編《王國維全集》,第20卷,第468頁。又王德毅:《王國維年譜》,蘭臺出版社2013年版,增訂本,第293頁。
② 王慶祥、蕭立文校注:《羅振玉王國維往來書信》,第632頁。

丹銘杳無蹤影而不了了之。1923 年 8 月 17 日,羅氏致書静安,始謂京友送贈的"高郵王氏四世文集至",①取校所録,發現刊本與篋中遺文互有出入,準備付諸手民寫成定本。由此可見,王國維得見王引之所撰《行狀》不大可能在 1915 年。抄本跋文"乙卯"疑爲"乙丑"之筆誤,即王氏謄清稿本後的翌年(1925 年歲次乙丑)。根據王氏跋文的判斷,王念孫僅補正了《方言疏證》卷一不及一卷的材料而中止。

(二)《方言疏證補》抄本的實態

抄本整合了《方言疏證補》的草稿與清稿,每半頁十行,行大字二十三字(案:中國國家圖書館著録爲二十四字,誤),間有雙行小字夾注,無格。首頁首行題"輶軒使者絶代語釋别國方言疏證補第一",次列"戴震疏證,王念孫補"。正文部分,《方言》及郭《注》文字頂格謄寫,正文大字,《注》文雙行小字夾注;《疏證》文字另行低一格,以"疏證"題稱;補正文字亦另行低一格,以"謹案"題稱。静安校語則或以夾注,或在天頭出之。據静安的校語,草稿只補正了《方言疏證》卷一第一"黨、曉、哲,知也"條至第十九"脩、駿、融、繹、尋、延,長也"條,共十九條材料。清稿除了對草稿文字有所修訂外,更增入第十九條近六百多字的案語,又多出了第二十"允、訦、恂、展、諒、穆,信也"條的補正材料(參見圖二)。

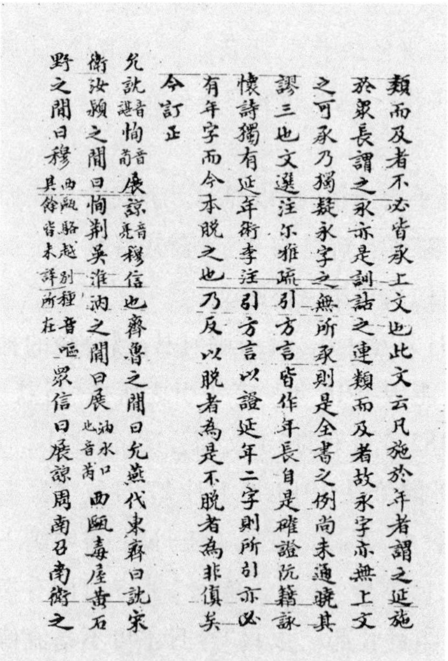
類而及者不必皆承上文也此文云凡施於年者謂之延施
於衆長謂之永亦是訓詁之連類而及者故永字亦無上文
之可承乃獨疑永字之無所承則是全書之例尚未通曉其
謬三也文選注尔雅疏引方言皆作年長自是確證阮籍詠
懷詩獨有延年術李注引方言以證延年二字則所引亦必
有年字而今本脫之也乃反以脫者為是不脫者為非傎矣
今訂正
允訦諶音恂荀音展諒亮音穆信也齊魯之間曰允燕代東齊曰訦宋
衛汝潁之間曰恂荊吳淮汭之間曰展汭水口也音芮西甌毒屋黃石
野之間曰穆西甌駱越別種音嘔其俗皆未詳所在衆信曰展諒周南召南衛之

圖二　《方言疏證補》抄本第二十條

① 以上分别見謝維揚、房鑫亮主編:《王國維全集》,第 15 卷,第 382—383 頁;王慶祥、蕭立文校注:《羅振玉王國維往來書信》,第 339、582 頁。

（三）《方言疏證補》抄本所見王國維校語

抄本所見静安校語共六條：

［1］

第二“虔、儇，慧也”條補正文字後，有雙行夾注“凡東漢人作箋、注，皆注與讀相連。魏晉以下，惟郭氏《爾雅》、《方言》、《山海經》注，皆注内有音，是書内音某及某某反之類，大半皆郭氏原文，非後人所加也”五十七字。静安有校語曰：“國維案：此注本在‘今據諸書訂正’句下，乃駁東原之説，後删去。”（參見圖三）排印本並無此夾注及校語。

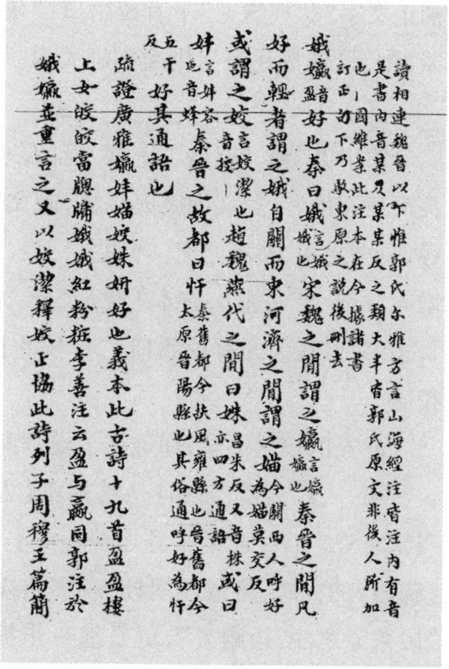
讀相連魏晉以下惟郭氏尔雅方言山海經注皆注內有音是書內音某及某某反之類大半皆郭氏原文非後人所加也」國維案此注本在今據諸書訂正」句下乃駁東原之說後刪去
娥嬿音盈好也秦曰娥言娥娥也宋魏之間謂之嬿言嬿嬿也秦晉之間凡好而輕者謂之娥自關而東河濟之間謂之媌今關西人呼好為媌莫交反或謂之姣言姣潔也音狡趙魏燕代之間曰姝昌朱反又音株亦四方通語或曰妦言妦容也音蜂秦晉之故都曰忓秦舊都今扶風雍縣也晉舊都今太原晉陽縣也其俗通呼好為忓五干反好其通語也
疏證廣雅嬿妦媌姣姝妍好也義本此古詩十九首盈盈樓上女皎皎當窗牖娥娥紅粉粧李善注云盈与嬴同郭注於娥嬿並重言之又以姣潔釋姣正協此詩列子周穆王篇簡

圖三　《方言疏證補》抄本王國維校語

［2］

第三“娥、嬴，好也”條，補正文字有雙行夾注：“卷十云：‘娧，好也。’郭彼注謂‘妦娧也’，此注云：‘言妦容也。’《文選》謝靈運《經湖山瞻眺詩》‘升長皆丰容’，李善《注》：‘丰容，悦茂貌。’‘丰悦’即‘丰容’之轉耳。”静安有校語曰：“案：原有此注，後删。”排印本並無此夾注及校語。

［3］

第四“烈、枿，餘也”條補正文字後，静安有校語曰：“國維案：原本《玉篇》及慧琳《一切經音義》卷六十七並引此《注》作‘謂殘餘也’，足證王説。”排印本無此校語。

［4］

第十一“鬱悠、懷、惄、惟、慮、願、念、靖、慎，思也”條，補正文字“積火謂之鬱攸”下，静安有校語曰：“此句後删。”排印本並無此句及校語。

[5]

第十二"敦、豐、厖、夽、幠、般、嘏、奕、京、奘、將,大也"條,静安在補正文字"膴與幠通"下有校語曰:"國維案:《燕禮》'公尊瓦大兩',《禮器》則云'君尊瓦甒',則甒亦訓大也。"排印本無此校語。

[6]

第十九"脩、駿、融、繹、尋、延,長也"條,草稿補正文字止於"此本訓長而兼言廣者,對文則廣與長異,散文則廣亦長也。故廣謂之充,亦謂之尋,長謂之尋,亦謂之充。《説文》云:'充,長也。'是其證矣",静安據清稿增入"'延,年長也',盧本①改爲'延,永長也',云'攷宋本亦如是'"等六百多字,並在天頭有校語曰:"草稿止此,此下從清稿增入。"排印本無此校語。

静安的校語不多,却透露了幾個與《方言疏證補》有關的重要信息:

第一,《方言疏證補》是爲補正《方言疏證》而作,但王念孫通篇對戴震未嘗有一言半語的批評之辭。今本《方言疏證補》所見,王氏透過節引《疏證》的方式,將戴氏誤校、誤釋之處隱而不録。静安校語謂草稿原有"駁東原之説,後刪去",更是進一步提示我們,王氏撰作草稿時,在求是與尊師之間可謂費盡心思。此亦可於王氏徵引時人意見時,刪去時人直斥戴説之辭而得證明。例如第十五"謾台、脅鬩,懼也。……宋、衛之間,凡怒而噎噫,謂之脅鬩",今本郭《注》"噎噫"下有"噎謂憂也"四字。戴震"噎"下增一"噫"字,讀作"噎噫,謂憂也"。②劉台拱認爲郭《注》非有闕文,"噎謂憂也"是"謂噎憂也"之誤倒。王念孫從其説,故草稿所引郭《注》不從戴校,並在補正中引劉説以爲據:

> 《注》内"謂噎憂也",各本皆作"噎謂憂也"。余故友寶應劉氏端臨《經傳小記》云:"此當作'謂噎憂也'。《詩》'中心如噎',《傳》曰:'噎憂,不能息也。'(原注:《正義》以爲'憂深不能喘息,如噎之狀'。

---

① 排印本本字下有"仍"字,疑衍。
② 戴震:《方言疏證》,收入楊應芹、諸偉奇主編《戴震全書(修訂本)》,黄山書社 2010 年版,第 3 册,第 17 頁。

此説非也,憂在心,與喘息何與,世豈有憂而不得喘息者乎?)噎憂,雙聲字。《玉篇》引《詩》'中心如噎':'謂噎憂不能息也。'增一'謂'字,最得毛氏之意。'噎憂'即'欧嚘',氣逆也。《説文》'欧'字注:'嚘也。'《玉篇》'嚘'字注:'《老子》曰:"終日號而不嚘。"嚘,氣逆也,亦作欭。'《廣韻》:'欧嚘,欸也。欸,气逆也。'欧嚘、噎憂,一聲之轉。"念孫案:端臨此説,貫通《毛傳》、《方言》之旨,今據以訂正。

查今本《經傳小記》並無考辨《方言》此條,此説見於《方言補校》。① 劉台拱解釋"欧嚘"、"噎憂"的聲轉關係後,尚有"戴本作'噎噫,謂憂也',不知其義而妄增之,非是"數語,王氏在草稿裏皆未引用,其尊師的用意相當明顯。

第二,《方言疏證補》雖然只有二十條,但王氏或就聲求義,或據形校字,既同條共貫,亦觸類旁通,較諸戴説,可謂青出於藍。靜安在校語中引據清末從日本回流中土的《玉篇》殘卷與慧琳《一切經音義》等新材料,印證王校確乎不拔。考靜安在 1916 年冬,"取諸古書,用戴氏《疏證》例"校《方言》。1918 年冬,"復檢前校,見有足訂正本文及注者,得十六事",②對戴、盧二校多所諟正。其中一事即據原本《玉篇》與慧琳《音義》改《注》"烈餘"爲"殘餘",並指出"戴改'遺餘',非也"。③ 静安後來在謄清手稿時,發現王校與己見相合,故在校語中特意標明。其後在致羅振玉書中,静安更稱王氏之説"較戴氏説甚爲精深"。可見在戴、盧、王三人之中,静安對王氏的《方言》之學更爲肯定。

第三,盧文弨因"考戴氏之書,覺其增正者尚有也",故有重校《方言》之舉。周祖謨指出,戴、盧"兩個本子互有短長。論學識盧不如戴,論詳審戴不如盧"。④ 這幾句簡單的評語,實際上牽涉到戴、盧兩人校勘理念的不同。乾隆四十六年(1781),盧氏致書丁杰論校正《方言》方法曰:

---

① 説見劉台拱:《劉端臨先生遺書》,藝文印書館 1960 年影印光緒十五年廣雅書局刊本,卷六,第 2—3 頁。
② 王國維:《書郭注方言後三》,《觀堂集林》,收入《王國維遺書》,第 1 册,卷八,第 284 頁。
③ 王國維:《書郭注方言後三》,《觀堂集林》,收入《王國維遺書》,第 1 册,卷八,第 287 頁。
④ 周祖謨:《方言校箋》,中華書局 1993 年版,第 16 頁。

大凡昔人援引古書,不盡皆如本文。故校正群籍,自當先從本書相傳舊本爲定。況未有雕板以前,一書而所傳各異者,殆不可以遍舉。今或但據注書家所引之文,便以爲是,疑未可也。①

盧氏其後在書中列舉《疏證》未有對校版本,但據古注所引之文而改之例。其中一例即出自卷一第十九條,戴震據李善(629—689)《文選注》及邢昺(932—1010)《爾雅疏》,將正文"延,永長也。凡施於年者謂之延,施於衆長謂之永"中的首句,改爲"延,年長也"。盧氏認爲如從戴校將"永"字改爲"年",則下文"施於衆長謂之永"一句便上無所承,故謂"夫使云'延,年長也',下即當云'永,衆長也'而後可。不然,兩句複沓,於文義殊未安"。② 盧氏此一意見即見諸乾隆四十九年(1784)刊刻的《重校方言》之中,王念孫對此不以爲然。據王國維的校語,清稿較草稿多出的六百多字,正是王氏批駁盧校的文字。王氏謂"盧自不曉古人文義,故輒爲此辯而不自知其謬也",又謂"盧說其謬有三",最後以肯定戴校作結:

　　《文選注》、《爾雅疏》引《方言》皆作"年長",自是確證。阮籍《詠懷詩》"獨有延年術",李《注》引《方言》以證"延年"二字,則所引亦必有"年"字,而今本脫之也。乃反以脫者爲是,不脫者爲非,俱矣。

可以說王念孫這段新增的補正文字,對盧校的批駁是相當直接且措辭嚴厲的。這一方面是王氏實事求是的表現,一方面反映王氏認同戴震不唯版本是從的校勘理念。

三、王念孫撰作《方言疏證補》考實

(一) 從《方言》校本到《方言疏證補》

王引之《光祿公壽辰徵文啓事》云:

---
① 盧文弨著,王文錦點校:《抱經堂文集》,第284頁。
② 盧文弨著,王文錦點校:《抱經堂文集》,第285頁。

第三章　中國國家圖書館藏王念孫《方言疏證補》王國維抄本相關故實考論　145

　　　戴東原先生,當代經師,家父所師事也。東原先生官於京師,校揚子《方言》。家君旋里,亦校是書。後至京師,携所校與戴校本對勘,則所見多同,其小異者一二事耳。①

據段玉裁《戴東原震先生年譜》所記,戴震在乾隆二十年(1755)就開始了《方言》的研究,直到乾隆三十八年"入四庫館纂修,取平時所校訂,遍稽經史諸子之義訓相合及諸家之引用《方言》者,詳爲疏證",②乾隆四十一年完成《方言疏證》一書,從草創到成稿前後歷二十一年之久。《疏證》在乾隆四十二年至四十四年之間,由孔繼涵(1739—1784)刊刻,收錄在《戴氏遺書》中。而王念孫則在乾隆四十年四月中式,十一月歸里,獨居湖濱精舍,以著述爲事。乾隆四十五年始入都,任《四庫全書》館纂隸校對官。準此,王念孫校《方言》之時,《疏證》尚未成書。乾隆五十四年,王念孫致書劉台拱,提及自己研究《方言》的情況:

　　　去年夏秋間,欲作《方言疏證補》,已而中止。念孫己亥年(引案:乾隆四十四年,1779)曾有《方言》校本,庚子(引案:乾隆四十五年,1780)携入都,皆爲丁君小雅錄去。③

書中提到的兩個年份,一個是校勘《方言》的時間,一個是撰寫《方言疏證補》的時間。劉盼遂據此書及上揭王引之文,在《高郵王氏父子年譜》"乾隆四十四年己亥三十六歲"下記曰:

　　　仍居湖濱精舍,校正《方言》,後携至京師,與戴本校勘,則所見多同,其小異者一二事耳。④

---

①　王引之著,劉盼遂輯校:《王伯申文集補編》,收入《高郵王氏遺書》,附錄,第22頁下。
②　段玉裁:《戴東原震先生年譜》,崇文書店1971年據《經韻樓叢書》影印,第18—19頁。
③　王念孫:《王石臞先生遺文》,收入羅振玉輯印《高郵王氏遺書》,第152頁。
④　劉盼遂:《高郵王氏父子年譜》,收入羅振玉輯印《高郵王氏遺書》,附錄,第50頁下。

又在"乾隆五十二年丁未四十四歲"下記曰:

> 夏秋間作《輶軒使者絕代語釋別國方言疏證補》一卷而中止。

劉氏案曰:

> 《方言》則有戴氏《疏證》,雖有可補苴,然大體既得,所餘鱗爪,其細亦甚,故成《方言疏證補》一卷,即復中止。①

根據近人陳鴻森的考證,上引王氏致劉台拱書寫在乾隆五十四年,②則書中所謂《方言疏證補》當始撰於乾隆五十三年(1788)夏秋間,劉《譜》誤。王念孫在乾隆四十五年入都後,始見戴氏《疏證》,於是取《方言》校本對勘戴本,所見或有不同,於是萌生補正之意,並在乾隆五十三年夏秋間嘗試開展補正《方言疏證》的計劃。由此可見,王念孫由校正《方言》,到對勘戴本,再到開展補正《方言疏證》,前後歷經十數年。筆者以校本、《方言疏證》、《方言疏證補》卷一首二十條比對,發現校本批校凡與《方言疏證》同者,《方言疏證補》直接引據戴本,並加以申說,例如第十六"虔、劉、憯、㨂,殺也"條,通行本《方言》"南楚江、湘之間謂之欺",郭《注》"言欺掋難厭也"。戴震改兩"欺"字爲"歁",曰:

> "歁"各本訛作"欺",《注》內同。《說文》:"歁,食不滿也。讀若坎。"《廣雅》:"歁、婪,貪也。"義本此。曹憲音苦感反。今據以訂正。"歁掋",疊韻字也。③

《方言》校本同(參見圖四)。《方言疏證補》直錄上文,王氏補曰:

---

① 劉盼遂:《高郵王氏父子年譜》,收入羅振玉輯印《高郵王氏遺書》,附錄,第51頁下。
② 陳鴻森:《阮元刊刻〈古韻廿一部〉相關故實辨正——兼論〈經義述聞〉作者疑案》,《中研院歷史語言研究所集刊》2005年第七十六本第三分,第457頁。
③ 戴震:《方言疏證》,收入楊應芹、諸偉奇主編《戴震全書(修訂本)》,第3冊,第18頁。

《説文》:"欨,欲得也。"《廣雅》:"欨,貪也。""欨"與"歁"通。又《説文》:"胎,食肉不厭也。"亦與"歁"聲近義同。

至於校本批校與《方言疏證》相異者,王氏或改從師説,例如第十七"亟、憐、憮、俺,愛也"條,通行本《方言》"東齊海、岱之間曰亟",郭《注》:"詐欺也"。校本圈去"也"字,有夾簽校語曰(參見圖四):

念孫按:"亟"字,原注"詐欺也","也"字乃妄人所加;至"詐欺"二字則不誤,蓋"亟"又音"欺","詐欺"二字非釋其義,乃釋其音,猶言音"詐欺"之"欺"耳。前"虺"字注云"鴟鵂","般"字注云"般桓",正與此同。考《集韻·七之》有"亟"字,音"丘其切",是其證。今以"詐欺也"爲"欺革反"之訛,非是。

戴震改郭《注》爲"欺革反",曰:

注内"欺革反"各本訛作"詐欺也",於正文不相涉。《廣雅》:"恆、憮、俺,愛也。"義本此。曹憲於"恆"下列"欺革"、"九力"二反,今據以訂正。①

《方言疏證補》改從戴校,王氏直録上文,補曰:

恆字,曹憲音欺革、九力二反。《説文》:"恆,謹重貌。"《廣雅》:"亟,敬也。"即此所云"相敬愛謂之亟"。漢《成陽靈臺碑》云:"齊革精誠。""恆"、"亟"、"革"古通。

然而更多的是王氏訂正戴説,例如第十三"假、袼、懷、摧、詹、戻、艘,至也"條,校本改"假"爲"徦"(參見圖四),戴本未改,《方言疏證補》

---

① 戴震:《方言疏證》,收入楊應芹、諸偉奇主編《戴震全書(修訂本)》,第3冊,第18頁。

正曰：

> "徦"，各本作"假"。《説文》："徦，至也。""假，非真也。一曰至也。"《集韻·去聲·四十禡》"假"、"徦"二字並居迓切。"假"字《注》云："以物貸人也。""徦"字《注》云："《方言》：'至也。'"《爾雅疏》引《方言》云："徦，至也，邠、唐、冀、兖之間曰徦。""徦"、"假"古雖通用，然《集韻》、《爾雅疏》引《方言》並作"徦"，不作"假"，今據以訂正。

又第十四"嫁、逝、徂、適，往也"條，通行本《方言》"自家而出謂之嫁，由女出爲嫁也"，校本圈去"而"字，有夾籤校語曰（參見圖四）：

> 念孫按："由女出爲嫁"，"由"、"猶"古字通，言自家而出謂之嫁，亦猶女出爲嫁耳。女出爲嫁，文義甚明。若云"女而出爲嫁"即不成語。然《爾雅疏》引此已有"而"字，蓋後人不知"由"即"猶"字，而以"由女出"三字連讀，以爲"由女而出"正與"自家而出"文義相同，故妄增"而"字，而邢《疏》遂仍其誤。觀《爾雅注》引此原無"而"字可證。

戴本未改，《方言疏證補》正曰：

> "由女出爲嫁"，各本"女"下有"而"字，余同里故友李氏成裕云："'而'字因上句'自家而出'而衍，此言自家而出謂之嫁，亦猶女出爲嫁耳。女出爲嫁，文義甚明，若言'女而出爲嫁'，則不辭矣。《爾雅疏》引此已衍'而'字，郭注《爾雅》引此無'而'字。"今依李説訂正。

準此，校本的校語或王氏當日與李惇（1734—1784）交流時所記。而以上兩條《方言疏證補》訂正的"各本"，顯然包括《方言疏證》。

劉盼遂認爲《方言疏證》大體既得，王氏可以補苴的地方不多，因此

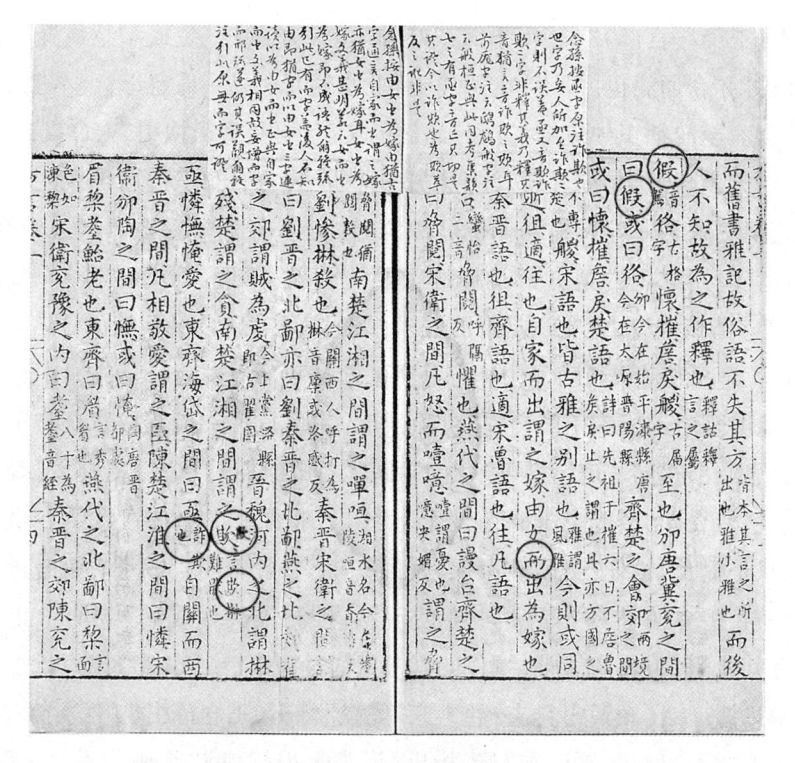

第三章　中國國家圖書館藏王念孫《方言疏證補》王國維抄本相關故實考論　149

圖四　《方言》校本

《方言疏證補》僅作一卷便告中止。然而上舉各例，王氏補正之處所在多有。細審今本《方言疏證補》，所見王氏補正《疏證》校釋共十八處，其中六處是戴震有校釋而王氏未有跟從，三處是兩人校釋不同，九處是王氏新校。存世的王氏草稿、清稿雖"不及一卷"，但誠如王國維所言，"較戴氏說甚爲精深"。除了第四條王氏改"烈餘"爲"殘餘"有原本《玉篇》、慧琳《音義》可證外，第二條"虔，儇，慧也。秦謂之謾……楚或謂之譎"，郭《注》："言謾訑，音訑，大和反。"王氏謂《注》內"訑"字即正文"譎"，又改"大和反"爲"土和反"，補正曰：

　　《注》內"土和反"，各本訛作"大和反"，"大和"則音"牠"。考《玉篇》、《廣韻》"訑"字俱無"牠"音。又《集韻》一書備載《方言》之音，"訑"字亦不音"牠"。今據以訂正。

原本《玉篇·言部》"譆"字下曰:"吐和反。《方言》:'楚或謂慧爲譆。'郭璞曰:'亦今通語也。'"①"吐"與"土"並爲透母,"大"爲定母,今本"大和反"誤。至於補正中疏解《方言》諸詞的文字,更是旁徵博引,融會貫通。

《方言疏證》是繼郭璞《注》後另一部研治《方言》的力作,開創之功大但疏闊之處多。近人劉君惠指出:"詳繹《方言疏證補》,雖寥寥二十條,而補苴匡弼戴説的地方都是極端重要的問題,不能説是'細微'。戴氏《疏證》精核則有之,要説是聲義互求,貫通詳審,還是很不夠的。"②筆者認爲王念孫信中稱"已而中止",實指《方言疏證補》尚未完成便中途停止,這與劉盼遂所謂王氏自覺"所餘鱗爪,其細亦甚",最終放棄撰作工作的意思並不相同。這一點可以由王引之《石臞府君行狀》中稱其父"晚年猶以精力衰頹,不能卒業爲憾"得到證明。事實上王念孫在致劉台拱書中,只是提及"欲作《方言疏證補》,已而中止",並未明言數量。劉盼遂在《年譜》中,或據排印本只存一卷的現狀,推測王氏僅成"一卷而中止"。學者其後對《方言疏證補》撰作的思考與討論,往往引劉《譜》以意推度的結論爲據。然《讀漢書雜志》卷十三"雙鳬"條下,王念孫引《方言》卷六第二十五"飛鳥曰隻,雁曰乘"條,指出《漢書·揚雄傳》"乘雁集不爲之多,雙鳬飛不爲之少"句中的"雙鳬"應爲"隻鳬",夾注云:"今本'隻'作'雙',義與上文不合,乃後人所改,辯見《方言疏證補》。"③《方言》校本"雙"亦已改作"隻"。④《讀書雜志》有兩書互見之例,而且互見之書均已有成稿。以《讀漢書雜志》爲例,卷五"脩"條下,王氏夾注云:"説見《管子·形勢篇》。"⑤卷八"陽爲"條下云:"説見《史記·淮南衡山傳》。"⑥等。《讀漢書雜志》於道光五年(1825)付梓,此前,《讀史記雜志》在嘉慶二十二年(1817)刊刻,《讀管子雜志》在嘉慶二十四年刊刻。以此例之,

---

① 顧野王:《原本玉篇殘卷》,中華書局 1985 年據黎庶昌本和羅振玉本合訂影印,第 43—44 頁。
② 劉君惠:《讀王念孫〈方言疏證補〉》,收入張之强、許嘉璐編《古漢語論集》第 2 輯,湖南教育出版社 1988 年版,第 84 頁。
③ 王念孫:《讀書雜志》,志四之十三,第 37 頁上。
④ 張錦少:《王念孫古籍校本研究》,第 121 頁。
⑤ 王念孫:《讀書雜志》,志四之五,第 11 頁上。
⑥ 王念孫:《讀書雜志》,志四之八,第 6 頁上。

王氏所謂"辯見《方言疏證補》"的這條《方言》卷六的材料,很可能在道光五年以前已經寫就,且不見於今本之中。可見劉《譜》"一卷而中止"的説法不無可商之處。幸而王國維在抄本裏對草稿、清稿改動的細節都一一注明,爲我們提供了研究這個問題的新方向與新材料。

(二)《方言疏證補》草稿寫作時間考論

抄本末葉的兩段跋文,是王國維講述發現草稿、清稿以及寫定二本的經過。王氏指出:"稿中'鬱收'(引案:當爲'鬱攸')一節,注云'説見《廣雅疏證》',則此稿草於《廣雅疏證》既成(原注:嘉慶元年)之後。""'鬱攸'一節"指的是《方言疏證補》補正第十一"鬱悠、懷、怒、惟、慮、願、念、靖、慎,思也"條的文字,王念孫曰:

      凡喜意未暢謂之鬱陶,積憂謂之鬱陶,積思謂之鬱悠,又謂之鬱陶,積暑亦謂之鬱陶,積火謂之鬱攸。其義並相近,説見《廣雅疏證》"鬱悠,思也"下。

"鬱悠,思也"見《廣雅》卷二下《釋詁》,①静安據此推斷草稿寫於嘉慶元年(1796)王念孫撰就《廣雅疏證》之後。問題是静安此一説法,在時間上與王念孫信中自稱在乾隆五十三年(1788)夏秋間作《方言疏證補》的説法不相吻合。筆者對此有以下幾點看法:

第一,王念孫在信中並没有交代《方言疏證補》的份量,王國維據以謄清的草稿只有十九條材料,後來清稿又增入第十九條後半段以及第二十條材料,可見《方言疏證補》的撰作並不是一氣呵成的。

第二,《廣雅疏證》始撰於乾隆五十三年八月,至乾隆五十四年正月"始完半卷"。② 乾隆五十五年八月,③王念孫再致書劉台拱,提及已完成

---

① 王念孫:《廣雅疏證》,卷二下,第13—15頁。
② 王念孫:《王石臞先生遺文》,收入羅振玉輯印《高郵王氏遺書》,卷四,第152頁下。
③ 此處繫年據王章濤《王念孫王引之年譜》,廣陵書社2006年版,第68—69頁。

了《廣雅》卷一、卷二的疏證工作。① 至乾隆五十七年,僅成四卷。乾隆六十年,方成七卷。② 按理來說,如果《方言疏證補》一卷共二十條的材料在乾隆五十三年就寫定的話,那麼王念孫何以要在草稿裏提醒讀者參見兩年後才寫成的《廣雅疏證》呢?可見《方言疏證補》的全部材料,並非都在乾隆五十三年寫成,至少第十一條是在乾隆五十五年或以後才完成的。

第三,乾隆五十五年八月王氏致劉台拱書中,亦言及劉氏"《方言注》辨誤二條,精確不可移,'聎頯'一條正與鄙見相合,其'噎憂'一條則念孫所未及"。③《方言疏證補》第十五"謾台、脅閱,懼也"條,王念孫引劉台拱說曰:"余故友寶應劉氏端臨《經傳小記》云:'此當作"謂噎憂也"。《詩》"中心如噎",《傳》曰:"噎憂,不能息也。"噎憂,雙聲字。《玉篇》引《詩》"中心如噎":"謂噎憂不能息也。"增一"謂"字,最得毛氏之意。'"劉氏卒於嘉慶十年(1805),則草稿此條從醞釀到寫成前後歷十五年以上。

綜上所述,《方言疏證補》始撰於乾隆五十三年夏秋間,此後王氏雖專攻於《廣雅》之業,但本業之外仍賡續其補正《方言疏證》之事,更以校治《方言》、《廣雅》所得互證。《方言疏證補》二十條補正中,引《廣雅》以證《方言》者有第二、第三、第十、第十一、第十六、第十七、第十八、第二十條,分布較爲集中在第十條以後,此或可爲靜安的推想添一旁證。《廣雅疏證》成書後,王念孫並未放棄其補正《方言疏證》的工作,晚年猶以未能卒業而引以爲憾。華學誠曾提出,王念孫本欲"同時進行《方言疏證補》和《廣雅疏證》的寫作,這兩部書也確實是在同年先後數月開始動筆",但"由於《廣雅》'積誤較他書爲甚',需要投入加倍的精力,因而王氏只好中斷了《補》的寫作,以集中力量來撰'假《廣雅》以證其所得'的鴻篇巨製"。由於王氏不想"專撰一書,針對自己老師的論著逐條補苴駁正",因而《廣雅疏證》成書後"仍不續完此作"。④《方言疏證補》固然是尚未完

---

① 王氏云:"自前歲(引案:乾隆五十三年,1788)仲秋至今,甫完兩卷。"《高郵王氏遺書》,卷四,第9頁。
② 虞萬里:《王念孫〈廣雅疏證〉撰作因緣與旨要》,《史林》2015年第5期,第35頁。
③ 王念孫:《王石臞先生遺文》,收入羅振玉輯印《高郵王氏遺書》,第153頁上。
④ 劉君惠等撰:《揚雄方言研究》,第315—316頁。據此書《序論》所記,此編由華學誠分撰。

成的著作,王念孫主力疏證《廣雅》也是事實,加上《廣雅》難治,公務纏身,忽忽靡暇,分身乏術。但從清稿對草稿多處的改乙增訂,可見王氏在撰作《廣雅疏證》之餘,於《方言》之學亦有所得,或補正師說,或修訂舊說,雖歷日曠久,但始終未減其撰作《方言疏證補》之志。

(三) 草稿與清稿的差異

據靜安所記,《方言疏證補》草稿字體荒率,"殆不可讀",當爲王念孫的起草,王氏其後又將草稿謄錄爲清稿,並增入新見。靜安在抄本中詳細交代了草稿與清稿的差異,有助我們了解王氏撰作《方言疏證補》的演變過程。從草稿到清稿,王念孫的主要改動有改正錯字、刪去文字、增入文字三類。草稿間有錯字,王氏在清稿中加以改正,例如:

[1]

第一"黨、曉、哲,知也"條,草稿補正部分原作"智謂之哲,亦謂之曉,解寐謂之黨朗,亦猶火光寬明謂之爥朗矣","解寐謂之黨朗",清稿改爲"解寤謂之黨朗"。案《方言》郭《注》云:"黨朗也,解寤貌。"①則"解寐謂之黨朗"當作"解寤謂之黨朗"。

[2]

第十九"脩、駿、融、繹、尋、延,長也"條,草稿補正部分原作"《爾雅》:'繹,又祭也。周曰繹,商曰肜。'《高宗肜日》正義引孫炎《注》云:'"繹,祭之明日,尋繹復祭也。"肜者,亦相尋不絕之意。'定八年《公羊傳》注云:'繹者,繼昨日事。'""定八年",清稿改爲"宣八年"。案:"繹者,繼昨日事"一注見魯宣公八年《公羊傳》"繹之何?祭之明日也"下,②是"定公"當作"宣公"。

至於清稿刪去文字的情況比較複雜,有時候是刪去所引的《疏證》文字,更多的是刪去補正部分的文字:

[3]

第一"黨、曉、哲,知也"條,草稿引錄《疏證》作:

---

① 周祖謨:《方言校箋》,第 1 頁。
② 公羊壽傳,何休解詁,徐彥疏:《春秋公羊傳注疏》,北京大學出版社 2000 年版,第 391 頁。

案①知讀爲智。《廣雅》:"黨、曉、哲,智也。"義本此。智,古智字。孫綽《遊天台山賦》"近智者以守見而不之,之者以路絕而莫曉",李善《注》云:"之,往也。假有之者,以其路斷絕,莫之能曉也。《方言》曰:'曉,知也。'"此所引乃如字讀,與《廣雅》異。《注》內"黨朗",疊韻字也。《廣韻》作"爌朗",云"火光寬明"。

戴震認爲《方言》"知也"與《廣雅》"智也"皆作名詞解,讀作去聲。而《遊天台山賦》"之者以路絕而莫曉"中"曉"作動詞解,李善誤引《方言》"曉,知也"訓釋,故曰:"此所引乃如字讀,與《廣雅》異"。王念孫在補正部分則曰:

> 謹案:《爾雅》:"哲,知也。"故《皋陶謨》"知人則哲",《史記·夏本紀》"哲"作"智"。② 鄭注《周官·大司徒》云:"知(原注:與智同),明於事也。"智與明同義,故明謂之曉(原注:卷十三云:"曉,明也。"),亦謂之哲。(原注:應劭注《漢書·五行志》云:"悊,明也。"悊與哲同。)智謂之哲,亦謂之曉。

補正這段文字的重點在於揭示《方言》此條的通語"知"字,除了可以作動詞"知"解外,還可以如戴震所說的作名詞"智"解,草稿引用的《爾雅》、《尚書》、《史記》三個書證,就在於證明"哲"可以作"智"解,因此《方言》曰"哲,知也"。但是到清稿,這三個書證都刪去了。而所引《方言疏證》裏"孫綽《遊天台山賦》"至"與《廣雅》異"共六十二字也一併刪去。換言之,上引有下劃綫的文字,王念孫在清稿裏都刪掉了,因此排印本裏沒有這兩段文字。這說明了王念孫的觀點有了變化。《讀法言雜志》"允哲"條,王念孫解釋《法言·問明篇》"台哲堯僊舜之重"曰:

---

① 排印本無"案"字。
② 排印本無此段文字。

第三章　中國國家圖書館藏王念孫《方言疏證補》王國維抄本相關故實考論

念孫案：哲者，知也。（原注：知讀平聲，不讀去聲）……《方言》："曉、哲，知也。""知"字平、去二聲皆可讀，故《方言》以"曉"、"哲"同訓爲"知"。今人猶謂"不知事"爲"不曉事"也。（原注：《文選·遊天台山賦》"之者以路絕而莫曉"，李善《注》引《方言》"曉，知也"，知字正作平聲讀）①

準此，王念孫刪去草稿這兩段文字，原因在於王氏對《方言》這一條的理解與戴震已有所不同。王氏認爲方言詞"黨"、"曉"、"哲"都是知道、知曉、明白的意思，因此通語"知"當讀作平聲，作動詞用，與戴震讀"知"爲"智"相異，草稿裏本來用以證成戴說的三個書證自然不再適合保留。在王氏看來，李善引《方言》"曉，知也"注《遊天台山賦》"之者以路絕而莫曉"一句，並無不妥，因此在清稿裏把《疏證》批駁李善《注》的文字也略而不錄。

[4]

第十六"虔、劉、慘、琳，殺也"條，草稿補證部分作：

謹案：卷三云："虔，殺也，青、徐、淮、楚之間曰虔。"《廣雅》："虔，殺也。"義本此。《爾雅》云："劉，殺也。"《盤庚篇》"無盡劉"、《君奭篇》"咸劉厥敵"，某氏《傳》並訓"劉"爲"殺"。<u>《漢書·律曆志》引《周書·成武篇》曰："咸劉商王紂。"《逸周書·世俘篇》同。劉之言戮也，故《說文》云："殺，戮也。"又云："鐂，殺也。摎，縛殺也。"（原注：《玉篇》：力問、居由二切）《續漢書·禮儀志》云："斬牲之禮名曰貙劉。"義並同也。</u><u>《周書·顧命》云："一人冕執劉。"《正義》引鄭《注》云："劉蓋鑱斧。"《廣雅》云："劉，刀也。"皆取義於"殺"。</u>

有下劃綫的兩段文字清稿皆刪去。《方言》"劉"是"殺"的意思，王念孫引

---

① 王念孫：《讀書雜志》，志餘上，第63頁。

《爾雅》、《尚書·盤庚》、《君奭》證"劉"作"殺"解。惟《成武》"咸劉"一詞是"滅絕"的意思，與"殺"義並非直接相關，故王氏刪去。《尚書述聞》"咸劉厥敵"條，王引之曰："咸者，滅絕之名。……咸、劉，皆滅也。"①至於"劉"作斧鉞之名，取義於"殺"一説，或疑證據不足，故清稿刪去。《廣雅·釋器》"劉，刀也"條，王氏亦未引《方言》以爲證。②

至於增入文字的例子有：

[5]

第二"虔、儇，慧也"條，草稿補證部分原作"《齊風·還篇》'揖我謂我儇兮'，毛《傳》云：'儇，利也。'《正義》云：'言其便利馳逐。'便利猶便捷，故此云宋楚之間謂之倢也。《淮南·主術篇》云：'辯慧懁給。'譞、懁並與儇同"。抄本"故此云宋楚之間謂之倢也"句下，據清稿本增入"《説文》：'儇，慧也。'"五字。

[6]

清稿新增第二十"允、訦、恂、展、諒、穆，信也"條，增入"《疏證》：顏延之《宋文皇帝元皇后哀策文》'壼政穆宣'，李善《注》引《方言》：'穆，信也。'《説文》：'燕、代、東齊謂信曰訦。'蓋取諸《方言》。《爾雅·釋詁》：'允、展、諶、亮、詢，信也。'《疏》云：'訦、諶、亮、諒、詢、恂，音義同。'謹案：《逸周書·謚法篇》：'中情見貌爲曰穆。'是穆爲信也。《廣雅》：'睦，信也。'睦與穆通"共九十四字。

清稿的改動基本上都體現在羅振玉的排印本裏，換言之，排印本最接近王念孫的定見，我們要對《方言疏證補》進行研究，當然應該以排印本爲準。而王國維的抄本，則讓我們可以一個歷時的角度，了解王念孫撰作《方言疏證補》的歷程以及王氏學術觀點的嬗變。從草稿到清稿，王氏一絲不苟的態度更印證了他對補正《方言疏證》的重視。劉盼遂謂"所餘鱗爪，其細亦甚，故成《方言疏證補》一卷，即復中止"的説法並不可信。

---

① 王引之：《經義述聞》，卷四，第18頁上。
② 王念孫：《廣雅疏證》，卷八上，第42頁下—43頁上。

四、《方言疏證》與《方言疏證補》關係考實

（一）《方言疏證補》草稿對《方言疏證》的取捨

上文所舉各例，都是清稿對草稿本的改動。但事實上草稿本身也有三處改動，而王國維在抄本裏都一一注明，這三處刪改就是上文第二節"（三）《方言疏證補》抄本所見王國維校語"中的例[1]、[2]、[4]。這三處刪改，例[1]的改動最值得我們注意。爲了方便下文的討論，茲先將例[1]《方言》卷一第二條王氏抄本的文字按次分列於下，並作解說。首先，《方言疏證補》各條首行頂格列《方言》及郭《注》的文字：

虔、儇，慧也。謂慧了，音翾。秦謂之謾，言謾訑。音訑，土和反。謾，莫錢反，又亡山反。晉謂之㦖，音惺，或莫佳反。宋、楚之間謂之倢。言便倢也。楚或謂之䜅，他和反，亦今通語。自關而東，趙、魏之間謂之黠，或謂之鬼。言鬼脈也。

然後另行低一格列《方言疏證》文字：

《疏證》：《荀子·非相篇》"鄉曲之儇子"，楊倞《注》云："輕薄巧慧之子也。"《楚詞·惜誦篇》"忘儇媚以背衆兮"、《惜往日篇》"或訑謾而不疑"，《説文》云："儇，慧也。""謾，欺也。沇州謂欺曰訑。"《注》内"訑"即"詑"之俗字。此書音某及某某反之類，多後人所加，雜入郭《注》。今無從辨別，姑仍其舊。"鬼脈"，各本訛作"鬼眽"，"脈"俗作"脉"，因訛而爲"眽"。後卷十内"䘑，慧也"，《注》云："今名黠爲鬼䘑。"䘑與脈同。《廣雅》："虔、謾、黠、儇、䜅、㦖、倢、鬼，慧也。"義本此。倢、捷古通用。

王念孫所録《疏證》文字皆以節引的方式，茲將此條《疏證》原文與王氏所録對照如下：

《疏證》	《荀子·非相篇》"鄉曲之儇子",楊倞《注》云:"
《補》	《荀子·非相篇》"鄉曲之儇子",楊倞《注》云:"
《疏證》	《方言》:'儇,疾也。'又曰:'慧也。'與'喜而䫏'義同。
《補》	
《疏證》	輕薄巧慧之子也。"《楚詞·惜誦篇》"忘儇媚以背衆兮"、
《補》	輕薄巧慧之子也。"《楚詞·惜誦篇》"忘儇媚以背衆兮"、
《疏證》	王逸《注》:"儇,佞也。"洪興祖引《説文》:"儇,慧也。"
《補》	
《疏證》	《惜往日篇》"或訑謾而不疑",
《補》	《惜往日篇》"或訑謾而不疑",
《疏證》	《説文》云: "謾,欺也。沇州謂欺曰訑。"
《補》	《説文》云:"儇,慧也。""謾,欺也。沇州謂欺曰訑。"
《疏證》	《注》内"訑"即"訑"之俗字。此書音某及某某反之類,
《補》	《注》内"訑"即"訑"之俗字。此書音某及某某反之類,
《疏證》	多後人所加,雜入郭《注》。今無從辨別,姑仍其舊。
《補》	多後人所加,雜入郭《注》。今無從辨別,姑仍其舊。
《疏證》	"鬼脈",各本譌作"鬼眿","脈"俗作"脉",
《補》	"鬼脈",各本譌作"鬼眿","脈"俗作"脉",
《疏證》	因譌而爲"眿"。後卷十内"脈,慧也",
《補》	因譌而爲"眿"。後卷十内"脈,慧也",
《疏證》	《注》云:"今名黠爲鬼脈。"
《補》	《注》云:"今名黠爲鬼脈。"脈與脈同。

續　表

《疏證》	《廣雅》："虔、謾、點、儇、譣、憿、捷、鬼，慧也。"
《補》	《廣雅》："虔、謾、點、儇、譣、憿、捷、鬼，慧也。"
《疏證》	義本此。倢、捷古通用。
《補》	義本此。倢、捷古通用。

王氏所不錄者，皆與《方言》本條詞義訓釋無關的文字，如《荀子》楊《注》引"《方言》'儇，疾也'"、《楚辭》王《注》"儇，佞也"，而楊《注》"慧也"爲本條的通語，自無引録的必要。至於《説文》"謾，欺也"、"儇，慧也"，戴震本可直接引用原書，但是《疏證》一引《説文》原書，一轉引洪興祖（1090—1155）《楚辭補注》，殊爲費解，故王氏引録時加以併合。而凡此改動，王氏在補正中皆不着一辭。由此可見，王氏通過對《疏證》文字的取捨，間接修正師説。

王氏引録《疏證》文字後，另起一行低一格列補正的文字。由於此條草稿與清稿的文字出入較大，兹亦以對照的形式，顯示王氏相關觀點的變化：

草稿	謹案：卷十二云："儇，虔謾也。"《注》："謂慧黠也。"
清稿	謹案：卷十二云："儇，虔謾也。"《注》："謂慧黠也。"
草稿	惠與慧通。《齊風·還篇》"揖我謂我儇兮"，
清稿	惠與慧通。《齊風·還篇》"揖我謂我儇兮"，
草稿	《毛傳》云："儇，利也。"《正義》云："言其便利馳逐。"
清稿	《毛傳》云："儇，利也。"《正義》云："言其便利馳逐。"
草稿	便利猶便捷，故此云宋楚之間謂之倢也。
清稿	便利猶便捷，故此云宋楚之間謂之倢也。《説文》："儇，慧也。"
草稿	《淮南·主術篇》云："辯慧懁給。"懁　　與儇同。

續 表

清稿	《淮南·主術篇》云:"辯慧懁給。"譿、懁並與儇同。
草稿	《賈子·道術篇》云:"反信爲慢。"慢與謾同。
清稿	《賈子·道術篇》云:"反信爲慢。"慢與謾同。
草稿	《注》内"訑"字即正文"譠"字 。《廣韻》"訑"、"譠"
清稿	《注》内"訑"字即正文"譠"字也。《廣韻》"訑"、"譠"
草稿	並"土禾切",字或作"訨",通作"他"。
清稿	並"土禾切",字或作"訨",通作"他"。
草稿	《燕策》云:"寡人甚不喜訑者言也。"《淮南·説山篇》云:
清稿	《燕策》云:"寡人甚不喜訑者言也。"《淮南·説山篇》云:
草稿	"媒但者非學謾他。"字並與"訑"同。
清稿	"媒但者非學謾他。"字並與"訑"同。
草稿	今高郵人猶謂欺曰訑,是古之遺語也。凡慧黠者多詐欺,
清稿	凡慧黠者多詐欺,
草稿	故欺謂之訑,亦謂之謾,慧謂之謾,亦謂之譠矣。
清稿	故欺謂之訑,亦謂之謾,慧謂之謾,亦謂之譠①矣。
草稿	《注》内"土和反",各本訛作"大和反","大和"則音"駝"。
清稿	《注》内"土和反",各本訛作"大和反","大和"則音"駝"。
草稿	考《玉篇》、《廣韻》"訑"字俱無"駝"音,
清稿	考《玉篇》、《廣韻》"訑"字俱無"駝"音,
草稿	又《集韻》之書,備載《方言》之音,"訑"字亦不音"駝",

① 排印本誤作"訑"。

續表

清稿	又《集韻》一書,備載《方言》之音,"詑"字亦不音"牠",
草稿	今據以訂正。懇亦謉也,《注》"音　埋,　或　莫佳反",
清稿	今據以訂正。懇　　　　音"埋",或"莫佳反",
草稿	各本"音埋"作"音悝",後人改之。
清稿	各本"音埋"作"音悝",　　字之誤也。
草稿	《廣雅》:"懇,慧也。"
清稿	《玉篇》、《廣韻》"懇"字並音"埋"。《廣雅》:"懇,慧也。"
草稿	曹憲音莫佳、莫諧二反。"莫諧"正切"埋"字,
清稿	曹憲音莫佳、莫諧二反。"莫諧"正切"埋"字,
草稿	《玉篇》、《廣韻》"懇"字但音"埋",不音"莫佳反"。
清稿	"莫佳"　之音亦與
草稿	《集韻》以《方言》、《廣雅》並有莫佳之音,　故於十三佳、
清稿	《方言》同,　　　二音一屬　　佳韻,
草稿	十四　皆兩收之。自宋劉淵併"皆"入"佳",
清稿	一屬皆韻,　　　　　　故《集韻》
草稿	後人但知有"佳",不知有"皆",　　以爲音"埋"
清稿	佳、　皆二韻俱有"懇"字,
草稿	即與　　　　　"莫佳反"無異,故改爲"音悝",
清稿	若"孔悝"之"悝"則在灰韻,與莫佳、
草稿	不知《玉篇》、《廣韻》、《集韻》"懇"字俱
清稿	莫諧之音俱不合,故《玉篇》、《廣韻》、《集韻》"懇"字俱

草稿	無"悝"音。今據諸書訂正。凡東漢人作箋、注,皆注與讀相連。
清稿	無"悝"音,今據以訂正。
草稿	魏晉以下,惟郭氏《爾雅》、《方言》《山海經》注,皆注内有音,
清稿	
草稿	是書内音某及某某反之類,大半皆郭氏原文,非後人所加也。
清稿	
草稿	鬼亦點也,今高郵人猶謂點爲鬼,是古之遺語也。
清稿	今高郵人猶謂點爲鬼,是古之遺語也。

王氏從三個方面對《疏證》此條加以補正。首先,援引古籍,探求書中義訓的根據,與《方言》詁訓相闡發,並以類比義證①的方法,將戴震未有解説但具有義近關係的詑、謾、譎、欺、慧諸詞互相發明。

其次,根據字書、韻書的音釋,校訂今本郭《注》兩處注音文字的訛誤,這個部分草稿與清稿的改動最大,王氏前後結論一致,但字斟句酌之間,頗能推見王氏治學的慎微。如草稿稱"各本'音埋'作'音悝'"係"後人改之",但"埋"爲常用字,與"悝"字形近音異,若謂後人因不習見"埋"字而改爲"悝",實於理不合,故清稿改爲"字之誤也"。王氏亦因此把草稿"自宋劉淵併'皆'入'佳',後人但知有'佳',不知有'皆',以爲音'埋',即與'莫佳反'無異,故改爲'音悝'"一段刪去。準此,王氏的定見是郭《注》"埋"誤作"悝",是因二字形近而致訛,非"後人改之"。

最後,王氏針對戴震謂《方言》"音某及某某反之類,多後人所加,雜入郭《注》"之説,提出異議。王國維在抄本校語中,特別注明草稿原有"凡東漢人作箋、注,皆注與讀相連。魏晉以下,惟郭氏《爾雅》、《方言》、

---

① "類比義證"的概念由馮勝利提出,詳參氏著《論王念孫的生成類比法》,《貴州民族大學學報(哲學社會科學版)》2016 年第 6 期、《王念孫〈廣雅疏證〉類比義叢纂例》(與殷曉傑合著),《文獻語言學》2019 年第 7 輯。

《山海經》注,皆注内有音,是書内音某及某某反之類,大半皆郭氏原文,非後人所加也"數句,"乃駁東原之説,後删去"。静安的校語是在第一次謄清草稿時所寫,因此這一段"駁東原之説"的文字在草稿裏已經删去,與上舉各例在清稿時始删去不同。王氏在清稿裏依舊對郭《注》的注音詳加考辨,第三"娥、嬴,好也"條清稿亦引郭《注》切語以爲證。又《廣雅疏證》、《讀書雜志》亦屢引郭璞音以爲證,例如《釋詁》"般,大也"條,引《方言》"'般,大也。'郭璞音'盤桓'之'盤'";①"掫,本也"條,引《方言》"'掫,本也',郭璞音'侯',云'今以鳥羽本爲掫'";②又《讀戰國策雜志》引《山海經·大荒南經》"'大荒之中有山,名曰去痓',郭音'風痓'之'痓'";③又《漢隸拾遺·司隸校尉楊涣石門頌》引《方言》"'憋,惡也',郭璞音'方滅反'"等。④ 可見王念孫始終認爲諸書郭《注》音釋皆郭氏原文,非後人所加,因此草稿此處改動,並非王氏修正己意,改從師説。抄本爲我們保留的這一條材料,其意義在於此條是草稿、清稿中唯一一條直接駁正《疏證》的文字。王氏在後來各條引録《疏證》文字時,對戴氏誤校誤釋都采取節引、回避的方式,例如第十"慎、濟、曙、恁、淫、桓,憂也"條,戴震改"恁"爲"惆",曰:

"惆"各本作"恁"。《説文》云:"恁,饑也,餓也。一曰憂也。""惆,憂貌。讀與恁同。"陸機《贈弟士龍詩》"恁焉傷别促",李善注云:"《方言》:'惆,憂也,自關而西,秦、晋之間或曰恁。'"今從李善所引改正。⑤

王氏認爲"恁"本有憂思的意思,不必改作"惆",因此删引《疏證》作"《説文》:'恁,憂也。''惆,憂貌。讀與恁同。'李善注陸機《贈弟士龍詩》引《方言》作'惆,憂也'"。如此一來,戴氏據以校改《方言》的文字,僅成

---

① 王念孫:《廣雅疏證》,卷一上,第 3 頁下。
② 王念孫:《廣雅疏證》,卷三下,第 11 頁下。
③ 王念孫:《讀書雜志》,志二之一,第 4 頁下。
④ 王念孫:《讀書雜志》,志十,第 10 頁下。
⑤ 戴震:《方言疏證》,收入楊應芹、諸偉奇主編《戴震全書(修訂本)》,第 3 册,第 14 頁。

爲一條串講異文的書證。王氏補正曰：

> 《小雅·小弁篇》："我心憂傷，惄焉如擣。"是惄爲憂也。《文選·洞簫賦》"憤伊鬱而酷𤸇"，李善《注》引《蒼頡篇》云："𤸇，憂皃。"《玉篇》音奴旳切。𤸇與惄同。上文云："怒，傷也。"《爾雅》云："惄，思也。"舍人《注》："志而不得之思也。"思謂憂思也，故《爾雅》云"憂，思也"，舍人以"志而不得"釋"惄"字，正與《方言》同。卷十二云："惄，悵也。"《玉篇》："惆悵，失志也。"此正所謂"志而不得、欲而不獲、高而有墮、得而中亡，謂之惄"也。

王氏引據大量"惄"作憂思解的書證，間接表達對戴校的異議。周祖謨亦曰："《爾雅》云：'惄，思也。'舍人《注》：'志而不得之思也。'舍人以志而不得釋惄，正與《方言》同，不宜改'惄'爲'懰'。"①

(二) 求是與尊師之間的取捨與《廣雅疏證》的撰作

乾隆二十一年(1756)，王念孫年十三。是年，王安國延請戴震"館於家"，命王念孫"從受經"，"相從一年，而稽古之學遂基於此矣"。② 我們在現存戴、王二氏的文集書札中，雖然找不到兩人直接交流的記載。但是王念孫的學問無疑深受戴震影響，王氏對乃師亦是尊敬有加。虞萬里分析"高郵王氏四種"中的術語，指出《廣雅疏證》及《補正》共用"案"字六百八十八次，其中用"謹案"的有七條，七條之中"五條均用於戴震説或戴氏著作後。分別在卷一上'憑，滿也'條引戴先生《毛鄭詩考正》後，卷二上'膌，力也'條引戴先生《方言疏證》後，卷六上'淖淖，衆也'條引《毛鄭詩考正》後，卷七下'案謂之㩻'條引戴先生《考工記補注》後，卷七下'鞁篆謂之氐'條引《毛鄭詩考正》後"。而《讀書雜志》四千二百十一次"念孫案"中，"'念孫謹案'者二次，皆在戴震説之後"。③ 虞氏此一觀察，一

---

① 周祖謨：《方言校箋》，第46頁。
② 劉盼遂：《高郵王氏父子年譜》，收入羅振玉輯印《高郵王氏遺書》，附錄，第46頁下。
③ 虞萬里：《高郵王氏著作疑案考實》，第28—29、30頁。

方面證實了王念孫熟知戴震的著作,一方面反映了王念孫貫徹始終的尊師態度。王氏不但以"先生"尊稱戴震,更在引述戴説後加"謹案"或"念孫謹案",以示尊敬。以此類推,《方言疏證補》采用從屬關係明顯的"補正"體式,在節引《疏證》後,以"謹案"提領補正的文字,顯然也是王氏有意爲之的尊師之舉。

戴震在乾隆四十二年(1777)辭世,王念孫此時正身處江蘇高郵。乾隆四十四年,《方言疏證》由戴氏姻親孔繼涵校刻出版。翌年,王念孫入都供職翰林院,始見《疏證》,於是取《方言》校本與戴本對勘,劉盼遂稱兩人"所見多同,其小異者一二事耳"。據周祖謨《方言校箋》自述,周氏1947年曾看過中國科學院所藏王念孫手校本《方言疏證》,止存卷一至卷七。① 華學誠2006年首次公布此本,據華氏所述,手校本係《戴氏遺書》原刻,止存七卷,上有王氏當年在京時取校本對勘的批校。華氏以卷一爲例,指出"王氏手校戴本的校語涉及《方言》原文30餘條中的20餘條,有校語近40條,另有浮簽批語三則還未計在内"。② 可見王念孫與戴震校釋《方言》、郭《注》的意見,絶非如劉盼遂所稱的"小異"而已。

在求是與尊師之間的取捨,顯然是王念孫萌生補正《疏證》時面對的最大難題。王氏實事求是,最終在乾隆五十三年嘗試將補正的計劃付諸實行,始撰《方言疏證補》。王氏此時要解決的不是寫不寫,也不是寫甚麽,而是怎樣寫的問題。草稿"虔、儇,慧也"條在二十條補正中排第二,可以視爲王氏起草時的雛形。從草稿改動前的原狀來看,王氏起初似乎打算采用直接補正師説的形式。草稿第一"黨、曉、哲,知也"條更是直録戴震整條案語,然後逐一補正,與後來各條節引《疏證》以回護師説的做法有所出入。草稿首兩條直録《疏證》文字,直接批駁戴震的做法,反映在求是的大原則下,王氏對駁正師説形式的斟酌是逐漸形成的,草稿也因此有原來"乃駁東原之説,後删去"的情形。華學誠認爲,《方言疏證補》没有繼續做下去,有一個主觀的原因,那就是王氏無法解決如何駁正師説

---

① 周祖謨:《方言校箋》,第17頁。
② 華學誠:《王念孫手校明本〈方言〉的初步研究》,見氏著《華學誠古漢語論文集》,北京語言大學出版社2012年版,第92頁。

的問題。因爲"雖説清儒中同志之間、師生之間相互論難蔚然成風,但是真要專撰一書,針對自己老師的論著逐條補苴駁正,這在乾嘉時代畢竟是絶無僅有的事。蓋王氏慮及於此,怯於開此先河"。① 尊師是古人,特别是讀書人的共識,王念孫也不例外。問題是王氏若然怯於針砭師説,一開始就不應該有補正的計劃。王氏對如何在求是與尊師之間取得平衡如此費盡心思,更説明了他對補正計劃的重視。而草稿酌定以節引《疏證》的方式補正師説,可以説基本解决了華氏認爲王氏可能有的顧慮。然則補正計劃爲甚麽開展不久,即告中止呢? 筆者認爲這與王氏轉爲疏證《廣雅》有關。

虞萬里對王念孫撰作《廣雅疏證》的緣由做了極爲詳審的考辨:

> (引案:王念孫)十餘年前校注《説文》,礙於師友或同門先作而捨棄;方始撰著《方言》,復因師説而中止,漢代小學名著,唯餘《爾雅》,而恰在此年(原注:乾隆戊申,1788),邵晉涵《爾雅正義》刊於面水層軒。邵乃四庫館名臣,念孫任四庫館篆隸校對官時同僚,雖其於聲韻一道稍疏,而史料之熟,名震遐邇。其書新刊,亦不易再作,况先前未有用功於斯,於是轉而傾注於《廣雅》,亦無奈而必然之舉。然此無奈必然之舉,更有一直接緣由,即戴震《方言疏證》卷一前二十條中,有十七條引《廣雅》與《方言》互證。念孫補證此二十條,於戴氏疏證之正確者,原不必再涉重説,而其竟亦有十條引《廣雅》爲説。……《廣雅》與《方言》關係密切,故疏證《廣雅》,仍可對《方言》進行正確詮解,在進退維谷之際,其傾力疏證《廣雅》,已成爲不二選擇。②

虞説甚是。從消極方面而言,四書之中,《爾雅》、《方言》、《説文》皆有新疏,王氏唯有轉而傾注於《廣雅》;從積極方面而言,四書之中,唯有《廣雅》發揮空間最大,王氏正好可以傾力疏證《廣雅》,一展所長。王氏自叙

---

① 劉君惠等撰:《揚雄方言研究》,第316頁。
② 虞萬里:《王念孫〈廣雅疏證〉撰作因緣與旨要》,第31頁。

《廣雅疏證》曰：

> 其自《易》、《書》、《詩》、《三禮》、《三傳》經師之訓，《論語》、《孟子》、《鴻烈》、《法言》之注，《楚辭》、漢賦之解，讖緯之記，《倉頡》、《訓纂》、《滂喜》、《方言》、《說文》之說，靡不兼載。蓋周、秦、兩漢古義之存者，可據以證其得失；其散逸不傳者，可藉以闚其端緒，則其書之爲功於詁訓也大矣！

但如此重要的詁訓淵藪，自曹憲以來"即有舛誤，故《音》內多據誤字作音。《集韻》、《類篇》、《太平御覽》諸書所引，其誤亦或與今本同，蓋是書之訛脫久矣"。① 考王氏疏證《廣雅》伊始，即致書劉台拱曰："是書雖不及《爾雅》、《方言》之精，然周秦漢人之訓詁皆在焉。若不爲校注，恐將來遂失其傳。"其後再致書曰：

> 《廣雅》積誤已久，有明本之誤，有宋元本之誤（原注：以《集韻》所引知之），有隋唐本之誤（原注：以曹憲《音》知之）。又漢儒箋注讖緯及小學諸書，今多亡佚，訓詁無徵，疏通證明大非易事。②

相較起補正《方言疏證》，校理"積誤已久"、恐失其傳的《廣雅》，對王氏而言，顯得更爲迫切，也更能成一家言。雖然"疏通證明大非易事"，王氏依然當仁不讓，暫緩補正的計劃，傾力於疏證《廣雅》的工作。補正師說與疏證《廣雅》本身並無矛盾，但在時間與精力有限的客觀條件下，王氏雖然無奈但亦必然要有緩急先後之分。值得注意的是，王氏轉攻《廣雅》絕非率然爲之，而是早有準備。劉盼遂指出，王氏獨居湖濱精舍的四年，窮搜冥討，"條理儲偫，以備爲他日之擂經義、攷小學之利器"。③ 傅斯年圖書館藏有一册明萬曆吳琯《古今逸史》本《廣雅》，首頁與《方言》校本相

---

① 王念孫：《廣雅疏證》，自叙，第1頁上、2頁上。
② 王念孫：《王石臞先生遺文》，收入羅振玉輯印《高郵王氏遺書》，卷四，第152—153頁。
③ 劉盼遂：《高郵王氏父子年譜》，收入羅振玉輯印《高郵王氏遺書》，附錄，第50頁上。

同,皆鈐有"淮海世家"、"高郵王氏藏書印"等,屬王氏早期的藏書(參見圖五)。校本上有大量朱墨批校,當爲王氏獨居湖濱精舍時所校,與《方言》校本等並爲王氏《廣雅疏證》之長編。

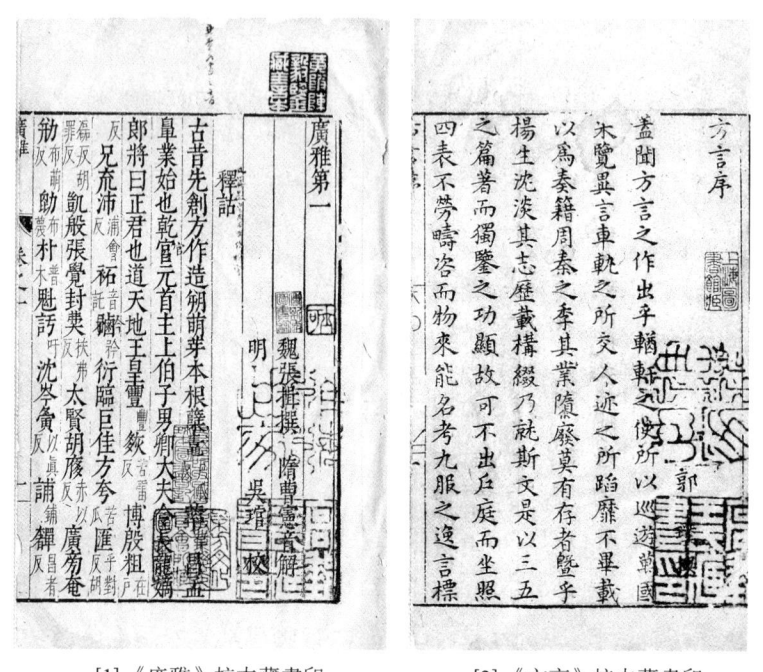

[1]《廣雅》校本藏書印　　　　[2]《方言》校本藏書印

圖五

上文對草稿部分條目寫成時間的考證,清稿對草稿精益求精、改乙增删實況的考辨,以及王念孫反覆釐訂體例以取得求是與尊師之間的平衡的考察,都説明了王氏雖然因應疏證《廣雅》而暫緩《方言疏證補》的撰作,但王氏對補正計劃一直念兹在兹,雖斷斷續續,却從未放棄。

王念孫對補正《方言疏證》的堅持,從其在尊師上的苦心竭力來看,顯然並非爲了與乃師爭勝。筆者認爲堅持補正師説,從另一個角度來説,未嘗不是王氏尊師的表現。段玉裁《戴東原震先生年譜》"乾隆二十年乙亥三十三歲"條記曰:

是年,以《方言》寫於李燾《許氏説文五音均譜》之上方,自題云:"乙亥春,以揚雄《方言》分寫於每字之上,字與訓兩寫,詳略互見。"玉裁按:"所謂寫其字者,以字爲主,而以《方言》之字傅《説文》之字也。寫其訓者,以訓爲主,而以《方言》之訓傅《説文》之字也。又或以聲爲主,而以《方言》同聲字傅《説文》。所謂詳略互見者,兩涉則此彼分見,一詳一略,因其便也。先生知訓詁之學自《爾雅》外,惟《方言》、《説文》切於治經,故傅諸分韻之《説文》,取其易檢。"

據段氏憶述,戴震這個分韻的寫本,段氏"自庚寅(引案:乾隆三十五年,1770)、己丑(引案:乾隆三十四年,1769)假觀,遂攜至玉屏。壬辰(引案:乾隆三十七年,1772)入都,拜先生於洪蕊登(引案:洪榜,1745—1780)京寓,先生索此書曰'分韻《説文》不足貴,欲得所分《方言》耳'",段氏於是由京入蜀,由於"道遠難寄,藏弄至今"。① 戴氏索書之際,《方言疏證》應已粗具規模,但草創之作,錯漏難免,是以戴氏欲得舊本,釐正增補。從戴氏離世前,《疏證》一直未有刊行來看,《戴氏遺書》本《疏證》應屬戴氏尚未寫定的稿本。近人鮑善淳指出:

　　《方言疏證》的版本,事實上有兩個系統。一是戴氏姻親孔繼涵於一七七七年至一七七九年刊刻的《微波榭叢書·戴氏遺書》所收的本子,書名爲《方言疏證》,題下標明"戴震疏證"。……一是《四庫全書》經部小學類所收的本子,書名祇寫《輶軒使者絕代語釋別國方言》,漢揚雄撰,晉郭璞注。無"戴震疏證"字樣……以兩本對勘,可以發現文字不同多達七十餘處,將近七百字。從內容與時間上推測,情況可能是這樣的:《戴氏遺書》本是戴氏家藏的稿本,戴震去世後,孔繼涵即據此刊刻,時間不會晚於一七七九年;而《四庫全書》本則是戴氏呈交四庫館的最後寫定本。四庫本增補近四百字,兩本不同之處,多以《四庫》本爲優。此書在一七七九年才送呈御覽,武英殿

---

① 段玉裁:《戴東原震先生年譜》,崇文書店1971年據《經韻樓叢書》影印,第18—19頁。

修書處"奉命刻聚珍版惠海內",時間當在此之後。①

鮑説近實。我們無法得知王氏是否看過《四庫》本,但寫在嘉慶十年或以後的《方言疏證補》第十五"謾台、脅閱,懼也"條,所引《疏證》仍有"'閱',亦作'懨'。《廣韻》:'懨,惶恐也。'或作'濶'"十三字,《四庫》本已删去,則王氏補正所據仍是尚未寫定的《戴氏遺書》本。筆者比對兩個版本卷一首二十條的文字,發現爲王氏所補正之處,《戴氏遺書》本與《四庫》本完全相同,可見鮑氏認爲較優的《四庫》本,仍然存在不少的問題。《戴氏遺書》本刊行後僅僅五年,盧文弨即有《重校方言》出版。書題"重校"二字,顯見盧氏對戴校並不滿意。對此王念孫不可能無動於衷,從抄本所見王氏對盧校誤校、誤釋的直接批駁,不難想像驅使王氏落實補正計劃的一個近因,是王氏認爲與其任由盧氏妄加評斷,不如由親炙戴氏的自己,修正師説,並爲戴氏一門轉守爲攻,對盧校一一駁正。

五、《重校方言》與《方言疏證補》關係考實

乾隆四十五年(1780),即《方言疏證》刊行後不久,盧文弨來到北京,結識了丁杰,丁氏把自己的《方言》校稿全部送給了盧文弨。② 盧文弨對丁杰的校稿非常欣賞,認爲"戴氏猶有不能盡載"、"其學實不在戴太史下",加上盧氏認爲《方言疏證》"其當增正者尚有",③於是根據不同的刻本、校本和類書古注來重新校正《方言》,④寫成了《重校方言》,是清人的

---

① 見鮑善淳:《方言疏證》整理説明,《方言疏證》,收入楊應芹、諸偉奇主編《戴震全書(修訂本)》,第3册,第3—4頁。
② 《〈重校方言〉序》:"乾隆庚子余至師,得交歸安丁孝廉小雅氏,始受其本讀之。"盧文弨:《重校方言》,第39頁。
③ 盧文弨:《重校方言》,第39—40頁。
④ 根據《〈重校方言〉校目》所列的刻本和校本,刻本有:宋曹毅之本、明永樂大典本、明正德丁卯華珵本、明新安吳琯本、明新安程榮本、明武林何允中本、明錢唐胡文焕本、明鄭樸編子雲集子本、明天啓丁卯虎林郎奎金本、明海寧陳與郊類聚本。梓粗竣始,始得見宋李孟傳刻本,《重校方言》有不及載者,另撰《補遺》一卷具之。校本有:曲阜新刻新安戴東原校本、曲阜孔繼涵體生校、餘姚邵晉涵二雲校、元和余蕭客仲林校、長洲汪潛又陶校、嘉定錢大昭晦之校、寶應劉台拱端臨校、歸安丁杰升衢合衆家校本。

第二個《方言》校本。王念孫撰作《方言疏證補》時,當然注意到《重校方言》"增正"戴本的文字。王國維抄本裏有五條王念孫在補正中直接指出或回應盧氏校釋之誤的材料,其中四條見於草稿:

[1]

第三"娥、嬴,好也。……秦、晉之故都曰忓"條,草稿補正曰:

"忓"各本皆作"妍",下有《注》云:"妍,一作忓。"盧氏抱經校本"忓"訛作"忓"。此校書者所記,非郭《注》原文,然據此知《方言》之本作"忓"也。

清稿"盧氏抱經校本'忓'訛作'忓'"一句從正文改作夾注。

[2]

第四"烈、枿,餘也"條,郭《注》"謂殂餘也,五割反",草稿補正曰:

《注》內"謂殂餘也",各本"殂餘"皆作"烈餘",盧校改爲"遺餘",云:"從卷二《注》改。"(原注:卷二:"子蓋餘也。"《注》:"謂遺餘。")念孫案:"烈"非"遺"字之訛,乃"殂"字之訛也。

清稿刪"盧校"二字中的"校"字。

[3]

第十"慎、濟、䁨、恁、溼、桓,憂也"條,草稿補正曰:

盧云:"濟者,憂其不濟也,古人語每有相反者。"念孫案:若取相反之義,則當謂"不濟"爲"濟",不當謂"憂"爲"濟","濟"與"憂",豈語之相反者乎?此曲爲之說而終不可通者也。

清稿同。

[4]

第十二"敦、豐、厖、夽、幠、般、嘏、奕、戎、京、奘、將,大也"條,《方言》

正文"初別國不相往來之言也,今或同,而舊書雅記故俗語,不失其方",草稿補正曰:

> 丁(引案:丁杰)云:"《漢書·叙傳》:'函雅故,通古今。'故,《詩·魯故》《韓故》之'故',與'詁'同。雅,當如郭氏解。若以雅爲常,下節古雅訓'古常',尤不成辭。且'舊書'二字,亦不類漢人句法。"盧云:"丁説是也。'書雅'當連文。記,謂記載;故,謂訓詁;俗語,鄉俗之語。"念孫案:此當作以"舊書雅記"爲句,"故俗語不失其方"爲句。雅者,故也。《史記·高祖紀》"雍齒雅不欲屬高祖沛公",《集解》引《漢書》服虔注云:"雅,故也。"《張耳陳餘列傳》"張耳雅游,人多爲之言",《索隱》引鄭氏云:"雅,故也。"《荆燕世家》云:"今吕氏雅故本推轂高帝就天下。"則雅記謂故記也,舊書故記,通指六藝群書而言,不專指《爾雅》。故俗語,謂故時俗語。既言舊書,又言故記、故俗語者,古人之文不嫌於複也。言舊書故記中所載故時俗語本不失其方,而後人不知,故作《方言》以釋之耳。下節"古雅"二字,正謂舊書雅記。郭以此爲《爾雅》,以彼爲《風》、《雅》,皆失之也。"古雅"二字,正當訓爲古常。古常猶言舊常、故常。《楚語》云:"使復舊常。"《蜀志·許靖傳》:"不依故常。"古常之別語謂舊時別國語耳。哀十五年《公羊傳》云:"變古易常。"《晏子春秋·雜篇》云:"重變古常。""古常"二字何以不成辭?《漢書·河間獻王傳》云:"皆古文先秦舊書。"《劉歆傳》云:"皆古文舊書。""舊書"二字,何以不類漢人語?若謂故爲"訓詁"之"詁",而"書雅"連讀,"記故"連讀,則真不成辭矣,以"舊書雅記故"連讀則更不成辭矣。盧、丁之説皆非是。

清稿"《史記·高祖紀》"至"今吕氏雅故本推轂高帝就天下"以及"古常猶言舊常"至"不依故常"兩段,從正文改爲夾注。"則雅記謂故記也"一句,删去"則雅記"三字。"哀十五年《公羊傳》云'變古易常'",改爲"僖二十年《公羊傳》云'門有古常'"。

以上四條見於草稿,清稿所增入的是第十九"脩、駿、融、繹、尋、延,長也"條,戴震將《方言》正文"延,永長也"改爲"延,年長也",盧文弨認爲戴校"於文義殊未安",故不從。草稿對此未有回應,但到了清稿,王氏竟增入六百餘字,從三個方面對盧説逐一駁正:

"延,年長也",盧本改爲"延,永長也",云:"攷宋本亦如是。李善注《文選》,於阮籍《詠懷詩》'獨有延年術'引《方言》'延,長也',於嵇康《養生論》又引作'延,年長也',蓋即櫽括'施於年者謂之延'意。(原注:案:所引乃《方言》原文,非櫽括其意也。)《爾雅疏》引《方言》遂作'延,年長也'(原注:案:《疏》所引亦《方言》原文,非妄加"年"字也),不出'永'字則下文'永'字何所承乎? 或遂據《爾雅疏》改此文,誤甚。"念孫案:盧説非也。訓"延"爲"年長"者,所以别於上文之訓"延"爲"長"也,既曰"延,年長也",又曰"施於年者謂之延",此復舉上文以起下文之"施於衆長謂之永"耳。凡經傳中之復舉上文者,皆不得謂之重複。盧自不曉古人文義,故輒爲此辯而不自知其謬也。舊本"年長"作"永長"者,涉下文"永"字而誤耳。若仍依舊本作"永",則其謬有三。《方言》一書皆上列字目,而下載方言,若既云"脩、駿、融、繹、尋、延,長也",又云"延,永長也",則一篇而兩目矣。《方言》有此例乎? 其謬一也。"延,長也"之文已見於上,故特別之曰"延,年長也"。若既云"延,長也",又云"延,永長也",則訓"延"爲"長"之文,上下凡兩見,古人有此重疊之文乎? 其謬二也。盧又謂但云"延,年長也",而不出"永"字,則下文"永"字無所承。案:上文釋"思"之異語,云:"惟,凡思也。慮,謀思也。願,欲思也。念,常思也。"此皆承上之詞,若訓詁之連類而及者,則不必皆承上文,請以前數條證之。"晉、衛之間曰烈,秦、晉之間曰肆","肆"字,上文所無也。"汝、潁、梁、宋之間曰胎,或曰艾","艾"字,上文所無。"秦、晉之間,凡物壯大謂之嘏,或曰夏","夏"字,上文所無。若斯之類,不可枚舉。是訓詁之連類而及者,不必皆承上文也。此文云"凡施於年者謂之延,施於衆長謂之永",亦是訓詁之連類而及者,故

"永"字亦無上文之可承。乃獨疑"永"字之無所承,則是全書之例尚未通曉,其謬三也。《文選注》、《爾雅疏》引《方言》皆作"年長",自是確證。阮籍《詠懷詩》"獨有延年術",李《注》引《方言》以證"延年"二字,則所引亦必有"年"字,而今本脫之也。乃反以脫者爲是,不脫者爲非,俱矣,今訂正。

相較於上舉草稿中的四條材料,王氏在清稿中對盧校的批駁可謂相當尖銳,毫不客氣。平心而論,戴震改"永"爲"年",唯一的書證是李善《文選注》及邢昺《爾雅疏》所引《方言》作"延,年長也",並無直接的版本證據,戴氏亦無任何解説。盧文弨認爲"校正群籍,自當先從本書相傳舊本爲定","今或但據注書家所引之文,便以爲是,疑未可也"。盧氏執意以版本爲據,在乾隆四十六年致丁杰論校正《方言》書中,對戴氏此校已有不同的看法:

> 夫善此注,特隱括施於年者謂之延意耳。《爾雅疏》始誤以爲即《方言》文本,此不可以"穉年小也"相比例。夫使云"延,年長也",下即當云"永,衆長也"而後可。不然,兩句複沓,於文義殊未安。《方言》此語,亦祇大判而言,其實通用處正多也。①

盧氏以爲李善隱括文意,邢昺誤據李説云云,同樣没有實據。事實上戴、盧二氏此校的分歧,背後涉及的是在方法學上迥然不同的校勘理念。

(一) 戴震、盧文弨校勘理念的差異

戴震自序《方言疏證》曰:

> 宋、元以來,六書故訓不講,故鮮能知其精覈。加以訛舛相承,幾不可讀。今從《永樂大典》内得善本,因廣搜群籍之引用《方言》及

---

① 盧文弨著,王文錦點校:《抱經堂文集》,第285頁。

《注》者,交互參訂,改正訛字二百八十一,補脱字二十七,刪衍字十七,逐條詳證之。①

《疏證》内文雖多次提及"明正德己巳影宋曹毅之刻本",但戴氏以《永樂大典》輯佚本《方言》爲據,參訂群籍所引《方言》及郭《注》文字,正訛、補脱、刪衍共三百二十五字,其校勘《方言》的主要方法顯然並非以版本爲據的對校。

乾隆四十五年(1780),盧文弨致書王念孫論校正《大戴禮記》事曰:

> 既觀足下所校本,因并求官本觀之,其中復有鄙意所未愜者。以東原之博雅精細,與衆人共事乃亦不能盡其長邪?曩日曾共校此書,其中是者亦棄而不録,何邪?②

書中"曩日"所指爲乾隆二十五年前後,戴震其時在盧見曾(1690—1768)幕中參與校訂刊刻《大戴禮記》。盧見曾序此曰:"余家召弓太史,于北平黄夫子家,借得元時刻本,以校今本之失,十得二三。《注》之爲後人刊削者,亦得據以補焉。又與其友休寧戴東原震,泛濫群書,參互考訂,既定而以貽余。"③撇開盧文弨當日是否有如抱孫所言,與戴氏"泛濫群書,參互考訂",此一序文却頗能説明戴、盧二氏校書旨趣之不同。虞萬里曾就兩人校勘《大戴禮記》的來龍去脈有過仔細的分析:

> (戴震)與盧召弓書云:"《大戴禮記》刻後印校,俗字太多,恐傷壞版,姑正其甚者,不能盡還雅也。"東原之最高標準似乎在"還雅",故云"苟害六書之義,雖漢人亦在所當改,何況魏、晉、六朝",所以他於《大戴記》中一些"未盡俗謬"的"準、准、殺、煞、陳、陣"一類"參差

---

① 戴震:《方言疏證》,收入楊應芹、諸偉奇主編《戴震全書(修訂本)》,第 3 册,第 6—7 頁。
② 盧文弨著,王文錦點校:《抱經堂文集》,第 277 頁。
③ 盧見曾:《〈大戴禮記〉序》,《雅雨堂詩文遺集》,道光二十年(1840)刻本,卷一,第 11 頁下。

互見"者,"徑行改易","以免學者滋惑"。此固已超出一般對校、他校範圍。函中更多是"當作某"、"當作某某",其中有徵引他書爲據,亦有全無證據,僅東原據自己理解之文意而判斷。……東原在庚辰(引案:乾隆二十五年)、辛巳(引案:乾隆二十六年)前後二書中,歷數《大戴禮記》中數十處訛誤,其最大特色是據他書之文校正本書訛誤。東原所舉無版本依據之誤,召弓未必認可。召弓於《新刻大戴禮跋》附十條質疑,而不改原文校記,可知兩人之校勘理念相去甚遠。召弓當時或不便回覆,然蓄此異見,亦不吐不快,乃於二十年後(原注:四十五年庚子)與懷祖論及《大戴禮記》之校勘時發之。①

準此,即使"所舉無版本依據之誤",戴震依然敢於"據他書之文校正本書訛誤",正是戴氏校勘理念特異於盧氏之所在,也是盧氏最爲不滿的地方。不過盧氏致書懷祖,既有滿腹牢騷,不吐不快的遠因,亦有對王氏勇於校改,所校《大戴禮記》"凡與諸書相出入者,並折衷之以求其是"而感到不安的近因:

> 然舊注之失,誠不當依違,但全棄之,則又有可惜者。若改定正文,而與注絶不相應,亦似未可。不若且仍正文之舊,而作案語繫於下,使知他書之文固有勝於此之所傳者。②

"高郵王氏四種"所見王氏不勝枚舉的他校、理校例子,說明王氏對此建議不以爲然。而《方言疏證補》清稿第十九條增入的文字,正是王氏從理校的角度,一方面補充《疏證》有校而無說的不足,一方面對盧氏執守版本、否定戴校的反擊。

(二)《方言疏證補》所見王念孫的校勘理念

細審《方言疏證補》第十九條,筆者認爲王念孫在謄清草稿增入文字

---

① 虞萬里:《高郵王氏四種成因探析》,《中國文化研究所學報》2020年第71期,第76—77頁。
② 盧文弨著,王文錦點校:《抱經堂文集》,第276頁。

時，抱持的校勘理念是舊本不必是，因而有"若仍依舊本作'永'，則其謬有三"的判斷。首先，王氏從《方言》的體例入手，指出揚雄"皆上列字目，而下載方言，若既云'脩、駿、融、繹、尋、延、長也'，又云'延，永長也'，則一篇而兩目矣"。意思是説，上文已列"延，長也"這個字目，下文若再重複與"長短"的"長"意思相同的"永，長也"，則上下皆爲字目，不合《方言》體例。其次，王氏質疑舊本上下兩見的字目重疊，不合古人文法。第三，駁斥盧氏以"延，年長也"上無所承否定戴校的謬説。王氏舉同卷第十二條"鬱悠、懷、恁、惟、慮、願、念、靖、慎，思也。……晉、宋、衞、魯之間謂之鬱悠。惟，凡思也；慮，謀思也；願，欲思也；念，常思也"爲例，指出只有這種"釋'思'之異語"，才需要有"承上之詞"。並以第四條"烈、枿，餘也。晉、衞之間曰烈，秦、晉之間曰肆"中，"肆"字上文所無；第五條"台、胎、陶、鞠，養也。……汝、潁、梁、宋之間曰胎，或曰艾"中，"艾"字上文所無；第十二條"敦、豐、厖、夽、幠、般、嘏、奕、戎、京、奘、將，大也。……秦、晉之間，凡物壯大謂之嘏，或曰夏"中，"夏"字上文所無爲例，指出這種與"延，年長也"同類，屬於"訓詁之連類而及者，則不必皆承上文"，諷刺盧氏於"全書之例尚未通曉"。王氏從《方言》列字的體例、古人行文的常法、《方言》全書的通例三個方面，更在没有任何版本憑據下，以理推論出李善所引《方言》"必有'年'字，而今本脱之也"，因此"《文選注》、《爾雅疏》引《方言》皆作'年長'"。

上文所舉草稿駁正《重校方言》的四例中，有兩例是針對盧本的誤校，而王氏同樣是没有版本依據。例如第三"娥、嬴，好也"條，《方言》正文"秦、晉之故都曰妍"，郭《注》"其俗通呼好爲妍，五千反。妍，一本作忏"，盧本"一本作忏"作"一本作忏"，疑盧氏因"妍"字讀音而改爲從"千"聲之"忏"。王念孫則以三個證據，指出今本正文"妍"本作"忏"，郭《注》"五千反"本作"五干反"，而"妍，一本作忏"非郭《注》原文。王氏補正曰：

《廣雅》"忏"、"妍"二字俱訓爲"好"，然"忏"字在"姘"字之下，"姘"、"忏"二字相承，即本於《方言》。（原注：忏，曹憲音"汗"。

《廣雅》又云:"忓,善也。"曹憲亦音"汗","善"與"好"義相近。)若"妍"字則在下文"婍"字之下,與"姘"中隔二十五字不相承接,是《廣雅》訓"妍"爲"好",自出他書,非本於《方言》,然則《方言》之有"忓"無"妍"可知,其證一也。《集韻·平聲·二十五寒》:"忓,俄干切,秦、晉謂好曰忓。"《去聲·二十八翰》:"忓,矣旰切,好也。"皆本《方言》。矣旰切本於《廣雅音》,而俄干切之音則本於《方言注》。(原注:"俄干"即"五干"。)而"妍"字《注》獨不訓爲"好"。則《方言》之有"忓"無"妍"甚明。《集韻》"矣旰切"之音本於《廣雅音》,而"俄干切"之音,則本於《方言注》(原注:"俄干"即"五干"),則注文之作"五干反",又甚明,其證二也。《太平御覽》引《方言》云:"娥、嬴,好也。自關而西,秦晉之故都曰忓。"又引《注》云:"其俗通呼好爲忓,五干反。"是宋初人所見本皆作"忓",不作"妍",皆音作"五干反",不作"五千反",其證三也。

王氏因《廣雅》之訓多本《方言》,故以"妍"、"忓"二字與《方言》此條"姘"字在《廣雅》相隔遠近爲據,又以《廣雅音》、《集韻》注音切語爲據,再以《太平御覽》引《方言》爲據,推斷出宋初人所見《方言》本作"忓",不作"妍"。郭《注》"五千反"本作"五干反"。

例如第四"烈、㭿,餘也"條,郭《注》"謂烈餘也,五割反"。盧文弨以卷二"孑、蓋,餘也",郭《注》"謂遺餘"爲據,利用本校改"歾餘"爲"遺餘"。王念孫不從盧校,而是從文字角度,提出今本"烈"是"歾"字的形訛:

"歾"讀若"殘",《説文》:"歾,禽獸所食餘也,从歹,从肉。"《廣韻》云:"歾,餘也。"《吕氏春秋·權勳篇·注》云:"殘,餘也。"《周官·槁人·注》云:"雖其潘瀾戔餘,不可褻也。""殘"、"戔"並與"歾"同,故郭言"謂歾餘也"。今本作"烈餘",此"烈"字上半與"歾"相似,上下文又多"烈"字,因訛而爲"烈"。至"遺"與"烈",形聲皆不相似,若本是"遺"字,無緣訛爲"烈"也。

王氏此校同樣以理推論,並無版本依據,却爲原本《玉篇》與慧琳《音義》所證,其卓識可見一斑。可以説王念孫在校勘《方言》上較戴震更進一步,在立論、引據、推導上已經不限於他校,而是提升到理校的層面,即"非照本改字",而是循理"定其底本之是非"。

段玉裁在《與諸同志書論校書之難》曰:

> 校書之難,非照本改字不訛不漏之難也,定其是非之難。是非有二。曰:底本之是非。曰:立説之是非。必先定其底本之是非,而後可斷其立説之是非。二者不分,轇轕如治絲而棼,如算之淆,其法實,而瞀亂乃至不可理。何謂底本?著書者之稿本是也。何謂立説?著書者所言之義理是也。①

段氏認爲,校書必先定著書者底本之是非,然後才能定著書者立説之是非。各種校書方法中,對校"照本改字",因而要做到"不訛不漏"並不難;真正困難的是在"著書者稿本"不存的情況下,要從他書所引、按理裁斷以求得底本之是。段氏此一校書難易的比較,實際上是要回應當時執守版本、舊本,反對他校、理校的學者。在段氏眼中,即使是宋元以來的舊本都不是"著書者之稿本",更何況是沿訛已久的今本。因此死守版本對校,不知變通,自負有本可據,實質守訛傳繆。段氏在書末引據戴震以爲説曰:

> 東原師云:鑿空之弊有二。其一,緣辭生訓也。其一,守訛傳繆也。緣辭生訓者,所釋之義非其本義;守訛傳繆者,所據之經並非其本經。……凡校經者,貴求其是而已。②

"貴求其是",换句話説就是"定其底本之是非"。可以説"貴求其是"是戴氏一門校勘理念的歸結,也是他們校書能不爲版本所限,迎難而上,廣搜群書,循理推演,敢於裁斷,多所發明的原因。

---

① 段玉裁著,鍾敬華校點:《經韻樓集》,上海古籍出版社 2008 年版,第 332—333 頁。
② 段玉裁著,鍾敬華校點:《經韻樓集》,第 337 頁。

王念孫在乾隆五十四年、五十五年致劉台拱書中，除了提及自己撰作《方言疏證補》的情況外，更先後提到《重校方言》部分校改與《方言》校本的批校有暗合之處。五十四年致書曰：

> （《方言》校本）内有數十條不甚愜意者，往往見於盧紹弓先生新刻《方言》中（原注：中有一條爲紹弓先生所不取。今本《方言》"杷"字《注》云："無齒爲朳。"念孫所校本於此上增"有齒爲杷"四字，紹弓先生云："'有齒爲杷'見顔師古《急就篇注》，此不當有。"今案：《説郛》本有此四字，又唐釋玄應《一切經音義》云："《方言》：'杷謂之渠挐。'郭璞曰：'有齒曰杷，無齒曰朳。'"則是郭《注》原有此四字，不始於《急就篇注》也），其愜意數條則紹弓先生所不錄。①

卷五"杷，宋魏之間謂之渠挐"，郭《注》"無齒爲朳"，校本據《説郛》、玄應《音義》所引，於《注》上增"有齒爲杷"四字（參見圖六[1]）。又五十五年致書曰："前札云愜意數條者，'悥忯'亦居其一。"②卷十"江湘之間或謂之無賴，或謂之獡"，郭《注》"恐悑，多智也"，校本改"恐悑"爲"悥忯"（參見圖六[2]）。《廣雅》"獡，儈也"，《疏證》引《方言》郭《注》即從校本作"悥忯，多智也"，王氏曰：

> 《列子·力命篇》："獡忯情露。"《釋文》引阮孝緒《文字集略》云："悥忯，伏態貌。""悥"與"獡"同。③

細審王氏所愜意而盧氏所不錄的兩條材料，皆爲王氏在没有版本對校下所做的他校、理校，而王、盧兩人校勘理念之不同可藉此添一明證。而正因爲兩人校勘理念不同，面對盧氏對戴校的"增正"，不甚愜意的王氏不得不有《方言疏證補》之撰作。

---

① 王念孫：《王石臞先生遺文》，收入羅振玉輯印《高郵王氏遺書》，卷四，第152頁下。
② 王念孫：《王石臞先生遺文》，收入羅振玉輯印《高郵王氏遺書》，卷四，第153頁上。
③ 王念孫：《廣雅疏證》，卷四下，第6頁下。

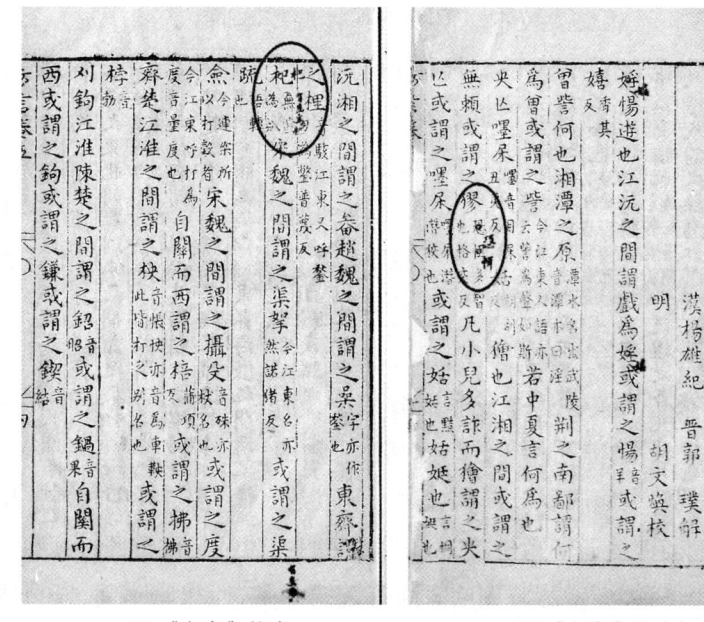

[1]《方言》校本　　　　　[2]《方言》校本

圖六

（三）《重校方言》暗襲王念孫説考略

《重校方言》正文前有"校目"一篇，羅列據以校勘的各家刻本、校本，其中"校本"一欄有"曲阜新刻新安戴東原校本、曲阜孔繼涵體生校、餘姚邵晉涵二雲校、元和余蕭客仲林校、長洲汪潛又陶校、嘉定錢大昭晦之校、寶應劉台拱端臨校、歸安丁杰升衢合衆家校本"，唯獨没有王念孫的《方言》校本。關於這個問題，筆者認爲《重校方言》與校本暗合之處，很可能出自丁杰的合衆家校本。乾隆四十五年，王念孫將校本攜入都，"皆爲丁君小雅録去"，校本之中亦有王念孫抄録丁杰的校改，如卷一"悼、恕、悴，懋，傷也。……自關而東，汝穎陳楚之間通語也"，校本天頭有夾簽校語曰："丁小山云：'自關而東，汝穎陳楚之間通語也'上當有'傷'字。"[1]可見兩人曾就

---

① 筆者在《王念孫古籍校本研究》中曾將《方言》校本批校以附表形式載録，其中此條校語"自關而東，汝穎陳楚之間通語也"，載録時缺一"通"字（見拙著，第 112 頁），今補正。《高郵二王合集》第 1 册第 368 頁引録時亦缺一"通"字。

校勘《方言》，互相交換校本。但丁杰在抄錄校本時，是否有如王念孫般一一注明出處實未可知，故劉盼遂提出"盧刻《方言》只列丁氏之名，不及先生者，或以丁氏過錄時未出先生名"①的推測，此説可從。首先，"校目"中開列所據清人《方言》校本多達八家，盧文弨沒有刻意不提王念孫的理由。第二，"校目"中所列丁杰校本，已經注明是"合衆家校本"。丁杰過錄諸家的校改意見時，不一定一一説明校者是誰，後來丁杰把校本送給盧文弨，盧氏據以爲説，也就無法一一辨別出處。

從校本皆爲丁杰錄去一事，可見王念孫在學術上的坦然無私。筆者認爲王氏意有不滿是因爲，這個誤會觸及其治學求是的基本原則。梁啓超指出清人治學"凡采用舊説，必明引之，剿説認爲大不德"，②"掠美"在清人學術規範裏類同盜賊，③因此清人凡取前人舊説，皆注明來歷。馬瑞辰撰寫《毛詩傳箋通釋》，卷首"例言"即注明："説經最戒雷同。凡涉獵諸家，有先我得者，半皆隨時删削。間有義歸一是，而取證不同，或引據未周，而説可加證，必先著其爲何家之説。"④可見注明出處是清人的學術規範。總覽王氏著述，凡屬采用他家之説，必先標其名氏，甚至會删去自己與他家相合之説。如上舉校本所錄丁説，《方言疏證補》引據曰："歸安丁氏升衢云：'自關而東，汝潁陳楚之間通語也'，此句首似少一傷字。"又第十四"嫁、逝、徂、適，往也"條引李惇説、第十五"謾台、脅閱，懼也"條引劉台拱説等。凡此皆王氏治學求是、求實的明證。

盧文弨在乾隆五十七年（1792）致書王念孫，邀請王氏合作疏證《廣雅》，並欲爲王氏刊刻已完成的《廣雅疏證》首數卷，結果當然沒有成事。盧氏在書末特別強調自己"向來拙刻凡得之友朋者，雖一字一句必明所

---

① 劉盼遂：《高郵王氏父子年譜》，收入羅振玉輯印《高郵王氏遺書》，附錄，第68頁下。
② 梁啓超：《清代學術概論》，第47頁。
③ 清人反對掠美的論説所在多是，如江藩《經解入門》專闢"不可剿竊舊説"一節，其説曰："初學解經，見書不多，而妄取前人舊説，沒其姓名，以爲己説，則盜賊何異？且安知我能剿之竊之，而人不能發之捕之乎？我所謂之書，人人必讀，我所未讀之書，人之已讀者正多。倘事剿竊，欺人乎？實欺己耳。人而欺己，則終身無實獲之事。"見《經學入門》，廣文書局1977年版，卷六，第5頁。又章學誠《乙卯劄記》云："考訂之書襲用前人成説，本不足怪，但須注明來歷耳。"見章學誠著，馮惠民點校：《乙卯劄記 丙辰劄記 知非日劄》，中華書局1986年版，第22頁。
④ 馬瑞辰著，陳金生點校：《毛詩傳箋通釋》，第2頁。

自,諒高明素能洞鑒也",①如果結合上文所述,盧文弨"雖一字一句必明所自"這句話,在王氏看來可謂可圈可點。考《史記·殷本紀》有"百姓怨望而諸侯有畔者,於是紂乃重刑辟,有炮烙之法"一段文字,王念孫在《讀史記雜志》"炮烙"條裏指出"炮烙"一詞當作"炮格",並據段玉裁以爲說曰:

> 段若膺曰:"'炮烙'本作'炮格'。《江鄰幾雜志》引陳和叔云:'《漢書》作"炮格"。'今案《索隱》引鄒誕生云:'格,一音閣。'又云:'爲銅格,炊炭其下,使罪人步其上。'又楊倞注《荀子·議兵篇》:'音古責反。'觀鄒、楊所音,皆是'格'字無疑。鄭康成注《周禮·牛人》云:'互若今屠家縣肉格。'意紂所爲亦相似。庋格、庋閣兩音皆可通。《吕氏春秋·過理篇》云:'肉圃爲格。'高氏《注》:'格,以銅爲之,布火其下,以人置上,人爛墮火而死。'《列女傳》所説亦相類。是其爲'格'顯然,而不但以燔灼爲義。今諸書皆爲後人改作'炮烙'矣。"②

《雜志》所引段説並未見載於段氏傳世的著作中,不過王氏據以爲説,則"炮格"之說當是段玉裁的發明。盧文弨《鍾山札記》卷二亦有"炮格"一條,同樣有一段考證的文字,而且與《讀史記雜志》所引段説幾乎同出一轍,③這段考證文字之後,有"段若膺嘗正其誤"七字。④ 盧氏雖然指出了段氏嘗正《史記》"炮烙"一詞,但是從文字排列的先後次序來看,如果沒有《讀史記雜志》作參照,後人很可能會誤以爲《鍾山札記》這一段考證文字出自盧氏。又《讀荀子雜志》"爲炮烙之刑"條,王氏先引盧氏《抱經堂

---

① 賴貴三編著:《昭代經師手簡箋釋》,里仁書局 1999 年版,第 54 頁。
② 王念孫:《讀書雜志》,志三之一,第 4 頁。
③ 《讀史記雜志》所引段説與《鍾山札記》的文字只有四處些微的差別,包括(1)《鍾山札記》開首有《史記·殷本紀》'紂有炮烙之法'"一句,《讀史記雜志》則作"'炮烙',本作'炮格'";(2)《鍾山札記》作"《史記索隱》",《讀史記雜志》則作"《索隱》";(3)《鍾山札記》作"烙,一音閣",《讀史記雜志》則作"格,一音閣";(4)《鍾山札記》作"《吕氏春秋·過理論》",《讀史記雜志》則作"《吕氏春秋·過理篇》"。
④ 盧文弨:《鍾山札記》,《抱經堂叢書》本,直隸書局 1923 年影印版,卷二,第 4—5 頁。

叢書》本《荀子》校語,曰:"盧云:'"炮烙之刑",古書本作"炮格之刑","格"讀如"庋格"之"格",古"閣"、"格"一也。《史記索隱》"鄒誕生音'閣'",此《注》云"烙,古責反。"可證楊時本尚作"格"也。'"王氏案曰:"此段氏若膺說也,說見《鍾山札記》。"並有雙行夾注謂:"昔嘗聞盧校《荀子》,多用段說,故盧本前列參訂名氏有金壇段若膺,而書所引段說則唯有《禮論篇》'持虎'一條。余未見段氏校本,無從采錄,故但據所見之書,略舉一二焉。"①又《讀淮南内篇雜》"熱升"條,王氏釋《齊俗》"故糟丘生乎象樐,炮格生乎熱升"二句,曰:"炮格,謂爲銅格,布火其下,置人於上也。格,音如字,俗作'烙',音洛,非。此段氏若膺說,見《鍾山札記》。"②《重校方言》暗襲《方言》校本或因誤會所致,惟盧氏撰作《鍾山札記》、校刊《荀子》,徵引時人之說則或有不夠謹嚴之弊。王念孫一生澹泊寡欲,但擇善固執,對剿說欺世之舉更是深以爲恥,且勇於揭發,不加隱諱。以其爲學與做人皆能實事求是,正己有守之故。

六、結　　語

《方言疏證補》王國維抄本一册二十二頁,原件現藏中國國家圖書館。抄本是王國維在1924年分兩次謄清,第一次根據草稿,只有十九條材料,是王念孫補正戴震《方言疏證》卷一首十九條的材料。第二次的謄清是由於羅振玉在遺稿裏發現了《方言疏證補》清稿,與草稿在文字上有所差異,包括卷一第十九條增入近六百多字補正,並較草稿多出第二十條材料。王國維於是將清稿、草稿比對,並用朱筆校其異同。羅振玉其後據抄本排印,收入《高郵王氏遺書》之中。換言之,今本《方言疏證補》實源自王國維整合王念孫草稿、清稿二本而來的抄本。抄本的發現,嚴格來說並沒有爲我們提供排印本以外王念孫補正《方言疏證》的新材料。但是羅振玉當日據抄本排印時刪去的靜安校語,却完整保留在抄本之中。校語是王國維用以説明原稿删訂改動的文字,因此,校本的發現,讓我們能

---

① 王念孫:《讀書雜志》,志八之五,第14頁上。
② 王念孫:《讀書雜志》,志九之三,第12頁下。

够以接近原稿的狀態，考察王念孫補正《方言疏證》的經過以及前後文字增訂、觀點嬗變的緣由。上文與《方言疏證補》相關的故實，正是藉由抄本的發現而得以考論。

《方言疏證補》撰作時間始於乾隆五十三年，後因轉治《廣雅》而暫緩補正計劃。雖然《方言疏證補》尚未完成，但是王念孫主力疏證《廣雅》也是事實，加上《廣雅》難治，公務纏身，忽忽靡暇，分身乏術。但從清稿對草稿多處的改乙增訂，可見王氏在撰作《廣雅疏證》之餘，於《方言》之學亦有所得，或補正師説，或修訂舊説，雖斷斷續續，歷日曠久，但始終未減其撰作《方言疏證補》之志。戴氏《方言疏證》是繼郭璞《注》後另一部研治《方言》的力作，開創之功大但疏闊之處多。劉盼遂謂戴校"雖有可補苴，然大體既得，所餘鱗爪，其細亦甚"，故王氏僅補正一卷即告終止。筆者細審抄本所見補正文字，王氏或就聲求義，或據形校字，既同條共貫，亦觸類旁通，較諸戴校，可謂青出於藍。王國維在抄本校語中引據清末從日本回流中土的《玉篇》殘卷與慧琳《一切經音義》等新材料，印證王校確乎不拔。準此，筆者認爲王念孫自謂補正之事在乾隆五十三年"已而中止"，指的只是尚未完成便中途停止，並不表示王氏放棄了撰作《方言疏證補》的工作，這與劉盼遂所謂王氏自覺"所餘鱗爪，其細亦甚"，最終放棄撰作工作的意思並不相同。

從草稿與清稿前後改動的情況，筆者發現王念孫的改動主要是改正錯字、删去文字、補入文字三類。以上改動都體現在排印本中，換言之，排印本最接近王念孫的定見，而草稿、清稿則反映了《方言疏證補》的原狀。抄本的發現，讓我們可以用一個縱向的角度，掌握王念孫撰作《方言疏證補》的經過，而文字前後的增訂改乙，也正好透露了王氏學術觀點的嬗變。其中包括對戴校的補正。考王氏始撰《方言疏證補》時，面對的難題不是寫甚麽，而是怎樣寫。在求是與尊師之間，王氏費盡苦心，最終采用了一種折中的辦法。其一，王氏采用了從屬關係明顯的"補正"體例。其二，以節引《方言疏證》文字的方法，從文字取捨當中，間接指出戴震誤校、誤釋的地方。王念孫千方百計在求是與尊師之間爭取平衡，凸顯了王氏治學態度中的求是精神。

《方言疏證》刊行後僅僅五年，盧文弨即有《重校方言》出版。書題"重校"二字，顯見盧氏對戴校並不滿意。對此王念孫不可能無動於衷，從抄本所見王氏對盧校誤校、誤釋的直接批駁，不難想像驅使王氏落實補正計劃的一個近因，是王氏認爲與其任由盧氏妄加評斷，不如由親炙戴氏的自己，修正師説，並爲戴氏一門轉守爲攻，對盧校一一駁正。細審戴、盧二校的分歧，背後涉及的是在方法學上迥然不同的校勘理念。相較於盧氏信守版本的對校，戴氏更爲重視廣搜群籍，參互考訂的他校。即使"所舉無版本依據之誤"，戴氏依然敢於"據他書之文校正本書訛誤"。這是戴氏校勘理念特異於盧氏之所在，也是盧氏最爲不滿的地方。師出戴氏的王念孫，其校勘方法較戴氏更進一步，在立論、引據、推導上，已經提升到理校的層面。而面對盧氏對戴校的"增正"，不甚惬意的王氏亦不得不有《方言疏證補》之撰作。抄本共有五條王氏直接批駁《重校方言》的材料，這些批駁盧校的文字可謂毫不客氣，尤其是清稿新增的六百多字，用辭更是相當尖鋭。是非曲直不爲隱諱固然是求是精神的體現，但筆者推測另一原因很可能與王氏質疑盧氏的學術誠信有關，當中涉及《重校方言》暗襲王氏《方言》校本的疑案。筆者認爲《重校方言》與王校相合之處，很可能出自丁杰的合衆家校本中。丁杰校録王氏校本後，可能没有注明出處，後來丁杰將合衆家校本贈予盧文弨，盧氏據以爲説，也就没有一一辨别出處，然而此一誤會却觸及王念孫治學求是的底綫。

第四章　王念孫古籍校本研究綜論

一、引　言

　　王念孫一生以校書爲樂，以著述爲常，僅《讀書雜志》一書所見王氏校釋的先秦兩漢典籍即有十七種之多。① 而現藏各地圖書館善本書庫的王氏古籍校本，大多是王氏平日取家藏諸書，詳爲稽核，博考他書，隨校隨釋，累月經年的校書紀録，反映了王氏校治群籍的實態，也是其撰作《雜志》時取資的長編資料，不但具有較高的文物價值，而且是探究王氏數十年校書歷程最爲直接的原始材料。王念孫在乾隆五十四年致書劉台拱，書中提及自己"曾有《方言》校本"，筆者因此沿用王氏的稱法，而所謂"校本"，顧名思義是指經王氏校勘過的本子。1935 年，清華大學排印出版了時任國文系教員的許維遹的《吕氏春秋集釋》，作爲《清華大學古籍整理叢刊》之一。許氏以約四年半的時間，"依據畢刻（引案：畢沅《吕氏春秋新校正》），參伍別本，蓋於前人校讎訓詁之書，凡有發明，靡不甄録"，"更自旁涉典籍，以廣異聞"。② 所引包括明末清初黄生（1622—?）以迄民國楊樹達（1885—1956）、丁聲樹（1909—1989）等學者八十多種理治《吕》書的專著、札記、稿本，其中第十六種是王念孫的《讀吕氏春秋雜志》和《吕氏春秋》校本。王氏三十八條的《吕氏春秋》札記見諸《讀書雜志餘編》上

---

① 《讀書雜志》全書一百餘萬字，彙集王念孫數十年校釋子史集古籍的成果，計有《讀逸周書雜志》四卷、《讀戰國策雜志》三卷、《讀史記雜志》六卷、《讀漢書雜志》十六卷、《讀管子雜志》十二卷、《讀晏子春秋雜志》二卷、《讀墨子雜志》六卷、《讀荀子雜志》八卷補遺一卷、《讀淮南内篇雜志》廿二卷補遺一卷，另有《漢隸拾遺》一卷。王念孫在道光十二年（1832）去世後，王引之檢尋其父遺稿，得王氏手稿二百六十餘條，釐爲二卷，上卷爲讀《後漢書》、《老子》、《莊子》、《吕氏春秋》、《韓非子》、《法言》六種，下卷爲讀《楚辭》、《文選》二種。

② 許維遹著，梁運華整理：《吕氏春秋集釋》，中華書局 2015 年版，自序，第 7—8 頁。

卷,人所共知,但其撰寫札記前批校《呂》書的校本,則自許維遹載入《呂氏春秋集釋》之中始爲學界所認識。自此以後,王氏其他古籍校本也陸續由不同學者介紹、公布、研究,除《呂氏春秋》外,尚有《山海經》、《方言》、《管子》、《韓非子》、《荀子》等校本。①

　　從傳統圖書分類來看,存世的王氏古籍校本以子部居多,這與《讀書雜志》多涉子部典籍的情況頗相一致。從研究論著的數量來看,相對於王氏的稿本、抄本,校本可以說更受學者關注,且同一個校本往往有不同學者討論。例如《呂氏春秋》校本原爲傅斯年舊藏,其後入藏臺灣傅斯年圖書館。李宗焜與筆者同在 2009 年據傅圖所藏原件,分別對校本進行研究。② 至於中國國家圖書館所藏的《山海經》校本,先有袁珂在 1980 年將校本部分校釋載入其《山海經校注》之中,③近年則有劉思亮、賈雯鶴對校本的考徵。④ 因此,目前學界關於王念孫古籍校本的研究成果可以說較稿本、抄本的研究更爲豐富、成熟。不過這些論著多以單一校本的研究爲主,很少對存世的校本作綜合討論。這一方面是因爲部分校本的批校極多,足以成爲一個獨立的課題;一方面是因爲校本散落各地圖書館,匯集不易。筆者自 2002 年起即關注此一課題,2014 年出版階段性研究成果《王念孫古籍校本研究》,對《方言》、《呂氏春秋》、《管子》、《韓非子》四種校本進行個案研究。其後又續有所獲,迄今尋得的王念孫古籍校本共有十二種之多。本章之撰,即從筆者研究王氏古籍校本的實際經驗出發,就研究的方法而言,便是以研

---

　　① 李零曾發表了《跋北京圖書館藏王念孫校〈孫子注〉》,該文簡單介紹了中國國家圖書館藏王念孫《孫子注》校本的梗概。此本首頁有"卷中朱筆照高郵王懷祖先生念孫校本過錄"一語,據此則李氏所見其實是過錄本,而校本原件則現藏臺灣"故宫博物院"。
　　② 李宗焜在復旦大學出土文獻與古文字研究中心網站發表《王念孫批校本〈呂氏春秋〉後案》,後收入 2010 年出版的《出土文獻與傳世典籍的詮釋:紀念譚樸森先生逝世兩週年國際學術研討會論文集》。筆者則在由香港中文大學中國語言及文學系主辦的"古道照顔色——先秦兩漢古籍國際學術研討會"上,宣讀《讀新見王念孫〈呂氏春秋〉手校本雜志》一文,經修改後更名爲《王念孫〈呂氏春秋〉校本研究》,刊登在《漢學研究》2010 年第 28 卷第 3 期。
　　③ 此書書末"所據版本及諸家舊注書目"下,列有"清康熙五十三年至五十四年項絪群玉書堂刻本",注曰"王念孫校注"。見袁珂:《山海經校注》,第 486 頁。
　　④ 劉思亮在《文獻》2021 年第 3 期發表《王念孫手批本〈山海經〉初考——兼及〈河源紀略・辨訛〉之纂修者》一文。賈雯鶴則多以校本爲校勘依據,散見於其十多篇校勘論文之中,如《〈山海經・中山經〉校議》(《西昌學院學報》2021 年第 1 期)、《〈山海經・海内經〉校議》(《史志學刊》2021 年第 1 期)、《〈山海經・東山經〉校證》(《唐都學刊》2021 年第 4 期)、《〈山海經・海外四經〉校詮》(《四川圖書館學報》2021 年第 4 期)等。

究的步驟爲綱,總結筆者這二十年來在校本研究工作上的所見所聞,所思所想,以較爲宏觀的角度,呈現存世王氏古籍校本的整體實貌與研究現狀,期能以此爲本,推進並深化清代古籍校本學的建設。

二、校本存佚的現況

研究王念孫古籍校本首要的工作是確定校本的存佚狀況。據劉盼遂1936年所撰《高郵王氏父子年譜》附《著述考》的著錄,劉氏知見的校本有《吕氏春秋》、《山海經》、《經典釋文》、《說文繫傳》、《小學鉤沉》、《玄應一切經音義》、《山海經箋疏》、《列女傳補注》、《楚辭》、《方言》。這些校本大部分在當時已經亡佚,存世的則都爲私人收藏,如《吕氏春秋》校本,劉氏謂"去歲傅氏斯年收得",《山海經》校本"舊藏盛昱意園,今歸上海涵芬樓",《經典釋文》校本"見藏蕭山朱氏"。① 不過隨着中國新式圖書館的建設與完善,不少私人藏書家捐出所藏。例如1939年,葉景葵、張元濟、陳陶遺等人在上海發起成立合衆圖書館,並延請燕京大學圖書館的顧廷龍南下籌辦。顧氏《〈卷盦書跋〉後記》曰:"先生(引案:葉景葵)晚年適丁喪亂,目睹江南藏書紛紛流散,文化遺產之淪胥,爽焉心傷,遂發願創設文史專門圖書館,捐書捐資,乃克有成。命名曰合衆,蓋寓衆擎易舉之意,即今之上海市歷史文獻圖書館是也。"②1945年,顧氏婦弟潘景鄭亦將藏書捐出,而"上海市歷史文獻圖書館"在1958年10月,與上海圖書館、上海市科學技術圖書館、上海市報刊圖書館合併成爲上海圖書館,集中了各館原來的藏書,當中即有《方言》、《管子》、《荀子》三校本。1960年,臺灣傅斯年圖書館建成,傅夫人俞大綵捐贈傅氏藏書一千二百餘册,《吕氏春秋》校本即在其中。藏書形式由私人收藏轉爲公共資源,打破了過去校本只能在友朋之間流通的限制,方便學者更容易接觸到校本,促進校本的研究。不過由於王氏校本的文物價值高,各地圖書館無不視爲珍藏,不但有

---

① 見劉盼遂:《高郵王氏父子年譜》,收入羅振玉輯印《高郵王氏遺書》,附錄,第64—68頁。

② 葉景葵著,顧廷龍編:《卷盦書跋》,書末頁,無頁碼。

借閱的限制,部分更是不予借閱。幸而隨着電子科技的發展與普及,各地所藏校本近十年來基本上都已經被製作成微縮膠片或掃描成爲電子版本。近年中國國家圖書館更陸續將校本在内的館藏善本製作成微縮膠片,重新整理並置放於該館網站,供全球讀者免費綫上閱覽,打破了時間與地域的局限,爲學者在材料閲讀與收集工作上提供了極大的便利。

調查校本存佚狀況的第一個步驟是翻閱各地圖書館的館藏書目,同時利用各館的綫上書目檢索系統。掌握校本的館藏位置與版本信息後,筆者以不同的方法與相關圖書館人員聯絡,確認書目的著録與實際館藏相符。這個工作可以排除書目有而館藏無,或館藏有但不對外公開的情況。以下是筆者二十年來經眼的十二種現藏各地圖書館的王念孫古籍校本的版本及館藏信息:

藏　　館	古籍名稱	版　　本
中國國家圖書館	《晏子春秋》	清嘉慶二十一年(1816)吴鼒刻本
	《韓非子》	明萬曆十年(1582)趙用賢刻《管韓合刻》本
	《山海經》	清康熙五十三年至五十四年(1714—1715)項絪群玉書堂刻本
	《楚辭章句》	清康熙元年(1662)毛氏汲古閣翻刻宋本
上海圖書館	《方言》	明萬曆三十一年(1603)胡文焕刻《格致叢書》本
	《管子》	明萬曆十年(1582)趙用賢刻《管韓合刻》本
	《荀子》	清乾隆五十一年(1786)謝墉安雅堂刻本
南京圖書館	《焦氏易林》	明崇禎三年(1630)毛氏汲古閣刻《津逮秘書》本
臺灣"故宫博物院"	《孫子》	清抄孫星衍《平津館叢書》本
臺灣傅斯年圖書館	《廣雅》	明萬曆年間吴琯刻《古今逸史》本
	《吕氏春秋》	清乾隆五十四年(1789)畢沅刻《經訓堂叢書》本
	《風俗通義》	明萬曆年間吴琯刻《古今逸史》本

以上除了臺灣"故宮博物院"所藏《孫子》爲王氏在清抄本上進行批校外,其他十一種校本都是通行的明清刻本。根據《讀書雜志》諸叙跋,王氏對底本的選擇相當注重,例如《〈讀墨子雜志〉叙》,王氏謂"是書傳刻之本,唯《道藏》本爲最優",故其《讀墨子雜志》"凡《藏》本未誤而它本誤……皆不復羅列"。① 王氏《〈讀淮南内篇雜志〉書後》謂"所見諸本中,唯《道藏》本爲優,明劉績本次之,其餘各本皆在二本之下。兹以《藏》本爲主,參以群書所引"。② 又例如《〈讀晏子春秋雜志〉叙》,王氏記曰:

> 嘉慶甲戌(引案:十九年,1814)淵如(引案:孫星衍)復得元刻影鈔本,以贈吳氏山尊(引案:吳鼒),山尊屬顧氏澗薲(引案:顧廣圻)校而刻之,其每卷首皆有總目,又各標於本篇之上,悉復劉子政之舊,誠善本也。澗薲以此書贈予,昔予年八十矣,以得觀爲幸,因復合諸本及《群書治要》諸書所引,詳爲校正:其元本未誤,而各本皆誤,及盧、孫二家已加訂正者,皆世有其書,不復羅列。③

孫星衍(1753—1818)所得實爲影抄明正德銅活字本,當時誤以底本爲元刻。而顧廣圻贈予王氏的刻本現藏中國國家圖書館,原是盛昱在光緒元年(1875)從北京琉璃廠書賈購得。據盛氏的題記,此本"原校皆以紙條浮黏,日久遂致散失。本内二條,乃在公手校《山海經》中,省視其文,知爲校此本者,因尋還之。其餘諸條,則不可見矣"。細審校本原件,第一及第三册皆鈐有"淮海世家"、"高郵王氏藏書印"二章,知爲王氏舊藏,也就是王氏當日撰作《讀晏子春秋雜志》時所據的底本。校本中除了盛氏提及的兩條夾簽外(參見圖一[1]),幾乎找不到王念孫的批校,實爲可惜。第四册"今公家驕汰而田氏慈惠,國澤是將焉歸"句上,天頭有一校語曰:"謹案:'澤'讀'釋','釋'言'舍'也。'"(參見圖一[2])據各校本中王引之以"謹案"提領的格式,此條校語當爲王引之所寫。

---

① 王念孫:《讀書雜志》,志七序,第1頁上。
② 王念孫:《讀書雜志》,志九之二十二,第1頁。
③ 王念孫:《讀書雜志》,志六序,第1頁上。

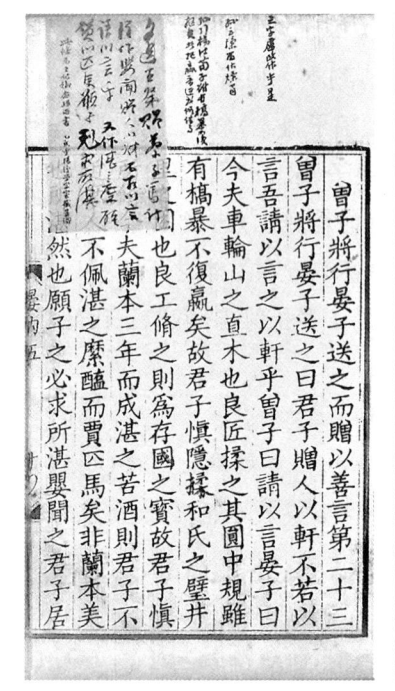

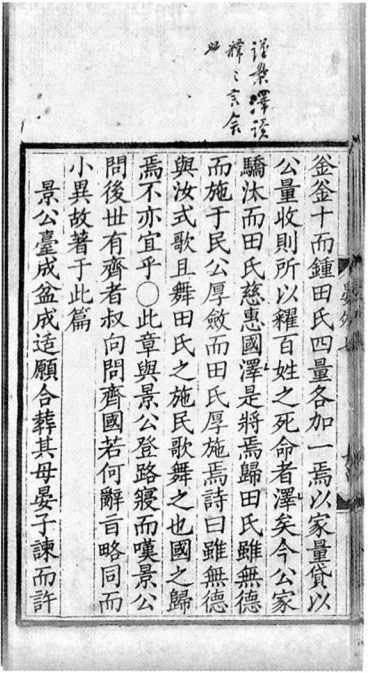

[1]《晏子春秋》校本王念孫夾籤　　[2]《晏子春秋》校本王引之校語

圖一

　　胡樸安、胡道静在《校讎學》中提出:"底本校勘實爲重要之事,抑乃爲校勘之初步工夫,蓋古書竹帛梨棗,鈔刊屢易,訛文奪字,轉而益厲。必得古本,而後可比勘以復其舊。"①不過王念孫選擇底本並非以古本爲準,而是以較少錯訛衍奪的版本爲尚。因此王氏對清人重新校正的版本非常重視,其《荀子》校本用乾隆五十一年謝墉安雅堂刻本,《吕氏春秋》校本用乾隆五十四年畢沅刻《經訓堂叢書》本,皆爲當時最新的校正本。《孫子》校本雖爲抄本,但所據底本是孫星衍的校刻本,李零指出,"王念孫選擇《平津館》本爲底本是比較(更)有眼光的。今天我們發現了銀雀山漢簡《孫子兵法》,結果證明,講校勘還是首推孫氏校本最有參考價值"。② 王氏選

---

① 胡樸安、胡道静:《校讎學》,上海書店1991年版,第69頁。
② 李零:《跋北京圖書館藏王念孫校〈孫子注〉》,收入氏著《〈孫子〉古本研究》,北京大學出版社1995年版,第325—326頁。

定底本後，會再以各本對校。例如《管子》用《管韓合刻》本，校以明萬曆七年（1579）朱東光《中都四子》本、《道藏經》本、宋本，因此校本中有"朱作某"、"朱本作某"、"（莊）〔藏〕本作某"、"宋本作某"等的校記。《山海經》用群玉書堂本，同樣校以《道藏經》本而稱"《藏經》本作某"、"《道藏》本作某"。至於現藏傅斯年圖書館的《廣雅》校本用明吳琯《古今逸史》本，校以明正德十五年（1520）皇甫録（1470—1540）世業堂本，因此校本有"皇甫作某"的校記。但據王氏《〈廣雅疏證〉序》，"《廣雅》諸刻本以明畢效欽本爲最善，凡諸本皆誤，而畢本未誤者，不在補正之列"。① 準此，傅圖所藏此本並非王氏撰作《疏證》時所用的底本，而是用以對校的其中一個版本。不過我們也可以由此側面看出王氏校勘古書先以不同版本對校的通則。

三、校本真僞的鑒定

確定校本的存佚現況後，下一個步驟就是親自赴館借閱，從實物判斷校本是原批本抑或是過録本。韋力指出，鑒定一部批校本是原校還是過録，是真迹還是後人僞托，可以從手迹、落款、鈐章、內容四個方面進行比勘。② 這幾個標準同樣適用於王氏校本性質的鑒定，不過筆者認爲按其可信程度區分的話，可以先從"鈐章"入手。十二種校本中，《方言》（參見第三章圖五[2]）、《廣雅》（參見第三章圖五[1]）、《山海經》、《焦氏易林》、《晏子春秋》（參見圖二[1]）、《呂氏春秋》（參見圖二[2]）、《楚辭章句》七種，或鈐有朱文"淮海世家"章，或鈐有白文"高郵王氏藏書印"章，或二者皆有。"高郵王氏藏書印"爲王家藏書印章，而"淮海世家"中"淮海"二字或典出北宋"蘇門四學士"之一，與王念孫同爲江蘇高郵人的秦觀（1049—1100）。秦觀，字少游，號"淮海居士"，世稱"淮海先生"，其詩文結集爲《淮海集》。根據這兩個印章可以斷定這幾個校本原是王氏的家藏。

---

① 王念孫：《廣雅疏證》，序，第2頁下。
② 韋力：《批校本》，江蘇古籍出版社2003年版，第53頁。

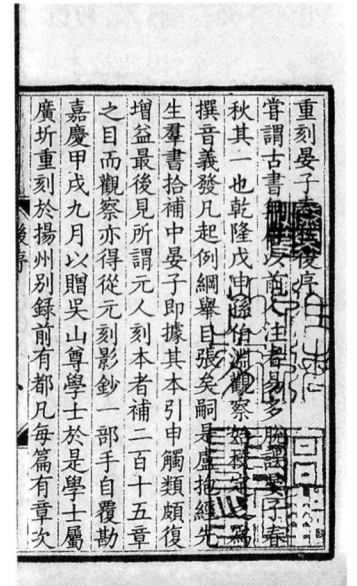

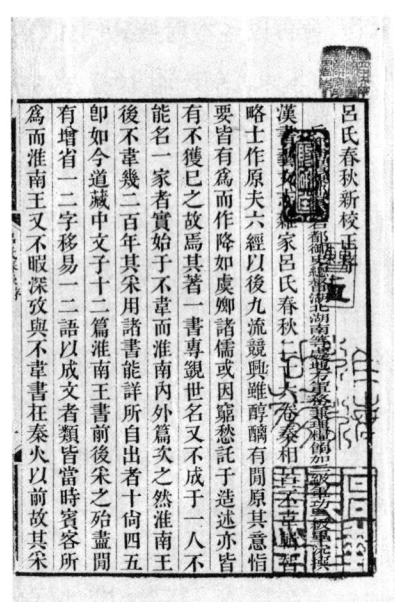

[1]《晏子春秋》校本鈐章①　　[2]《呂氏春秋》校本鈐章②

圖二

  至於没有鈐章的校本則可以從"落款"着手。狹義的"落款"指批校者本人的署名,這裏指的是校本裏王氏以"念孫案"起首的校語。《管子》與《荀子》校本裏有不少這樣的校語(參見圖三[1][2]),再以諸種校本手迹比對,可以大致斷定爲王氏的批校。而《方言》、《吕氏春秋》等有鈐章的校本,同樣有句首寫明"念孫案"的校語(參見圖三[3][4]),則校本屬王氏的手批當無可疑。

  以下四個校本批校的時間不同,但手迹的字體、書法、筆勢等仍有迹可尋,且大體一致。加上校本批校的數量多,只要從手迹上多加比對,再加上内容的考定,就能大致判斷出校本所見校語是否出自王念孫。韋力指出,"若得一批校本,既無鈐章,亦無落款,所書字體亦不熟習,則鑒定只能從内容下手了"。③ 而鑒定王念孫古籍校本的工作有一個先天的優勢,

---

① 此頁尚有盛昱藏書印"盛昱秘笈"。
② 此頁尚有"賜研堂"、"中研院史語所圖書館"等印。
③ 韋力:《批校本》,第55頁。

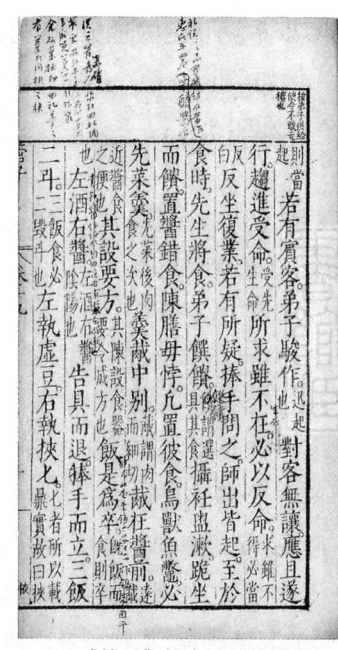

第四章　王念孫古籍校本研究綜論　195

[1]《管子》校本天頭的校語 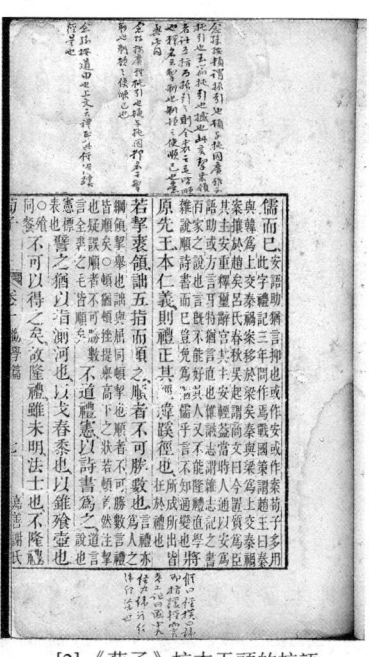　　[2]《荀子》校本天頭的校語

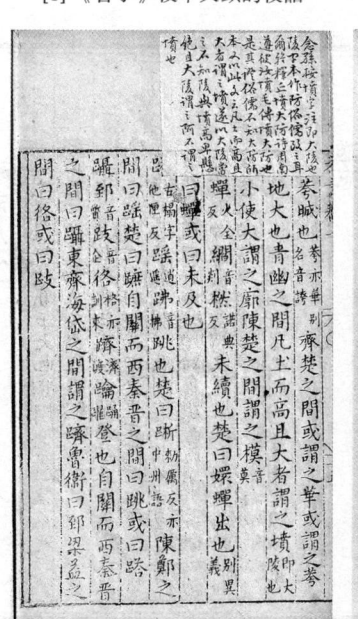

[3]《方言》校本夾簽的校語 　　[4]《呂氏春秋》校本天頭的校語

圖三

就是校本與王氏已經刊刻行世的著作有不少重見互證的地方，這對鑒定校本中大部分沒有落款的批校尤有幫助。例如《荀子》卷一《勸學》"學之經莫速乎好其人"句上，天頭有校語曰（參見圖四[1]）：

"經"讀爲"徑"，即下文所謂"蹊徑"。《修身篇》云："治氣養心之術，莫徑由禮，莫要得師，莫神一好。"語意略與此同。

《讀荀子雜志》"學之經"條曰（參見圖四[2]）：

"學之經莫速乎好其人，隆禮次之。"念孫案："經"讀爲"徑"，即下文所謂"蹊徑"，言入學之蹊徑莫速乎好賢，而隆禮次之。《修身篇》云："治氣養心之術，莫徑由禮（原注：此"徑"字訓爲"疾"，"莫徑"即本篇所謂"莫速"也。《漢書·張騫傳》"從蜀，宜徑"，如淳曰："徑，疾也。"見《史記·大宛傳·集解》），莫要得師，莫神一好。"語意略

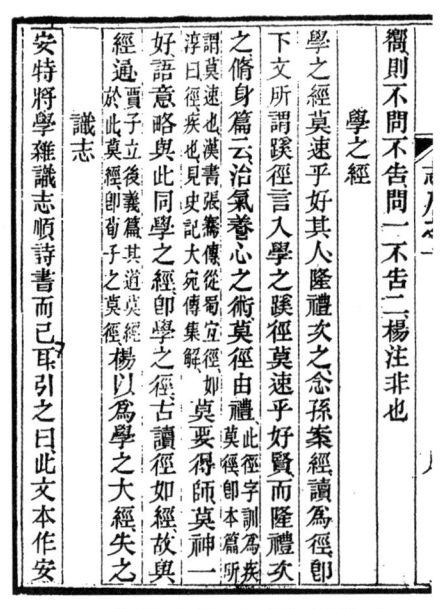

[1]《荀子》校本卷一　　　[2]《讀荀子雜志》"學之經"條

圖四

與此同。"學之經"即"學之徑",古讀"徑"如"經",故與"經"通。(原注:《賈子·立後義篇》"其道莫經於此","莫經"即《荀子》之"莫徑"。)楊以爲"學之大經",失之。

準此,《雜志》"學之經"條的内容即據此校語而有所增補,而校本天頭此條校語可以斷定爲王念孫的手迹。

又例如《廣雅疏證》中所引《方言》及郭《注》皆經校改,且多與《方言》校本相合。筆者將校本所見的 276 處校改,逐條翻檢《廣雅疏證》,發現《廣雅疏證》有引而又可與校本比照的有 163 處,其中《廣雅疏證》所引《方言》及郭《注》文字與校本校改相同的有 131 處,相合率高達八成,這説明王氏疏證《廣雅》時,大都跟從校本對《方言》及郭《注》文字的校改。例如《方言》卷六"怠、陁、壞",校本"壞"下增一"也"字,《疏證》同。① 又"謃,諿与也。吴越曰謃,荆齊曰諿与,猶秦晉言阿与。"郭《注》:"相阿与者,所以致謃諿也。"校本"謃"並改爲"誣","猶秦晉言阿与"下增一"也"字,《疏證》同。② 又"絓、挈、僒、介,特也。楚曰僸,晉曰絓,秦曰挈。物無耦曰特,獸無耦曰介。"校本"僸"改爲"僒","獸"改爲"嘼",《疏證》同。③ 從《疏證》所引《方言》及郭《注》多與校本的批校相同,可以證明王念孫在乾隆五十四年致劉台拱書中提及的"《方言》校本"即現藏上海圖書館(參見圖五)的本子。

除了以鈐章、落款、手迹、内容等方面相互印證外,校本上的題簽、題記、題跋等,都爲校本的鑒定提供了重要的綫索。例如《孫子》舊抄校本現藏臺灣"故宫博物院",中國國家圖書館亦藏有一部題爲王念孫校的《孫子》抄本,原爲王懿榮(1845—1900)舊藏,王氏有題記曰:"卷中朱筆照高郵王懷祖先生念孫校本過録。墨筆係榮自注。"據此可知中國國家圖書館所藏此本爲臺灣"故宫"本的過録本(參見圖六)。

---

① 王念孫:《廣雅疏證》,卷一上,第 34 頁上。
② 王念孫:《廣雅疏證》,卷三下,第 14 頁上。
③ 王念孫:《廣雅疏證》,卷三上,第 13 頁上。

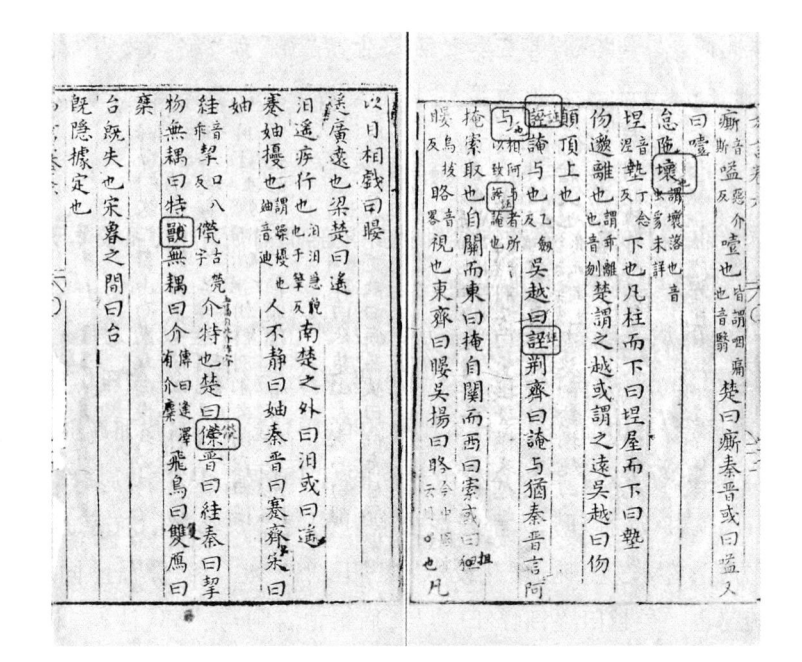

圖五 《方言》校本

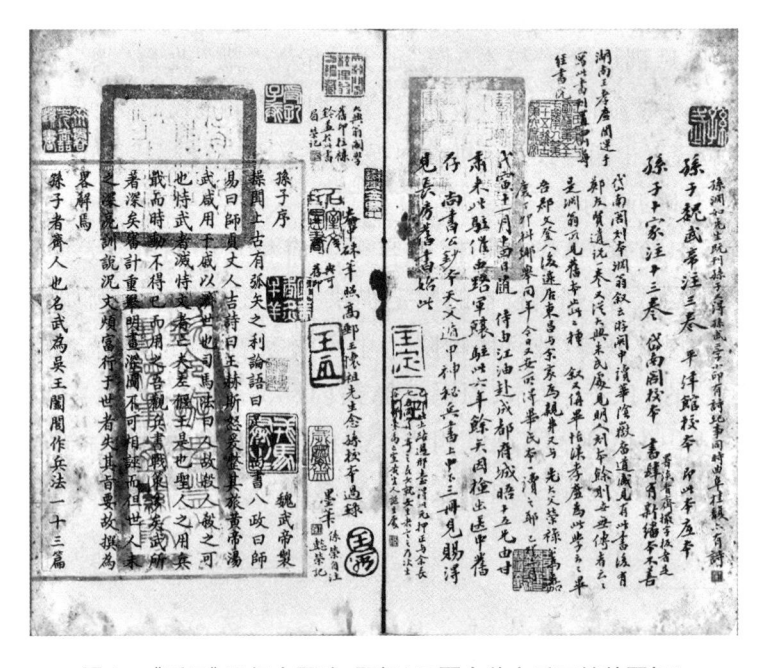

圖六 《孫子》過錄本題跋、題記（下頁右前方爲王懿榮題記）

第四章　王念孫古籍校本研究綜論　199

又《晏子春秋》校本原爲盛昱所藏，盛氏購得校本後，先後有題記曰："吳山尊學士刻本，顧澗蘋文學以贈王懷祖侍御觀察，觀察據以作《晏子雜志》者也。乙亥夏，公家書籍盡鬻於廠肆，因購得之。"（參見圖七[1]）又："光緒乙亥重陽，用孫氏《音義》本、抱經堂《拾補》本、李氏本校讀。韻蒔居士盛昱識。"（參見圖七[2]）據此可知校本裏題爲"孫本"、"孫云"、"盧本"、"盧云"等校語皆出自盛昱之手，非校本原有。

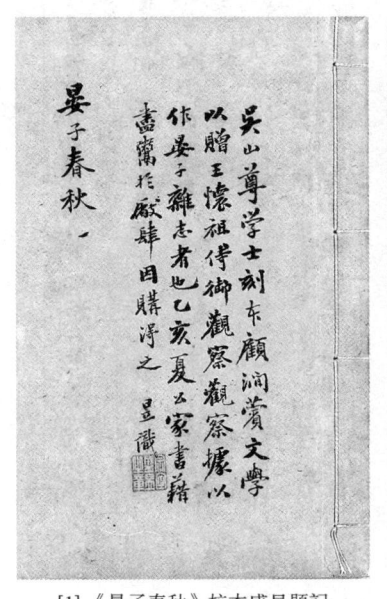

[1]《晏子春秋》校本盛昱題記 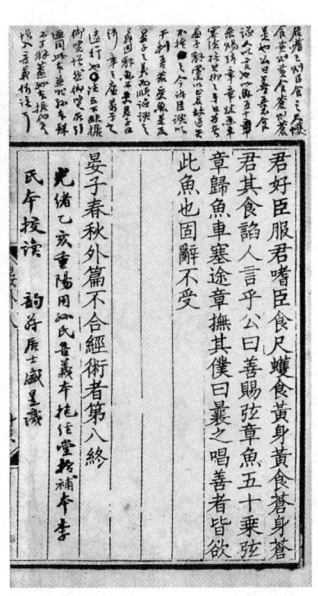　　　[2]《晏子春秋》校本盛昱題跋

圖七

又例如《楚辭章句》校本，分別有陳垣、馬衡所署的"王懷祖先生校藏楚辭殘本"（參見圖八[1]）以及藏主莊嚴所署的"王懷祖先生手校楚辭"等題簽，配合校本的鈐章，可以進一步證明此本爲王氏手批原書。又《管子》校本爲宋焜在民國初年購得，宋氏有題跋曰（參見圖八[2]）：

民國初元，于役秦郵，懷祖先生裔孫持趙刻《管子》求售。披閱之下，獲見懷祖先生校勘手迹，至再至三，丹墨滿紙。復擇要簽出，猶加改竄，始刻入《讀書雜志》中，視此本什一而已。余既邁此重寶，傾囊中五百金歸之。其人欣喜過望,而不知余之愉快殆將與此書共垂不朽云。山陽宋焜識於秦郵客舍。(原注:《平津館藏書記》有此書款,爲書賈剜去,尚不知爲趙刻也。焜識。)

[1]《楚辭章句》校本馬衡題簽　　　[2]《管子》校本宋焜題跋

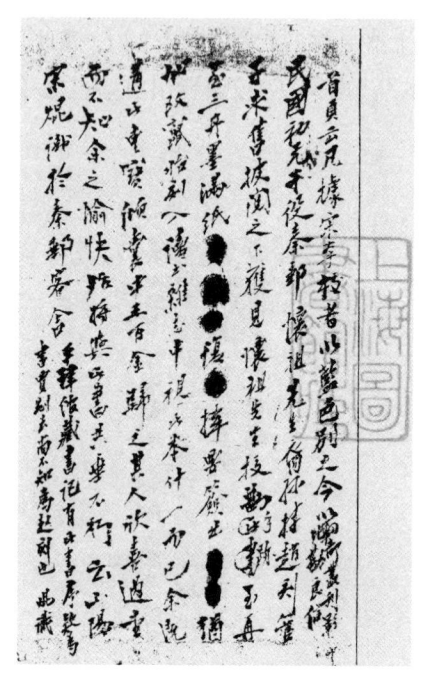

圖八

跋文前尚有"首頁云:'凡據宋本校者,以藍色別之。'今以《四部叢刊》影宋本比勘,良信"數語,當係補筆。這段題跋證實了校本來歷分明,而宋氏購藏校本的經過及其喜躍之情亦由此可見。結合上述各個方面的鑒定,本章第二節所列的十二種古籍校本皆爲王念孫家藏的原本,校本上的批校主要是王念孫的手迹,間見王引之手書的校語。

四、校本材料的過錄

確定校本的批校爲王念孫的真迹後,下一步就是把這些批校過録,作爲研究的材料。過録批校是方法最爲簡單明了却是過程中最耗目力、精力而且容易出錯的工作。迻録工作最理想的條件,是預先準備好與校本版本相同的本子作爲底本,在充裕的時間下,將校本所見校改、校語的材料,照王氏原來批校文字、删乙圈點的樣式,過録至底本相同的位置上,如有夾簽,則另紙抄録,並夾附在相應的書頁内。這個工作的要求相當簡明,就是如實過録。但校本是王氏平日校書時隨校隨批的紀録,不但多爲蠅頭細書,部分手迹更是潦草難辨,加上如《方言》、《廣雅》、《管子》、《韓非子》、《山海經》、《呂氏春秋》、《焦氏易林》等校本批校的數量多達數百條(處),《荀子》校本更近千條(處),過録時相當耗時耗力。這些問題在筆者開展校本研究計劃的初期尤爲明顯,加上受到圖書館開放時間、借閱條件與筆者不能長時間在内地工作的限制,一個校本的過録、覆檢時間只能在兩個月内完成。近年中國國家圖書館將館藏善本上綫,爲筆者覆檢早前過録的材料提供了極大的便利。當然這種條件目前來説是可遇不可求,期望各地圖書館都能够朝這個方向發展,把這些珍貴的公共資源免費開放,促進善本古籍的研究。

除了中國國家圖書館所藏的《晏子春秋》、《韓非子》、《山海經》、《楚辭章句》四種校本近年已經在綫上公開外,其他八種校本迄今尚需到館借閱,因此研究者的角色顯得相當重要,他們對確保材料準確無誤更是責無旁貸。然而自許維遹以來,包括筆者在内的研究者,對校本批校的整理、公布都存在着各種不同的問題。

《呂氏春秋集釋》是集注類書籍,因此許維遹把《呂氏春秋》校本的校改、校語散見《集釋》全書,並以"王念孫曰"、"王引之曰"的形式注明。由於許氏在書中並未説明校本的實態,《集釋》所引是否校本全貌學者無從得知。2008年筆者從傅斯年圖書館珍藏善本圖籍書目資料庫,得悉該館館藏的《呂氏春秋》有王念孫的批校,於是赴館借抄,然後與《集釋》比照。結果發現許維遹當年所見校本即現藏傅斯年圖書館的批校本,校本所見427條校改、校語中,309條(處)用以改訂、删補《呂氏春秋》及高《注》的文字,118條(處)用以匡正、補充了高《注》的訓釋。這四百多條(處)校改、校語,《集釋》只引用了 271 條,①換言之,校本原書有 156 條(處)校改、校語並未見載於《集釋》。細審《集釋》所引,絕大部分與校本原書所見校改、校語完全相同。但亦有小部分文字稍異的地方,如《古樂》:"五曰:樂所由來者尚也,必不可廢。"校本圈"尚"字,天頭有校語曰:"尚之言曩也,故《注》訓爲曩。"《集釋》引作"王念孫曰:'尚之爲言曩也,故《注》訓"尚,曩"。'"②這種差異充其量只能説是許氏没有直録王氏的校語,並未影響我們對王氏校改意見的理解。但如《蕩兵》:"國無刑罰則百姓之悟相侵也立見。"校本圈"悟"字,校語曰:"念孫案:'悟'字衍文,朱删之,是也。盧曲爲之説,非也。《治要》無'悟'字。"王氏案語針對畢沅刻本於《蕩兵》此句下的校注,原注作:"朱本(引案:明末錢塘朱夢龍《吕氏春秋》刻本)於此書又删去'悟'字,輕改古書,最不可訓。"③案畢刻本《吕氏春秋》雖題名畢沅校刻,但主其事者實爲盧文弨、梁玉繩,其中以盧氏用力最多。④ 王念孫認同朱夢龍删去"悟"字的做法,所以案語説"盧曲爲之説"。但《集釋》引録時却將王氏案語改爲"畢曲爲之説",⑤一字之差,指稱迥異。其後陳奇猷的《吕氏春秋新校釋》、⑥王利器的《吕氏春秋注疏》⑦轉引《集釋》,並作"畢曲爲之説"。猶幸校本原書見存,否則我們無法得知《集釋》有少數易字引用校本的情況。至於許氏或因看法不同而《集釋》闕引的一百五十多條(處)批校,更是反映王氏校治《吕氏春秋》實績難得的新材料。

　　《集釋》由於並非專門整理校本的著作,這種闕引的情況可以視爲研究者有意爲之。但是如果相關研究是以整理校本爲主的話,没有引録的材料就不能稱爲闕引而應該視爲遺漏。例如《方言》校本共有 276

---

①　案:數據據筆者逐條翻檢所得,另《吕氏春秋集釋》引用了 8 條《廣雅疏證》、《讀書雜志》的材料。
②　許維遹著,梁運華整理:《吕氏春秋集釋》,第 118 頁。
③　見高誘注,畢沅校刻:《吕氏春秋》,第 2 册,卷七,第 3 頁。
④　案:梁玉繩《清白士集》卷十有《吕子校補》,其自序云:"今年(引注:乾隆五十三年,1788)春,畢秋帆尚書校刻《吕氏春秋》。余厠檢讎之末,而會其事者抱經盧先生也。"梁玉繩:《清白士集》,卷十,第 1 頁。
⑤　許維遹著,梁運華整理:《吕氏春秋集釋》,第 159 頁。
⑥　陳奇猷:《吕氏春秋新校釋》,第 393 頁。
⑦　王利器:《吕氏春秋注疏》,巴蜀書社 2002 年版,第 712 頁。

條(處)校改、校語,華學誠 2006 年發表《王念孫手校明本〈方言〉的初步研究》,附錄只摘抄了 172 條(處)批校。筆者 2010 年發表《王念孫〈方言〉校本研究》,文末也只是附載了 264 條(處)批校,尚有 12 條(處)校改、校語未有抄錄。包括《方言》卷一"《周官》之法,度廣爲尋,幅廣爲充",校本有夾籤曰:"'度'謂絹帛橫廣。廣,本或作'度'。"又卷四"西南梁益之間或謂之屦",郭《注》:"字或成屨。"校本改《注》"屨"爲"屦"。又卷六"其言联者",校本改"联"爲"曬"。又"螾䘄謂之坥",郭《注》:"螾,蚰蟮也。其糞名坥。"校本"坥"並改爲"坥"。又"厲、卬,爲也",郭《注》:"《爾雅》曰:'俶,厲,作。'"校本有夾籤曰:"《廣雅》:'厲、卬,爲也。'卬,曹憲音'於信反'。"校本於郭《注》"作"字下增一"也"字。又卷七"膊、曬、晞,暴也"條,"膊"並改爲"膞"。卷八"其在澤中者謂之易蜴",校本有夾籤曰:"易蜴,《説郛》本作'易蜥'。"卷九"輨、軑、鍊鐊",校本改"軑"爲"軑"。又卷十二郭《注》:"音勅。"校本改"勅"爲"敕"。又卷十三"靡,滅也",郭《注》:"音糜。"校本改"糜"爲"麋"。又郭《注》:"音弢。"校本改"弢"爲"弢"。

除了失檢外,誤錄也是過錄校本時容易出現的問題。2019 年,舒懷、李旭東、魯一帆三位學者輯校的《高郵二王合集》(以下簡稱"《合集》")由上海古籍出版社出版。據作者稱,此書是作者有見過去學者所輯二王遺文"傳布不廣,查檢不易;多未加整理,使用不便;囿於見聞,遺漏亦不免",於是"收錄諸家所輯二王遺文,又從圖書館藏稿、叢書和清代學者著述中蒐出若干篇,並增補二王後人、友朋及後學與二王有關之文字",[1]總爲一集三編六册。《合集》甲編"王念孫文集"、乙編"王引之文集"皆有"考辨"一目,收錄二王的稿本、抄本、校本達五十多種,當中轉引自諸家所輯二王遺文的佔多數,至於沒有註明出處的,則按理應該是作者親自抄錄的文字,例如《方言廣雅小爾雅分韻》,作者指出"手稿藏北京大學,是《高郵王石臞先生手稿四種》之三。稿中加圓圈解釋語,用紅筆書寫。此據筆者手抄謄正"。[2] 又例如《諧聲譜》殘稿,作者謂"此稿藏北京大學,

---

[1] 舒懷、李旭東、魯一帆輯校:《高郵二王合集》,凡例,第 1—2 頁。
[2] 舒懷、李旭東、魯一帆輯校:《高郵二王合集》,第 366 頁。

是《高郵王石臞先生手稿四種》之四"。① 這兩種作者手抄謄正的手稿也見於筆者收集的材料之中,比對之下,筆者發現《合集》所錄並非全帙,遺漏之處甚多。例如《諧聲譜》只抄錄了上册的韻目,②下册韻目以及上下册韻目後近四十頁的諧聲字例全部未錄。又《方言廣雅小爾雅分韻》一册共一百四十多頁,《合集》只謄正了其中的一頁。③

此外,《合集》還抄錄了《管子》和《方言》兩個校本,與筆者已經公布的材料重合。《合集》第1册第169—254頁排印了《管子》校本,作者在説明部分指出"王氏批校作於《讀管子雜志》前,故有的意見已采入《雜志》中,張錦少(引案:即筆者)以兩書相較,共得此校本中批校不見於《雜志》者三百四十四條,以附錄形式附於篇末。王氏批校許多現已漫漶不清,故本篇僅錄能辨識者,其中與張書所錄出入較大者,於注中注出"。④ 筆者在2009年已經對《管子》校本原件進行抄錄整理工作,2012年在《臺大中文學報》發表研究成果,⑤2014年收入《王念孫古籍校本研究》。《合集》沒有注明所錄《管子》校本的來源,但從"僅錄能辨識者"一語看來,理應是作者親自從上海圖書館抄錄而來的。2020年12月,筆者乘在上海圖書館工作之便,準備以館藏《管子》校本原件對筆者與《合集》所錄文字進行全面的比勘。但是校本已經製成電子檔案,原件不予外借,筆者只能在圖書館的電腦上閱覽數位圖檔。當然圖檔就是原件的複製,並不影響我們比對的工作,更有放大圖像的功能,有時候比原件更方便釋讀,美中不足的是校本部分夾簽在拍照時被摺去。

2022年2月在上海交通大學博士生陸駿元先生幫助下,筆者從上海圖書館購得包括夾簽在內的校本全帙圖檔,再作比勘,對《合集》所錄《管

---

① 舒懷、李旭東、魯一帆輯校:《高郵二王合集》,第418頁。
② 《合集》所錄上册韻目亦有誤:(1)原稿第一部"冬宋"中間相隔一格,"宋"乃去聲,與"送"、"用"、"絳"同在一橫列。(2)原稿第九部爲"删澘諫","諫"《合集》誤植爲從言從束。(3)原稿第九部"仙獮綫"後尚有"分先　分銑　分霰",《合集》闕。
③ 原稿"挴"字,《合集》誤植爲"梅"。
④ 舒懷、李旭東、魯一帆輯校:《高郵二王合集》,第254頁。
⑤ 張錦少:《王念孫〈管子〉校本研究》,《臺大中文學報》2012年第39期,後收入氏著《王念孫古籍校本研究》第三章。

子》校本的材料及其來源做了全面的考察。結果發現筆者過録的 344 條（處）新見的批校，除了《合集》注明"出入較大者"的 10 條材料外，其餘凡是筆者有録的，《合集》絕大多數都有録，①而且所録一致，其中第二十三、第二十四兩卷更是如出一轍。② 過録同一個校本，即使整理者不同，所録文字理所當然是相同的。然而筆者十多年前過録校本時 4 條（處）誤録的材料，也見於《合集》之中。包括卷八《小匡》："服牛輅馬，以周四方。"校本天頭有校語曰："《齊語》作'輅'，韋《注》：'輅，馬車也。'"筆者誤録爲"《齊語》作'輅馬'，《注》：'輅，馬車也。'"《合集》所録文字、斷句、標點與筆者所録一致。③ 又卷十一《君臣下》："明君在上，便僻不能食其意。"校本天頭有校語曰："上文云'則婦人能食其意'，下文云'便僻不能食其意'。謹案：食疑當讀伺。"筆者闕録"便僻"二字，《合集》亦闕"便僻"二字。④ 又卷十九《地員》："其草兢與薔，其木乃格。"天頭有校語曰："'格'疑'楰'之訛。《說文》：'楰，木也。从木咎聲，讀若晧。'"筆者將"'格'疑'楰'之訛"誤録爲"'格'疑'楰'字之訛"，《合集》亦衍一"字"字。⑤ 又卷二十《形勢解》："禹身決瀆，斬高橋下，以致民利。"校本天頭有校語曰："'橋'疑當爲'渝'。"筆者誤録爲"'橋'疑是'渝'"，《合集》亦録爲"'橋'疑是'渝'"。⑥ 這種暗合的情況也見於《合集》所録的《方言》校本之中。⑦ 準此，筆者認爲《合集》所録《管子》校本與筆者重合的部分，實

---

① 只有 1 條是張書有而《合集》闕録的。卷四《宙合》："明乃哲，哲乃明，奮乃苓，明哲乃大行。"王氏"苓"字旁有校語，張書録爲"'苓'字旁有校語：同零。"此條《合集》不録。見張錦少：《王念孫古籍校本研究》，第 254 頁。

② 唯一不同的是《合集》將卷二十四《輕重己》兩條批校誤置《輕重戊》下。見舒懷、李旭東、魯一帆輯校：《高郵二王合集》，第 253 頁。

③ 張錦少：《王念孫古籍校本研究》，第 259 頁；舒懷、李旭東、魯一帆輯校：《高郵二王合集》，第 194 頁。

④ 張錦少：《王念孫古籍校本研究》，第 262 頁；舒懷、李旭東、魯一帆輯校：《高郵二王合集》，第 204 頁。

⑤ 張錦少：《王念孫古籍校本研究》，第 267 頁；舒懷、李旭東、魯一帆輯校：《高郵二王合集》，第 232 頁。

⑥ 張錦少：《王念孫古籍校本研究》，第 269 頁；舒懷、李旭東、魯一帆輯校：《高郵二王合集》，第 238 頁。

⑦ 《方言》卷一"自關而東，汝潁陳楚之間通語也"，校本有夾籤曰："丁小山云：'"自關而東，汝潁陳楚之間通語也"上當有"傷"字。'"筆者誤植爲"汝潁陳楚之間語也"，《合集》亦闕録一"通"字。見張錦少：《王念孫古籍校本研究》，第 112 頁；舒懷、李旭東、魯一帆輯校：《高郵二王合集》，第 268 頁。

轉錄筆者所著《王念孫古籍校本研究》第三章《王念孫〈管子〉校本研究》的附錄而没有任何注明。

相反,《合集》作者對於"與張書所録出入較大者"的10條材料,却一一注明,毫不含糊。細審這些實際上是作者認爲筆者誤録的材料,部分是筆者誤録,例如卷三《幼官》:"導水潦,利陂溝,決潘渚。"王氏校語曰:"'潢'與'潘'亦同義。"筆者闕録一"義"字。① 又例如上引卷十九《地員》"其草兢與薔,其木乃格"一條,王氏校語引《説文》"讀若皓",筆者誤録爲"讀曰皓"。部分是筆者表述不够準確,例如卷一《牧民》:"兵甲彊力,不以應敵。"校本"彊"字旁王氏有校記:"《治要》'彊'作'勇'"。筆者只録作"'彊'字旁有校語:勇。"② 卷二《七法》:"野不辟,地無吏,則無蓄積。"校本"蓄"字旁有校記:"朱本作'畜'。"校本裏稱朱東光《中都四子》本《管子》作"朱"或"朱本",筆者誤録爲"一本作'畜'"。③ 不過筆者同時發現《合集》往往將校本中的"朱"字誤認爲"當"字,例如卷一《形勢》:"小謹者不大立,訾食者不肥體。"王氏"訾"字旁有校記:"朱作'饕'。"《合集》録作"當作'饗'",④ 又:"道之所言者一也,而用之者異。"尹注:"道之所言,其理不二。"王氏尹注"不二"二字旁有校記:"朱作'本一'。"考朱本即作"道之所言,其理本一"。⑤《合集》録作"當作'不一'"。⑥ 卷二《七法》:"則令行禁止。是以聖王貴之。"王氏於"王"字旁有校記:"朱作'主'。"《合集》録爲"當作'主'"。⑦ 卷三《幼官》:"勸勉以選衆,使二分具本。"王氏"選"字旁有校記:"朱作'遷',宋本同,《幼官圖》同。"《合集》"勸勉以選衆"誤植爲"勸勉以遷衆",所録校語又誤作"當作'選'。"⑧ 如

---

① 張錦少:《王念孫古籍校本研究》,第256頁。
② 張錦少:《王念孫古籍校本研究》,第254頁。
③ 張錦少:《王念孫古籍校本研究》,第255頁。
④ 張錦少:《王念孫古籍校本研究》,第254頁;舒懷、李旭東、魯一帆輯校:《高郵二王合集》,第172頁。
⑤ 見上海圖書館藏原刻本第7册,卷一,第7頁下。
⑥ 舒懷、李旭東、魯一帆輯校:《高郵二王合集》,第172頁。
⑦ 舒懷、李旭東、魯一帆輯校:《高郵二王合集》,第176頁。
⑧ 舒懷、李旭東、魯一帆輯校:《高郵二王合集》,第179頁。案:《合集》"勸勉以選衆"誤植爲"勸勉以遷衆",考《管韓合刻》本原刻作"勸勉以選衆,使二分具本。"故王氏"選"字旁有校記,謂朱本"勸勉以選衆"作"勸勉以遷衆"。

此一來,原來僅羅列異文的校記,在《合集》作者整理下,變成了有是非傾向的斷語,這就不僅僅是表述不夠準確的問題,而是直接影響到讀者對王氏原意的理解。

此外,《合集》提到卷一《牧民》"毋曰不同國,遠者不從"一例,校本此頁原有夾簽,筆者當年錄作"'國'當爲'邦'。生、聽爲韻;鄉、行爲韻;邦、從爲韻。今作'國'者,蓋漢人避諱所改",《合集》則錄作"'國'當爲'邦'。'生'、'聽'爲韻,'鄉'、'行'爲韻,'邦'、'從'爲韻。今作'國'者,是。漢人避諱所改。"作者注曰:"'是',張錦少錄爲'蓋'。"①可見筆者與《合集》的不同,在於"漢人避諱所改"一句上,筆者錄作"蓋"而《合集》錄作"是"。所謂一字之差,謬以千里。筆者認爲王氏校語的意思,是以爲《牧民》"毋曰不同國",本作"毋曰不同邦",後來"邦"改爲"國","蓋漢人避諱所改"。如據《合集》所錄,則王氏當以今本作"毋曰不同國"爲"是"。但從上下文來看,夾簽首句"'國'當爲'邦'"明顯指今本"毋曰不同國"當作"毋曰不同邦",如此則王氏沒有理由如《合集》所錄又以"今作'國'者,是"作結,否則前後矛盾。這可以從筆者新近從上海圖書館購得的《管子》校本原件書影得到證明(參見圖九[1])。且校語中王氏顯然以"邦"、"從"押韻爲據校此《牧民》的誤字。北京大學所藏《周秦諸子韻譜》"東部韻譜"即輯有《牧民》"邦"、"從"二字押韻一例,王氏注曰:"《管子·牧民篇》'毋曰不同邦'二句,今本'邦'作'國',亦漢人避諱所改。"(參見圖九[2])準此,《合集》作者不但誤錄校語,對校語內容的理解也存在問題。這也説明了過錄校本除了要辨認字形外,還需充分掌握王氏批校的用意。

除了誤錄的問題外,《合集》轉錄的《管子》校本有不少條目前後顛倒,例如卷一《立政》"故大德至仁"、"君之所慎者四"、"兵主不足畏"三條的正確順序是"君之所慎者四"、"兵主不足畏"、"故大德至仁"。卷二《七法》"故攻國救邑"、"一體之治者"當互乙。卷三《幼官》"故全勝而無害"、"視於新"當互乙。卷四《宙合》"泉踊溢而不盡"當在"可淺可深"、

---

① 張錦少:《王念孫古籍校本研究》,第 254 頁;舒懷、李旭東、魯一帆輯校:《高郵二王合集》,第 170 頁。

[1]《管子》校本　　　　[2]《周秦諸子韻譜》"東部韻譜"

圖九

"故名爲之説"後。卷五《八觀》"豪傑材人"、"權重之人"當互乙。又《法禁》"凡君國之重器"當入《重令》。卷七《大匡》"外亂之本也"當在"其及豈不足以圖我哉"、"臣禄齊國之政而不死糾也"後。卷八《小匡》"與卑耳之貉"、"乘桴濟河"當互乙。卷十《君臣上》"是故將與之"、"下雖有姦僞之心"當互乙。卷十一《君臣下》"兼上下以環其私"當在"刑罰亟近也"、"能易賢不肖而可威"後,等等。在過録校本的工作中,整理者往往是唯一看過原件的人,讀者亦只能依靠整理者公布的材料,因此即使簡單如條目的排列,整理者也不能掉以輕心。《合集》作者在後記中特别指出:"蒐集遺文,一要真實無訛,包括文章作者確係二王,文章確實在王氏五種之外,且文字無誤。二要齊備無遺。這樣才能既不誣二王,又不誤讀者。"[1]可謂真知灼見,這也應該是最基本的要求。而在求全的前提下,最

---

① 舒懷、李旭東、魯一帆輯校:《高郵二王合集》,第2867頁。

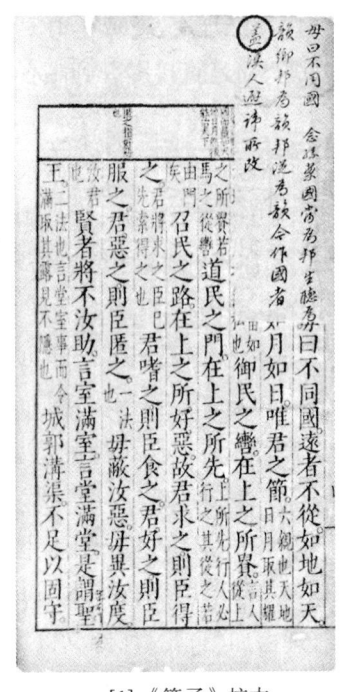

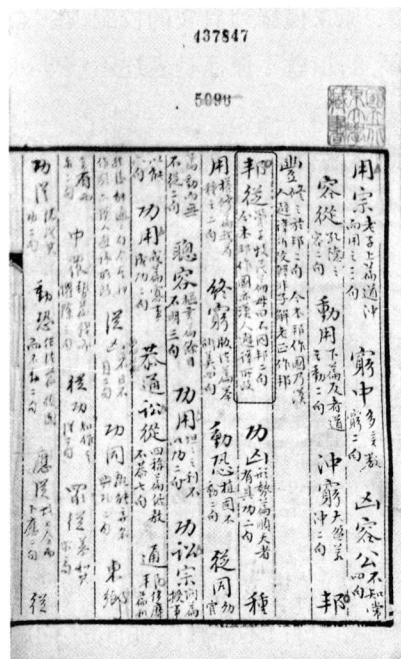

理想的當然是整理者都能經眼原件,即使要轉引、轉錄第二手材料,也應注明出處與來源。

五、校本的整理與研究

過錄校本批校的目的是爲了收集研究材料,因此下一個步驟就是把材料輸入電腦,建立研究材料庫。這一方面是一個覆檢材料的過程,一方面是作爲後續研究的基礎。十二種校本的内容與性質都不盡相同,各具特色。因此,個別研究的方法有助我們具體掌握王氏校治相關古籍的實績,這方面的部分成果已經整理成《王念孫古籍校本研究》出版。而個別研究成果的積累,則讓我們能夠以宏觀的角度,總結王氏校書的特色,並就個別學術史的問題提供新的材料與看法。以下筆者將進一步從内部與外在兩個維度,綜合討論十二種校本的學術特色及其價值。

(一) 校本的内容以校勘與訓詁爲主

王念孫畢生學問的精粹在於校勘與訓詁,而校本作爲王氏校治群籍的雛型,當中所見批校雖然大多較爲簡略,但仍然能夠體現出王氏以校勘與訓詁爲主的學術特色。王念孫校釋經書的成果,在王引之的《經義述聞》裏以"家大人曰"的形式呈現。經書以外,王念孫所著《讀書雜志》,對《逸周書》、《戰國策》、《史記》、《漢書》、《管子》、《晏子春秋》、《墨子》、《荀子》、《淮南子》等子史古籍,也做了精細的校勘。如果我們把《讀書雜志餘編》收錄王氏手訂的《後漢書》、《老子》、《莊子》、《吕氏春秋》、《韓非子》、《法言》、《楚辭》、《文選》等二百六十餘條札記也計算在内的話,就可以發現王氏一生校書數量極夥。王念孫把校勘文字、訓釋詞句的意見寫成札記,並收錄在《讀書雜志》、《經義述聞》之前,肯定是先遍校每一種古籍,而且是反覆校勘,迭次增益。然而寫入專著且刊刻出版,始終有篇幅的限制,我們很難想像王念孫對《老子》的校釋就只有《讀書雜志餘編》所見寥寥四條。即使是札記數量達 650 條的《讀管子雜志》,據王氏《自叙》所云,也不過是王氏將平日所校《管子》諸條中的"最要者"手録付梓。① 換言之,王氏校治《管子》的成果要比《讀管子雜志》所載録的豐富。準此,要全面掌握王念孫校勘、訓釋古籍的成果,校本是不可或缺的研究材料。

1. 校本的校勘特色

就校勘而言,王念孫首先以"對校"、"他校"兩種方法爲基礎。王氏以不同版本對校的情况本章第二節已有所介紹,此不贅。至於"他校"指的是王氏在《〈讀史記雜志〉叙》中,所謂"參攷經史諸子及群書所引,以爲釐正訛脱"的方法。以《吕氏春秋》校本爲例,據筆者統計,校本據以引存異文的書籍共三十三種,分别有經部《尚書正義》一條、《毛詩正義》一條、《韓詩外傳》三條、《周禮正義》一條、《春秋左傳正義》五條、《春秋穀梁傳注疏》一條、《春秋繁露》一條、《經典釋文》一條;史部《史記索隱》三條、《漢書注》兩條、《後漢書注》一條、《三國志注》一條、《晉書音義》一條、《國語》一條、《晏子春秋》兩條、《水經注》三條;子部《荀子注》一條、《新序》四條、《説苑》三條、《管子》兩條、《韓非子》三條、《齊民要術》一條、《論衡》三條、《淮南子》十二條、《淮南子注》十條、《群書治要》一百七十五條、《藝文類聚》四條、《初學記》兩條、《太平御覽》四條、《酉陽雜俎》一條、《莊子》兩條、《亢倉子》十六條;集部《文選注》四條。

除了對校、他校外,王氏會因應所校古書性質的不同,采取"本校"或"理校"的方法。例如通行本《方言》正文及郭《注》錯訛甚多,王氏以《方言》十三卷中正文及郭《注》的體例互證互校,例如卷九"車紂,自關而東,周洛韓鄭汝潁而東謂之䋺",校本"周洛韓鄭汝潁而東謂之䋺"改作"周洛韓鄭汝潁之間謂之䋺"。王氏僅作圈改,並没有説明校改的理據。筆者認爲王氏當以《方言》文例校訂,考《方言》卷一"汝潁梁宋之間曰胎,或曰艾"、"汝潁之間曰憐"、"自關而東,汝潁陳楚之間通語也"、"宋衛汝潁之間曰恂",卷二"陳楚汝潁之間謂之奕"等文例與此相

---

① 王念孫:《讀書雜志》,志五序,第1頁下。

若,而《方言》"而東"一詞則皆與"自關"或"自山"連綴,如卷一"自關而東,趙魏之間謂之黕"、"自關而東曰逆",卷四"自關而東或謂之襺",卷五"扇,自關而東謂之箑",卷十三"自關而東謂之丘";又卷二"自山而東,或曰逞",卷六"自山而東或曰悛",卷七"自山而東,五國之郊曰斂"等。由此可見,"周洛韓鄭汝潁而東謂之緅"中"而東"二字當從校本改爲"之間"。

又例如卷一"亟,愛也。東齊海岱之間謂之亟",郭《注》:"詐欺也。"校本刪郭《注》"也"字,天頭有夾簽曰:

  念孫按:"亟"字原注"詐欺也","也"字乃妄人所加;至"詐欺"二字則不誤,蓋"亟"又音"欺","詐欺"二字非釋其義,乃釋其音,猶言音"詐欺"之"欺"耳。前"虎"字注云"鴟鵂","般"字注云"般桓",正與此同。考《集韻·七之》有"亟"字,音"丘其切",是其證。今以"詐欺也"爲"欺革反"之訛,非是。

考郭《注》釋義多以"也"字作結,釋音則無"也"字,如《方言》卷三"杌,仇也",郭《注》:"謂怨仇也。音舊。""譑,怒也",郭《注》:"相責怒也。音嘖。""俚,聊也",郭《注》:"謂苟且也。音吏。"卷四"山之東西或曰䠓",郭《注》:"音笑謔。"等等。準此,王氏據郭《注》釋音體例删"也"字。《集韻·平聲·七之》:"亟,丘其切,屢也。"①同小韻有"欺"字,是"亟"有"欺"一音。同樣道理,卷一"牴,會也",王氏利用本校法,刪郭《注》"觸牴也"中的"也"字。卷三"廋,隱也",郭《注》:"謂隱匿也。音搜索也。"校本刪郭《注》"音搜索也"中的"也"字。卷十"莽,草也",郭《注》:"嫫母反。"校本刪郭《注》中的"反"字。案:《方言》卷三"蘇,芥,草也……南楚江湘之間謂之莽",郭《注》:"嫫母。"《廣韻·上聲·厚韻》"母"、"莽"並音"莫厚切",注云:"莽,草莽。"②"母"、"莽"同音,故郭璞以"嫫母"一詞

---

① 丁度等編:《集韻》,《古代韻書系列》據北京圖書館藏宋刻本重印,中華書局 2005 年版,卷一,第 33 頁。
② 余迺永校注:《新校互注宋本廣韻》,香港中文大學出版社 1993 年版,第 325 頁。

注音,謂"莽"音"嫫母"之"母"。準此,則卷十"嫫母反"有誤,故王氏删"反"字,使郭《注》前後體例一致。

對校、他校、本校嚴格來說都有本可依,但如果只此一本,或雖備衆本而衆本俱訛的話,王念孫就會以理校書。段玉裁《〈廣雅疏證〉序》曰:"小學有形,有音,有義。三者互相求,舉一可得其二。"漢語形音義緊密結合,音義寓於字形裏,詞義又藉形音表達。古籍在傳抄、刻印的過程中,文字出現舛錯,或是形體訛誤,或是音讀不協,或是義不相屬,或是悖於語法,這都會造成文意理解上的困難,也就是說判斷句子裏某個詞是否有誤,首先是先判斷其詞義是否扞格難通,換言之,辨析詞義是校書的關鍵。確定訛字後,校書者便可利用理校的方法,或辨字形,或通音韻,或明訓解,或審辭例,校正訛字。例如王氏校理《吕氏春秋》,特别注意從字形、押韻、詞義等角度入手,考定文字的脱訛。校本有不少從字形入手,改正形近而訛的文字,①其中王氏特别注意因隸書字形相近而誤的情況,例如《慎行論》:"身爲僇,支屬不可以見,行忮之故也。"②校本圈"見"字,天頭有校語云:"'見'當爲'完',隸書'完'作'兒',與'見'相似。"考唐顏元孫《干祿字書·平聲》"完"字並收"兌"、"完"二形,顏氏云:"上俗下正。"③王氏認爲隸書"完"與"見"字形近,故《慎行論》"支屬不可以完"誤作"支屬不可以見"。又例如《原亂》:"故《詩》曰'毋過亂門',所以遠之也。慮福未及,慮禍之,所以兒之也。"④校本"慮禍"下補"過"字,並圈"兒"字,校語云:"'兒'當爲'完',隸書之誤也。"王氏以隸書"完"字與"兒"字形近,故"所以完之也"誤作"所以兒之也"。案:"完"即"全"的意思,《原亂》引逸《詩》"毋過亂門"說明"遠害"的重要,整段文字說的是"遠害全身"的道理,作"兒"明顯不辭。又例如《長見》:"荆文王曰:'莧譆數犯我以義,違我以禮,與處則不安,曠之而不穀得焉。'"畢刻本有案語云:"'莧譆',《説苑·君道篇》作'筦饒';《新序》一作'筦蘇'。"畢校

---

① 例如《下賢篇》:"精充天地而不竭,神覆宇宙而無望。"(許維遹著,梁運華整理:《吕氏春秋集釋》,第370頁)校本並圈兩"望"字,天頭有校語云:"'望'當爲'垀',形相似而誤。"
② 許維遹著,梁運華整理:《吕氏春秋集釋》,第603頁。
③ 顏元孫:《干祿字書》,國際文化出版公司1993年版,第10頁。
④ 許維遹著,梁運華整理:《吕氏春秋集釋》,第638頁。

僅引存異文,並無校改。① 校本天頭有校語云:"漢《州輔碑》:'昔管蘇之尹楚,以直見疏,死記其□。''莧'即'筦'之訛。'饒'與'譆'形相近,《范鎮碑》:'膺姿管蘇,靖位衛上。'"參照上舉二例,我們可以推斷王氏當據隸書字形,得出"莧"即"筦"之訛的結論。《睡虎地秦墓竹簡·秦律雜抄》"禀卒兵,不完善(繕)","完"字作"▉",②可證王氏就"完"字隸書字形的分析。

王念孫重視分析文字形體,糾正訛文,但他在校勘工作上最能超越前人的地方,是他始終明白文字不能脫離聲音的道理,也就是他在《〈廣雅疏證〉序》裏提出"就古音以求古義,引伸觸類,不限形體"的主張,"不限形體"即不爲字形所束縛。例如上文所舉《長見》一例,王氏固然從字形論證"筦"、"莧"形近而訛,但他還特意舉了漢《州輔碑》"昔管蘇之尹楚,以直見疏,死記其□"、《范鎮碑》"膺姿管蘇,靖位衛上"爲例,從讀音說明漢碑的"管蘇"即《呂氏春秋》的"筦譆",從而證明"莧"當作"筦"。"筦"、"管"古音並在見母元部,與匣母元部的"莧"字只屬旁紐音近,自當以"筦"字爲正。又例如《君守》:"故曰:'天無形而萬物以成,至精無象而萬物以化,大聖無事而千官盡能。'"③校本有校語曰:"'象'當作'爲'。形、成爲韻;爲、化爲韻;事、能爲韻。《老子》曰:'我無爲而化自化。'是其證也。'象'字隸或作'爲',形與'爲'字相似,故'爲'、'象'二字傳寫往往訛溷。"王氏指出"爲"與隸書"象"形近而訛,④又以"爲"、"化"二字押韻,從形音兩方面證明"至精無象"當作"至精無爲"。案"爲"、"化"二字古音並在歌部,王校是。

校本辨明詞義,校正詞不達意的地方包括《慎行論》:"國人大怨,動作者莫不非令尹。"⑤校本圈"動作"二字,天頭有校語云:"'動作'二字,

---

① 許維遹著,梁運華整理:《呂氏春秋集釋》,第253—254頁。
② 睡虎地秦墓竹簡整理小組:《睡虎地秦墓竹簡》,文物出版社1978年版,第134頁。又張世超、張玉春:《睡虎地秦簡文字編》,中文出版社1990年版,第552頁。
③ 許維遹著,梁運華整理:《呂氏春秋集釋》,第439頁。
④ 案:清人邢澍《金石文字辨異·上聲·二十二養》"象"字下引北齊《南陽寺碑》,"象"正作"爲"。參見邢澍著,時建國校釋:《金石文字辨異校釋》,甘肅人民出版社2000年版,卷八,第707頁。
⑤ 許維遹著,梁運華整理:《呂氏春秋集釋》,第602頁。

於義無取,疑'胙'、'作'古字通,本作'進胙',而後人妄改之也。"王氏認爲《慎行論》"動作者莫不非令尹"裏"動作"一詞詞不達意,"動作"本應作"進胙"。《説文解字·肉部》:"胙,祭福肉也。"①胙是祭祀所用的肉,"進胙者"即進獻祭肉的人,這裏指代卿大夫,文意謂國人不滿令尹,卿大夫亦無不非議令尹,如果作"動作者"則明顯"於義無取"。又例如《用民篇》:"宋人有取道者,其馬不進,倒而投之鸂水。"高《注》:"倒,殺。"②校本並圈正文及高《注》"倒"字,天頭有校語云:"倒訓爲殺,於古無據,疑'到'訛爲'到',又訛爲'倒'也。《治要》作'到而投之谿水'。""倒"在古訓裏没有解作"殺"的,高《注》"倒,殺"明顯有誤,訛字可能是被釋詞"倒",也可能是釋詞"殺"。如果是"倒"字錯的話,《用民篇》正文的句意就是説宋國有趕路的人,因爲馬兒不肯前進,便把它殺了並扔到溪水裏去;如果是"殺"字錯的話,正文的句意就是把它推倒並扔到溪水裏去。王氏認爲"殺之"比"倒之"更合乎句意,於是指出吕書正文及高《注》"倒"字本作"到"。王校字妥義協,信實可從。

　　總括而言,王念孫校勘古書,除了依據書内互證、不同版本、群書引文等文獻材料外,還特别注意利用理校的方法,從字形、讀音、詞義等方面,訐正那些詞不達意的訛字。校本的校語雖然比較簡略,而且往往只是從某一個方面説明校改的原因,但王氏校書常旁徵博引,善觸類旁通,故校本部分校改,很可能是王氏綜合運用不同的訓詁方法改正訛字的成果。例如《士容論》:"傲小物而志屬於大,似無勇而未可恐狼,執固横敢而不可辱害。"③校本天頭有校語云:"'狼'當爲'猲','似無勇而未可恐猲'當作一句讀。《趙策》云:'以秦權恐猲諸侯。'是也。此段以大、猲、害、越、大、外、賴、世、竭、衛、厲、折十二字爲韻。"《讀吕氏春秋雜志》"似無勇而未可恐狼,執固横敢而不可辱害"條下亦改正文"狼"爲"猲",王氏從字形分析"猲"訛爲"狼"的原因:"隸書狼字作狼,形與猲相似。"又根據古訓,引玄應《一切經音義》"或言恐嚇,或

---

① 許慎:《説文解字》,卷四下,第89頁上。
② 許維遹著,梁運華整理:《吕氏春秋集釋》,第525頁。
③ 許維遹著,梁運華整理:《吕氏春秋集釋》,第676頁。

言恐喝",説明正文"恐獦"二字連讀,義與恐嚇同。又以"獦"、"害"等字合韻,以及"似無勇而未可恐狼,執固橫敢而不可辱害"兩句"相對爲文",證明《士容論》"狼"當改爲"獦",可謂衆方兼濟,塙然不拔。① 又例如《方言》卷十:"眠娗、脈蝪、賜施、茭媞、譠謾、懱忚,皆欺謾之語也。"校本改"蝪"爲"蜴"。考《古今逸史》本、《漢魏叢書》本《方言》皆作"蝪",我們可以説王氏以他校法,據別本糾正《格致叢書》本《方言》之訛,但另一方面,王氏也必須從形、音、義分辨清楚"蝪"和"蜴"二字的差別,才能判定各本的是非。此外,郭璞於"蜴"下注云:"音析。"是郭氏所見《方言》本必作"蜴",可以郭《注》校《方言》。王氏以他校、理校、本校互相求,自當以作"蜴"字爲是。

2. 校本的訓詁特色

就訓詁而言,校本反映了王念孫對糾正古《注》極爲重視。這包括校正古注因歷代傳抄而出現的錯訛,也包括王氏對古《注》原有訓釋的駁正。十二種古書裏凡有古《注》的,王氏無不充分運用其訓詁知識,細加校讀,詳察誤謬,加以剖釋。例如《管子》一書,號稱難讀。清代以前,雖然有唐尹知章(?—718)作《管子注》,明劉績作《管子補注》,但是《管子》簡篇錯亂,董理不易,加上尹《注》"據訛誤之本,強爲解釋,動輒抵牾",劉《注》則"古訓未閑,讎校猶略"。② 因此王念孫校治《管子》,除了校勘文字,還要訓解詞義,藉此疏通文義,匡正舊解。例如卷三《幼官》:"定綸理勝,定死生勝,定成敗勝,定依奇勝,定實虛勝,定盛衰勝。"尹《注》:"經綸之理,能審定者勝也。"③校本有校語曰:"綸與倫同。"《讀管子雜志》"綸理"條下,王氏曰:

"綸理"即"倫理"(原注:"倫"與"綸"古字通,故《漢書律曆志》"泠倫"作"泠綸"),"依奇"即"依倚"也。"綸理"、"死

---

① 王念孫:《讀書雜志》,志餘上,第 55 頁。
② 王念孫:《讀書雜志》,志五序,第 1 頁上。
③ 黎翔鳳著,梁運華整理:《管子校注》,第 165 頁。

生"、"成敗"、"依奇"、"實虛"、"盛衰"皆兩字平列,尹《注》非。①

案:《説文·系部》:"綸,青絲綬也。"②即青色的絲帶。後與"經"連用作"經綸",《禮記·中庸》:"唯天下至誠,爲能經綸天下之大經,立天下之大本,知天地之化育。"③"經"與"綸"並指整理過的蠶絲,引申有治理的意思。尹《注》釋"綸"爲"經綸",明顯是望文生義,增字成訓。王念孫認爲"綸理"一詞"兩字平列",屬並列結構,如用尹《注》,則"綸理"屬偏正結構,與下文"死生"、"成敗"等詞不類。"綸"假借作"倫",《禮記·曲禮下》:"儗人必於其倫。"鄭玄(127—200)《注》:"倫,猶類也。"④《廣雅·釋詁》:"同、儕、等、比、倫、輩也。"⑤又《説文·玉部》:"理,治玉也。"⑥段《注》:"《戰國策》:'鄭人謂玉之未理者爲璞。'是'理'爲剖析也。……戴先生《孟子字義疏證》曰:'理者,察之而幾微必區以別之名也,是故謂之"分理";在物之質曰"肌理",曰"腠理",曰"文理"。得其分則有條而不紊,謂之"條理"。'"⑦"理"本義是治玉,治玉必先剖析玉器的紋理,區而別之,才能做到井然有條。因此"理"除了引申有"治理"的意思外,還有"分理"的意思。《禮記·樂記》:"樂者,通倫理者也。"鄭《注》:"倫,猶類也。理,分也。"⑧準此,《幼官》"定綸理勝"中的"綸"是類屬的意思,"理"是分理的意思。"定綸理勝"意謂能夠審定事物的類屬分理,就可以制勝。

卷十一《君臣下》:"兼上下以環其私,爵制而不可加,則爲人上者危矣。"尹《注》:"上則擅君之柄,下則用人材力,上下之利皆用遶身,故曰

---

① 王念孫:《讀書雜志》,志五之二,第5頁下。
② 許慎:《説文解字》,卷十三上,第274頁下。
③ 鄭玄注,孔穎達疏:《禮記正義》,北京大學出版社2000年版,第1705頁。
④ 鄭玄注,孔穎達疏:《禮記正義》,第176頁。
⑤ 王念孫:《廣雅疏證》,卷一上,第40頁上。
⑥ 許慎:《説文解字》,卷一上,第12頁上。
⑦ 段玉裁:《説文解字注》,一篇上,第15頁下—16頁上。
⑧ 鄭玄注,孔穎達疏:《禮記正義》,第1259頁。

'環其私'也。"①"環其私"即"營私"的意思,尹氏解"環"爲"遶身",是望文生訓。校本校語曰:"環,猶營也。"《讀管子雜志》"環其私"條下,王氏曰:

> 尹未曉"環"字之義,"環"之言營也,謂兼上下以營其私也。營與環古同聲而通用。……《韓子·人主篇》曰:"當途之臣,得勢擅事,以環其私。"謂自營其私也。②

王校是。王叔岷《管子斠證》曰:"《管子》一書,古奧駁雜,向稱難讀。唐尹知章《注》雖以疏謬見譏,然,創始之功不可没也。明劉績《增注》繼之,頗有發明。清乾、嘉以來,討治者漸多,讎斠之精,當推高郵王氏。"③洵爲允論。

《管子》、《荀子》等校本裏不少糾正古《注》的材料已經見載於《讀管子雜志》、《讀荀子雜志》之中,學者亦多引據以爲説,因此新説並不多。但是如現藏中國國家圖書館的《韓非子》校本,全書六百多條(處)的批校,王氏寫成札記的却只有《讀韓非子雜志》寥寥十四條,新見的批校部分正是糾正《韓非子》舊《注》的校語,例如卷二《二柄》:"明主之所導制其臣者,二柄而已矣。(舊《注》:導,引也,言道所以引喻其臣而制斷之也。)"校本天頭有校語曰:"'導'與'道'同。道,由也。"俞樾(1821—1907)《韓非子平議》曰:"舊《注》訓'導'爲'引',此未達古語也。'導'當爲'道',由也。'明主所道制其臣者',猶言'明主所由制其臣者'。古語每以'道'爲'由'。本書《孤憤篇》'法術之士奚道得進',猶言奚由得進也。"④案俞説是。《晏子春秋·内篇諫上》:"楚巫微導裔款以見景公。"《讀晏子雜志》"導裔款"條下,王念孫曰:"'導',本作'道',此後人不曉文義而改之也。道者,由也。裔款,齊之佞臣,故薦楚巫於景公,是楚巫由

---

① 黎翔鳳著,梁運華整理:《管子校注》,第579頁。
② 王念孫:《讀書雜志》,志五之五,第18頁上。
③ 王叔岷:《管子斠證》,收入氏著《諸子斠證》,第1頁。
④ 俞樾:《諸子平議》,《續修四庫全書》據光緒二十五年(1899)春在堂全書本影印,上海古籍出版社2002年版,第1162册,卷二十一,第115頁下。

裔款以見景公也。"①又《荀子·勸學》:"不道禮憲,以《詩》、《書》爲之,譬之猶以指測河也。"《讀荀子雜志》"不道"條下,王念孫曰"道者,由也。言作事不由禮法而以《詩》、《書》爲之,則不可以得之也。"②準此,此文"導"亦當從校本讀爲"道"。

而值得我們注意的是,《韓非子》舊《注》多不全備,因此校本裏補充舊《注》所闕的校語所在多有,例如卷四《孤憤》:"智術之士,必遠見而明察。"校本天頭有校語曰:"'智'與'知'同。"容肇祖《韓非子考證》曰:"'智'讀如'知'。"③梁啓雄《韓子淺解》亦曰:"《韓書》多用'智'本字,是動詞,即今文'知'字。"④案"智術"爲動賓結構,下文曰:"能法之士,必強毅而勁直。"⑤"能法"亦動賓結構。《外儲説右上》曰:"堂谿公知術,故問玉卮;昭侯能術,故以聽獨寢。"⑥"智術之士"即通曉御臣之術者。

卷十一《外儲説左上》:"國安則尊顯,危則爲屈公之威。"校本天頭有校語曰:"威讀曰畏,義見下文。"太田方(1759—1892)《韓非子翼毳》曰:"'威'、'畏'通,怯怖也。"⑦王先慎(1859—1922)《韓非子集解》引王先謙(1842—1918)曰:"'威'即'畏',威、畏同字。"⑧案下文曰:"鄭縣人有屈公者,聞敵,恐,因死;恐已,因生。"⑨此文言居學之士國安則尊顯,國危則如屈公之聞敵而畏。威、畏二字古音並在影母微部,《嚻公華鐘》(《集成》245):"餘畢龔威忌,怒穆不豢於厥身。"⑩"威忌"即"畏忌"。高亨《古字通假會典》:"《書·皋陶謨》:'天明畏自我氏明威。'《釋文》:'畏,馬本作威。'《周禮·地官·鄉大夫》鄭注、《大戴禮·用兵》盧注引畏作威。

---

① 王念孫:《讀書雜志》,志六之一,第8頁下。
② 王念孫:《讀書雜志》,志八之一,第10頁上。
③ 容肇祖:《韓非子考證》,收入嚴靈峰編《無求備齋韓非子集成》據民國二十五年上海商務印書館排印本影印,成文出版社有限公司1980年版,第8頁。
④ 梁啓雄:《韓子淺解》,中華書局2009年版,第80頁。
⑤ 王先慎撰,鍾哲點校:《韓非子集解》,第78頁。
⑥ 王先慎撰,鍾哲點校:《韓非子集解》,第310頁。
⑦ 太田方:《韓非子翼毳》,收入嚴靈峰編《無求備齋韓非子集成》據日本大正六年(1917)東京富山房排印本影印,成文出版社有限公司1980年版,卷十一,第7頁。
⑧ 王先慎撰,鍾哲點校:《韓非子集解》,第264頁。
⑨ 王先慎撰,鍾哲點校:《韓非子集解》,第281頁。
⑩ 據中國社會科學院考古研究所編:《殷周金文集成》,中華書局2007年版,修訂增補本。

《書·洪範》：'威用六極。'《史記·宋微子世家》作'畏用六極'。《漢書·五行志·穀永傳》引威作畏。"①皆威、畏古字通之例。

卷十八《六反》："所謂輕刑者，姦之所利者大，上之所加焉者小也。民慕其利而傲其罪，故姦不止也。"校本天頭校語有："《廣雅》曰：'傲，輕也。'"陳啓天曰："此謂罪小而民不懼也。"②案今本《廣雅》無"傲"字，《釋詁》"輕也"條下，《疏證》據《衆經音義》補，王念孫曰："傲者，《説文》：'嫯，侮易也。'嫯與傲通。《吕氏春秋·士容論》注云：'傲，輕也。'《衆經音義》卷二十二引《廣雅》'傲，輕也'。今本脱'傲'字。"③《晏子·内篇諫下》："傲細民之憂，而崇左右之笑。"《讀晏子雜志》"傲細民之憂"條下，王念孫曰："傲，輕也。崇，重也。言輕小民之憂而重左右之笑也。"又曰："《韓子·六反篇》曰：'民慕其利而傲其罪，故姦不止也。'《吕氏春秋·士容篇》曰：'傲小物而志屬於大。'是'傲'爲'輕'也。"④準此，此文"傲"當作"輕"解，下文云"是故輕罪者，民之垤也"，又云"是以輕罪之爲民道也，非亂國也，則設民陷也"，⑤皆其證。校本以"輕"釋"傲"，較陳啓天説明晰。

校本另一個在訓詁上的特色，體現在王氏對於古書虛詞釋讀的重視。"虛詞"或稱作"語詞"，⑥古人注書，於實詞較多措意，虛詞則或望文生訓，或語焉不詳，故阮元謂"實詞易訓，虛詞難釋"。⑦ 虛詞難釋的原因在於虛詞借字較多，非從讀音入手，難以得其確詁。王念孫校讀古書，特別注意文句裏虛詞的詞義，所謂"就古音以求古義，引伸觸類，不限形體"，因聲求義，讀通虛詞。例如《吕氏春秋·謹聽》："故人主之性，莫過乎所疑，而過於其所不疑；不過乎所不知，而過於其所以知。"⑧校本"而過於其

---

① 高亨纂著，董治安整理：《古字通假會典》，齊魯書社1989年版，第502頁。
② 陳啓天：《韓非子校釋》，中華叢書委員會1958年版，第98頁。
③ 王念孫：《廣雅疏證》，卷三上，第7頁下。
④ 王念孫：《讀書雜志》，志六之一，第27頁。
⑤ 王先慎撰，鍾哲點校：《韓非子集解》，第421頁。
⑥ 王引之《〈經傳釋詞〉序》説："語詞之釋，肇於《爾雅》。"其《經傳釋詞》即爲解釋經傳裏的"語詞"而作。參見王引之：《經傳釋詞》，序，第2頁。
⑦ 阮元：《〈經傳釋詞〉序》，載王引之《經傳釋詞》，序，第1頁。
⑧ 許維遹著，梁運華整理：《吕氏春秋集釋》，第295頁。

所以知"的"以"字有旁注曰:"同已。""過於其所以知"猶"過於其所已知","以"即已經的意思。"過於其所以知"下啓"故雖不疑,雖已知,必察之以法"數語,古人行文,上下同義,往往用字不一,相對成文,"雖已知"即上承"所以知",上用"以",下用"已",字異而義同。又《務本》:"故論人無以其所未得,而用其所已得,可以知其所未得矣。"①《有度》:"以凡人之知,不昏乎其所已知,而昏乎其所未知,則人之易欺矣。"②"其所以知"、"其所已知"、"其所已得",句式相同,比類而觀,可證王説。"以"、"已"古音並在余母之部。

又例如《行論》:"比獸之角,能以爲城;舉其尾,能以爲旌。"③高《注》"能"字無訓。校本並圈兩"能"字,校語曰:"兩'能'字皆讀爲'而'。"案《讀史記雜志》"而能"條下,王氏云:"能字,古讀若而,故與而通。"④《經傳釋詞》"能"字下云:"能,猶而也,能與而古聲相近,故義亦相通。"⑤準此,《行論》兩"能"字並作"而"解。"能"古音在泥母之部,"而"古音在日母之部,二字準雙聲疊韻。"比獸之角能以爲城"猶"比獸之角而以爲城","舉其尾能以爲旌"猶"舉其尾而以爲旌"。"能"不可作副詞"能够"解,王説可從。

王念孫關於同一個虛詞的訓釋,往往並見於不同的校本裏。例如讀"能"爲"而"亦見於《管子》校本。《管子·任法篇》:"是貴能威之,富能禄之,賤能事之,近能親之,美能淫之也。此五者不禁於身,是以群臣百姓人挾其私而幸其主。"⑥校本校語曰:"五'能'字,下文皆作'而'。"是王氏以爲五"能"字皆讀爲"而"。比類而觀,《任法篇》五"能"字並作"而"解。相反,《楚辭·惜往日》:"聞百里之爲虜兮,伊尹烹於庖廚。吕望屠於朝歌兮,甯戚歌而飯牛。不逢湯武與桓繆兮,世孰云而知之。"《楚辭章句》校本於"世孰云而知之"句上有校語曰:"而,能也。"王氏意指《惜往日》

---

① 許維遹著,梁運華整理:《吕氏春秋集釋》,第301頁。
② 許維遹著,梁運華整理:《吕氏春秋集釋》,第664頁。
③ 許維遹著,梁運華整理:《吕氏春秋集釋》,第568頁。
④ 王念孫:《讀書雜志》,志三之四,第40頁下。
⑤ 王引之:《經傳釋詞》,卷六,第6頁。
⑥ 黎翔鳳著,梁運華整理:《管子校注》,中册,第909頁。

"世孰云而知之"中的"而"字,不可以虛詞解,要以能願動詞解,意謂伊尹、呂望、甯戚、百里奚若非適逢商湯、周武、齊桓、秦繆,則世人莫能知之。

又例如《離騷》:"余雖好修姱以鞿羈兮,謇朝誶而夕替。"校本天頭有校語曰:"'雖'與'唯'同。"(參見圖十[1])《讀楚辭雜志》開首即爲"余雖好修姱以鞿羈兮謇朝誶而夕替"條,王念孫曰:

  "雖"與"唯"同。言余唯有此脩姱之行,以致爲人所係累也。"唯"字古或借作"雖",《大雅·抑篇》曰:"女雖湛樂從,弗念厥紹。"言女唯湛樂之從也。《無逸》曰:"惟耽樂之從。"《管子·君臣篇》"故民迁則流之,民流通則迁之。决之則行,塞之則止。雖有明君,能决之又能塞之",言唯有明君能如此也。《莊子·庚桑楚篇》"唯蟲能蟲,唯蟲能天",釋文曰:"一本'唯'作'雖'。"皆其證也。①

《管子·君臣下》:"雖有明君,能决之又能塞之。"②校本有校語曰:"'雖'與'唯'同。"(參見圖十[2])案古籍惟、唯、維、雖並通,《禁藏》:"故適身行義,儉約恭敬,其唯無福,禍亦不來矣。"③校本亦有校語曰:"'唯'讀爲'雖'。"準此,《禁藏》"其唯無福"的"唯"作"雖"解,言雖無福,亦無禍。

  綜上所述,王念孫精於校勘,校本的校改貫徹了王氏校書衆方兼濟的特色,王氏又特別善於從語言的角度匡正那些詞不達意的訛字衍文,因此可信從者甚多,是以校本爲我們提供了一個比較近實可靠的本子。其次,校本匡正了古《注》誤釋古書的地方,對於古《注》訓詁未明的地方,校本亦加以闡明。更重要的是王氏以其古音學的知識,因聲求義,既將古書裏的借字讀以本字,又避免了將正文裏的虛詞誤以實義訓解的問題,且多能補充古《注》未及訓解的地方,凡此無不具體反映了校本在訓詁學上的價值。校本的批校雖然較爲簡略,但仍具有很高的參考價值。

---

① 王念孫:《讀書雜志》,志餘下,第 1 頁。
② 黎翔鳳著,梁運華整理:《管子校注》,中册,第 585 頁。
③ 黎翔鳳著,梁運華整理:《管子校注》,中册,第 1013 頁。

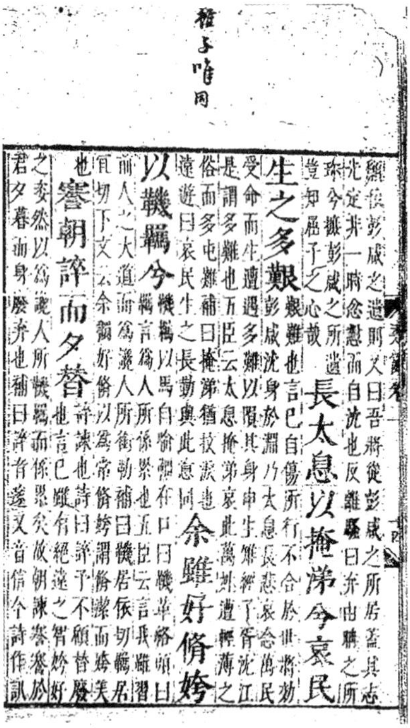

[1]《楚辭章句》校本 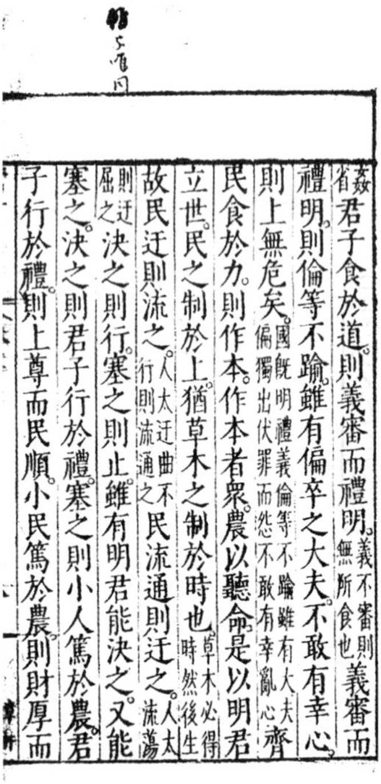　　　　　　　[2]《管子》校本

圖十

（二）校本與《讀書雜志》的比較研究

誠如上文所論，校本批校的數量雖然相當可觀，然而大多只是簡單的乙改，或只有寥寥數句的校語。如何把校本的批校整理成爲有系統的研究材料，成爲了校本研究的一個重要工作。幸而這十二種校本多屬子部古書，而通行的"高郵王氏四種"裏有不少可以直接或間接與校本比較的材料，特別是《讀書雜志》。所謂"直接比較"，指校本裏的批校同樣見於"高郵王氏四種"之中而内容詳略有所不同；所謂"間接比較"，指校本的批校可與"高郵王氏四種"的校勘與訓詁系統裏的材料互相印證、互爲闡釋。以下以校本與《讀書雜志》的比較爲例，說明這兩種研究方法如何達致二者互證互補的效果。

以《管子》校本與《讀管子雜志》互勘、以《荀子》校本與《讀荀子雜志》互勘、以《韓非子》校本與《讀韓子雜志》互勘,以《吕氏春秋》校本與《讀吕氏春秋雜志》互勘,以《楚辭章句》校本與《讀楚辭雜志》互勘,並從中考察出從校本簡略的批校到寫成札記的過程,這是"直接比較"的方法。虞萬里利用"今存王氏《稿本》、《抄録稿》、《行草稿》、《述聞》稿本與四種刻本及單刊《太歲考》、《爾雅》、二刻《述聞》等參互求索",提出王氏父子撰著的八個步驟,摘録如下:

一、遍校經典群籍,圈改或旁注王氏認爲正確之字詞、短語,或加案語説明理據,間或引例爲證,或加浮簽説明並簡單論證。

二、將所校經典群籍中可申發、推闡、論證之字詞、短語摘録另紙。因擇録不同經籍匯總一處,容易淆亂,故標識書名、篇名、例句。原有之校語、説明、例證和簡單的案語等也予逐録。

三、摘録成條目,便於本書前後關聯與不同書籍相同内容之關聯,既便於歸併條目(《雜志》、《述聞》皆有不同條目解釋同一字詞),也便於本書互證,他書互證。……

四、從校勘群籍到寫成著述,父纂子述,既有分工,又有側重。……

五、在以校勘群籍爲主要來源之同時,尚有數端,念孫數十年"群經雜志"舊稿,固爲最初稿源之一。

六、撰作之中,因父子同處共著,其切磋交流,可謂無日無之,故你中有我,我中有你,難分彼此,儘管以父説爲主。稿成之後,可能互審,至少念孫審閱過引之部分文稿,並略有補充。……

七、迨及叢稿案積,有一定量者分篇排列(如《讀書雜志》),不足一定量分篇太少者,以書分上、中、下(如《經義述聞》)。迨及條目依篇順次類聚,爲省篇幅,删去原條目中書名、篇名(每篇第一條留篇名),僅標以所考證之字詞、文句。……

八、王氏家刻著作,多不署刊刻年月,一則欲先刻分贈師友求教,而後匯總修改重刻,二則雪球滚動,不斷有須增補條目。①

---

① 虞萬里:《〈經義述聞〉整理本序》,收入《經義述聞》,第1册,第129—131頁。

虞氏此一歸結綿密有致,有理有據,而校本正好是虞氏所歸納的八個步驟的第一個。王念孫校勘古籍往往是反覆校理,歷年曠久而日增月益的。從校本的圈改旁注,簡單論證,到寫成著述,家刻成書,期間歷經不同的步驟。近年有關王氏著述的稿抄校本的發現,爲當中的關鍵環節提供了難得的原始材料。北京大學圖書館所藏的王氏手稿中,有一册没有題名,由一百七十三頁散片釘裝而成的草稿。原稿字迹潦草,塗乙甚多。王國維在 1923 年第一次整理手稿時,曾清理出三十一頁散片草稿並將之命名爲《古音義雜記》,謂"雜記古書中文字音義異同"。① 類似的草稿亦見藏於傅斯年圖書館,李宗焜命名爲《古音義零稿》。② 筆者認爲這一册雜稿應該與《古音義雜記》、《古音義零稿》同類。雜稿内容前後多不相連貫,有討論古書音義的,但更多的是可以與《讀書雜志》互相發明的文字,很可能是王氏撰寫《讀書雜志》的長編,因此筆者將此册定名爲《讀書雜稿》。《雜稿》中有一頁王氏手寫的《管子》條目,是從《管子》校本裏挑取的。兹據原件抄録如下(參見圖十一),爲了下文稱引方便,筆者在各條目前加上阿拉伯數字編號:

[1]《管子·形勢》九頁:"見哀之役。"後《解》"哀"作"見愛之佼"。

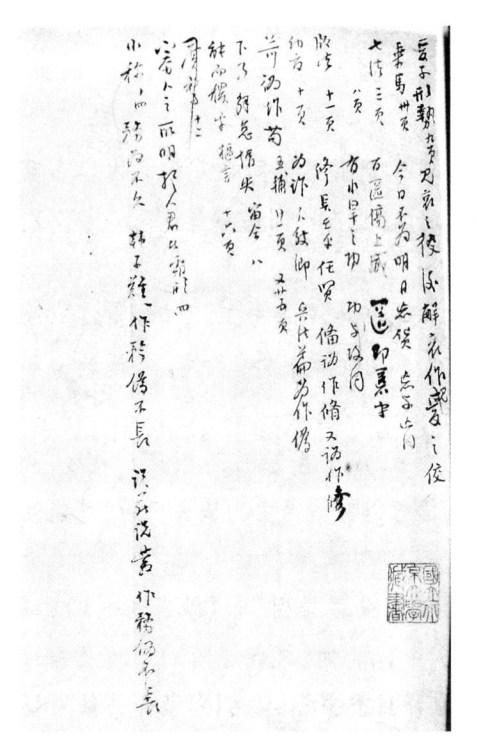

圖十一 《讀書雜稿》"《管子》條目"

---

① 王國維:《高郵王懷祖先生訓詁音韻書稿序録》,第 522 頁。
② 李宗焜編撰:《景印解説高郵王氏父子手稿》,第 28 頁。

[2]《乘馬》卅頁①:"今日不爲,明日忘貨。""忘"與"亡"同。
　　[3]《七法》三頁:"百匿傷上威。""匿"即"慝"字。
　　[4]　　　八頁:"有水旱之功。""功"與"攻"同。
　　[5]《版法》十一頁:"修長在乎任賢。""備"訛作"脩",又訛作"修"。
　　[6]《幼官》十頁:"爲詐不敢鄉。"《兵法篇》"爲"作"僞"。
　　[7]"苟"訛作"苟"。《五輔》廿一頁　又廿五頁
　　[8]"下乃解怠惰失。"《宙合》八
　　[9]"能而稷乎?"《樞言》十六頁
　　[10]"寡人之所明於人君者。"《霸形》四
　　[11]《小稱》十四②:"務爲不久。"《韓子・難一》作"矜僞不長",《説苑・説叢》作"務僞不長"。

　　條目中王氏所寫的中國數字是指《管韓合刻》本《管子》的頁碼,也就是校本的底本。筆者將上列十一個條目比對校本、《讀管子雜志》,結果表列如下:

條目	《管子》校本	《讀管子雜志》
[1]	"見與之交","交"字旁有校記"友"。 "見哀之役","役"字旁有校記"佼"。天頭有校語曰: "後《解》'哀'作'愛'。"	見"見與之交　見哀之役"條
[2]	"明日忘貨","忘"字旁有校語:"朱作'亡',宋本同。" 天頭有校語:"'忘'與'亡'通。"	無
[3]	"百匿傷上威",天頭有校語:"'慝'蓋即'匿'字。"	見"百匿傷上威"條
[4]	"有水旱之功",天頭有校語:"'功'與'攻'同。"	無
[5]	"修長在乎任賢","修"圈改作"備"。	見"修長"條

---

①　當爲"廿九頁",王氏誤記。
②　當爲"十五"頁,王氏誤記。

續　表

條目	《管子》校本	《讀管子雜志》
[6]	"爲詐不敢鄉",天頭有校語:"《兵法篇》'爲'作'僞'。"	無
[7]	"上彌殘苟而無解",原刻天頭有劉績《補注》:"'苟'字乃'苛'字之誤。"王念孫於劉《注》旁加一圈號。"苟於民",天頭有校語:"'苟'當爲'苛'。"	見"上彌殘苟而無解舍下下愈覆鷔而不聽從　苟於民"條
[8]	"下乃解怠惰失",天頭有校語:"'失'與'佚'同。"	無
[9]	"能而稷乎",天頭有校語:"'而'猶'如'也。"	無
[10]	"寡人之所明於人君者",天頭有校語:"鄭注《禮運》云:'明'猶'尊'也。"	無
[11]	"務爲不久",天頭有校語:"《韓非·難一》'故臣且謁之'作'臣故將謁之','故'與'固'通。'公喜宮而妬'作'君妬而好内'。'務爲不久'作'矜僞不長'。《説苑·説叢篇》云'務僞不長,喜虛不久'。"	見"務爲"條

　　這十一條條目中,王念孫根據校本的批校,最終寫成札記並收入《讀管子雜志》的只有五條。其中《雜志》"見與之交　見哀之役"一條的原形,除了有校本裏簡單的圈改,還有一條可能是倩人所抄,王氏再加修改的夾簽(參見圖十二)。我們可以藉此了解到王氏是如何由校本的簡單圈改,到摘錄另紙,再到寫成札記。首先,《管子·形勢》"見與之交,幾於不親;見哀之役,幾於不結","見與之交"一句,"交"字旁有校記"友";"見哀之役"一句,"役"字旁有校記"佼"。天頭有校語曰:"後《解》'哀'作'愛'。"這些都是王氏對文句字詞進行初步判斷的紀錄,也是各校本裏最常見的内容。王氏將校本的批校獨立摘錄成若干條目,是其撰作《讀管子雜志》前的準備階段,再從中選取可以發揮的條目,寫成札記初稿,然後倩人謄清,《管子》校本裏的這一條夾簽大概屬於這類性質的材料。

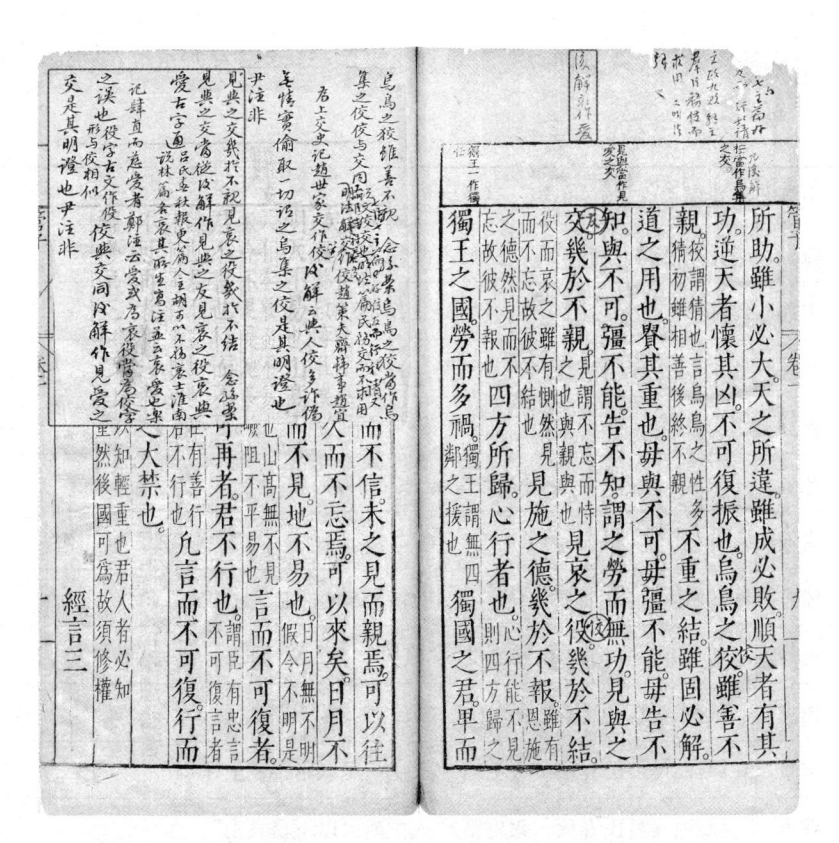

圖十二 《管子》校本"見與之交"、"見哀之役"的批校及夾籤

圖十三 《讀管子雜志》"見與之交　見哀之役"條

夾簽與《雜志》"見與之交　見哀之役"一條文字有所出入（參見圖十三），録文如下：

夾簽	"見與之交,幾於不親。見哀之役,幾於不結"。念孫案："見與之交",
雜志	"見與之交,幾於不親。見哀之役,幾於不結"。念孫案："見與之交",
夾簽	當從　　　　　　後《解》　作"見與之友"。
雜志	當從朱本作"見與之友",後《解》亦作　"友"。
夾簽	
雜志	（原注：隸書"交"字作"友",與"友"相似而誤。
夾簽	
雜志	後《解》云："以此爲友則不親,以此爲交則不結。"是此文上句作"友",
夾簽	"見哀之役","哀"與"愛"古字通。
雜志	下句作"佼"也。）"見哀之役","哀"與"愛"古字通。
夾簽	（原注：《吕氏春秋·報更篇》"人主胡可以不務哀士",
雜志	（原注：《吕氏春秋·報更篇》"人主胡可以不務哀士",
夾簽	《淮南·説林篇》"各哀其所生",高注並云："哀,愛也。"
雜志	《淮南·説林篇》"各哀其所生",高注並云："哀,愛也。"
夾簽	《樂記》"肆直而慈愛者",鄭注云："愛,或爲哀。"）"役"當爲"佼"
雜志	《樂記》"肆直而慈愛者",鄭注　："愛,或爲哀。"）"役"當爲"佼"
夾簽	字之誤也。（原注："役"字古文作"伇",形與"佼"相似。）
雜志	字之誤也。（原注："役"字古文作"伇",　與"佼"相似。）
夾簽	"佼"與"交"同,後《解》作"見愛之交",是其明證也。尹注非。
雜志	"佼"與"交"同,後《解》作"見愛之交",是其　證也。尹注非。①

---

① 王念孫：《讀書雜志》,志五之一,第6頁。

《雜志》較夾簽增加了注文的例證,但基本觀點在夾簽裏已經確定。我們再參照中國國家圖書館所藏的《讀漢書雜志》與《經義述聞》稿本的體式,大致可以推導出王氏寫成札記後,會先倩人根據札記手稿謄寫成待刻的清稿,王氏再在上面親筆修改。有時候更會在刻成後再作訂正,甚至重寫重刻,最終形成今本的面貌。

不過像《管子》校本"見與之交　見哀之役"條這樣篇幅較長的夾簽在十二種校本裏並不多見,更多的是簡單圈改校語。因此校本裏簡單的批校如果給王念孫選取並寫成札記收入《雜志》之中的話,那麼我們就可以通過直接比較的方法,爲這些批校一一找出校釋的理據。上文討論校本在校勘與訓詁兩方面的特色時,所舉各校本裏的例子不少可以與《雜志》直接比較。可以説校本的批校爲《讀書雜志》的札記提供了校釋的原形,而《雜志》則爲校本批校提供了校釋的理據。當然這種直接比較的研究,其學術意義很大程度上在於爲王氏的群籍校釋工作提供了一個較爲立體的歷時發展脈絡,而不是爲我們提供新的校釋。相反,校本裏那些在王氏眼中或許並不是"最要者"而沒有被選取的批校,以今天的角度來看,很可能都是漏網之魚,滄海遺珠。舉例來説,劉如瑛的《略論王念孫對〈管子〉的校釋》一文,一方面肯定王念孫校治《管子》,能夠"運用了文字、訓詁的知識,並以經傳子史爲據,舉一反三,觸類而長,遂使扞格難通之處涣然冰釋",① 又 "參照類書,而又不迷於類書,或正或誤,一斷之於義理",② 又"王氏之校,以理校爲主,但也結合版本,而當各種版本出現歧異時,又能根據義理、章句,等等,準確地斷其是非"。③ 一方面則是對《管子》當校釋而《讀管子雜志》未及校釋的地方,"擇其要者補之"。這個工作很重要,不過部分劉氏認爲應該補訂的地方,校本裏也有校改,只是王念孫沒有寫進《雜志》而不爲學者所知。例如卷十六《小問》:"桓公問治民於管子。管子對曰:'凡牧民者,必知其疾,而憂之以德,勿懼以罪,勿止

---

① 劉如瑛:《略論王念孫對〈管子〉的校釋》,收入揚州師院學報編輯部編《揚州學派研究》,揚州師院印刷廠 1987 年版,第 23 頁。
② 劉如瑛:《略論王念孫對〈管子〉的校釋》,第 26 頁。
③ 劉如瑛:《略論王念孫對〈管子〉的校釋》,第 28 頁。

以力。'"①劉如瑛認爲"憂,讀爲'擾',馴柔之意"。② 校本校語則曰:"憂與優同。"王念孫讀作"優民以德",即以德厚民的意思。從句意上講,校本的解釋較劉説爲勝。且古籍未見"憂"通"擾"的例子,而"優"本來就寫作"憂"。《墨子·非儒下》:"夫憂妻、子以大負累。"孫詒讓(1848—1908)《墨子間詁》:"古無'優'字,優厚字止作'憂',今別作'優',而以'憂'爲'悬愁'字。《墨子》書多古字,此亦其一也。"③

校本"憂與優同"的校釋並没有被王念孫選取寫成札記,因此我們無法與《雜志》做直接比較。但是筆者發現在《讀逸周書雜志》"禱無憂玉"一條裏,王引之對"憂"、"愛"二字形近而訛的分析,頗能啓發我們對《小問》"憂之以德"一句的理解。《逸周書·大開篇》:"五戒:一祇用謀宗,二經内戒工,三無遠親戚,四雕無薄口,五禱無憂玉。"王引之認爲"禱無憂玉"當作"禱無愛玉":

引之曰:"憂"字義不可通,當是"愛"字之誤。愛,吝惜也。禱神必用玉,無或吝惜其玉而不用,故曰"禱無愛玉"。哀二年《左傳》衞大子禱曰:"佩玉不敢愛。"杜注:"不敢愛,故以祈禱。"是也。④

王念孫在《讀墨子雜志》"待禄 憂反"條裏,也指出古書有"愛"訛作"憂"的情況:

"仕者待禄,游者憂反"。念孫案:"待"當爲"持","憂反"當爲"愛交"。持,猶守也。(原注:《吕氏春秋·慎大篇》)注言仕者守其禄,游者愛其交,皆爲己而不爲國家也。《管子·明法篇》曰:"小臣持禄養交,不以官爲事。"《晏子春秋·問篇》曰:"士者持禄,游者養交。""養交"與"愛交"同意。今本"持"作"待","愛交"作"憂反",

---

① 黎翔鳳著,梁運華整理:《管子校注》,第 959 頁。
② 劉如瑛:《略論王念孫對〈管子〉的校釋》,第 38 頁。
③ 孫詒讓著,孫啓治點校:《墨子間詁》,中華書局 2001 年版,第 290 頁。
④ 王念孫:《讀書雜志》,志一之一,第 12 頁上。

則義不可通。(原注:《逸周書‧大開篇》"禱無愛玉",今本"愛"訛作"憂"。)①

準此,《管子‧小問》"憂民以德"未嘗不能看作是"愛"訛作"憂"的另一例證,"愛民以德",謂養民以德,是"牧民"的具體內容。《小問》下文云"年穀不熟,歲饑,糴貸貴,民疾疫,當此時也,民貧且罷。牧民者,發倉廩、山林、藪澤,以共其財,後之以事,先之以恕,以振其罷,此謂先之以德。其收之也,不奪民財。其施之也,不失有德",凡此皆以德厚養百姓的舉措。因此,從形訛的角度校正"憂民以德"。

筆者參照《讀逸周書雜志》、《讀墨子雜志》的札記,重新審視《管子》校本"憂與優同"的校釋,正是利用間接比較的方法,在《讀書雜志》內部的校勘與訓詁系統裏,進行類比分析,由此得出與校本批校相異的看法。王氏父子校訂群籍,或根據不同的版本,或利用類書古注,發現當中文字歧異的地方,多方論證,指出致誤之處,推究致誤之由,然後作出論斷,訂正錯訛。然而二王校治古籍的成果之所以能夠獨步學林,並不僅僅在此,而是二王能夠通過其對古代漢語語言規律的系統分析與掌握,發掘古書用字或者古注釋義違反語言規律的地方。所謂系統,就是在大量歸納實際用例的基礎上,總結出條例,這些條例可以用來解釋、演繹系統裏成規律的現象。古書是古人根據成規律、成系統的語言文字來寫的,古書裏的文句、用字本質上當然是合乎這個語言文字系統的,王引之在《經義述聞‧通說下‧經文假借》稱之爲"理順",②這個"理"指的就是語言規律。後來由於各種原因,古書傳抄翻刻過程裏出現大量不合"理"的訛誤,二王於是利用校書經驗歸納出來的有限規律,諟正訛字,糾彈謬解。因此,我們會發現同一個規律往往散見於校釋群籍的《讀書雜志》與《經義述聞》之中。舉例來說,隸書"出"字多省作"士",因此古書"出"、"士"二字多相溷,而二王對此現象亦有所揭示。《讀管子雜志》"出欲通"條:

---

① 王念孫:《讀書雜志》,志七之一,第6頁上。
② 原文是:"往往本字見存,而古本,則不用本字而用同聲之字,學者改本字讀之,則怡然理順;依借字解之,則以文害辭。"見王引之:《經義述聞》,卷三十二,第1頁下。

"凡庶人欲通,鄉吏不通,七日囚。出欲通,吏不通,五日囚。貴人子欲通,吏不通,三日囚"。尹解"出欲通"曰:"出,謂欲適他國。"劉曰:"'出'疑'士'字誤。"引之曰:劉説是也。士在貴人子與庶人之間,猶下文選舉之事,士在貴人子與農工賈之間也。隸書"出"字或省作"士"。故諸書中"士"、"出"二字多相亂。(原注:《荀子·大略篇》"以其教士畢行",今本"士"訛作"出"。又"習容而後出",今本"出"訛作"士"。《史記·吕后紀》"齊内史士",徐廣曰:"一作出。")①

又《讀墨子雜志》"贖士 士候"條:

"其不欲爲吏,而欲以受賜賞爵禄,若贖士親戚所知罪人者,以令許之"。引之曰:"贖士"二字義不可通,"士"當爲"出",謂以財物贖出其親戚、所知罪人也。上文云"知識昆弟有罪而欲爲贖,若以粟米、錢金、布帛、他財物免出者,許之",是其證。又下文"士候無過十里","士"亦當爲"出",謂出候敵人無過十里也。下文曰"候者日暮出之",是其證。隸書"出"、"士"二字相似,故諸書中"出"字多訛作"士"。説見《經義述聞·大戴記》"稱以上士"下。②

又《大戴禮記述聞》"稱以上士"條:

"聲爲律,身爲度,稱以上士"。戴先生校本曰:"'稱以上士'當從《史記》作'稱以出'。此承上'爲律'、'爲度'而言,猶云比量而出之也。"孔仍作"稱以上士",釋曰:"稱爲上德之士。"家大人曰:作"稱以出"者是也。"出"與"律"爲韻,若作"上士",則失其韻矣。隸書"士"字或作"圡","出"字或作"齿",二形相似,故書傳中"出"字多訛作"士"。僖二十五年《左傳》"諜出曰'原將降矣'",《吕氏春

---

① 王念孫:《讀書雜志》,志五之三,第21頁。
② 王念孫:《讀書雜志》,志七之六,第8頁下。

秋·爲欲篇》"諜出"訛作"諜士"。《荀子·大略篇》"君子聽律習容而後出",今本"出"訛作"士"。《淮南·繆稱篇》"其出之誠也",《新序·雜事篇》"出"訛作"士"。《史記》"稱以出",集解:"徐廣曰:'一作士。'"索隱曰:"按《大戴禮》見作'士'。"據此則小司馬所見本作"稱以士",而無"上"字。後人不知"士"爲"出"之訛,又加一"上"字,則謬以千里矣。孔曲爲之説,非是。①

由此可見,二王從《管子》、《墨子》、《荀子》、《大戴禮記》、《吕氏春秋》、《淮南子》、《新序》等書裏"出"、"士"二字相溷的文例,歸納出"出"、"士"二字隸書形近而訛的規律。王念孫在《讀管子雜志》提到今本《荀子·大略篇》"以其教出畢行"、"習容而後士"二句中,"出"、"士"二字訛溷。《荀子》校本於"以其教出畢行"句上有校語曰:"'出',疑當作'士'。《大戴禮·虞戴德篇》正作'士'。《管子·小匡篇》:'君有此教士三萬人,以橫行於天下。'"(參見圖十四[1])又"習容而後士"句上有校語曰:"'士'當爲'出',即見《玉藻》。"(參見圖十四[2])這兩條校語被王念孫寫成了《讀荀子雜志》"教出　而後士"一條:

"諸侯相見,卿爲介,以其教出畢行",楊注曰:"教,謂戒令。畢行,謂群臣盡行從君也。"念孫案:"教出"當爲"教士",謂常所教習之士也。《大戴禮·虞戴德篇》云"諸侯相見,卿爲介,以其教士畢行",文與此同也。下文曰"君子聽律習容而後士",楊云:"言威儀如此,乃可爲士。"念孫案:"士"當爲"出",言必聽律習容而後出也。《玉藻》云"習容觀玉聲乃出",是其證也。隸書"士"、"出"二字相似,傳寫往往訛溷。楊説皆失之。②

我們固然可以藉由與《讀荀子雜志》直接比較,考論出《荀子》校本這兩條校語的理據。但由於王氏以"出"、"士"二字因隸書形近相溷此一規律而

---

① 王引之:《經義述聞》,卷十二,第15頁下—16頁上。
② 王念孫:《讀書雜志》,志八之八,第18頁下。

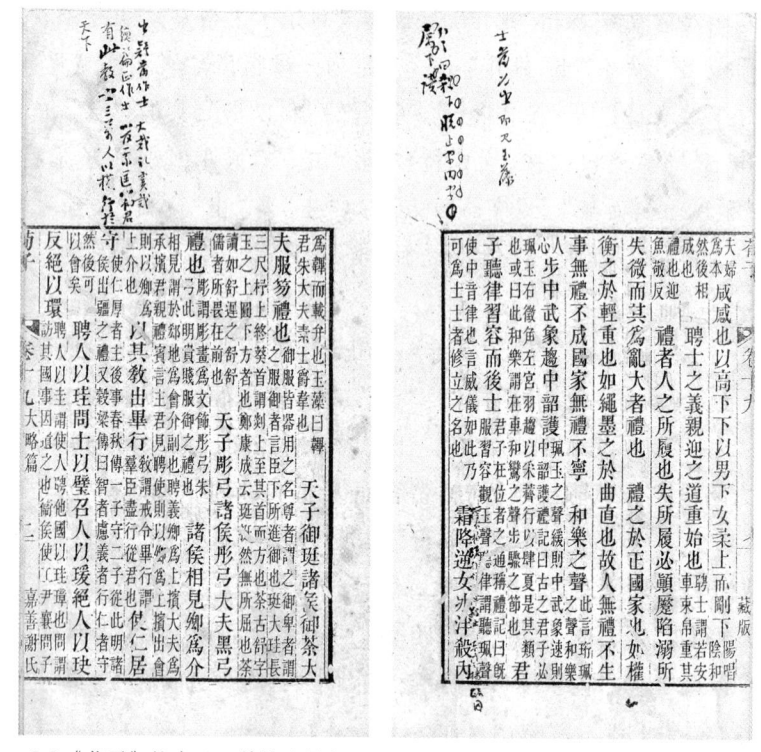

[1]《荀子》校本"以其教出畢行"校語　　[2]《荀子》校本"習容而後士"校語

圖十四

校訂出古書訛字的札記散見於《雜志》、《述聞》之中,因而利用間接比較的方法,我們可以在王氏校釋系統裏,對《荀子》校本這兩條校語得到更全面的理解。這種間接比較的方法,對理解校本裏那些未見載於"高郵王氏四種"的校釋尤有幫助。

(三) 校本與二王著作權公案的研究

二王著作權公案是在二十世紀三十年代,由劉盼遂在《高郵王氏父子年譜》附《高郵王氏父子著述考》中首次提出來。劉氏在耳聞"王靜安師云:在津沽曾見石渠先生手稿一篇,訂正《日知錄》之誤,原稿爲'念孫案',塗改爲'家大人曰'"一事的情況下,提出《經義述聞》爲石渠所著,伯申則略入己説而名爲己作"的指控。① 誠如李宗焜所言:"不管是什麽原因,即使塗改爲'家大人曰',作者仍是王念孫,這跟把'念孫案'改爲'引之曰'是不可同日而語的。"② 更何况劉氏並無任何實證,因此劉氏立異之説本來就不足據信。然而近年又有不少學者重申劉説,更在劉説基礎上,質疑《經傳釋詞》亦王念孫所著,但托名歸美王引之而已,引發爭論,結果是信者恒信,言人人殊。王氏喬梓並爲乾嘉學派的重要學者,其著述的作者問題直接影響我們對二人學術成就的評價,意義甚大。校本的發現,正好爲二王著作權公案的研究提供了極爲難得的原始材料,值得我們重視。

　　劉盼遂質疑《經義述聞》非王引之所著的"證據"之一,是劉氏提及"去歲(引案:1935)傅氏斯年收得王懷祖《讀吕氏春秋雜志》稿本,以較《讀書雜志》,則凡引之説者,皆爲'念孫案'也。"③ 此一説法有兩個錯處:其一,傅斯年收得的是現藏傅斯年圖書館的《吕氏春秋》校本,而非《讀吕氏春秋雜志》稿本"。其二,《讀吕氏春秋雜志》三十八條札記中,稱"引之曰"的共十條,分别是第五"苓管"、第七"憂恨"、第九"載旍旐輿受車以級"、第十六"乃參于上"、第十七"煙火"、第十九"厚用"、第廿三"無望"、第廿五"愁慮"、第廿八"煤室"、第卅四"子姪",較諸校本原件,只有七條可以在《吕氏春秋》校本裏找到相應的校改或訓釋,但無一注明爲"念孫案",第九、第十六、第卅四條更未見於校本,可見劉氏本人是否看過校本原書,值得懷疑,劉氏據此而得出的"證據"更是不可憑信。事實上校本是王氏父子平日讀書時隨校隨記的私人記録,本非用以示人,因此没有一一注明校改誰屬的必要,更何况父子二人平日經常討論學術,引之亦屢以讀書所得質於其父,校本部分校改未嘗不可以看作是二人共同論學的成果。筆者在校本裏反而找到三處標明屬王引之説的文字,其中兩處是王念孫所寫的,其一爲《召類》:"南家之牆,犨於前而不直。"高《注》:"犨猶出。"校本天頭有校語曰:"引之云:'犨'之爲'出',古無此訓。《新序·刺奢篇》'犨'作'擁',疑'擁'字隸作'犟',因誤爲'犨'也。"其二爲《辯

---

① 劉盼遂:《高郵王氏父子年譜》,收入羅振玉輯印《高郵王氏遺書》,附録,第64頁下。
② 李宗焜編撰:《景印解説高郵王氏父子手稿》,第39頁。
③ 劉盼遂:《高郵王氏父子年譜》,收入羅振玉輯印《高郵王氏遺書》,附録,第64頁下。

土》:"寒則雕,熱則脩。"校本圈"脩"字,天頭有校語云:"引之云:'脩'讀爲'暵其脩矣'之'脩'。"另外一處是王引之所寫的,《誣徒》:"見權親勢及有富厚者。"此處有夾簽,上有陳昌齊校語云:"昌齊案:'見權親勢',據《注》當衍'親'字。"後接王引之案語曰:"引之案:'權親勢'當作'親權勢'。'親權勢'、'有富貴'相對爲文。"(參見圖十五[1])可見王引之就如同在乃父校釋《管子》過程中"婁以所見質疑"一樣,積極參與王念孫校釋《吕書》的工作。

王念孫在嘉慶元年完成《廣雅疏證》撰作後始校《管子》,期間曾與洪頤煊交換意見。洪氏《〈管子義證〉序》曰:"歲己巳,頤煊在德州使署,孫淵如觀察師以所校《管子》屬頤煊審定;會王懷祖觀察暨令嗣伯申學士又以校本見遺。"①"己巳"即嘉慶十四年(1809),陳鴻森《洪頤煊年譜》"嘉慶十四年"條下云:"是年孫星衍以所校《管子》屬爲審定;適王念孫以校本見遺,先生因刪其重複,附以己說,録爲《管子義證》一書。"陳氏指出"王念孫是年六月由山東運河道調補直隸永定河道,其以校本録示,當在本年春夏間"。② 值得注意的是,當年與洪氏交流校訂《管子》心得的除了王念孫外,王引之也應曾參與其事。洪頤煊明言以校本見遺的是王氏父子二人,其《管子義證》共引用了15條王引之的案語。③《讀管子雜志》共650條,④其中引用王引之校釋意見的共136條,約佔兩成。⑤ 以《讀管子雜志》稱"引之曰"的材料比照校本,筆者發現有以下三種情況:其一,《雜志》稱"引之曰",校本作"引之曰"或"謹案",共15條。其二,《雜志》稱"引之曰",校本無相關校改或校語,共72條。其三,《雜志》稱"引之

---

① 洪頤煊:《管子義證》,《續修四庫全書》,第970册,第511頁下。
② 陳鴻森:《洪頤煊年譜》,《中研院歷史語言研究所集刊》2009年12月第80本第4分,第724頁。
③ 這15條案語分别見引於《管子義證》"君必不能待也"條(卷三)、"出欲通"條(卷三)、"文武具滿"條(卷三)、"敵人雖衆不可止待"條(卷四)、"治莫貴於得齊"條(卷五)、"理丞而屯泄"條(卷六)、"其臣教"條(卷六)、"與若之多虚而少實"條(卷六)、"毋拊竿"條(卷六)、"其木宜櫨擢桑"條(卷七)、"蠱易全處"條(卷七)、"青怸以蓩及"條(卷七)、"大菣細菣"條(卷七)、"解匀弓弩"條(卷八)、"沽瀆阮而不遂黏谷泉上之水不安於藏"條(卷八)。
④ 這650條包括卷一53條、卷二58條、卷三57條、卷四46條、卷五59條、卷六57條、卷七52條、卷八50條、卷九61條、卷十57條、卷十一50條、卷十二50條。
⑤ 這136條包括卷一7條、卷二8條、卷三10條、卷四9條、卷五17條、卷六15條、卷七13條、卷八7條、卷九19條、卷十8條、卷十一15條、卷十二8條。

曰",校本亦有相關校改或校語,但没有注明校者誰屬,共49條。這49則没有注明校者誰屬的材料,筆者認爲應該信從《讀管子雜志》的説法,看作是王引之的校訂,原因有兩個。首先,王念孫在《雜志》裏明確標明。其次,洪頤煊《管子義證》可以做旁證。

例如卷十九《地員》:"蟲易全處,忐剽不白,下乃以澤。"《讀管子雜志》"蟲易"條下稱"引之曰:'蟲易全處',殊爲不詞,'易'當爲'豸'。'豸'與'易'篆文相似,故'豸'譌作'易'。"①《管子義證》卷七"蟲易全處"條下即舉王引之的案語,文字與《雜志》大同小異。② 考校本亦有校語曰:"'蟲易'當爲'蟲豸',字相似而譌。'有足謂之蟲,無足謂之豸。'"(參見圖十五[2])又《地員》:"五位之狀,不塥不灰,青怨以落。及其種大萆無,細萆無,楸莖白秀。"尹知章以"及其種"的"及"屬上句,《注》云:"謂色青而細密,和落以相及也。"《雜志》"青怨以落及"條下稱"引之曰:尹説甚謬。'落'與'灰'爲韻,'及'字蓋衍文耳。下文云'五隱之狀,黑土黑落,青怵以肥,芬然若灰',亦以'落'、'灰'爲韻"。③《管子義證》卷七"青怨以落及"條下亦舉王引之的案語,除無"尹説甚謬"四字外,文字全同。④ 考校本有朱筆校語,文字亦同《雜志》。洪氏《管子義證》寫定於嘉慶十七年(1812),⑤時間較嘉慶二十四年成書的《讀管子雜志》早。準此,《管子義證》所引王引之的案語,當是王氏父子在嘉慶十四年春夏間以校本録示洪氏而爲洪氏引録的材料,這進一步證明了49則没有注明校者誰屬的材料是王引之的校訂。

校本裏像這種有旁證的批校並不多,更多的是没有注明作者誰屬的校改。然而通過校本與《讀書雜志》的仔細比較,筆者發現校本裏那些收録在《雜志》裏的批校,仍然保留了二王分工的痕迹。這裏我們不妨再以前文第五節提到的《管子》校本、《管子》條目以及《讀管子雜志》爲例加以説明。

---

① 王念孫:《讀書雜志》,志五之九,第16頁。
② 《管子義證》卷七"蟲易全處"條下,洪頤煊云:"引之案:'易'當爲'豸','豸'與'易'篆文相似,故'豸'譌作'易'。《爾雅》曰:'有足謂之蟲,無足謂之豸。《漢書·五行志》:'蟲豸之類,謂之孽。'"參見洪頤煊:《管子義證》,《續修四庫全書》,第970册,卷七,第549頁下。
③ 王念孫:《讀書雜志》,志五之九,第16頁下—17頁上。
④ 洪頤煊:《管子義證》,《續修四庫全書》,第970册,卷七,第550頁上。
⑤ 陳鴻森:《洪頤煊年譜》,第730頁。

[1]《呂氏春秋》校本王引之校語　　　　[2]《管子》校本王引之校語

圖十五

北大所藏《管子》條目第[11]條是王念孫擇取《管子》校本裏關於《小稱》"務爲不久"一句的校改，此句出自《小稱》裏一段齊桓公與管仲的對話：

> 管仲有病，桓公往問之曰："仲父之病病矣，若不可諱而不起此病也，仲父亦將何以詔寡人？"管仲對曰："微君之命臣也，❶故臣且謁之。雖然，君猶不能行也。"公曰："仲父命寡人東，寡人東；令寡人西，寡人西。仲父之命於寡人，寡人敢不從乎？"管仲攝衣冠起，對曰："臣願君之遠易牙、豎刁、堂巫、公子開方。夫易牙以調和事公，公曰：惟烝嬰兒之未嘗。於是烝其首子而獻之公。人情非不愛其子也，於子之不愛，將何有於公？❷公喜宮而妬，豎刁自刑而爲公治內。人情非不愛其身也，於身之不愛，將何有於公？❸公子開方事公，十五年不歸視其親，齊衛之間，不容數日之行。臣聞之，❹務爲不久，蓋虛不長。其生不長

者,其死必不終。"桓公曰:"善。"管仲死,已葬。❺公憎四子者廢之官。

校本"務爲不久"的校語,連同"故臣且謁之"、"公喜宮而妬"二句的校語一併寫在"故臣且謁之"句上的天頭(參見圖十六),當出自同一人之手。

《韓非·難一》"故臣且謁之"作"臣故將謁之","故"與"固"通。"公喜宮而妬"作"君妬而好內"。"務爲不久"作"矜偽不長"。《說苑·說叢篇》云"務偽不長,喜虛不久"。

《羣書治要》引作"於親之不愛焉能有於公"。

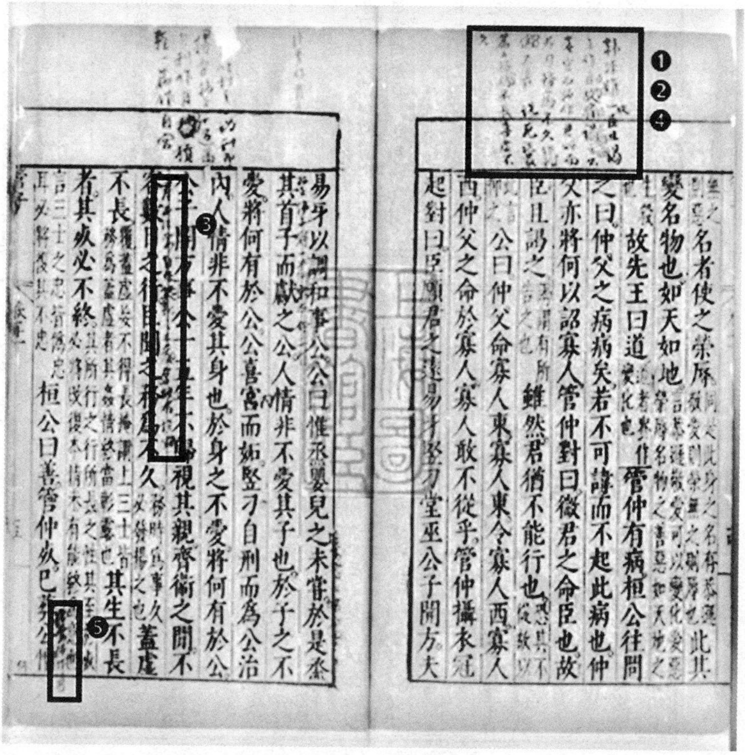

《治要》"憎"作"召"。

圖十六 《管子》校本二王批校

比對《讀管子雜志》,與《小稱》這段引文相關的札記按次分别是❶“故臣且謁之”條、❷“喜宫”條、❸“脱十字”條、❹“務爲”條、❺“憎　廢之官”條(參見圖十七)。這五條札記中,第❶、❷、❹三條王念孫都題稱爲“引之曰”,第❸、❺條則爲“念孫案”。準此,校本“故臣且謁之”句上天頭的校語,爲王引之所寫;“不容數日之行”以及“公憎四子者廢之官”句旁的校語,則爲王念孫所寫。爲了清楚呈現校本與《雜志》的關係,兹將二者以書影形式並標記號碼加以比照。

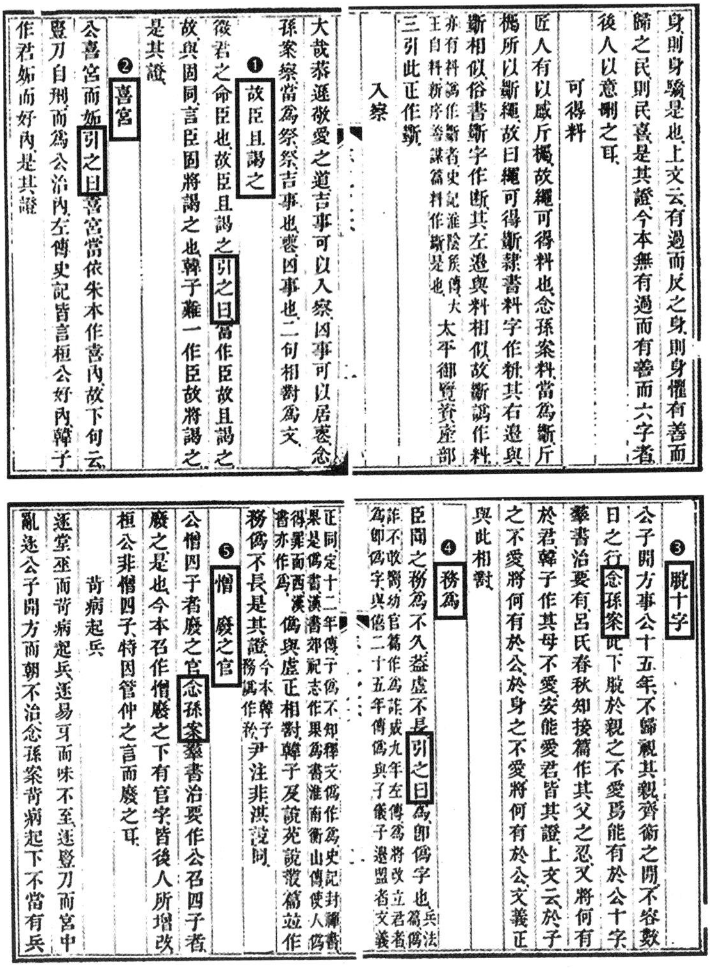
身則身驕是也上文云有過而反之身則身懼有善而
歸之民則民喜是其證今本無有過而有善而六字者
後人以意刪之耳
可得料
匠人有以感斤欘故繩可得料也念孫案料當爲斲斤
欘所以斲繩故曰繩可得斲隸書料字作㪷其右邊與
斲相似俗書斲字作断其左邊與料相似故斲譌作料
亦有料譌作斲者史記淮陰侯傳大王自料斲孰與項王新序善謀篇料作斲是也太平御覽資產部
三引此正作斲
入察
大哉恭遜敬愛之道吉事可以入察凶事可以居喪念
孫案察當爲祭祭吉事也喪凶事也二句相對爲文
❶ 故臣且謁之
徵君之命臣也故臣且謁之引之曰當作臣故且謁之
故與固同言臣固將謁之也韓子難一作臣故將謁之
是其證
❷ 喜宫
公喜宫而妒引之曰喜宫當依朱本作喜內故下句云
豎刀自刑而爲公治內左傳史記皆言桓公好內韓子
作君妒而好內是其證

❸ 脱十字
公子開方事公十五年不歸視其親齊衛之閒不容數
日之行念孫案此下脱於親之不愛焉能有於公十字
羣書治要有呂氏春秋知接篇作其父之忍又將何有
於君韓子作其母不愛安能愛君皆其證上文云於子
之不愛將何有於公於身之不愛將何有於公文義正
與此相對
❹ 務爲
臣聞之務爲不久蓋虛不長引之曰爲卽僞字也兵法篇僞
詐不敢嚮幼官篇作爲詐成九年左傳爲將改立君者爲卽僞字與僖二十五年傳僞與子儀子盟者文義
正同定十二年傳子僞不知釋文僞作爲史記封禪書果是僞書漢書郊祀志作果爲書淮南衡山傳使人僞
得罪而西漢書亦作爲僞與虛正相對韓子及説苑説叢篇竝作
務僞不長是其證今本韓子務僞作矜尹注非洪説同
❺ 憎　廢之官
公憎四子者廢之官念孫案羣書治要作公召四子者
廢之是也今本召作憎廢之下有官字皆後人所增改
桓公非憎四子特因管仲之言而廢之耳
背病起兵
逐堂巫而背病起兵逐易牙而味不至逐豎刀而宫中
亂逐公子開方而朝不治念孫案背病起下不當有兵

圖十七　《讀管子雜志》二王札記

筆者認爲這一條材料的比對透露了兩個值得注意的信息：

第一，校本裏這幾段校語並未注明作者誰屬，王念孫在《雜志》裏却能有條不紊、清清楚楚地以"引之曰"、"念孫案"加以區分，説明了王念孫對王引之的校改意見是熟知的。校本上有王引之所寫的校語，證明了校本是二王共用的底本，且父子兩人曾就校理《管子》交换意見，這也證實了王氏在《〈讀管子雜志〉叙》裏謂王引之"婁以所見質疑，因取其説附焉"的説法。①

第二，《雜志》各條札記的内容明顯較校本中簡單的校語詳明，題稱"引之曰"的札記中的引證、推論或是王念孫基於王引之的觀點加以引申鋪陳，或是王氏轉述王引之的意見加以編寫。因此，《雜志》中題稱爲"引之曰"的札記，其觀點的發明權屬王引之，其文字的著作權則仍宜歸屬《雜志》的作者王念孫。

第一個信息反證了王念孫"歸美"之説並不可信。以《雜志》此五條札記的次序而言，如果説題稱"引之曰"的三條札記是王念孫所"歸美"，《雜志》何不直接題稱"引之案"呢？又這三條札記何以如此巧合地皆出自校本同一條校語呢？而此一校語針對的却是《小稱篇》三段前後不相連貫的文字。三條札記中間又爲何要加插了一條"念孫案"的札記呢？筆者認爲這些問題的合理解釋，就是因爲王念孫如實把父子兩人的意見原原本本地交代清楚，既無"歸美"，亦無"托名"。

第二個信息印證了王引之"掠美"之説亦不可信。我們雖然無法得見二王群經校本的原貌，但以《管子》校本作爲參照，父子兩人當日校理群經當亦旦夕過從，互通消息，王念孫更是積極參與其中。《述聞》中凡題稱"家大人曰"的札記，其觀點的發明權當屬王念孫，王引之或補充書證，或轉寫父説，因此文字的著作權屬王引之。至於《述聞》札記中"引之謹案"的材料，應與《雜志》中"念孫案"的標準一致，其文字的著作權當屬王引之。近年學者對王引之學力以及二王經説異義的揭橥，更進一步表明《述聞》中"引之謹案"的觀點不只是王引之由父説觸類推之，更有其個

---

① 王念孫：《讀書雜志》，志五序，第 1 頁上。

人的發明。王念孫對王引之學問影響之大毋庸置疑,王引之在著述中對此亦反覆強調,屢稱父説,更以"家大人曰"、"引之謹案"把父子兩人的意見區分清楚,絲毫未見其有"掠美"、"盗名"之意。誠如虞萬里所言:

> 《雜志》四千二百一十一次"念孫案"、六百六十九次"引之曰"和《述聞》一千零五十四次"引之謹案"、七百四十次"家大人曰",已奠定父子在二書中各自用力的基本格局。至於具體到典籍例證增補、立論精粗、文辭謹嚴粗疏,等等,應屬細枝末節,難以一一辨明,所謂大德不逾閑,小德出入可也。①

我們再來看《荀子》校本。校本上有近千條(處)批校,多不注明作者,偶見以"謹案"二字題稱的校語,對照其他校本,"謹案"的校語當係王引之所寫。虞萬里指出:

> 從兩人同校一書須有區別着眼,特別是父校在先,子校在後,則"謹案"很可能係"引之案"另一種表述。王氏父子校《管子》,已在嘉慶初年,時已實施經典正訛計劃,分工漸次明確,故"案"、"念孫案"多爲父校,"謹案"、"引之案"是子校,父校多而子校少,"引之曰"則是父校引子説。②

虞説甚是。筆者以《荀子》校本比對《讀荀子雜志》,則校本題稱"謹案"的校語,在《雜志》裏都題稱爲"引之曰"。例如《議兵》:"若是,則必發乎掌窌之粟以食之。"校本天頭有校語曰:"謹案:'掌','稟'之訛。'稟',古'廩'字也。《管子》、《晏子》皆以'稟'爲'廩'。"此條見《雜志》"掌窌"條,王念孫曰:"引之曰:'掌'當爲'稟'。稟,古'廩'字也。'"③又《大略》:"立視前六尺而大之。"校本天頭有校語:"謹案:'大之'即'六之'之

---

① 虞萬里:《高郵二王著作疑案考實》,第35—36頁。
② 虞萬里:《高郵二王著作疑案考實》,第26頁。
③ 王念孫:《讀書雜志》,志八之五,第19頁上。

訛。"此條見《雜志》"大之"條,王念孫曰:"引之曰:'大之'當爲'六之'。"①

校本中注明作者的校語,直接證明了《雜志》中題稱爲"引之曰"的觀點,是王引之的發明,而非王念孫的托名。而《雜志》中各銜其名的札記,反過來又可以幫助我們分辨校本中大部分没有注明作者的批校。除了上引《管子》校本一例外,《荀子》校本卷八有三處針對下列一段《君道》文字的批校(參見圖十八),分別見於《雜志》"難 鞏"、"變態"、"不危"三條(參見圖十九)。兹將二者以書影形式並標記號碼加以比照。

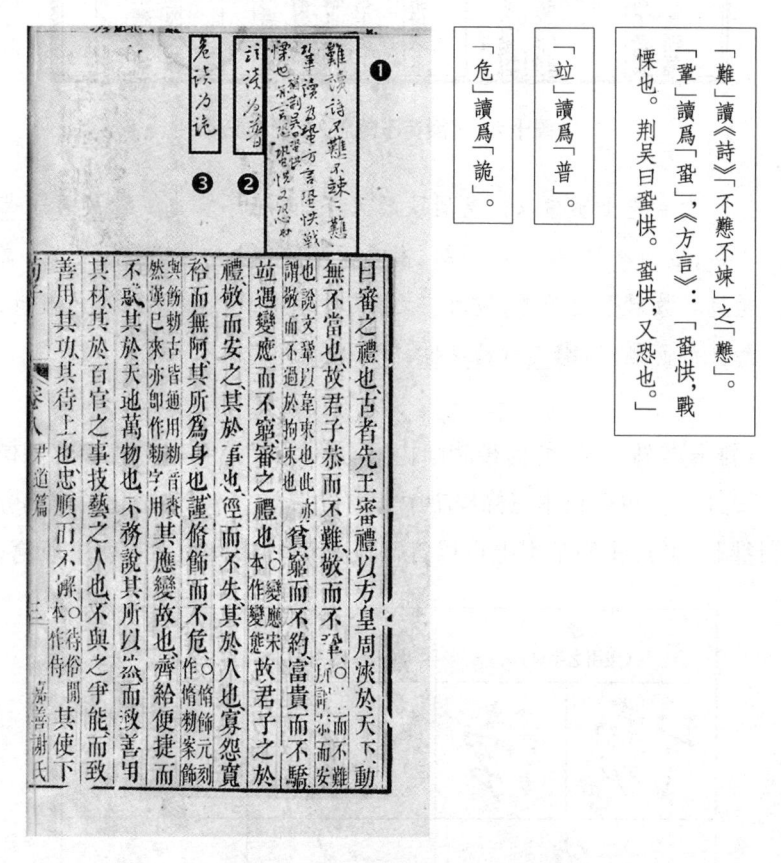

圖十八 《荀子》校本二王批校

---

① 王念孫:《讀書雜志》,志八之八,第 21 頁下。

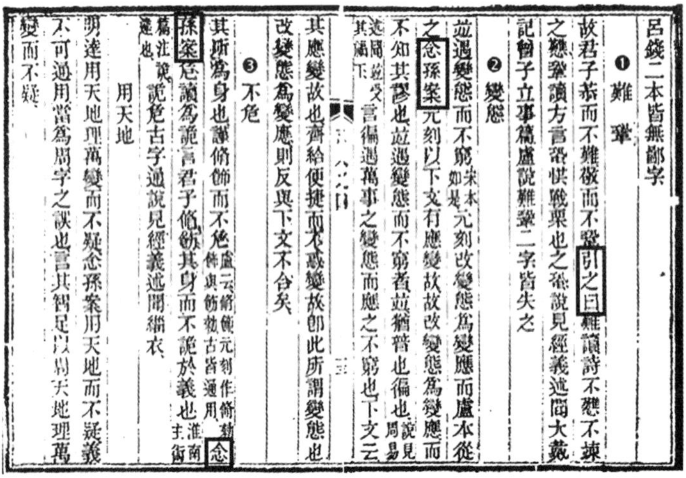

呂錢二本皆無郤字

❶難　鞏

故君子恭而不難敬而不鞏引之曰難讀詩不戁不竦之戁鞏讀方言蛩烘戰栗也之蛩說見經義述聞大戴記曾子立事篇盧說難鞏二字皆失之

❷變態

竝遇變態而不窮宋本如是元刻改變態爲變應而盧本從之念孫案元刻以下文有應變故故改變態爲變應而不知其謬也竝遇變態而不窮者竝猶普也徧也說見周易述聞竝受其福下言徧遇萬事之變態而應之不窮也下文云其應變故也齊給便捷而不惑變故即此所謂變態也改變態爲變應則反與下文不合矣

❸不危

其所爲身也謹脩飾而不危盧云脩飾元刻作脩飭案脩與飭古皆通用念孫案危讀爲詭言君子脩飾其身而不詭於義也淮南主術篇注詭違也說危古字通說見經義述聞緇衣

用天地

明達用天地理萬變而不疑念孫案用天地而不疑義不可通用當爲周字之誤也言其智足以周天地理萬變而不疑

圖十九　《讀荀子雜志》二王札記

古者先王審禮以方皇周浹於天下，動無不當也。❶故君子恭而不難，敬而不鞏，貧窮而不約，富貴而不驕，❷並遇變態而不窮，審之禮也。故君子之於禮，敬而安之；其於事也，徑而不失；其於人也，寡怨寬裕而無阿；❸其所爲身也，謹修飾而不危。

《雜志》“難　鞏”條前後諸條札記均題稱爲“念孫案”，唯獨此條標明爲“引之曰”。再以校本三條校語中“讀”、“爲”二字字迹的比對作爲旁證（參見圖二十），我們基本上可以肯定校本第一條校語爲王引之所寫，另

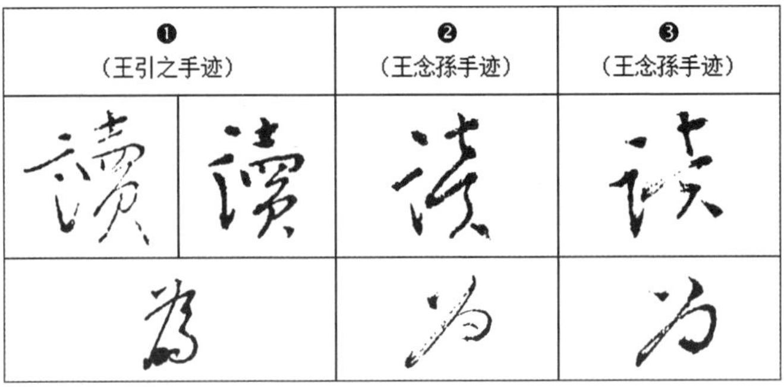

圖二十　《荀子》校本二王“讀”、“爲”二字手迹比較

外兩條爲王念孫所寫。校本與《雜志》若合符節，沒有任何塗抹改動的痕迹。校本作爲二王最爲原始且私人的材料，其在二王著作權爭議中具有無可爭議的史料價值，值得重視。

六、結　語

對存世王念孫古籍校本的整理與研究，筆者較早開始關注，投入時間較多，本章之撰可以説是筆者近二十年在校本研究工作上的一個總結。十二種校本現藏各地圖書館善本書庫，是二王經年校書的真實紀録，且以王念孫爲主，王引之爲輔，也是"高郵王氏四種"的原形之一，更有不少批校是首次發現，其研究價值之高不言而喻。筆者親自從北京、上海、南京、臺灣四地圖書館借閲、過録、影存了這十二種校本，校本所見批校數量相當可觀，但由於這些批校是王氏平日校書時隨校隨批的材料，既不成系統，又相當簡略，且不同校本由於内容各異而各具特色，如何把這些校本的批校整理成爲有機且具系統的研究材料，成爲了筆者研究校本的一大難題。幸而這十二種校本與通行的"高郵王氏四種"，有不少可以直接或間接比較的材料，這爲校本的個別或綜合研究提供了重要的參照。校勘與訓詁是高郵王氏一門絶學，校本的主要内容也恰好體現了王氏之學的在這兩方面的特色。

就校勘言，校本對古書的校訂主要有校改訛字、增補脱文、改乙先後錯亂的文字。而這些校改大多貫徹了王氏校書衆方兼濟的特色，當中旁考群籍類書所引的他校法，以及從語言的角度，諟正詞不達意的訛字衍文的理校法尤爲突出，因此校本裏可以據信的批校甚多，部分更與近年出土的先秦秦漢文獻相合，卓識可見一斑。就訓詁言，王氏"就古音以求古義，引伸觸類，不限形體"、"以聲音通訓詁"、"發明前訓"。而且着力匡正古《注》誤釋古書的地方，對於古《注》訓詁未明的地方，王氏亦加以闡明。更重要的是王氏以其古音學的知識，因聲求義，既將古書裏的借字讀以本字，又避免了將正文裏的虚詞誤以實義訓解的問題，且多能補充古《注》未及訓解的地方，凡此無不具體反映了校本在訓詁學上的價值。

校本的學術價值除了體現在王氏之學的内部研究外,還可以表現在外部的清代學術史與方法學上的意義。首先,近年不少學者質疑"高郵王氏四種"中明確標明爲"引之案"或"引之曰"的文字是否王引之的創獲,乃至於《經義述聞》、《經傳釋詞》的作者是否王引之。校本的發現,爲這個問題提供了最爲原始的實物證據。可惜的是,在二王著作權公案的爭議當中,作爲"高郵王氏四種"原形之一的校本,始終没有得到學者的重視。筆者全面爬梳這十二種校本後,非但没有發現任何王引之塗抹父説的痕迹,更在《管子》、《荀子》、《吕氏春秋》等校本裏找到父子二人當日旦夕相從,研討學術的紀録。伯申肄經之餘,旁訂群籍,偶有所得,或面質問難,或校於書上,現存校本裏部分可以確認爲王引之手迹的批校即爲明證,而校本在清代學術史研究上的意義亦由此可見。

此外,清代校書風氣在乾嘉時期最爲鼎盛,清末學者朱一新(1846—1894)《無邪堂答問》曰:

> 校讎之學,所以可貴,非專以審訂文字異同爲校讎也,而國朝諸儒,則於此獨有偏勝,其風盛於乾嘉以後。其最精者,若高郵王氏父子之於經(原注:子者,經之緒餘。周秦諸子文字訓詁又多與經相出入,故王氏並治之。其訂《國》、《策》、《史》、《漢》亦用此例),嘉定錢氏兄弟之於史,皆凌跨前人。①

當時學者治學無不以校書爲始,除了王氏父子、錢大昕(1728—1804)、錢大昭(1744—1813)外,盧文弨、黄丕烈(1763—1825)、顧廣圻、孫星衍、段玉裁、阮元,乃至於後來的俞樾、王先謙、孫詒讓、王國維等,無不長於此道,讎校精審,而經由這些著名學者手校之書,皆爲藝林至寶,薈萃珍藏。近人嚴佐之《古籍版本學概論》就指出:

> 清人校書最多最好,故流傳於今的清代校本也最多。校本以清

---

① 朱一新:《無邪堂答問》,《續修四庫全書》據清光緒二十一年(1895)廣雅書局刻本影印,上海古籍出版社2002年版,第1164册,卷二,第508頁下。

代名家校本價值最高,他們或校改以糾繆正誤,或校錄以保存異文佚篇,校改者審慎不妄,校錄者認真不苟,藏家視若拱璧。①

就筆者知見所及,存世清代學者的校本以高郵王氏爲最大宗,因此王氏古籍校本研究在方法學上具有範式的意義,而筆者的實際經驗證明了校本研究切實可行。循此以進,先以個別名家校本爲基礎,再以時代先後,或以群書分類,共貫類聚,從而建立一個成體系的清代古籍校本學。這是筆者也是有志於校本研究的同道今後應當共同努力的方向。

王念孫是清代考據學的代表人物,其學術地位學界早有定評。校本的發現與整理,一方面是對王氏校釋古書實績的研究與評估,一方面也是對於王氏校書方法與經驗的吸收與借鑒。綜合十二種校本的校改方法來看,王氏重視底本的選擇,並以衆本對校,却未爲版本所限。校本所見批校,或據群籍、類書所引異文,或因聲求義、不限形體,逕以訂正。朱一新在肯定王氏校書"精審無匹,視盧召弓輩亦遠勝之"後,對王氏在沒有版本依據下的校改有以下的批評:

> 顧往往據類書以改本書,則通人之蔽。若《北堂書鈔》、《太平御覽》之類,世無善本;又其書初非爲經訓而作,事出衆手,其來歷已不可恃。而以改數千年諸儒斷斷考定之本,不亦愼乎!②

此一批評頗有本書第三章提到的盧文弨不滿戴震據他書所引校訂《大戴禮記》、《方言》的味道。到了民國時期,自美歸國的胡適(1891—1962)在替陳垣《元典章校補釋例》所寫的一篇長約八千字的序文裏,從當時西方譜系學的角度,對王念孫的校勘成果進行了全面的評估,且微辭甚多,以爲"其最大成就只是一種推理的校勘學而已",終究不是

---

① 嚴佐之:《古籍版本學概論》,華東師範大學出版社2008年版,第107頁。
② 朱一新:《無邪堂答問》,《續修四庫全書》,第1164册,卷二,第509頁上。

"科學的校勘學"。① 在胡氏看來,沒有版本依據的理校,甚至可以説連他校、本校都不是校勘學的正軌。那麽所謂"科學的校勘學"本質是甚麽？在胡適前後,都没有學者從西方校勘學的角度討論王念孫的校勘學,然則胡氏對王念孫的批評在學術史上有何意義,這種批評是否藴含着中西方校勘學不同的條件與原理？王念孫在没有版本依據下的校改近年屢爲出土文獻所證實,這除了證明王氏的卓識外,是否意味着理校亦有其可取之處。對這些問題的反思,有助我們批判繼承王念孫的校勘成果。筆者將在下一章,嘗試從胡適的中西方校勘學理論的比較角度,討論包括校本、稿本、抄本、刻本在内王念孫的校勘成果及其屬性。

---

① 胡適:《校勘學方法論——序陳垣先生的〈元典章校補釋例〉》,《國學季刊》1934 年第 4 卷第 3 期,第 102—104 頁。

第五章　王念孫的校勘成果及其屬性
—— 從胡適《校勘學方法論》説起

一、引　言

校勘又稱爲校讎、讎校，《文選注》引《風俗通》云："劉向《別録》：'讎校，一人讀書，校其上下，得繆誤，爲校。一人持本，一人讀書，若怨家相對。'"① 準此，起初一人爲校，二人爲讎，後來校、讎不别，用來統稱通過不同的方法，校對書籍字句，釐正字句錯誤，以求得書籍真正原貌爲目的的工作。而與校勘方法、理論、實踐、歷史等相關的學術研究，則稱爲校勘學、校讎學。古籍傳抄翻刻難免錯漏叢生，加上漢字以點畫區别詞義，容易出現形近而訛的情況。孫詒讓在《〈札迻〉序》裏指出，古代"竹帛梨棗，鈔刊屢易"，當中"有三代文字之通假，有秦漢篆隸之變遷，有魏晉正草之輥淆，有六朝唐人俗書之流失，有宋元明校槧之竄改，迷徑百出，多歧亡羊"。② 由於積久而量多，中國的文獻資料，特别是古代文獻，訛舛疏漏之處可謂多不勝數。因此在兩千多年的中國文獻整理研究的歷史裏，校勘工作一直是學者最爲重視的"治書之學"。先秦時期已經有零星文獻校勘的記載，但要數全面而具系統的校勘文獻工作，則西漢劉向、劉歆父子實濫其觴。其後有東漢鄭玄、唐代陸德明（556—627）、北宋宋祁（998—1061）、南宋鄭樵（1104—1162）、岳珂（1183—1243）等人。及至清代則名家輩出，超邁前代。當中王念孫的校勘成果，時人譽爲海内無匹。其晚年寫成的《讀書雜志》，至今學者仍奉爲校勘學典範之作。

---

① 蕭統編，李善注：《文選》，中華書局1977年版，卷六，第106頁。
② 孫詒讓：《札迻》，清光緒二十年原刻本，第3頁。

孫詒讓指出清代學者校勘古籍，"大氐以舊刊精校爲據依，而究其微恉，通其大例，精摹博攷，不參成見。其讎正文字詑舛，或求之於本書，或旁證之它籍，及援引之類書，而以聲類通轉爲之錧鍵。故能發疑正讀，奄若合符"。這段話基本上涵蓋了本校、對校、他校、理校四種常用的校勘方法，但是孫氏認爲"乾嘉大師，唯王氏父子郅爲精博。凡舉一誼，皆確鑿不刊。其餘諸家，得失閒出"。① 其對王氏的校勘工作可謂歎服之至。但就在之後不到五十年的時間，留學美國的胡適在北京爲陳垣（1880—1971）的《元典章校補釋例》寫了一篇長約八千字的序，序中對王念孫的校勘工作，特別是理校的部分頗多微辭。胡氏在序裏首次把中西校勘之學加以比較，並得出三個西方校勘學的長處。② 胡氏指出"中國古來的校勘學所以不如西洋，甚至於不如日本"，是因爲中國刻書太早，加上古書多經劫火，"古本太缺乏了，科學的校勘學自不易發達"，他接着以王念孫爲例，指"其最大成就只是一種推理的校勘學而已"，但胡氏認爲"校讎的本義在於用本子互勘，離開本子的搜求而費精力於推敲，終不是校勘學的正軌"，所以"推理的校勘不過是校勘學的一個支流，其用力甚勤而所得終甚微細"。③ 換言之，在胡適看來，王念孫的校勘工作，特別是他運用理校方法得出的成果，都不具備科學的性質。王念孫是乾嘉大師，校治古書，創獲甚夥。胡適則是近代中國的學術巨擘，對清代學術的研究可謂繼梁啓超（1873—1929）以後的第一人，他對王念孫的批評當中透露的學術信息爲何？胡適對王念孫理校的成果最爲不滿，以爲並非科學的校勘。那麼何謂科學的校勘？校勘的屬性又是甚麼？我們今天應該如何批判繼承王念孫的校勘成果？凡此都是迄今學者較少觸及的重要問題。

本書第四章利用筆者收集到的王念孫古籍校本，證明了王氏校釋古籍的種類與校改的數量都較我們今天看到的《讀書雜志》爲多。如果把第二章討論的《韻譜》、《合韻譜》手稿中，那些經王氏細心校正過的文例

---

① 孫詒讓：《札迻》，第3頁。
② 胡適：《校勘學方法論——序陳垣先生的〈元典章校補釋例〉》，《國學季刊》1934年第4卷第3期，第102頁。
③ 胡適：《校勘學方法論——序陳垣先生的〈元典章校補釋例〉》，第103—104頁。

也統合起來的話,那麼王氏保存至今的校勘成果,肯定要比我們過去所認知的更爲豐碩。可以説校勘是王念孫各種學術研究的基礎,也是王氏傾注畢生之力,體現其學問精粹的方法。因此,對王氏校勘成果的考察,是尋繹王氏學術思想與理路的有效途徑。本章以稿本、抄校、校本、刻本在内王念孫校釋群籍的材料爲依據,首先參照西方校勘學理論中有關校勘性質的討論,剖析胡適批評王念孫的時代背景,期對胡氏之説作客觀的評價。然後聚焦理校,探析理校的屬性,以爲後文評騭王念孫校勘成果,揭櫫其中的學術思想等重要問題張本,最後以近世考古發現的出土材料,驗證王氏校勘成果的科學屬性,藉以體現筆者近年來關於王氏稿抄校本研究的一點反思與總結。

二、校勘作爲一門科學

校勘在西方稱爲 Textual Criticism,是對整理、校正希臘文及拉丁文古典文本、新舊約《聖經》文本、莎士比亞作品文本以及近現代作家作品文本工作的一個統稱,其任務在於"盡量確保文本與作者原意相一致並釐清當中不確定的地方",[1]其方法則是"根據本子和理性進行修正"。[2] 由此可見,中西方的校勘工作,整理的本子性質内容或不盡相同,但其目的及方法實無二致。英國古典學學者 Alfred Edward Housman (1859—1936)在 1921 年發表的論文 The application of thought to Textual Criticism 中首次宣稱,"校勘是一門科學",是"一門發現文本訛誤的科學"。[3] 其後英國聖經學家 Frederick Fyvie Bruce(1910—1990)在 1953 年發表的 Textual Criticism 一文中,清楚説明了由於文本傳抄及再傳抄過程

---

[1] "It brings benefits which go beyond its immediate aims of ascertaining as exactly as possible what the authors wrote and defining the areas of uncertainty." In West, Martin Litchfield. *Textual Criticism and Editorial Technique*. Stuttgart: B. G. Teubner, 1973. p.8.

[2] Kenney, Edwin James. *The Classical Text: Aspects of Editing in the Age of the Printed Book*. Berkeley: University of California Press, 1974. p.25.

[3] "Textual criticism is a science, ... it is the science of discovering error in texts." In Housman, Alfred Edward. "The application of thought to Textual Criticism", in *Complete Works of A. E. Housman*. East Sussex: Delphi Classics, 2013. p.448.

中不可避免出現訛誤,① 因此需要校勘科學(the science of textual criticism)。而校勘這門科學致力的是查實、確定原始文本、原作者手稿中的原話(exact wording)。

(一) 胡適對校勘性質的看法

在 Housman 宣稱校勘是一門科學之後,胡適在 1934 年應陳垣之邀,爲其《元典章校補釋例》一書作序。序文以《校勘學方法論——序陳垣先生的〈元典章校補釋例〉》爲題在同年的《國學季刊》第四卷第三期上發表。這篇達八千字的長文雖名爲序,實際上是胡氏對校勘性質的一次總結,用胡氏在《日記》裏的話,此文的用意是"打倒'活校',提倡'死校',提倡古本的搜求——是要重新奠定中國的校勘學"。② 胡適在序文裏首次把中西校勘之學加以比較,並得出三個西方校勘學的長處:

> 西洋印書術起於十五世紀,比中國晚了六七百年,所以西洋古書的古寫本保存的多,有古本可供校勘,是一長。歐洲名著往往譯成各國文字,古譯本也可供校勘,是二長。歐洲很早就有大學和圖書館,古本的保存比較容易,校書的人借用古本也比較容易,所以校勘之學比較普及,只算是治學的人一種不可少的工具,而不成爲一二傑出的人的專門事業。這是三長。③

胡氏指出"中國古來的校勘學所以不如西洋,甚至於不如日本",是因爲中國刻書太早,加上古書多經劫火,"古本太缺乏了,科學的校勘學自不易發達"。因此,縱觀歷代中國校勘成果,胡適認爲"一千年來,够得上科學的校勘學者,不過兩三人而已",即南宋周必大(1126—1204)、彭叔夏等

---

① "It is the inevitability of errors in the process of copying and recopying documents that makes the science of textual criticism necessary. This science endeavours as far as possible to establish the exact wording that was used in the original documents, in the original writer's autograph." In Bruce, Federick Fyvie. "Textual Criticism", *The Christian Graduate* 6, no. 4 (December 1953). p.135.
② 曹伯言編:《胡適日記全集》,聯經出版公司 2018 年版,第 7 册,第 156 頁。
③ 胡適:《校勘學方法論——序陳垣先生的〈元典章校補釋例〉》,第 102 頁。

比較重視版本比勘的學者。而陳垣因爲能够較前人更嚴格運用對校法，依據同時代的刻本校勘《元典章》，並歸納出有大量古書引文作爲依據的四十二條通例，以之疏釋已校改的謬誤，胡適因而對其校勘工作給予了高度肯定，甚至稱其爲"中國校勘學的第一次走上科學的路"。①

至於段玉裁、王念孫等傳統理校派的代表學者，胡適則指他們雖然有"過人的天才與功力"，但"其最大成就只是一種推理的校勘學而已"。之所以有如此評價，是因爲胡氏認爲"校讎的本義在於用本子互勘，離開本子的搜求而費精力於推敲，終不是校勘學的正軌"，所以"推理的校勘不過是校勘學的一個支流，其用力甚勤而所得終甚微細"。換言之，段、王的校勘工作，特別是他們運用理校方法得出的成果，都不具備科學的性質，因爲他們都沒有如陳垣般"依據同時代的刻本的校勘，所以是科學的校勘，而不是推理的校勘"、"先求得底本的異同，然後考定其是非"、"求得了古本的根據，然後推求今本所以致誤之由，作爲'誤例'"。② 用今天通用的術語來表達的話，胡適認爲理校不是科學的校勘工作。

（二）胡適校勘思想的時代背景

這篇長序寫在 1934 年，今天我們再來檢討胡適以近乎機械式的校勘方法來等同科學方法的觀點時，除了要考慮序文的性質外，還應該結合胡氏個人的經歷及其所處的時代背景。胡適在其英文口述自傳中提到自己 1914 年在美國康乃爾大學念研究所的時候，選修了歐洲中古史學家 George Burr(1857—1938) 講授的"輔助歷史的科學"，於是每周都去閱讀一門歷史的輔助學科，"如語言學、校勘學、考古學、高級批判學 (Higher Criticism) 等等"，胡氏形容這門課讓他"獲益極大"。③ 自傳裏所指的當然是西方的校勘學。西方校勘學源遠流長，在不同歷史階段，學者其實發展出各種校勘方法，形成了不同理論流派。而當胡適在 1916 年

---

① 胡適：《校勘學方法論——序陳垣先生的〈元典章校補釋例〉》，第 104 頁。
② 胡適：《校勘學方法論——序陳垣先生的〈元典章校補釋例〉》，第 104 頁。
③ 胡適口述，唐德剛譯注：《胡適口述自傳》，遠流出版事業股份有限公司 2005 年版，第 177 頁。

撰寫題爲《論校勘之學》的留學日記時，便節譯了西方古典文獻學者 John Percival Postgate(1853—1926)所寫的 Textual Criticism 一文。① 審視日記文字，可知胡氏於留美時期所認識的校勘法正是二十世紀西方學界主流使用的譜系法(Stemmatics)。② 所謂譜系法，主要目的在於"以譜系顯示出存世文獻證據彼此之間的關係"，③具體分爲對校(Recension)和修改(Emendation)兩部分，前者即比勘異文、建立文本譜系以得出文本原型(Archetype)，後者即在原型訛誤之上推求已亡佚文字的推測性校勘。④ 與前代流行的"遍稽衆本，從中選擇出最佳異文"的折衷法(Eclecticism)相比，⑤譜系法是爲一種較嚴謹梳理文本異文、在對校部分更爲完善的校勘法，而譜系法之所以會自十九世紀在西方興起，正與當時蓬勃的自然科學發展，以及與被推廣至不同知識領域的科學精神息息相關。

西方在文藝復興以後，迎來了自然科學的興盛，十八世紀末到十九世紀初，所謂的科學精神和方法逐漸滲透並影響到自然科學以外的不同領域，包括人文學(Humanities)。當時從事校勘學的學者，亦爲重視事實證據、客觀方法的科學觀念所影響，因而發展出更重視文獻證據的譜系法，從而革新前代有較強主觀性的折衷法。而當人文學者的科學覺醒越演越烈，二十世紀初的西方校勘學界一度彌漫着對實證主義充滿信心、對科學驗證充滿渴望的思想氛圍，⑥不少學者有將校勘簡單機械化的傾向，甚至

---

① 胡適口述，唐德剛譯注：《胡適口述自傳》，第 175 頁。
② 在《論校勘之學》中，胡適翻譯了 Postagate 介紹譜系法對校部分建立文本譜系的具體例子，並附上與原文對應的譜系圖作説明。見胡適：《胡適留學日記》，安徽教育出版社 2006 年版，第 326—327 頁；In Postgate, John Percival. "Textual Criticism", in Encyclopædia Britannica (11th edition). Cambridge: Cambridge University Press, 1910–1911. pp.709–710.
③ 蘇杰編譯：《西方校勘學論著選》，上海人民出版社 2009 年版，第 iv 頁。
④ In Postgate, John Percival. "Textual Criticism", in Encyclopædia Britannica (11th edition). pp.713–715.
⑤ 蘇杰編譯：《西方校勘學論著選》，第 iii 頁。
⑥ "... a general late nineteenth- and early twentieth-century confidence in positivism, as both a scientific and a philosophical agenda ... the desire for scientific surety continued to be a grail followed by many textuists during this period." In Greetham, David. "A history of textual scholarship", in The Cambridge Companion to Textual Scholarship, ed. Margaret Smith. Cambridge: Cambridge University Press, 2013. pp.35–36.

有部分學部"反對所有推測性校勘"。① 上文論及胡適節譯的 *Textual Criticism* 原文寫於 1911 年,雖然 Postgate 當時已有反思譜系法的局限,但整體還是相信此法能得出"最古老、無任何可追查來源的訛誤"的文本原型,②更於文末指出"隨着時間的流逝,校勘學的工作只會越來越少"。③ 這個看法,正是與當時主流學界視譜系法爲科學校勘法,相信在此科學化的趨勢下,所有校勘問題將會迎刃而解的思想一脈相承。④ 及至 1935 年,英國校勘學家 Reginald Haselden(1881—1952)在 *Scientific Aids to the Study of Manuscripts* 一書裏更指出,"科學(相比科學儀器)最具意義的部分是已經同時在研究方法和推論過程兩方面影響學者處理問題的態度",又説:"當中愛因斯坦及其他數學家的作品最有意義,他們徹底革新(revolutionized)了科學的思考(scientific thinking)。"⑤Haselden 明顯對借用數理方法來校勘文本的趨勢相當樂觀。從 Postgate 到 Haselden,可見這種校勘工作機械化的趨向在二十世紀初的西方學界持續了相當長的時間。

與此同時,隨着西方學界對譜系法在達至完全客觀校勘方面的局限有更深入的研究,一些學者亦開始對此校勘法的科學性,以及當時機械化的校勘趨勢提出質疑。1928 年,德國校勘學家 Paul Maas(1880—1964)

---

① "We may just mention the passing aberration of the school which opposed all conjectural criticism on principle." In Maas, Paul. Tr. Barbara Flower. *Textual Criticism*. New York: Oxford University Press, 1958. p.17.

② "By the methodical employment of these means we shall arrive at a text different from any existing one. It will not be the best one, possible or existing, nor necessarily even a good one. But it will be the most ancient one according to the direct line of transmission, and the purest in the sense of being the freest from traceable errors of copying and unauthorized improvements." In Postgate, John Percival. "Textual Criticism", in *Encyclopædia Britannica (11th edition)*. p.710.

③ "As time goes on, textual criticism will have less and less to do. In the old texts its work will have been performed so far as it is performable. What is left will be an obstinate remainder of difficulties, for which there is no solution or only too many." In Postgate, John Percival. "Textual Criticism", in *Encyclopædia Britannica (11th edition)*. p.715.

④ "It is a product of a belief that, given enough facts, any problem can be solved with the application of a 'scientific' rigor." In Greetham, David. "A history of textual scholarship", in *The Cambridge Companion to Textual Scholarship*, ed. Margaret Smith. p.36.

⑤ "Much more significant (than the use of scientific instruments) is the part which science is beginning to play in changing the attitude of scholars toward their problems, both as to methods of approach and processes of reasoning ... Most significant of all has been the work of Einstein and other mathematicians, which is completely revolutionized scientific 'thinking'." In Haselden, Reginald Berti. *Scientific Aids to the Study of Manuscripts*. Oxford: Oxford University Press, 1935. p.111.

在其著作 Textual Criticism 中論述譜系法的對校部分時，就指出在這過程中學者其實也需要通過選擇（Selectio）一正一誤異文以得到原型文字，又或需要通過推測（Divinatio）對兩個皆有訛誤的異文進行合併（Combinatio），①由此意識到譜系法始終不能完全排除理性和常識的參與。而在1958年，愛爾蘭語文學家 Ludwig Bieler（1906—1981）在其校勘學經典論著 The Grammarian's Craft: A Professional Talk 一文中，也指出"當前我們見證着前所未有、不斷增加的，把精準（exact）、科學的方法運用到人文學不同領域研究上的趨勢"。② Bieler 説："出現這個趨勢是一劑有助對付（校勘學裏）過度臆測（excessive speculation）的解藥。"③但相對於前代學者的正面樂觀心態，Bieler 亦開始懷疑 Haselden 稱許的數理方法在文本校勘上是否就是無往不利的靈丹妙藥。Bieler 指出，原始文本出現偏差（deviations），部分是無意的（unintentional），部分却是有意的（intentional）。這種看法就類似於王念孫在《〈讀淮南内篇雜志〉書後》所謂"推其致誤之由，則傳寫訛脱者半，憑意妄改者亦半也"的意思。④ 所謂客觀、科學的調查方法足以處理無意的機械性（mechanical）偏差。但有意的偏差由於牽涉到人的思想，是機械式的科學方法無法處理的。Bieler 有這樣的看法，是因爲他認爲方法可以指導思想，却無法産生思想，⑤他明確的表示"方法將永遠無法取代識見（Method will never supersede vision）"，而"識見"對學者來説才是至關重要的。

在 Bieler 方法與識見分立的範式裏，我們不難看出接受過西方校勘

---

① "One of the two variants can be understood as an error, which means that the other variant must be reading of the archetype. This reading of the archetype, reached by selectio, then becomes the basis of further examinatio ... Both variants may be understood as errors stemming from the same reading in the archetype. This reading of the archetype, discovered by divinatio (combinatio), hereupon becomes the basis of further examinatio." In Maas, Paul. Tr. Barbara Flower. Textual Criticism. pp.17 – 18.

② "In our days we witness an ever increasing tendency toward the application of exact and, as it were, scientific methods to various fields of research in the humanities." In Bieler, Ludwig. "The Grammarian's Craft: A Professional Talk". Folia 10, no.2 (1958). p.31.

③ "This tendency arose as a wholesome antidote against excessive speculation." In Bieler, Ludwig. "The Grammarian's Craft: A Professional Talk". p.31.

④ 王念孫：《讀書雜志》，志九之二十二，第1頁下。

⑤ " ... and even where method is applicable, it cannot beget thought, but only guide it." In Bieler, Ludwig. "The Grammarian's Craft: A Professional Talk". p.32.

學訓練的胡適,深受當時重視實證、追求機械化校勘的風氣影響,套用 Bieler 的話,是認爲方法應該取代識見的。因此,胡適早在留學時期撰寫《論校勘之學》時,便形成了重對校而輕理校的校勘思想傾向——此可從他只翻譯 Postgate 原文介紹譜系法對校部分,並在文末特別強調"校書以得古本爲上策"、"若無古本可據,而惟以意推測之,則雖有時亦能巧中,而事倍功半矣。此下策也"等内容可見。① 這些想法到了1934年胡適爲《元典章校補釋例》作序時更是一再強調:"我們讀一個文件,到不可解之處,或可疑之處,因此認爲文字有錯誤:這是主觀的發現錯誤。因幾種'本子'的異同,而發現某種本子有錯誤:這是客觀的。""改正錯誤是最難的工作。主觀的改定,無論如何工巧,終不能完全服人之心。""改定一個文件的文字,無論如何有理,必須在可能的範圍之内提出證實。凡未經證實的改讀,都只是假定而已,臆測而已。證實之法,最可靠的是根據最初底本,其次是最古傳本,其次是最古引用本文的書。"②胡氏反覆強調的客觀、證實,本質上就是一種機械式的本子互勘的方法,或者用胡適在序文裏引陳垣對他說的,是一種"土法"。在胡適看來,正因爲是這一種"土法",才能是"校書的最大成功"、"新的中國校勘學的最大成功"、使中國校勘學第一次走上科學的路。③ 但是有趣的是,陳垣後來據《元典章校補釋例》增訂寫成的《校勘學釋例》總結出來的"校法四例",理校却居其一。

(三)陳垣與胡適對理校的不同看法

陳垣《校勘學釋例·校法四例》:

> 其四爲理校法。段玉裁曰:"校書之難,非照本改字不訛不漏之難,定其是非之難"。所謂理校法也。遇無古本可據,或數本互異,而無所適從之時,則須用此法。此法須通識者爲之,否則鹵莽滅裂,以不誤爲誤,而糾紛愈甚矣。故最高妙者此法,最危險者亦此法。昔錢竹汀先生讀

---

① 胡適:《胡適留學日記》,第329頁。
② 胡適:《校勘學方法論——序陳垣先生的〈元典章校補釋例〉》,第138—139頁。
③ 胡適:《校勘學方法論——序陳垣先生的〈元典章校補釋例〉》,第140頁。

《後漢書·郭太傳》"太至南州過袁奉高"一段,疑其詞句不倫,舉出四證,後得閩嘉靖本,乃知此七十四字爲章懷注引謝承書之文,諸本皆儳入正文,惟閩本獨不失其舊。今《廿二史考異》中所謂某當作某者,後得古本證之,往往良是,始服先生之精思爲不可及。經學中之王、段,亦庶幾焉。①

陳氏特別提到自己校勘《元典章》時,亦用"理校法",但"祇敢用之於最顯而易見之錯誤而已,非有確證,不敢藉口理校而憑臆見也"。顯而易見,陳垣視理校法爲校書四法中不可或缺的方法之一,這與胡適極力排斥"推理的校勘學"的態度截然不同,此其一。陳垣肯定王念孫、段玉裁的理校成果,這與胡適的看法又剛好相反,此其二。如果説胡適認爲理校法不科學,那麽陳垣在《校勘學釋例》裏把理校列爲校法四例之一,未嘗不可以看作是對胡氏之説的一種否定。接下來我們不妨以胡適在序中對王念孫理校《淮南子》的評價,跟陳垣在《校勘學釋例》中對錢大昕理校《後漢書》的評價做個比較。胡氏説:

《道藏》本《淮南内篇·原道訓》:"是故鞭噬狗,策蹄馬,而欲教之,雖伊尹、造父弗能化。欲寅之心亡於中,則飢虎可尾,何况狗馬之類乎?"這裏"欲寅"各本皆作"欲害"。王念孫校改爲"欲宍"。他因爲明劉績本注云"古肉字",所以推知劉本原作"宍"字;只因草書"害"字與"宍"相似,世人多見"害",少見"宍",故誤寫爲"害"。這是指出所以致誤之由,還算不得證實。他又舉二證:(1)《吴越春秋·勾踐陰謀外傳》"斷竹續竹,飛上逐宍",今本宍作害;(2)《論衡·感虚篇》"廚門木象生肉足",今本《風俗通義》肉作害,害亦宍之誤。這都是類推的論證,因《論衡》與《吴越春秋》的"宍"誤作"害",可以類推《淮南書》也可以有同類的誤寫。類推之法由彼例此,可以推知某種致誤的可能,而終不能斷定此誤必同於彼誤。直到顧廣圻校得宋本果作"欲宍",然後王念孫得一古本作證,他的改讀就更有力了。因爲我們終不能得最初底本,又因爲在義理上"欲害"之讀並

---

① 陳垣:《校勘學釋例》,中華書局 2004 年版,第 133 頁。

不遜於"欲肉"之讀(原注:《文子·道原篇》作"欲害之心忘乎中"),所以這種證實只是第二等的,不能得到十分之見。①

胡適認爲即使後來顧廣圻(1766—1835)校得宋本《淮南子》,證明王念孫在無版本可依的情況下,改"欲害"爲"欲宍"與宋本吻合,但由於王氏始終無法校得《淮南子》的底本,因此其理校依舊屬第二等,未算是十分之見。與此相反,陳垣在上舉《校勘學釋例》中,對錢大昕在無版本可依的情況下,推理出今本《後漢書·郭太傳》"太至南州過袁奉高"等共七十四字,原係注文誤入正文的識見則顯得相當佩服與肯定。後來錢氏得校明閩本《後漢書》以證其所得,也只是增添一個版本的依據而已,陳垣顯然未以是否得校原書底本來苛求古人。

三、理校的屬性

(一) 西方校勘學理論對理校屬性的討論

理校的屬性在西方校勘學文獻裏的討論比中國的豐富。Housman "校勘是一門科學(Textual criticism is a science)"的著名宣言出自其在 1921 年 8 月在劍橋大學古典學會(The Classical Association)演講上宣讀的 The application of thought to Textual Criticism 一文,他雖然一開始就表明自己不打算爲 thought 一詞下定義,但我們還是可以看出他用這篇論文來討論理校的性質。Housman 認爲校勘是一門科學,但不是數學的一個分支,也不是一門精準的科學(an exact science)。校勘學家處理的不是一成不變的綫條和數字,而是人類流動多變的思維,所以恒定不變的規則(hard-and-fast rules)並不適用在校勘工作上。② 校勘學家閱讀抄本後對

---

① 胡適:《校勘學方法論——序陳垣先生的〈元典章校補釋例〉》,第 101 頁。
② "Textual criticism is not a branch of mathematics, nor indeed an exact science. It deals with a matter not rigid and constant, like lines and numbers, but fluid and variable; namely the frailties and aberrations of the human mind, and of its insubordinate servants, the human fingers. It therefore is not susceptible of hard-and-fast rules." In Alfred Edward Housman. "The application of thought to Textual Criticism", in *Complete Works of A. E. Housman.* p.449.

其真僞的判斷,永遠無法(像化學家或醫生那樣)藉由同等決定性的檢驗(equally decisive test)來證實或修正,因爲只有出示作者手稿才能做同等決定性的檢驗。即使發現比目前已知的更好、更舊的抄本,這些抄本對校勘學家來說同樣不具備同等決定性,更何況這種只能作部分驗證的抄本不會經常、大量的給發現。① Housman 點出了校勘學家在方法學上往往面對無古書底本可依的困局,所以校勘所得的成果無法像物理科學一樣可以利用實驗來檢驗其真僞。② 因此,Housman 一方面稱校勘是一門科學,一方面又指校勘是一門技藝。他說:"校勘是一門科學,同時,由於包含對校與修正,所以也是一門技藝。校勘是一門發現文本訛誤的科學,同時又是一門校正文本訛誤的技藝。"③發現訛誤是爲了追求真相,而求真是校勘與其他自然科學共有的目標,所以校勘工作並不神秘,都是運用理性與常識。④ 但要成爲一個校勘家最重要的是要有思考的能力,而且願意思考。Housman 說校勘者需要的是活的腦袋,而不是死的知識和方法。⑤ 他把理校定性爲一種技藝。

　　Bieler 也有類似的看法。Bieler 有關理校性質的討論見諸他的 *The*

---

① "Our conclusions regarding the truth or falsehood of a MS. reading can never be confirmed or corrected by an equally decisive test; for the only equally decisive test would be the production of the author's autograph. The discovery merely of better and older MSS. than were previously known to us is *not* equally decisive; and even this inadequate verification is not to be expected often, or on a large scale." In Alfred Edward Housman. "The application of thought to Textual Criticism", in *Complete Works of A. E. Housman*. p.455.

② "Those who follow the physical sciences enjoy the great advantage that they can constantly bring their opinions to the test of fact, and verify or falsify their theories by experiment." In Alfred Edward Housman. "The application of thought to Textual Criticism", in *Complete Works of A. E. Housman*. p.454.

③ "Textual criticism is a science, and, since it comprises recension and emendation, it is also an art. It is the science of discovering error in texts and the art of removing it." In Alfred Edward Housman. "The application of thought to Textual Criticism", in *Complete Works of A. E. Housman*. p.448.

④ "It is not a sacred mystery. It is purely a matter of reason and of common sense." In Alfred Edward Housman. "The application of thought to Textual Criticism", in *Complete Works of A. E. Housman*. p.448.

⑤ "To be a textual critic requires aptitude for thinking and willingness to think; and though it also requires other things, those things are supplements and cannot be substitutes. Knowledge is good, method is good, but one thing beyond all others is necessary; and that is to have a head, not a pumpkin, on your shoulders and brains, not pudding, in your head." In Alfred Edward Housman. "The application of thought to Textual Criticism", in *Complete Works of A. E. Housman*. p.468.

Grammarian's Craft 一文。他自稱爲文法學家（Grammarian），藉以彰顯自己的工作與過去的關係，因爲他説這種專業所運用的技藝（craft）已經有兩千多年的歷史了。① Bieler 用 craft，Housman 用 art，用詞不同但意思應該是相同的，都是"技藝"的意思，而所謂的文法學家其實就是我們今天所謂的文獻學家。他説這兩千多年來，西方文法學家所做的工作是"一種藉由校正、詮釋的方法使文獻免於變質、湮没的技藝"。② 這種技藝指的就是理校。Bieler 説在没有發現新材料的情況下，真正檢驗理校的方法，是再找不到比這個校改更完美的改法。他説："（理校）的完美性不足與外人道，但深諳此道者則常常感到絶對的肯定：'它只能是這樣子（it must have been this）。'——而且他們的感覺並不是我們竭力避免的虚妄的主觀主義（illusive subjectivism），而是一種主觀的客觀（subjective objectivity），這有其自身的合理性。"③ 又説："校勘家穿越作者的思想，想其所想，幾乎跟作者合而爲一。他（的所思所想）或許與後來發現的文獻證據相矛盾，但即使如此，他也是像同情共感的摯友般向作者提供意見。"④ 這種近乎神交古人的技藝在 Bieler 看來只能意會，不能像數理方法般可以言傳。所以他説："任何時代的校勘大師都有方法，有些更是從中得益不少。但對他們來説，設身處地體驗作者所用的語言才是最重要的。即使受到方法上的挑戰，他們都隨時準備好認確（由體驗而得出的）真相。"⑤ 這種把理

---

① "No other name could be more appropriate for linking up my work with the past. The craft which we grammarians are practicing has behind it a tradition of more than two thousand years." In Bieler, Ludwig. "The Grammarian's Craft: A Professional Talk". p.4.

② "It is the art of preserving literary texts from corruption and oblivion by means of criticism and interpretation." In Bieler, Ludwig. "The Grammarian's Craft: A Professional Talk". p.4.

③ "Perfection is not demonstrable to those who never experience it but those who do will sometimes feel with absolute certainty: 'it must have been this' — and their feeling is not that illusive subjectivism which we are all striving to avoid but some sort of subjective objectivity which is its own justification." In Bieler, Ludwig. "The Grammarian's Craft: A Professional Talk". p.28.

④ "The critic as it were penetrates the author's mind, thinks his thoughts, and becomes almost one with him. He might be contradicted later by documentary evidence; but even so he would have suggested something that an intimate and sympathetic friend might have suggested to the author in his lifetime." In Bieler, Ludwig. "The Grammarian's Craft: A Professional Talk". p.28.

⑤ "The great critics of all times ... certainly had method, and method owes no small debt to some of them; but they had also what is more — a living experience of the languages in which their authors wrote. They were always ready to acknowledge truth even if method seemed to rise against it." In Bieler, Ludwig. "The Grammarian's Craft: A Professional Talk". p.32.

校(技藝)與方法(科學)對立起來的論斷,可以説是對理校神妙之處極致的肯定了。

從 Housman 到 Bieler,一脈相承地把理校從科學中區分出來,理由是他們把科學等同科學方法,理校並無公式化的數理方法可以依循,所以不是科學。胡適雖然不會認同 Bieler 把理校稱爲高級考據學(higher criticism),①但他不把理校看作是科學跟他們却是頗相一致的。對此我們有不同的看法。

(二) 理校是科學

科學是甚麽?這個問題對不同專業的人來説答案可能都有所不同,但是科學的基本精神應該是相一致的。以下筆者以人文學裏最早走上科學研究而又與校勘學關係密切的語言學作爲參照,討論一下何謂科學。

語言研究作爲一門科學發軔於西方。1968 年,著名英國語言學家 John Lyons(1932—2020)出版了 *Introduction to Theoretical Linguistics* 一書,Lyons 開宗明義地説:"語言學可以定義爲語言的科學研究",而語言學具有科學的資格,是因爲語言學"采用了受控和憑藉經驗核實的觀察方法,以及參照一些具有普遍性意義的語言結構理論"來調查語言。② 這是西方文獻裏最早把語言研究定性爲科學研究的記述。西方研究語言的歷史十分悠久,在公元前五世紀的希臘古典時期已經開展了。但根據 Lyons 的看法,這個時期的語言研究屬於哲學的範疇,是哲人探索世界本質(the nature of the world)以及社會設置(social institutions)的一部分。③ 而"語言的科學研究"在十九世紀初期正式開始,④這個時期研究語言本身成爲

---

① Bieler, Ludwig. "The Grammarian's Craft: A Professional Talk". p.28.
② "Linguistics may be defined as the scientific study of language. This definition is hardly sufficient to give the reader any positive indication of the fundamental principles of the subject. It may be made a little more revealing by drawing in greater detail the implications contained in the qualification 'scientific'. For the moment, it will be enough to say that by the scientific study of language is meant its investigation by means of controlled and empirically verifiable observations and with reference to some general theory of language-structure." In Lyons, John. *Introduction to Theoretical Linguistic*. Cambridge: Cambridge University Press, 1968. p.1.
③ Lyons, John. *Introduction to Theoretical Linguistic*. p.38.
④ Lyons, John. *Introduction to Theoretical Linguistic*. p.38.

了語言研究的目的。當代英國語言學史家 Roy Harris 梳理了從 1800 年到 2006 年這兩百多年的語言學發展歷史,指出進入十九世紀後語言學家自覺語言學是以一門學科的形式存在,他們意圖表明語言學是一門科學。① 而語言學能够成爲一門科學的原因,是英國語言學家 Billy Clark 所説的,是語言學家探究語言的過程跟其他領域科學家開展的工作具有相同的重要特徵,都是以發現人類世界各種事實(truth)爲目標。② 换言之,語言學家研究語言現象時應用的是具普遍原則的科學方法,③這跟其他領域的科學家並無異致。根據 Clark 的總結,西方語言學應用的科學方法,先後出現以 Leonard Bloomfield(1887—1949)爲代表的"歸納主義模型"(即藉由客觀觀測采集語言事實,再通過歸納過程從事實中導出定律和理論,最後通過演繹過程從定律和理論中推斷預言和解釋現象)④以及以 Noam Chomsky 爲代表的"證僞主義科學模型"(即先提出假説,然後通過演繹過程從假説中推斷預言,再通過嚴格驗證試圖反駁假説,並比較不同假説從而確定經過驗證的假説)。⑤ 我們無意在此開展對這兩種針鋒相對的模型孰優孰劣的討論,但毫無疑問的是,這兩種模型分别采用的觀測、歸納、演繹、假説、證僞等方法,都是構成"語言的科學研究"的必要條件。

把科學等同科學方法的論述在漢語文獻裏同樣比比皆是。施春宏表示:"科學研究最本質的表現形式就是基於'(觀察—)假説—驗證'(Hypothesis-verification)這個路徑而作出的探討。立足問題,概括現象,提出假説,合理演繹,有效驗證(通過可控的操作驗證假説的信度與效

---

① Harris, Roy. "Modern Linguistics: 1800 to the Present Day", in Keith Brown (ed.), *Encyclopedia of Language and Linguistics* (2nd edition), Oxford: Elsevier, 2005. p.203.
② Clark, Billy. "Linguistics as a Science", *in Encyclopedia of Language and Linguistics* (2nd edition), p.227.
③ Hogan, Patrick Colm. "Preface: On the Very Idea of Language Sciences", in Patrick Colm Hogan(ed.) *The Cambridge Encyclopedia of the Language Sciences*, New York: Cambridge University Press, 2011. p.xix.
④ Clark, Billy. "Linguistics as a Science", in *Encyclopedia of Language and Linguistics* (2nd edition), p.227.
⑤ Clark, Billy. "Linguistics as a Science", in *Encyclopedia of Language and Linguistics* (2nd edition), p.229.

度),共同構成了科學研究的基本過程。"①石毓智也指出"科學研究一般是從具體的現象出發,一步步抽象,最後發展成一個系統,抽象的方式是由現實規律决定的",②陳忠華也説:

> 科學的語言研究是基於理論對經驗語料進行實證、描寫、解釋又産出新的理論的過程。其中特别重要的是語言研究過程的前後兩端都是理論,這是科學研究在方法論上的最本質要素。詳言之,在研究活動的初始端,所謂的理論其實應該是針對語言現象的初步的理性認識,一般都表達爲假説;在産出端,假説經實證而成爲原理,後者具有很强的解釋性和應用性。③

在這種科學等同科學方法的前提下,難怪有學者認爲中國産生不了科學。朱曉農在《方法:語言學的靈魂》裏説:

> 我一直信奉"科學就是科學方法"這句話。科學方法有宏觀的論,有微觀的術,不管是抽象的原則,還是具體的步驟,開門第一條必要條件就是演繹邏輯。④

朱氏在跟焦磊合著的《教我如何不想她——語音的故事》這本妙趣横生的語言學科普讀本,直截了當地提出了一個嚴肅的問題:"中國爲甚麽産生不了科學?"⑤根據朱氏的看法,答案在於"我們没有演繹邏輯",因爲中國人的推理方式是"聯想式孳乳繁衍",或者稱爲"建立在同構律上的秦人邏輯",而不是"建立在同一律上的演繹邏輯"。而中國人的推理方式

---

① 施春宏:《語言學理論體系中的假設和假説》,收入馮勝利、李旭主編《語言學中的科學》,人民出版社 2015 年版,第 162—163 頁。
② 石毓智:《喬姆斯基語言學的哲學基礎及其缺陷——兼論語言能力的合成觀》,《上海外語大學學報》2005 年第 3 期,第 7 頁。
③ 陳忠華:《西方語言學中的科學範式及其轉换》,《煙台大學學報(哲學社會科學版)》2016 年第 1 期,第 112 頁。
④ 朱曉農:《方法:語言學的靈魂》,北京大學出版社 2008 年版,第 1 頁。
⑤ 朱曉農、焦磊:《教我如何不想她——語音的故事》,商務印書館 2013 年版,第 238 頁。

無法采用演繹邏輯,是因爲中國"没有嚴密的語法"。作者如此看重演繹邏輯,原因是他們認爲科學產生的兩大必要條件爲(1)用演繹邏輯來進行推理,組織命題;(2)用受控實驗來尋找因果關係。兩者共同構成了科學產生的充分條件。中國没有如印歐諸語的嚴密語法,所以古代中國没有演繹法,結果就是產生不了科學。作者很明顯認爲科學就是科學方法,科學方法就是演繹法,至少演繹法是科學方法的主要部分。朱氏接着舉了錢大昕《十駕齋養新録》卷五中的《古無輕唇音》一文並批評説:

> 這篇文章寫得很有氣勢,堪比宋代文豪歐陽修的名文《醉翁亭記》。《醉翁亭記》開頭第一句"環滁皆山也",提挈全文,後面的描寫無不圍繞作爲題眼的第一句展開。錢大昕這篇文章也一樣,開頭第一句"凡輕唇之音,古讀皆爲重唇",開門見山地推出了自己的立論。然後圍繞這一觀點,從各種不同的古籍中徵引了很多條例證,從諧聲偏旁、文字通假、方音以及域外對音等各個方面加以比較。……從今天來看,錢大昕的這個結論雖然依舊爲現代學者所認可,但是其"論證"的方法就不見得是那麽牢固,那麽符合現代科學的演繹邏輯論證方式了。事實上錢大昕也並未對這個問題進行論證。他的寫法就像是寫游記散文——"環滁皆山也",一開始擺出個總綱,然後提出上百條例子。……當然,他很幸運地蒙對了。然而他所謂的"對了",只是基於他的語感,而非科學嚴密的邏輯論證。①

針對朱氏的批評,馮勝利在《語言研究的科學屬性》中有這樣的回應,他説:

> (朱氏)似乎是説錢大昕的學術論文和散文一樣不嚴格。他的看法和我們不同。……當然,錢大昕没有把自己命題的蘊含一一列出(原注:很難説他没有這些考慮),然而,今語有輕唇音重唇音,如

---

① 朱曉農、焦磊:《教我如何不想她——語音的故事》,第93頁。

果"古無輕唇音",則第一種(引注:指第一種命題,即"古無輕唇音,因輕重兩者都讀爲重唇")可能是上選。①

馮氏所説的"很難説他没有這些考慮",照我們的理解是,很難説錢大昕腦子裏不曾思考過"古無輕唇音"這個命題的所有藴涵。錢氏論證"古無輕唇音"這個命題雖然不完全符合嚴密的邏輯論證,但這是他的"科學有局限(原注:伽俐略的科學也不能和今天的科學相比)。事實上,今人論證這一命題的時候又能高出錢氏多少呢?"②那麽錢大昕高明的地方在哪裏呢? 在於他的思想。馮氏指出:"科學不是技術,科學從本質上説是思想。"③這句話是我們認爲迄今爲止漢語界對於何謂科學這一問題最直接、最近實的回答。

(三) 科學是思想

馮氏"科學是思想"的看法,是受到章太炎(1869—1936)在《清儒》一文中以"綜刑名、任裁斷"六字評價以戴震爲代表的皖南之學的啓發。馮氏説:

> 學術研究對象不同可以導致學理類型和功能的不同:人學尚辯證,物學尋自然。乾嘉學者研究的對象是古籍文獻……學者們關注的首先是古代經典的真僞和文字語言的"是與非"。由此發展出來的學理則不同於以往只關注人事的"對錯"與"善惡"。……長期以來學界對清代學術的評價是:整理古籍,鑽故紙堆,没有科學思想。這顯然是偏見。科學不是技術,科學從本質上説是思想。太炎説戴學"綜刑名、任裁斷",這六個字清楚地告訴我們:這個時代的學術有非常強大的邏輯底藴和功力。如果他們不能綜刑名重邏輯,是無法裁斷的。……"任裁斷"説的是有一學術觀點,則要把它化成唯一的

---

① 馮勝利:《語言研究的科學屬性》,收入馮勝利、李旭主編《語言學中的科學》,第110頁。
② 馮勝利:《語言研究的科學屬性》,收入馮勝利、李旭主編《語言學中的科學》,第110頁。
③ 馮勝利:《語言研究的科學屬性》,收入馮勝利、李旭主編《語言學中的科學》,第108頁。

必然結果才能得到邏輯的認可。"唯一"、"唯必"即"任裁斷",而戴學已經具備這些特點。……他們在深入研究的基礎上獲得系統中的楔形石 keystone 之後,才可以做到的。如果每一塊楔形石拼合一起,嚴絲合縫,那麼其中個體的形狀就不可能不根據規則發揮作用。他們發現了其中的"拼搭互證"之道,有了不得不然的概念,所以才敢斷言,所以才敢"任裁斷",於是產生了與傳統截然不同的學術心態,作出與傳統不同的判斷———因其必然,故我斷然。①

戴震及其後學在深入研究的基礎上,有了發現,形成了必然的概念,於是改變心態,作出判斷。這一連串的過程,都是思想的活動。當中"不得不然的概念"就是戴學科學思想裏的核心———理必的思想。馮氏説:

> 乾嘉學術的科學精藴就在一個"必"字,而"必"的核心是"理推之必"和"實驗之必",故名曰"理必"。理必之旨是"理論上不能不如此",而不能不如此的道理,即由演繹 Deduction 而來。演繹,是科學裏最核心,最精要的部分。雖然乾嘉學者沒有徑直宣言"我做的是演繹",但他們作出了結果,而且直接用"必"、"斷"等術語表示其邏輯的推演力。②

這段話應該分做兩個層次來理解:理必是科學的思想,但要達至理必還要先通過科學的方法。因此,科學思想與科學方法並不是對立,而是互相依存的,科學思想藉由科學方法而來,沒有經過邏輯推演的思想不是科學,邏輯推演最終指向的是科學思想。清人被學者批評爲"述而不作,學而不思",③是因爲學者把思想和方法等同起來。乾嘉學者沒有把他們邏輯推演的過程一一列出,直接就下了"不能不如此"的判斷,但並不表示

---

① 馮勝利:《語言研究的科學屬性》,收入馮勝利、李旭主編《語言學中的科學》,第 108—109 頁。
② 馮勝利:《語言研究的科學屬性》,收入馮勝利、李旭主編《語言學中的科學》,第 113 頁。
③ 梁啓超説:"綜舉有清一代之學術,大抵述而不作,學而不思,故可謂之爲思想最衰時代。"見氏著:《論中國學術思想變遷之大勢》,上海古籍出版社 2001 年版,第 130 頁。

他們的理必之學是一種沒有方法、冥想式的思想。一言以蔽之,思想與方法是科學的體與用。

馮勝利指出清人理必之旨是"理論上不能不如此",Bieler 指出理校的妙處是"它只能是這樣子(it must have been this)",二者的論述可謂異曲而同工。但是馮氏認爲理必是科學,本質上是思想,但由於 Bieler 把科學方法和科學思想對立起來,因此他認爲理校不是科學,而是思想、是識見,本質上是技藝。透過上文的討論,筆者認爲方法與思想並不是對立,也不應該等同,而是互相依存的,因此理校是科學思想的呈現,但要做出科學的理校,不是依靠臆測妄斷,而是藉邏輯推理,作出雖然沒有版本作爲依據,但"理論上不能不如此"的校改。接下來我們不妨舉王念孫校改揚雄《方言》的例子作證明。

揚雄《方言》自東晉郭璞注後,經過一千四百多年的傳抄翻刻,"斷爛訛脱,幾不可讀",①甚至被認爲"是書雖存而實亡"。至清代乾隆年間,戴震始對《方言》加以校勘,撰就《方言疏證》十三卷,盧文弨稱自此《方言》"始有善本"。② 此後又有盧文弨的《重校方言》和王念孫的《方言疏證補》等,其中《重校方言》和《方言疏證補》都是針對《方言疏證》而寫的,而《方言疏證補》更是集戴、盧二家就《方言》卷一所作校改及疏解之大成。其中《方言》卷一第十九條:

> 脩、駿、融、繹、尋、延,長也。陳、楚之間曰脩,海、岱、大野之間曰尋(原注:大野,今高平鉅野),宋、衛、荆、吴之間曰融。自關而西,秦、晉、梁、益之間,凡物長謂之尋。《周官》之法,度廣爲尋(原注:度謂絹帛橫廣),幅廣爲充。(原注:《爾雅》曰:"緇廣充幅。")延,年長也。凡施於年者謂之延,施於衆長謂之永。(原注:各隨事爲義。)

盧文弨的《重校方言》依宋本把"延,年長也"改爲"延,永長也"。根據本書第三章討論過的《方言疏證補》王國維抄本,王念孫並不同意盧文弨的

---

① 紀昀總纂:《四庫全書總目提要》,河北人民出版社 2000 年版,第 1064 頁。
② 盧文弨:《重校方言》,第 39 頁。

校改：

　　"延，年長也"，盧本改爲"延，永長也"，云："攷宋本亦如是。李善注《文選》，於阮籍《詠懷詩》'獨有延年術'引《方言》'延，長也'，於嵇康《養生論》又引作'延，年長也'，蓋即櫽括'施於年者謂之延'意。(原注：案：所引乃《方言》原文，非櫽括其意也。)《爾雅疏》引《方言》遂作'延，年長也'(原注：案：《疏》所引亦《方言》原文，非妄加'年'字也)，不出'永'字則下文'永'字何所承乎？或遂據《爾雅疏》改此文，誤甚。"念孫案：盧説非也。訓"延"爲"年長"者，所以別於上文之訓"延"爲"長"也，既曰"延，年長也"，又曰"施於年者謂之延"，此復舉上文以起下文之"施於衆長謂之永"耳。凡經傳中之復舉上文者，皆不得謂之重複。盧自不曉古人文義，故輒爲此辯而不自知其謬也。舊本"年長"作"永長"者，涉下文"永"字而誤耳。若仍依舊本作"永"，則其謬有三。《方言》一書皆上列字目，而下載方言，若既云"脩、駿、融、繹、尋、延，長也"，又云"延，永長也"，則一篇而兩目矣。《方言》有此例乎？其謬一也。"延，長也"之文已見於上，故特別之曰"延，年長也"。若既云"延，長也"，又云"延，永長也"，則訓"延"爲"長"之文，上下凡兩見，古人有此重疊之文乎？其謬二也。盧又謂但云"延，年長也"，而不出"永"字，則下文"永"字無所承。案：上文釋"思"之異語，云："惟，凡思也。慮，謀思也。願，欲思也。念，常思也。"此皆承上之詞，若訓詁之連類而及者，則不必皆承上文，請以前數條證之。"晉、衛之間曰烈，秦、晉之間曰肆"，"肆"字，上文所無也。"汝、潁、梁、宋之間曰胎，或曰艾"，"艾"字，上文所無。"秦、晉之間，凡物壯大謂之嘏，或曰夏"，"夏"字，上文所無。若斯之類，不可枚舉。是訓詁之連類而及者，不必皆承上文也。此文云"凡施於年者謂之延，施於衆長謂之永"，亦是訓詁之連類而及者，故"永"字亦無上文之可承。乃獨疑"永"字之無所承，則是全書之例尚未通曉，其謬三也。《文選注》、《爾雅疏》引《方言》皆作"年長"，自是確證。阮籍《詠懷詩》"獨有延年術"，李《注》引《方言》以證"延年"二字,則所引亦必有"年"字,而今本脱之也。乃反以脱者爲是,不脱者爲非,慎矣,今訂正。

盧文弨認爲如果《方言》此處不作"延,永長也",則下文"施於衆長謂之永"上無所承。王念孫不同意盧説,他認爲《方言》此條"脩、駿、融、繹、尋、延,長也"中的"延,長也",與後文"延,年長也"的意思不同,所以揚雄要以"年長也"解釋表示"長幼"的"延",藉以區分表示"長短"的"延"。筆者注意到王念孫批駁盧校的方法,正是運用了邏輯推理中的歸謬法和演繹法。王氏説:"若仍依舊本作'永',則其謬有三。"是典型的歸謬推理,即先假定盧校"延,永長也"是對的,接着用三個不符合這個命題的證據來推論出"盧説非也"。而王氏所用的其中一個證據:"《方言》一書皆上列字目,而下載方言,若既云'脩、駿、融、繹、尋、延,長也',又云'延,永長也',則一篇而兩目矣。《方言》有此例乎?"則是用演繹法推論出來的。我們不妨用演繹的公式把王氏的推論過程表達出來:

大前提:《方言》條目(P)無一篇兩目之例(M)

小前提:"延,長也",又云"延,永長也"(S)是一篇兩目之例(M)

結　論:"延,長也",又云"延,永長也"(S)不是《方言》條目(P)

(以上 P 是大項　M 是中項　S 是小項)

準此,王念孫没有像盧文弨一樣,依從宋本改作"延,永長也",而是藉由歸謬、演繹推理得出《方言》必作"延,年長"的判斷。王氏何以有宋本不依而以理校勘呢?這是因爲王念孫對《方言》全書體例、古人行文習慣乃至於古代語言文字情況的了如指掌,道理上不能不如此校改所致,這正是其科學思想的最佳表現。陳垣説理校必須由"通識者"爲之,但是怎麽樣才稱得上是"通識者"呢?管錫華在《校勘學》裏嘗試對此加以解釋,他説在没有其他材料可資比勘的情況下,通識者要從音韻、文字、詞彙、語法、句法、修辭諸方面入手,也就是能從語言文字的角度校正文本。[①] 但事實上"通識者"不僅要準確把握文本的語言風格及作者的語言習慣,對

---

① 管錫華:《校勘學》,安徽教育出版社1991年版,第166—170頁。

於文本及作者所處的時代特徵,即所謂文化風俗等都應該了然於胸,甚至要代入作者的意志。

Housman 在 1903 年整理出版了古羅馬詩人 Manilius 的作品 *Astronomica* 的第一卷,並寫了一篇前言,他在前言裏肯定了十七世紀著名英國古典學家 Richard Bentley(1662—1742)以理校校改 Manilius 作品的貢獻。① 但他亦毫不諱隱地批評 Bentley 的理校說:"他缺乏耐性、獨斷且過於自信。因而他不加細味就妄改那些正確的詩句,改動他不喜歡的地方,而不是駐足問問馬利尼烏斯的喜好。"②在 Housman 看來,忠於作者是理校的一大原則,這也就是 Bieler 所說的"幾乎與作者合而爲一"(becomes almost one with him)的意思。王念孫在《讀書雜志》裏經常以"後人不知古而改之"指出今本文字出現訛誤的原因,例如《讀漢書雜志》第五"三月"條:"'建昭四年三月,雨雪,燕多死。'……'三月'本作'四月'。後人……不知漢時行親蠶禮亦有用四月者。"③又《讀晏子雜志》第一"圭璋"條:"'寡人意氣衰,身病甚。今吾欲具圭璋犧牲,令祝宗薦之乎上帝宗廟。'念孫案:'圭璋'本作'圭璧',此後人以意改之也。古者祈禱皆用圭璧,無用璋者。"④又《讀晏子雜志》第二"將軍"條:"'願與將軍樂之。'……後人以此所稱是司馬穰苴,故改'夫子'爲'將軍'耳。不知春秋之時,君稱其臣無曰'將軍'者。"⑤以上諸例皆無底本可據,王念孫是在代入作者身處的時代,與作者合而爲一的情況下做出的理校。

我們再來看王念孫《方言疏證補》第十九條,王氏在得出《方言》此條必作"延,年長也"的結論後,接着說:"阮籍《詠懷詩》'獨有延年術',李

---

① "His lucidity, his sanity, his just and simple and straightforward fashion of thought. His emendations are only a part, though the most conspicuous part, of his services to Manilius." In Housman, Alfred Edward, "Introduction", Housman, Alfred Edward (Ed.), *Astronomica* (Volume 1). Cambridge: Cambridge University Press, 1903. p.xvii.
② "He was impatient, he was tyrannical, and he was too sure of himself. Hence he corrupts sound verses which he will not wait to understand, alters what offends his taste without staying to ask about the taste of Manilius." In Housman, Alfred Edward, "Introduction", Housman, Alfred Edward (Ed.), *Astronomica* (Volume 1), p.xvii.
③ 王念孫:《讀書雜志》,志四之五,第 33 頁下—34 頁上。
④ 王念孫:《讀書雜志》,志六之一,第 33 頁下—34 頁上。
⑤ 王念孫:《讀書雜志》,志六之二,第 2 頁下。

《注》引《方言》以證'延年'二字,則所引亦必有'年'字,而今本脱之也。"王念孫的意思是説,唐人李善當日見到的唐本《方言》"必"作"延,年長也",所以李善在注釋阮籍《詠懷詩》"獨有延年術"一句時,才會引用《方言》此條來證成"延年"二字,今本《文選注》引《方言》作"延,長也",是後來傳抄過程中脱落而已。王念孫在没有版本依據的情況下,代入李善,以"理"推論出李善看到的《方言》"必有'年'字"。

四、王念孫理校的屬性

理校具有科學的屬性,而在清代運用理校校改古書的校勘學家中,王念孫稱得上是首屈一指的佼佼者。整理王氏理校的成果,揭櫫其理校的科學思想,有時代的學術意義。科學的本質是思想,是識見,是裁斷,但是要下"理必"的判斷,必須依靠嚴密的邏輯推理,邏輯推理又需要先有大量例證的歸納,從中發明條例作基礎,否則容易流於臆測、武斷。以下我們以歸納和類比這兩個邏輯推理方法,論證王念孫理校成果的科學屬性。

(一) 歸納例證,發明條例

求真是科學的基本精神,是一切科學探索的動機。"真"的相對面是"僞",是"假",是觀察客觀物理、事實所得的結果,而非訴諸主觀感覺的臆度。據王章濤《王念孫王引之年譜》所述,王念孫爲了撰寫《廣雅疏證》,曾廣購花草竹木鳥蟲魚,列於居庭,觀察其成長過程,以驗證古書所言之是非真僞,其治學嚴謹求真的態度可見一斑。① 有了求真的科學精神,接着就要潛心學殖。屈萬里在《先秦文史資料考辨》裏説:"鑒别學術資料,是每一個從事學術工作的人必不可疏忽的。"因爲:"治學的目的,在獲得正確的結論。如果所根據的資料不正確,所得的知識,自然不夠真實;以之從事研究工作,所得的結論自然也不會正確。"②從事中國文史學術工作的人,主要參考的資料是傳世的以漢字漢語寫成的文獻,而這些文

---

① 王章濤:《王念孫王引之年譜》,廣陵書社2006年版,第64頁。
② 屈萬里:《先秦文史資料考辨》,聯經出版事業公司1983年版,第5頁。

獻的特點是數量多,傳抄時間長,容易出現錯訛。誠如屈氏所言,資料不正確,所得的結論也不會正確,因此需要鑒別的工夫。而校勘工作中鑒別的本質是判斷版本的優劣真偽,文字的正訛對錯。校書四法中,理校對鑒別能力的要求最高。Bieler 批評法國歷史學家 Joseph Bédier(1864—1938)一切唯善本是從的做法。他説 Bédier 這一類的學者,寧願選出一個在衆版本中最爲精善的善本(codex optimus),並一切以此善本爲準,迫不得已才會借助其他抄本,或冒險校改。① 胡適正是善本爲尚的服膺者,他説:

  校勘之學無處不靠善本:必須有善本互校,方才可知謬誤;必須依據善本,方才可以改正謬誤;必須有古本的依據,方才可以證實所改的是非。凡没有古本的依據,而僅僅推測某字與某字"形似而誤",某字"涉上下文而誤"的,都是不科學的校勘。②

在 Bieler 看來,這種崇尚善本的校勘家是"有意的不鑒别"(deliberately uncritical)。有意的不鑒别,貌似客觀,實際上是一種模棱兩可的做法,有助文獻的保存,却無助真相的探求。

鑒别要求識見、裁斷,因此必須要通識者爲之。通識者不僅要準確把握文本的語言風格及作者的語言習慣,對於文本及作者所處的時代特徵,即所謂文化風俗等都應該了然於胸,甚至要代入作者的意志。要做到這一點,必須要熟讀古書,充分掌握資料,然後才能用歸納的方法,同條共貫,發明條例。梁啓超在《清代學術概論》中説:

  清儒之治學,純用歸納法,純用科學精神。此法此精神,果用何

---

 ① "Some scholars have gone so far as to forego any attempt at a classification of manuscripts; they prefer to single out one manuscript that is on the whole more satisfactory than the rest and to follow this codex optimus except where it is defective or unintelligible; there, and there only, they would have recourse to other manuscripts or to emendation at their own risk. This practice had no less a champion than Professor Bédier." In Bieler, Ludwig. "The Grammarian's Craft: A Professional Talk". pp.12 - 13.
 ② 胡適:《胡適文存》,遠東圖書公司 1953 年版,第 140 頁。

種程式始能表現耶？第一步,必先留心觀察事物,覷出某點某點有應特別注意之價值。第二步,既注意於一事項,則凡與此事項同類者或相關係者,皆羅列比較以研究之。第三步,比較研究的結果,立出自己一種意見。第四步,根據此意見,更從正面旁面反面博求證據,證據備則泐爲定說,遇有力之反證則棄之。凡今世一切科學之成立,皆循此步驟。①

梁氏又説:"清學正統派之精神,輕主觀而重客觀,賤演繹而尊歸納,雖不無矯枉過正之處,而治學之正途存焉。"②我們不同意梁氏謂清人"賤演繹"的論斷,但他認爲清人治學重視歸納是非常正確的,當中王念孫、王引之父子的歸納工作可謂做到巨細無遺。

趙振鐸在《讀書雜志·弁言》裏説:

> 古籍在傳抄或刻印的過程中出現訛錯,仔細審讀文意,搞錯的地方,句子往往不合語言規範。校勘學家可以從這些不合規範的語句裏看出問題。王念孫校讀古籍發現歧異之後,能夠從語言規律方面揭示文句的訛錯,正是由於他對古代漢語用詞造句的規律有深刻的認識,於是,他才敢論定文句是否通順有什麽訛誤。③

古書是古人根據成規律、成系統的語言文字來寫的,古書裏的文句、用字本質上當然是合乎這個語言文字系統的,趙振鐸稱之爲"通順",王引之在《經義述聞·通說下·經文假借》稱之爲"理順",④這個"理"指的就是語言規律。我們不妨舉個例子説明。《經義述聞·通說下·形訛》説:"交與克相似而誤爲克。"⑤考《讀逸周書雜志》第三"克易"條:

---

① 梁啓超:《清代學術概論》,第45頁。
② 梁啓超:《清代學術概論》,第77頁。
③ 王念孫:《讀書雜志》,弁言,第7頁。
④ 王引之:《經義述聞》,卷三十二,第1頁下。
⑤ 王引之:《經義述聞》,卷三十二,第47頁上。

"言行亟變,從容克易,好惡無常,行身不篤",念孫案:"克易"二字,義不可通。克,當爲"交",隸書交作"克",克作"友",二形相似,故"交"誤爲"克"。①

又《大戴禮述聞》同樣有"克易"條:

"言行不類,終始相悖,陰陽克易,外内不合",家大人曰:"克易"二字,義不可通。克,當作"交";易,反也。内外交相反,故曰"陰陽交易"。隸書交作"克",克作"友",二形相似而誤,孔訓"克"爲"能",失之。②

王念孫用同一個條例,分別訂正了《逸周書》、《大戴禮記》"克易"本當作"交易",而王氏的理據前後一致,高度概括。又例如《廣雅·釋詁》"覣,好也"條:

"覣",曹憲音"於皮反"。各本"覣"訛作"魏"。案諸書無訓"魏"爲"好"者,且"魏"字亦無"於皮反"之音。《說文》:"覣,好視也。"《玉篇》、《廣韻》、《集韻》並音"逶",正與"於皮反"之音相合。今據以訂正。《爾雅》:"委委、佗佗,美也。"義亦與"覣"同。③

各本《廣雅》皆作"魏,好也",王念孫的校改完全是憑藉他諳熟古訓、古音,掌握語言規律,然後鑒別出張揖編撰《廣雅》時必以"好"訓"覣",所以他雖然沒有任何版本作依據,但仍不能不把各本的"魏"改爲"覣"。劉盼遂《高郵王氏父子年譜》記王念孫在乾隆四十一年(1752)開始,用了四年的時間"獨居於祠畔之湖濱精舍,以著述爲事,窮搜冥討,謝絕人事"。劉盼遂說王氏經此四年,"大端既立",然後開始校治《廣雅》,積十年之力而

---

① 王念孫:《讀書雜志》,志一之三,第 15 頁上。
② 王引之:《經義述聞》,卷十三,第 6 頁。
③ 王念孫:《廣雅疏證》,卷一下,第 5 頁下—6 頁上。

成《廣雅疏證》一帙。① 馮勝利敏鋭地提出了一個過去一直爲學者忽略的問題：所謂的"大端既立"是甚麽？馮氏説：

> 我們認爲：王氏的大端即"方類群分中的義軌必然"。如果從我們今天科學的角度來看，他所立的是類比邏輯中的演繹法，是一種多重咬合的類比模式。②

馮氏從學理上揭示出王念孫科學思想的實態與價值，回答了"是甚麽"（what）的問題。循此以進，下一個需要回答的問題，顯然是爲甚麽（why）王念孫可以立大端？筆者認爲原因就是劉盼遂所説的"窮搜冥討"。"大道既立"下還有一句"觸類旁通"，唯有"窮搜冥討"，也就是用歸納的方法，盡可能把材料網羅貫通，發明規律，才能"觸類旁通"。本書第二章討論的四十三册《韻譜》、《合韻譜》材料，是王念孫對群經、《楚辭》、周秦諸子、《國語》、《戰國策》、《穆天子傳》、《逸周書》、《淮南子》、《史記》、《漢書》、《文選》等近五十種先秦秦漢古籍中韻字的"窮搜冥討"。而王氏古韻二十一部、二十二部以及合韻之説亦由此而生。以此類推，王氏獨擅勝場的校勘學亦必先藉由大量材料的歸納，然後才能觸類旁通，發明條例。

《讀淮南内篇雜志》第二十一卷後，附了一篇正文近一萬兩千字的《〈讀淮南内篇雜志〉書後》，這篇文字是王念孫"以《藏》本爲主，參以群書所引，凡訂正共九百餘條"《淮南子》之後，"推其致誤之由"而寫的。王氏列舉了《淮南子》裏六十四種致誤之由，這六十四例基本涵蓋了中國古書致誤的原因。張其昀指出："一般來説，錯誤的發生總有其原因，典籍致誤大體上也都有其原因。發現典籍錯誤，這往往是感性層面的問題；而指出其致誤原因，則是理性層面的問題。"③張氏對《〈讀淮南内篇雜志〉書後》的性質有相當精闢的見解：

---

① 劉盼遂：《高郵王氏父子年譜》，收入羅振玉輯印《高郵王氏遺書》，附録，第49頁下。
② 馮勝利：《語言研究的科學屬性》，收入馮勝利、李旭主編《語言學中的科學》，第130頁。
③ 張其昀：《〈讀書雜志〉研究》，社會科學文獻出版社2013年版，第119頁。

古人對於典籍致誤原因的分析基本上限於個例的、具體的層面，而未能上升到綜合的、系統的層面。王氏之前，不要説未見有廣泛涵蓋典籍的、全面的、概括性的致誤原因分析的論著出現，就是面向一部分乃至一部典籍的略具系統性的論著也是稀罕如鳳毛麟角。①

張氏之意，是説王念孫所舉的六十四例，雖然都以《淮南子》作例證，但這些條例不是個別，或針對某一特定古籍，而是全面而有系統，高度概括的條例。綜觀王氏稿校抄刻本所見校改古書的成果，我們都能發現當中的批校，特別是理校部分，完全就是運用條例校勘的具體實踐。例如《管子》卷十《君臣上》："權度不一，則脩義者惑。……能上盡言於主，下致力於民，而足以脩義從令者，忠臣也。"《管子》校本兩"脩"字並改作"循"，天頭有校語曰："下文作'循義從令'。"考《讀管子雜志》"循誤爲脩"條下，王氏曰：

　　《君臣篇》曰："權度不一，則脩義者惑。"又曰："能上盡言於主，下致力於民，而足以脩義從令者，忠臣也。"兩"脩"字皆當爲"循"。循亦從也，下文云"下之事上不虛，則循義從令者，審也"，是其證矣。②

王念孫的意思是説"循義"即"從義"，"循義從令"謂依從義來行事，服從命令。從詞義上來説，"循義"比"脩義"更合乎句意，而且也有下文"循義從令"作本證，所以，這是理校與本校的結合。但是我們要注意的是，這條校改只是王氏"循誤爲脩"條下用來證明《管子》書裏大量存在的"循誤爲脩"的例證之一，王氏歸納例證，發現"隸書循、脩二字，傳寫往往訛溷"，從而發明《〈讀淮南内篇雜志〉書後》"因隸書而誤者"一例（此例的發明當然還有歸納其他隸書訛溷的例證）。假如没有"循義從令"這個本證，王念孫在没有一個《管子》版本的《君臣》是作"循義"的情況下，筆者認爲王氏還是會把"脩"改爲"循"。因爲條例之"理"使其必須如此改，不如此

---

① 張其昀：《〈讀書雜志〉研究》，第123頁。
② 王念孫：《讀書雜志》，志五之一，第2頁下。

改就不合"理"了。我們再來看以下十四個例子：

1.《讀史記雜志》"後世脩序"條謂"脩"當爲"循"："隸書循、脩相似，傳寫易訛。"

2.《讀漢書雜志》"脩"條謂"脩武帝故事"當作"循武帝故事"："隸書循、脩相似，傳說易訛。"

3.《讀漢書雜志》"循成道"條謂"循"當爲"脩"："隸書循、脩二字相似，傳寫易訛。"

4.《讀管子雜志》"章書"條謂"則後世人人脩理而不迷"當作"則後世人人循理而不迷"："今本循作脩，非。辯見前'循誤爲脩'下。"

5.《讀墨子雜志》"循身"條謂"循"當爲"脩"："隸書脩、循相亂。"

6.《讀荀子雜志》"脩上之法"條謂"脩"當爲"循"："字之誤也（原注：隸書循、脩二字，傳寫往往訛溷）。"

7.《讀荀子雜志》"脩道而不貳"條謂"脩"當爲"循"："字之誤也（原注：隸書循、脩相似）。"

8.《讀荀子雜志》"臣謹脩"條謂"脩"當爲"循"："字之誤也（原注：隸書循、脩相亂）。"

9.《讀淮南内篇雜志》"循誤爲脩"條："隸書循、脩二字相似，故循誤爲脩。"

10.《讀淮南内篇雜志》"立名於爲質"條謂"則治不脩改"當作"則治不循改"："今本循作脩，誤，説見《原道》'循誤爲脩'下。"

11.《讀文選雜志》"猶可得而脩也"條謂"脩"當爲"循"："字之誤也（原注：隸書循、脩二字，傳寫往往訛溷）。"

12.《漢隸拾遺》"史晨饗孔廟碑"條謂"述脩璧廱"當作"述循璧廱"："隸書循、脩二字相似，寫者多亂之。"

13.《禮記述聞》"謹脩其法　反本脩古　脩乎軍旅"條引王念孫謂"脩"皆當爲"循"："字之誤也（原注：隸書循、脩二字相似，故書傳中循字多訛作脩）。"

14.《國語述聞》"不脩天罰"條引王念孫謂"脩"當爲"循"："隸書循、脩二字相溷。"

隸書"循"或作"循","脩"或作"脩"、"脩",二字形近,這是客觀的事實,因此王念孫説"脩"可以誤作"循","循"也可以誤作"脩",這種雙向的認知不再局限於個別的、具體的層面,而是給概括成一種公理式的規律,統攝在"因隸書而誤者"這個條例底下,既可以用來校勘《管子》,也可以用來校勘《漢書》、《墨子》、《荀子》、《淮南子》甚至是碑銘文字乃至於一切曾經歷過用隸書這種字體來抄寫的底本、抄本,因此這個條例是概括的、生成的(generative)。北大所藏王念孫手稿中有一册筆者命名爲《讀書雜稿》的材料,其中有一頁寫了六條《商子》的條目,第二條是"聖人不法古,不脩今",出自《商子·開塞篇》。王氏雖然没有任何校語,但"脩"字旁有一豎綫標記。我們無法確知王氏是否有校讀《商子》的札記,但根據上文對《雜志》中"脩"、"循"二字"因隸書而誤者"一例的分析,筆者相信王氏當以"脩"字有誤。蓋《開塞篇》"不脩今",與"不法古"爲對文,"脩"當爲"循"字之誤,言聖人治國審時度勢,既不以古爲法,亦不唯今是從。《壹言篇》云:"故聖人之爲國也,不法古,不脩今,因世而爲之治,度俗而爲之法。故法不察民之情而立之,則不成;治宜於時而行之,則不干。""脩"亦當作"循"。《群書治要》引《商子》佚篇《六法》作"故聖人之治國也,不法古,不循今"是其證。①

胡適讚許陳垣校《元典章》"是中國校勘學的第一次走上科學的路"有三個原因,其中一個是"他先求得了古本的根據,然後推求今本所以致誤之由,作爲'誤例'四十二條,所以他的'例'都是已證實的通例:是校後歸納所得的説明,不是校前所假定的依據"。對於王念孫的六十四例,他却批評説:

> 他先校正了《淮南子》九百餘條,然後從他們歸納出六十幾條通例,故大體上都還站得住。但王念孫的誤例,分類太細碎,是一可議;《淮南》是古書,古本太少,王氏所校頗多推理的校勘,而不全有古書引文的依據,是二可議;論字則草書隸書篆文雜用,論韻則所謂"古韻

---

① 魏徵等撰:《群書治要》,《四部叢刊初編》據涵芬樓藏日本尾張刊本影印,商務印書館1919年版,第12册,卷三十六,第4頁下。

部"本不是嚴格的依據,是三可議。校勘的依據太薄弱了,歸納出來的"誤例"也就不能完全得人的信仰。

胡氏並沒有説明,同樣是通例,四十二之數何以較諸六十四之數更爲科學? 胡氏説王念孫的通例都是歸納出來的,筆者認爲這六十四例都是發明而來的。王念孫在《〈讀淮南内篇雜志〉書後》裏説這六十四例是"推"出來的。甚麽叫"推"? "推"就是推尋、尋繹的意思。王念孫的校勘工作就像抽絲一樣,治絲者全神貫注,細心觀察,才能從千絲萬縷中理出端緒來。王念孫專心致志,細心讀書,於是能從古書中錯綜複雜的訛誤現象中理出頭緒來。絲本來是尋常不過的東西,當中的端緒也是客觀存在的,猶如王念孫校勘的古書亦極常見,千百年來讀者不知凡幾,但他能把古書致誤的規律用條例加以表明,所以筆者説王氏發明條例。①

(二) 類比推理,質量兼顧

演繹是形式邏輯科學裏的核心方法,是一種由前提推出必然結果的邏輯推理方法,可以説是最爲嚴密的推理。而類比推理則是一種不同於傳統的演繹和歸納的邏輯。類比推理根據兩個(或兩類)對象在一系列屬性上相同(或相似)的特點,由已知一個對象還具有其他特定屬性,類推另一個對象擁有同樣的其他特定屬性。② 演繹推理的結論受前提嚴格地限制,歸納推理的結論亦相當程度上受前提的制約,而類比推理的前提則大多是爲結論提供綫索,但並未嚴格地規定或限制它的指向,因此類比推理的結論受前提的制約程度較低,應用時較爲靈活。③ 劉精盛在《芻議研究王念孫之訓詁理論與實踐的意義》一文中指出:"裴學海言王氏父子的優點是用演繹法和歸納法解決問題,舉的是《經義述聞》的例子,實際上王念孫的《讀書雜志》和《廣雅疏證》是比比

---

① 這裏關於"發明"之學的概念,是馮勝利教授在數次與筆者討論段王之學的會面中反覆強調的,非筆者的發明,謹此説明。
② 《普通邏輯》編寫組:《普通邏輯》(第 4 版),上海人民出版社 1993 年版,第 312 頁。
③ 《普通邏輯》編寫組:《普通邏輯》(第 4 版),第 316 頁。

皆是的。而《廣雅疏證》和《釋大》的同源詞研究還大量運用類比法。"①馮勝利在《論王念孫的生成類比法》一文中仔細地爬梳出《廣雅疏證》九十九條類比義叢,説明王念孫的"大端"在類比法的創造,而王氏的類比法藴含着科學要素,有"理必"原理深藏其中。② 筆者研究發現王念孫具體進行理校時,也是運用類比推理來得出"理必"的校改。王念孫發明的六十四個條例,其實就是大量類比推理的高度概括,與此同時又成爲王氏一個一個類比推理的實例。環環相扣,綿密有致,故此王念孫即使在没有底本依據的情况下,仍然敢於以理校改。我們不妨先以《讀書雜志》中最爲人熟悉的"觸聾"、"揖之"兩條校改爲例。

《戰國策·趙策四》:"太后明謂左右:'有復言令長安君爲質者,老婦必口唾其面。'左師觸聾願見太后。太后盛氣而揖之。"《讀戰國策雜志》"觸聾揖之",王念孫曰:

今本"龍言"二字,誤合爲"聾"耳。太后聞觸龍願見之言,故盛氣以待之。若無"言"字,則文義不明。據姚云:"一本無言字。"則姚本有"言"字明矣。而今刻姚本亦無"言"字,則後人依鮑本改之也。③

首先,王念孫見到的所有版本都没有作"觸龍言"的,王氏改"觸聾"爲"觸龍言"完全是推理的校勘。第一,"文義不明"是從語言規律角度,發現當中扞格難通的地方。第二,據姚本注云"一本無言字",推論出姚本原來有"言"字,這是按常理來校勘。第三,指出"龍言"二字誤合爲"聾"是類比推理的結論。考王氏六十四例中,即有"有兩字誤爲一字者",當中羅列大量例證。④ 王氏又曰:

吴曰:"揖之,《史》云'胥之',當是。"念孫案:吴説是也。《集

---

① 劉精盛《芻議研究王念孫之訓詁理論與實踐的意義》,《漢字文化》2011年第1期,第31頁。
② 馮勝利:《論王念孫的生成類比法》,《貴州民族大學學報(哲學社會科學版)》2016年第6期,第78頁。
③ 王念孫:《讀書雜志》,志二之二,第18頁下—19頁上。
④ 王念孫:《讀書雜志》,志九之二十二,第4頁下。

解》曰:"胥猶須也。"《御覽》引此《策》作"盛空而須之。"隸書"胥"字作"![胥]",因訛而爲"耳",後人又加手旁耳。下文言入而徐趨,則此時觸龍未入,太后無緣揖之也。①

王念孫發現下文言觸龍入而徐趨,則此時太后仍未得見觸龍,所以從文意上來講,"太后盛氣而揖之"是不合常理的,王氏認爲當作"太后盛氣而待之"解。但是王念孫見到的版本都作"揖",所以無法對校。倒是有兩條材料,可以證明作等待解是正確的。一是宋代類書《太平御覽》引《戰國策》正作"須之","須"有等待的意思。如果王念孫采信《御覽》的話,則可以用他校的方法,把"揖"改爲"須";另一條是《史記·趙世家》作"胥之",根據《集解》,"胥"也有等待的意思。《史記》的文字很可能因襲自《戰國策》,但始終經過司馬遷的改寫,不是《戰國策》的原文,按道理説没有《御覽》引文的直接,但是王念孫最終采信了吳師道(1283—1344)的意見,認爲"揖"本作"胥"。筆者認爲當中最爲關鍵的考量,都不是個別的書證,而是在於六十四例中的"有因隸書而誤者"。以大量古書因二字隸書形體相近而訛的例證作類比推理,王氏不得不把"揖"改作"胥"。1973年年底,湖南長沙馬王堆三號漢墓出土了一件抄寫了戰國後期歷史資料的帛書,共有二十七章,整理者命名爲《戰國縱橫家書》,而見於今本《戰國策》的有十章,其中第十八"觸龍見趙太后"章即作"左師觸龍言願見,太后盛氣而胥之",②與王念孫的校改完全相同。③

《讀書雜志》裏有互見的體例,如上舉"循"、"脩"二字因隸書形近而訛一例:

1.《讀史記雜志》"後世脩序"條謂:"説見《管子》'堂廟既脩'下。"
2.《讀漢書雜志》"脩"條謂:"説見《管子·形勢篇》。"
3.《讀漢書雜志》"循成道"條謂:"説見《史記·倉公傳》。"

---

① 王念孫:《讀書雜志》,志二之二,第19頁。
② 《馬王堆漢墓帛書》整理小組:《馬王堆漢墓帛書(叁)》,文物出版社1978年版,第2册,第93頁上。
③ 高誘、姚宏注(原書誤植作鮑彪注):《宋本戰國策》,國家圖書館出版社2017年版,第2册,卷二十一,第11頁下。

4.《讀管子雜志》"章書"條謂:"辯見前'循誤爲脩'下。"
5.《讀墨子雜志》"循身"條謂:"説見《管子·形勢篇》。"
6.《讀荀子雜志》"脩上之法"條謂:"説見《管子·形勢篇》。"
7.《讀荀子雜志》"脩道而不貳"條謂:"説見《管子·形勢篇》。"
8.《讀荀子雜志》"臣謹脩"條謂:"説見《管子·形勢篇》。"
9.《讀淮南内篇雜志》"循誤爲脩"條謂:"説見《管子》'堂廟既脩'下。"
10.《讀淮南内篇雜志》"立名於爲質"條謂:"説見《原道》'循誤爲脩'下。"

這種利用互見互證的方法來校改文字的方法,本質上就是一種類比推理的方法。又例如《讀史記雜志》"排藜藿"條:

"原憲亡在草澤中,子貢相衛,而結駟連騎,排藜藿入窮閭,過謝原憲。"念孫案:"藜藿"當爲"藜藋",字之誤也。藋即今所謂灰藋也。《爾雅》:"拜,蔏藋。"郭注:"蔏藋似藜。"《莊子·徐無鬼篇》曰:"藜藋柱乎鼪鼬之徑。"案藜藋皆生於不治之地,其高過人,必排之而後得進,故言"排"。《趙世家》曰:"莊生家負郭,披藜藋到門。"彼言"披藜藋",此言"排藜藋",其義一也。若藿爲豆葉,豆之高不及三尺,斯不可言排矣。……則"藿"字明是"藋"字之訛(原注:詳見《淮南》),校書者皆莫或正之,蓋世人多聞"藜藿",寡聞"藜藋",所以沿誤而不知也。①

王念孫以"藋"、"藿"二物形貌、生長環境的差異,以理校出今本《史記·仲尼弟子列傳》中的"排藜藿"當作"排藜藋"。"藋"、"藿"二字形近而訛的例證尚見於《淮南子》,故王氏自注謂互見《淮南》。考《讀淮南内篇雜志》"藜藋"條的文字跟《讀史記雜志》"排藜藋"條近乎同出一轍,而王氏則曰:"説見《史記·仲尼弟子傳》。"②又《讀晏子春秋雜志》亦有"藜藋"

---

① 王念孫:《讀書雜志》,志三之四,第7頁。
② 王念孫:《讀書雜志》,志九之十九,第22頁下。

條,王氏亦曰:"説見《史記·仲尼弟子傳》。"①王氏雖然分別改動《史記》、《晏子春秋》、《淮南子》的文字,但我們藉《雜志》互見之例,可以看出王氏是運用類比推理的方法,得出"藜藿"必本作"藜藿"的結論,這就是六十四例中的"有因字不習見而誤"。

有時候王念孫雖然沒有明言互見,但比類而觀,我們也可以看出當中的痕迹,例如《讀管子雜志》"所當"條:

"擇天下之所有,擇鬼之所當,擇人之所戴。"念孫案:……"鬼之所當","當"宜爲"富",字之誤也。《郊特牲》曰:"富也者,福也。"故尹注云:"爲神所福助。"富與有、戴爲韻。②

王氏從字形、押韻的角度理校出《管子·侈靡》中的"鬼之所當"本作"鬼之所富"。考《讀荀子雜志》"當厚"條:

"聖人之生民也,皆使當厚。"楊注曰:"當,謂得中也。丁浪反。"念孫案:"當"、"厚"二字不詞,楊説非也。"當厚"蓋"富厚"之誤(原注:《秦策》"勢位富厚")。下文"優猶知足",正承富厚之言。③

王氏謂"當厚"蓋"富厚"之誤,參照《讀管子雜志》"所當"條,當係指"字之誤"。又《韓非子·六反》:"夫當家之愛子,財貨足用。"《韓非子》校本上有王念孫批校,"當"圈改作"富",無校語。今本皆作"當家",陳奇猷曰:"'當家',疑指家主母而言。《史記·秦始皇紀》'百姓當家則力農工',此當家謂主持家務者。今北俗妻稱其夫爲'當家',蓋亦取義於主持家務也。主母係主持家務之人,故此文以'當家'稱之。且此下言因愛子而任其侈泰、任其驕恣,至於家貧而子行暴,證以上文'母厚愛處慈,子多敗,推愛也',及《顯學篇》'嚴家無悍虜,而慈母有敗子',則當家之爲家主

---

① 王念孫:《讀書雜志》,志六之一,第29頁上。
② 王念孫:《讀書雜志》,志五之六,第11頁下—12頁上。
③ 王念孫:《讀書雜志》,志八之六,第7頁下。

母,似不容置疑。"①陳説甚迂曲。富、當二字形近而訛,當從王校。

類比推理最大的弱點是其推論的或然性,劉精盛注意到王念孫訓詁學中運用的類比推理不具必然性,指出王念孫的部分論證有其缺失的地方:

> 類比推理,其結論不像演繹推理,只要前提正確,論證過程没有邏輯錯誤,結論就具有必然性。類比推理的結論不具有必然性,正如上文所言,我們不能因此就否定其結論,其價值。然而正是因爲類比推理結論不具有必然性,加之王氏有時忽視韻部的聯繫而只提聲轉,有時還有論證錯誤,少數情況下缺乏證據或對證據的理解有誤。由於類比推理的結論不具有必然性,王氏之失有其客觀原因,對前賢之失,我們不必苛責。②

這是類比推理的缺陷,我們不必諱言。但是從上面所舉諸例,王念孫在運用類比推理於其理校之時,除了大量列舉例證外,同時盡可能限制在近乎相同的例證上,這未嘗不可以説是王念孫在量和質上盡力使類比推理提升到接近必然的結論,其理校成果多信實可從當亦職是之故。

二十世紀五十年代以來,由於現代考古學在中國不斷發展,大量戰國、秦漢竹簡帛書出土。這批新的材料,從數量上來説,跟積久而量多的傳世文獻相比,可以説有霄壤之別。但因爲年代較早,而且抄寫的時間比較確定,因此在校勘學上具有較高的價值。作爲"高郵王氏四種"中篇幅最大,結集王念孫數十年校讀子史古籍心血的《讀書雜志》,毫無疑問是出土文獻研究者比照參證的必備之作,而相關的研究反過來又可以爲《雜志》的校釋提供證據。《雜志》中諸如《讀戰國策雜志》"觸讋揥之"條等可以與出土文獻互證的理校例子,已漸次爲學者所揭示,數量不多,但足以反映王氏的校勘成果有其過人之處,這也是王氏理校具科學屬性的實證。

---

① 陳奇猷:《韓非子新校注》,上海古籍出版社2000年版,第1019頁。
② 劉精盛:《芻議研究王念孫之訓詁理論與實踐的意義》,第31頁。

五、從出土文獻看王念孫的古籍校釋

裘錫圭氏早在 1980 年就撰文呼籲古籍整理和注釋工作,要充分運用出土材料及有關研究成果,同時指出當時"比較普遍地存在着對這些資料重視不夠的傾向"。經過四十年的發展,參照、結合出土材料及相關研究成果已經成爲了當前古籍整理的範式,甚至有以出土材料爲準、傳世文獻爲輔的傾向。裘氏引證出土材料對於校讀傳世古籍有極其重要的意義時,雖然"指摘了王念孫、段玉裁、孫詒讓等大師的個別疏失之處",但裘氏很明確地説:

> 在整理研究新的古代文字資料的過程裏,一方面固然會發現一些可以用來修正他們的説法的資料,另一方面也會發現一些能爲他們的説法提供證據的資料。尤其是王念孫,他在没有版本根據的情況下得出的校勘上的結論,往往與地下發現的古本冥合,其卓識實在值得欽佩。①

《讀書雜志》中與出土文獻冥合之例早爲學者公布,筆者在整理王氏稿本、校本的過程中,偶爾亦發現王氏的校釋有可以與出土文獻互證的例子。兹舉數例,剖析王氏相關校釋的理據,以爲王氏校勘實績與科學屬性附添佐證。

例(一)

《吕氏春秋·貴因篇》:"禹通三江五湖,決伊闕,溝迴陸,注之東海,因水之力也。"《注》:"迴,通也。"《吕氏春秋》校本改正文及高《注》"迴"爲"迴",又將正文"溝"、"迴"二字互乙,天頭有校語曰:"'溝迴陸'當爲'迴溝陸'。陸,道也,《淮南·本經篇》作'平通溝陸,流注東海'。"考《讀吕氏春秋雜志》"溝迴陸"條下,王念孫曰:

---

① 裘錫圭:《考古發現的秦漢文字資料對於校讀古籍的重要性》,收入氏著《裘錫圭學術文集》,復旦大學出版社 2012 年版,第 377 頁。

書傳無訓"迥"爲通者。"迥"當爲"迵"。"溝迥陸"當爲"迵溝陸"。《玉篇》:"迵,徒東切,通達也。"昭四年《左傳注》曰:"陸,道也。"迵溝陸者,通溝道也。《淮南·本經篇》"平通溝陸",正與此同義。①

王氏先從訓詁、字形入手,將"迥"改作"迵",然後解釋"陸"的詞義是"道",補充高《注》,最後説明"迵溝陸"即"通溝道"的意思。案《説文·辵部》:"迵,迵迭也。"②段《注》云:"《玉篇》云:'迵,通達也。'"③"迵"古音在定母東部,"通"古音在透母東部,旁紐疊韻,音近義通。上海博物館藏戰國楚竹書《容成氏》二十六號簡曰:"禹乃迵三江五湖,東注之海。"④簡文"迵"從辵從同,即"迵"字,《容成氏》謂"禹迵三江",《貴因篇》謂"禹通三江",是"迵"與"通"義同。又西周中期《燹公盨》銘有"天命禹敷土,墮山,濬川",⑤《説文·谷部》:"睿,深通川也。濬,古文睿。"⑥"濬川"謂疏通河道,亦與《貴因篇》所謂"迵溝陸"意近。準此,《貴因篇》"溝迥陸"當如校本、《雜志》改作"迵溝陸",即"通溝道",疏通水道的意思。

例(二)

《管子·幼官》:"求天下之精材,論百工之鋭器,器成角試否臧。收天下之豪傑,有天下之稱材,説行若風雨,發如雷電。"尹《注》:"稱材,謂材稱其所用也。"《管子》校本"稱材"旁有校語云:"疑即上文'精材'。《七法篇》云'聚天下之精材'、'有天下之駿雄'。《小問篇》云'選天下之豪傑,致天下之精材'。"《讀管子雜志》"稱材"條下,王氏肯定了校本的校語,指出"'稱材'當爲'精材'",義並與《七法》、《小問》"精材"同。"精"、"稱"二字因隸書字形相似而誤,故"尹《注》非"。⑦ 1972年,山東

---

① 王念孫:《讀書雜志》,志餘上,第47頁下。
② 許慎:《説文解字》,卷二上,第41頁上。
③ 段玉裁:《説文解字注》,二篇下,第73頁下。
④ 馬承源:《上海博物館藏戰國楚竹書(二)》,上海古籍出版社2002年版,第270頁。
⑤ 裘錫圭:《燹公盨銘文考釋》,《中國歷史文物》2002年第6期,第13頁。
⑥ 許慎:《説文解字》,卷十一下,第240頁上。
⑦ 王念孫:《讀書雜志》,志五之二,第7頁上。

臨沂銀雀山一號漢墓出土大量竹簡,其中有篇名《王兵》的竹簡 24 枚,文字與《管子》的《參患》、《七法》、《地圖》、《兵法》諸篇錯見。竹書《王兵》云:"取天下精材,論百工利器;收天下豪桀(傑),有天下俊雄。春秋縠(角)試,以闌(練)精材。勤(動)如雷神(電),起如䖟(飛)鳥,往如風雨。"①比照竹書《王兵》與《管子·幼官》,竹書文理明顯較爲暢達,而《幼官》"有天下之稱材"即改編自《王兵》"有天下俊雄"、"以闌精材"兩句而文字有所删節。準此,校本、《雜志》改"稱材"爲"精材"是正確的。

例(三)

馬王堆漢墓出土的帛書《老子》乙本卷前,抄錄了《經法》、《十大經》、《稱》、《道原》等佚書。裘錫圭指出這批佚書反映的"是曾經風行於西漢時代的、'撮名法之要'的那種道家思想。這也就是當前很多學者名之爲'黄老'的那種思想。這種思想跟《老子》的思想是有相當明顯的區別的"。② 唐蘭(1901—1979)將佚書與《老子》比對,發現二者在思想上有相異之處,如《老子》講德而不講刑,"四篇古佚書把'德'和'刑'對立,稱爲'刑德',這是黄帝之言的重要發展"。③ 唐氏同時指出帛書《十大經·姓争》文字可以與《管子·勢》對照。④ 案《姓争》一篇藉力黑答高陽之問,闡述順天而行、静作得時、刑德相養的道理,其文曰:

> 凡諶之極,在刑與德。刑德皇皇,日月相望,以明其當。……争(静)作得時,天地與之。争不衰,時静不静,國家不定。可作不作,天稽環周,人反爲之【客】。静作得時,天地與之。静作失時,天地奪之。夫天地之道,寒涅(熱)燥濕,不能并立;剛柔陰陽,固不兩行。兩相養,時相成。居則有法,動作循名,其事若易成。若夫人事則無

---

① 銀雀山漢墓竹簡整理小組:《臨沂銀雀山漢墓出土〈王兵〉篇釋文》,《文物》1976 年第 12 期,第 37 頁。
② 裘錫圭:《馬王堆帛書老子乙本卷前古佚書並非黄帝四經》,收入氏著《中國出土古文獻十講》,復旦大學出版社 2004 年版,第 356 頁。
③ 唐蘭:《馬王堆出土老子乙本卷前古佚書的研究——兼論其與漢初儒法鬥争的關係》,收入馬王堆漢墓帛書整理小組編《經法(馬王堆漢墓帛書)》,文物出版社 1976 年版,第 160 頁。
④ 唐蘭:《馬王堆出土老子乙本卷前古佚書的研究——兼論其與漢初儒法鬥争的關係》,收入馬王堆漢墓帛書整理小組編《經法(馬王堆漢墓帛書)》,第 177 頁。

常,過極失當,變故易常,德則無有,昔(措)刑不當,居則無法,動作爽名,是以僇受其刑。①

《管子·勢》云:"夫靜與作,時以爲主人,時以爲客,貴得度。"尹《注》:"靜作得度,則爲主人。其失度者,則爲客也。"據《姓爭》,則《勢》所謂"得度"即得時的意思,意指掌握天時,主動出擊。該定則靜,該爭則作,靜作得時。又《勢》曰:"逆節萌生,天地未刑,先爲之政,其事乃不成,繆受其刑。"據《姓爭》所述,如果德刑相養,天時相成,那麼"居則有法,動作循名",結果"其事若易成"。但如果"德則無有,措刑不當",那麼"居則無法,動作爽名",結果"是以僇受其刑"。② 參照郭沫若(1892—1978)的意見,《勢》"逆節萌生"五句是靜作失時的引申,"逆節萌生"指"反乎節制而冒昧生事","天地未刑,先爲之政"指"天地未形可征之兆,而先爲之征伐,其事乃不成",這明顯是時靜不靜,不合天時的做法,結果是"繆受其刑"。③ "繆受其刑",尹《注》云:"其事不成,則被誅戮,受其刑罪也。""繆"作"誅戮"解,是假借字。《管子》校本有校語云:"據《注》,則正文'繆'當作'僇'。"帛書正作"僇受其刑"。

例(四)

《周秦諸子合韻譜》第一册"耕真"合韻下,王念孫録《老子》第二十二章"曲則全,枉則正;窪則盈,弊則新"四句,並以"正"、"新"二字合韻,按語曰:"今本'正'作'直',依唐龍興觀本改。""龍興觀本"指唐中宗景龍二年(708)河北易州龍興觀《道德經》碑文拓本,又稱"景龍本",王念孫據此改王弼本"枉則直"爲"枉則正"。唐傅奕《道德經古本篇》、南宋范應元《老子道德經古本集注》亦作"正"。王念孫此校第一以韻校字,如作職部的"直"字則失其韻;第二以古本爲據,碑本保留了初唐《老子》傳本原貌,較傅、范二本更爲近古。馬王堆漢墓帛書《老子》乙本作"汪[枉]則正",

---

① 馬王堆漢墓帛書整理小組編:《十大經·姓爭》,收入《經法(馬王堆漢墓帛書)》,第65—66頁。
② 此處"若"作"乃"解,"爽"作"差錯"、"不合"解,參看《經法(馬王堆漢墓帛書)》。
③ 郭沫若:《管子集校》,收入氏著《郭沫若全集(歷史篇)》,第63頁。

甲本作"枉則定",整理者讀"定"爲"正"。① 可以作爲王校之證。

除了上述校勘的例子外,王念孫對古書的訓釋,部分也可以跟出土材料互相印證,例如:

例(五)

《韓非子·外儲説左下》記齊桓公詢問管仲安置官吏之方,管仲曰:"墾草仞邑,辟地生粟,臣不如甯戚,請以爲大田。"意謂齊大夫甯戚勝任管理開荒墾田之工作,可以出任大田一職。"墾草仞邑"一句,舊《注》云:"仞,入也。所食之邑,能入其租税也。""仞"無"入"義,太田方曰:"仞,牣也,滿也。《管子》、《史記》並作'入',舊説因訓'入也'。《戰國策》'蔡澤見逐'章:'墾草刱邑。'《注》:'刱,造也。'義亦通。"②太田方以兩可之説訓釋此句。俞樾則以爲"'仞'當作'刱',謂刱造其邑也。作'仞'者,字之誤"。③ 陳奇猷采用了俞説,並批評"太田方訓爲滿,滿邑,殊嫌強解"。④

案:雲夢睡虎地秦簡《爲吏之道》有"根(墾)田人邑"一語,整理小組注:"人讀爲仞,仞邑,使城邑人口充實。"⑤銀雀山漢墓竹書《王法》也有"狠(墾)草仁邑"一語,整理小組認爲"仁,讀爲'仞',充滿之意。"⑥裘錫圭根據上舉的出土竹簡的材料,指出:

> 古代本來只有"墾草(原注:或作田)仞邑"一種説法,"仞"也可以寫作音近的"人"、"仁"(原注:古代或許還可寫作"刃")。後來不明白"仞邑"之義的人,有意無意地把"人"字寫成"入"或"大",把"仞"字(原注:可能還有"刃")寫成"刱",這才把問題搞得這樣複雜。⑦

---

① 裘錫圭主編:《長沙馬王堆漢墓帛書集成》,第4册,第206、41頁。
② 太田方:《韓非子翼毳》,收入嚴靈峰編《無求備齋韓非子集成》,成文出版社有限公司1980年版,第48—49册,第20頁。
③ 俞樾:《諸子平議》,《續修四庫全書》,第1162册,卷二十一,第124頁上。
④ 陳奇猷:《韓非子新校注》,第744頁。
⑤ 睡虎地秦墓竹簡整理小組:《睡虎地秦墓竹簡》,文物出版社1978年版,第285—286頁。
⑥ 銀雀山漢墓竹簡整理小組:《銀雀山竹書守法、守令第十三篇》,《文物》1985年第4期,第33—34頁。
⑦ 裘錫圭:《考古發現的秦漢文字資料對於校讀古籍的重要性》,收入氏著《裘錫圭學術文集》,第4册,第371頁。原載《中國社會科學》1980年第5期。

裴説甚是。考王念孫《韓非子》校本"墾草仞邑"一句也有校語,王念孫曰:"仞,充滿也。昭三十二年《左傳》'仞溝洫',《注》:'度深曰仞。'《管子·小匡篇》'仞邑'作'入邑'。"又《讀淮南内篇雜志》"充忍"條下,王氏云:

"德交歸焉而莫之充忍也",高《注》曰:"忍,不忍也。"念孫案:高蓋誤讀"忍也"二字爲句,訓"忍"爲"不忍",於正文無當也。今案"充忍"二字當連讀,"忍"讀爲"牣",《大雅·靈臺篇》"於牣魚躍",《毛傳》曰:"牣,滿也。"德交歸焉而莫之充滿,所謂大盈若虛也。……《史記·殷本紀》"充牣官室",《後漢書·章八王傳》"充牣其第",牣、仞、忍並同聲而通用。①

比類而觀,王氏當以爲《外儲説左下》"墾草仞邑"中的"仞"讀爲"牣",作"充滿"解。今天我們再來解釋"墾草仞邑"一語時,校本的校語是值得參考的。

例(六)

《呂氏春秋·先己》:"無爲之道曰勝天,義曰利身,君曰勿身。勿身督聽,利身平静,勝天順性。"《注》:"天無爲而化。君能無爲而治,民以爲勝於天。"《吕氏春秋》校本天頭有校語曰:"勝猶任也,故下文曰'勝天順性'。"王念孫的訓解異於高誘,我們可以參考《讀淮南内篇雜志》"勝心勝欲勝理"條下王氏對"勝"字的解釋:

"聖人勝心,衆人勝欲",念孫案:勝,任也,言聖人任心,衆人任欲也。……《説文》:"勝,任也。"任與勝,聲相近,任心任欲之爲勝心勝欲,猶戴任之爲戴勝。高解"聖人勝心"曰"心者,欲之所生也。聖人止欲,故勝其心",則誤以勝爲勝敗之勝矣。②

---

① 王念孫:《讀書雜志》,志九之八,第5頁上。
② 王念孫:《讀書雜志》,志九之十四,第8頁下—9頁上。

準此,校本亦當認爲高《注》誤解《先己篇》"無爲之道曰勝天"之"勝"爲"勝敗"之"勝"。王氏認爲"勝猶任也","勝天"即"任天"、"順天",言"治身"之道在於任憑自然,順應自然,訓釋明顯較高《注》"勝於天"的説法更符合《先己篇》闡釋道家"無爲之道"的要義。

郭店竹書《老子》甲本1、2號,抄有相當於今本《老子》第十九章的文字,今本"絕仁棄義,民復孝慈",簡文作"䋣(絕)愚(僞)弃慮(慮),民復季子"。① 裘錫圭指出,簡文"愚"可以釋讀爲"僞"或"爲":

> "絕愚"之"愚"所指的,應即"用己而背自然"的作爲,也就是《淮南子·詮言》所説的"道理通而人爲滅"的"人爲"。《莊子·庚桑楚》用"僞"字來表示這種"爲"。……《荀子》也用"僞"表示不是出自天性的作爲。……道家著作,往往就用"爲"字來表示"背自然"的"人爲"。所以把"絕愚"的"愚"釋讀爲"僞"或"爲",都是可以的。②

按照裘氏的看法,簡文"絕愚"的意思就是摒棄違背自然的"爲",這與《先己》"無爲之道曰勝天"、"勝天順性"的思想相一致。

又《君守》:"'至精無象,而萬物以化。大聖無事,而千官盡能。'此乃謂不教之教,無言之詔。"校本改"無象"爲"無爲",天頭有校語云:"'象'當作'爲',形、成爲韻,爲、化爲韻。《老子》曰:'我無爲而民自化。'是其證也。"據王校則《君守》當作"至精無爲,而萬物以化",王氏引《老子》除了要證明"無象"當作"無爲"外,還因爲《君守》主張君主應該執守"静而無知"的君道,③與老子"清静無爲"的思想相關。考《讀吕氏春秋雜志》"至精無象"條下,王氏案曰:

> "象"當作"爲",《老子》曰:"道常無爲無不爲,侯王若能守之,

---

① 荆門市博物館編:《郭店楚墓竹簡》,文物出版社1998年版,第111頁。
② 裘錫圭:《糾正我在郭店老子簡釋讀中的一個錯誤——關於"絕僞棄詐"》,收入氏著《裘錫圭學術文集》,第2册,第331頁。
③ 《君守篇》云:"得道者必静,静者無知,知乃無知,可以言君道也。"

萬物將自化。"又曰:"我無爲而民自化。"《莊子·天地篇》曰:"無爲而萬物化。"皆其證也。①

《君守》的作者基於老子"道常無爲"而"萬物自化"的思想,推論出"大聖無事,而千官盡能",作者認爲"無爲"、"無事"才稱得上是"不教之教,無言之詔",這與今本《老子》"聖人處無爲之事,行不言之教"、"聖人無爲,故無敗"以及竹書《老子》"絕愚"的思想相始終。王念孫改"無象"爲"無爲",復引《老子》、《莊子》爲證,有助我們進一步理解《君守》與道家思想的關係。可惜的是,就筆者知見所及,學者討論竹書《老子》簡文的時候,都沒有注意到《君守》的文字,更遑論是王念孫對相關文句的校改與訓解。

以上所舉諸例引證的出土材料都是二十世紀五十代以後陸續發現的,我們無法設想胡適如果得見這批材料,他對王念孫理校的看法是否改變。但是就王念孫的理校是否科學這個問題,因爲有了出土材料作證據,我們可以從方法學上,特別是參考西方的校勘學理論,加以討論、釐清。出土材料與傳世文獻對照互證已經成爲了當前古籍研究的範式,而充分運用出土材料及有關研究成果是這個範式的一個特點。出土材料,特別是簡帛古書,有些尚有傳本,即使已經失傳了,個別段落或文句還是可以用來闡明傳世古書中的某些文句或詞語的意義。雖然這種研究方法是雙向的,但目前有種傾向是過分強調出土材料的價值,以出土材料爲主、傳世文獻爲輔。裘錫圭在 2000 年,也就是他撰文呼籲學界要注意運用出土材料的二十年後,寫了一篇叫《中國古典學重建中應該注意的問題》的文章,文中指出:

> 出土的簡帛古書,有些是尚未失傳的書。釋讀這種簡帛古書,當然需要跟傳世本相對照。已失傳的簡帛古書也往往含有個別或一些可以跟傳世古書相對照的語句。如果不知道它們可以跟傳世古書相

---

① 王念孫:《讀書雜志》,志餘上,第 49 頁。

對照,釋讀時就非常可能犯本不應有的錯誤。①

洵哉斯言! 裘先生雖然只是提到出土材料要注意跟傳世古書對照,但要對照傳世古書,就必須同時充分掌握並運用前人對這些傳世古書的整理成果,特別是在質量或者數量上都超邁前代的清代學者,其中王念孫對傳世古書的校勘、訓釋更是我們校讀出土材料時應該多加注意、參考的科學成果。

六、結　　語

王念孫《〈廣雅疏證〉序》述其校理《廣雅》之方云:

> 竊以訓詁之旨,本於聲音。故有聲同字異,聲近義同,雖或類聚群分,實亦同條共貫。……此之不寤,則有字別爲音,音別爲義,或望文虛造而違古義,或墨守成訓而尟會通,易簡之理既失,而大道多歧矣。今則就古音以求古義,引伸觸類,不限形體。苟可以發明前訓,斯凌雜之譏,亦所不辭。……今據耳目所及,旁攷諸書,以校此本,凡字之訛者五百八十,脱者四百九十,衍者三十九,先後錯亂者百二十三,正文誤入《音》内者十九,《音》内字誤入正文者五十七,輒復隨條補正,詳舉所由。②

面對"訛脱久矣"的《廣雅》,王氏即音以考字,因文以尋義,形音義三者互求,既訂正訛字,亦發明前訓。古籍傳抄,訛脱不免,王氏除以善刻爲底本外,更廣備異本,旁考載籍,補訂刪乙,所在多是。校理《廣雅》如此,校理他書亦復如是。《〈讀史記雜志〉叙》云:"研究《集解》、《索隱》、《正義》三家訓釋,而參攷經史諸子及群書所引,以釐正訛脱。"又"從吴侍御榮光假

---

① 裘錫圭:《中國古典學重建中應該注意的問題》,收入氏著《裘錫圭學術文集》,第 2 册,第 337 頁。
② 王念孫:《廣雅疏證》,自序,第 1 頁下—2 頁上。

宋本參校"。① 《〈讀淮南内篇雜志〉書後》則云："以藏本爲主，參以群書所引，凡所訂正，共九百餘條。"② 由此可見，胡適爲序《元典章校補釋例》而寫的《校勘學方法論》裹充分肯定且目爲科學校勘的對校、本校、他校諸法，王念孫亦皆究心，且神乎其技，這在其校勘成果每每與後出善本或出土文獻相合可得明證。但以王氏治學之既博且精，自然不會也不願意局限在"照本改字"的校勘格局之中。

本書第三章引段玉裁《與諸同志書論校書之難》，論"校書之難，非照本改字不訛不漏之難也"而是定"底本之是非"時，曾指出以戴震爲首的戴、段、二王之學的校勘理念，在於定"著書者之稿本"。③ 而所謂"著書者之稿本"，實際上就是 Postgate 在 *Textual Criticism* 一文裹稱校勘學要將文本盡可能回復到作者所意指的那個"原始文本"（original form），④ 也就是胡適翻譯成"求古本，越古越好"的那個"古本"。⑤ 可以說對於校勘的最終目標，王念孫與胡適並無異致，所不同者是達至此一目標的方法與準則。胡適追求的是一切以版本爲準的憑據，王念孫看重的是一切可以判斷是非、真僞的證據，即段玉裁所謂"貴求其是而已"。⑥ 相對於訛謬的版本，可以據理以校"古本之是者"的證據，在王氏看來更爲可信。而王氏在長期校勘工作中，累積了超乎尋常的經驗和識見，以實事求是的態度，歸納例證，發明條例，並以類比推理觸類旁通，以理校改，成就"它只能是這樣子（it must have been this）"的"理必"思想，可謂到了《莊子·養生主》"好者道也，進乎技矣"的境界。

---

① 王念孫：《讀書雜志》，序三之一，第1頁。
② 王念孫：《讀書雜志》，志九之二十二，第1頁。
③ 段玉裁著，鍾敬華校點：《經韻樓集》，第 332—333 頁。
④ "The aim of the 'textual critic' may then be defined as the restoration of the text, as far as possible, to its original form, if by 'original form' we understand the form intended by its author." In Postgate, John Percival. "Textual Criticism", *in Encyclopædia Britannica (11th edition)*. p.709.
⑤ 胡適：《論校勘之學》，收入氏著《胡適留學日記》，第 326 頁。
⑥ 段玉裁著，鍾敬華校點：《經韻樓集》，第 337 頁。

引用及主要參考文獻

甲、中文參考書目

B

白兆麟：《校勘訓詁論叢》，合肥：安徽大學出版社，2001年。

〔漢〕班固：《漢書》，北京：中華書局，2002年。

北京大學研究所編：《北京大學研究所國學門概略》，北京：北京大學研究所，1927年。

北京圖書館普通古籍組：《北京圖書館普通古籍總目》，北京：書目文獻出版社，1990年。

C

曹伯言編：《胡適日記全集》，臺北：聯經出版公司，2018年。

昌彼得：《說郛考》，臺北：文史哲出版社，1979年。

陳秉才、張玉範編：《稿本叢書》，天津：天津古籍出版社，1996年。

〔清〕陳昌齊：《呂氏春秋正誤》，收入《嶺南遺書》，道光三十年原刊本。

陳啓天：《韓非子校釋》，臺北：中華叢書委員會，1958年。

陳奇猷：《韓非子新校注》，上海：上海古籍出版社，2000年。

陳奇猷：《呂氏春秋新校釋》，上海：上海古籍出版社，2002年。

〔清〕陳士珂：《孔子家語疏證》，上海：上海書店，1987年。

陳先行等編：《中國古籍稿鈔校本圖錄》，上海：上海書店出版社，2000年。

陳先行、石菲：《明清稿抄校本鑒定》，上海：上海古籍出版社，2009年。

陳新雄：《古音研究》，臺北：五南圖書出版有限公司，1999年。

陳雄根:《〈讀書雜志〉資料便檢》,香港:香港中文大學出版社,1989年。
陳寅恪:《陳垣〈敦煌劫餘錄〉序》,收入劉夢溪主編《中國現代學術經典·陳寅恪卷》,石家莊:河北教育出版社,2002年。
陳垣:《校勘學釋例》,北京:中華書局,2004年。
陳垣:《史諱舉例》,上海:上海書店出版社,2004年。
陳垣著,陳智超編:《史源學實習及清代史學考證法》,上海:商務印書館,2014年。
陳祖武、朱彤窗:《乾嘉學術編年》,石家莊:河北人民出版社,2005年。
程俊英、梁永昌:《應用訓詁學》,上海:華東師範大學出版社,1996年。
程千帆、徐有富:《校讎廣義典藏編》,濟南:齊魯書社,1998年。

D

〔清〕戴震:《方言疏證》,收入楊應芹、諸偉奇主編《戴震全書(修訂本)》,第3册,合肥:黃山書社,2010年。
鄧邦述:《群碧樓善本書錄》,臺北:廣文書局,1967年。
〔清〕丁丙:《善本書室藏書志》,《續修四庫全書》據清光緒二十七年(1901)錢塘丁氏刻本影印,第1491册,上海:上海古籍出版社,2002年。
〔宋〕丁度等編:《集韻》,北京:中華書局據北京圖書館藏宋刻本影印,2005年。
丁福保編纂:《説文解字詁林》,北京:中華書局,1988年。
丁介民:《方言考》,香港:龍門書店,1967年。
丁惟汾:《方言音釋》,濟南:齊魯書社,1985年。
董治安:《先秦文獻與先秦文學》,濟南:齊魯書社,1994年。
董志翹:《訓詁類稿》,成都:四川大學出版社,1999年。
〔晉〕杜預注,〔唐〕孔穎達疏:《春秋左傳正義》,北京:北京大學出版社,2000年。
杜澤遜:《文獻學概要》,北京:中華書局,2001年。
〔清〕段玉裁:《戴東原震先生年譜》,香港:崇文書店據《經韻樓叢書》影印,1971年。

〔清〕段玉裁撰,鍾敬華校點:《經韻樓集》,上海:上海古籍出版社,2008年。

〔清〕段玉裁:《説文解字注》,上海:上海古籍出版社,1988年。

F

〔宋〕范曄:《後漢書》,北京:中華書局,2001年。

〔清〕方東樹:《漢學商兑》,道光十一年(1831)刻本。

方俊吉:《高郵王氏父子學之研究》,臺北:文史哲出版社,1974年。

馮爾康:《清代人物傳記史料研究》,北京:商務印書館,2000年。

馮其庸、鄧安生纂著:《通假字彙釋》,北京:北京大學出版社,2006年。

傅斯年圖書館善本書志編纂小組:《中研院歷史語言研究所傅斯年圖書館善本書志·經部》,臺北:"中研院"歷史語言研究所,2013年。

符淮青:《詞義的分析和描寫》,北京:語文出版社,1996年。

符淮青:《漢語詞彙學史》,合肥:安徽教育出版社,1996年。

傅增湘:《藏園群書題記》,上海:上海古籍出版社,1989年。

傅增湘著,傅熹年整理:《藏園群書經眼錄》,北京:中華書局,2009年。

G

高亨:《韓非子新箋》,收入高亨著《諸子新箋》,濟南:山東人民出版社,1962年。

高亨纂著,董治安整理:《古字通假會典》,濟南:齊魯書社,1989年。

高小方:《中國語言文字學史料學》,南京:南京大學出版社,1998年。

〔漢〕高誘注,〔清〕畢沅校刻:《吕氏春秋》,收入《百部叢書集成》,臺北:藝文印書館,1969年。

〔漢〕公羊壽傳,〔漢〕何休解詁,〔唐〕徐彦疏:《春秋公羊傳注疏》,北京:北京大學出版社,2000年。

《古文字詁林》編纂委員會:《古文字詁林》,上海:上海教育出版社,2002年。

〔清〕顧廣圻：《韓非子識誤》，收入嚴靈峰編《無求備齋韓非子集成》，第37冊，臺北：成文出版社有限公司據清韓晏合刻本影印，1980年。

〔清〕顧廣圻：《思適齋集》，《續修四庫全書》據清道光二十九年（1849）徐渭仁刻本影印，第1491冊，上海：上海古籍出版社，2002年。

〔清〕顧南原撰集：《隸辨》，北京：中國書店影印康熙五十七年（1718）項氏玉淵堂刻本，1982年。

〔清〕顧炎武：《音學五書》，北京：中華書局，1982年。

〔清〕顧炎武撰，黃汝成集釋，秦克誠點校：《日知錄集釋》，長沙：嶽麓書社，1996年。

〔梁〕顧野王編著：《原本玉篇殘卷》，北京：中華書局影印黎庶昌及羅振玉本，1985年。

〔梁〕顧野王編著，〔宋〕陳彭年等重修：《大廣益會玉篇》，北京：中華書局影印康熙四十三年（1704）澤存堂本，2004年。

管錫華：《校勘學》，合肥：安徽教育出版社，1991年。

郭麗：《〈管子〉文獻學研究》，青島：中國海洋大學出版社，2007年。

郭沫若：《管子集校》，北京：科學出版社，1956年。

郭沫若：《管子集校》，收入氏著《郭沫若全集（歷史篇）》，北京：人民文學出版社，1984年。

〔晉〕郭璞注，〔宋〕邢昺疏：《爾雅注疏》，北京：北京大學出版社，2000年。

郭錫良：《漢字古音手冊》（增訂本），北京：商務印書館，2010年。

H

《韓非子》校注組：《韓非子校注》（修訂本），南京：鳳凰出版社，2009年。

《漢語大字典》編輯委員會：《漢語大字典》（縮印本），成都：四川辭書出版社，武昌：湖北辭書出版社，1996年。

〔清〕郝懿行：《爾雅義疏》，北京：中國書店影印咸豐六年（1856）刻本，1982年。

何大安：《聲韻學中的觀念和方法》，臺北：大安出版社，1991年。

何九盈：《中國古代語言學史》，廣州：廣東教育出版社，1995年。

何寧：《淮南子集釋》，北京：中華書局，1998年。

何志華：《高誘注解發微：從〈呂氏春秋〉到〈淮南子〉》，香港：中國文化研究所中國古籍研究中心，2007年。

〔清〕洪頤煊：《管子義證》，《續修四庫全書》據嘉慶二十四年（1819）刻本影印，第970冊，上海：上海古籍出版社，2002年。

胡楚生：《清代學術史研究》，臺北：臺灣學生書局，1993年。

胡楚生：《清代學術史研究續編》，臺北：臺灣學生書局，1994年。

胡道靜：《中國古代的類書》，北京：中華書局，1982年。

胡樸安、胡道靜：《校讎學》，上海：上海書店，1991年。

胡適：《胡適文存》，臺北：遠東圖書公司，1953年。

胡適：《胡適留學日記》，合肥：安徽教育出版社，2006年。

胡適口述，唐德剛譯注：《胡適口述自傳》，臺北：遠流出版事業股份有限公司，2005年。

胡裕樹：《中國學術名著提要·語言文字學卷》，上海：復旦大學出版社，1995年。

華學誠：《潛齋語文論稿》，南京：南京大學出版社，1991年。

華學誠匯證：《揚雄〈方言〉校釋匯證》，北京：中華書局，2006年。

華學誠：《揚雄〈方言〉校釋論稿》，北京：高等教育出版社，2011年。

華學誠：《華學誠古漢語論文集》，北京：北京語言大學出版社，2012年。

黃愛平：《樸學與清代社會》，石家莊：河北人民出版社，2003年。

黃懷信：《小爾雅匯校集釋》，西安：三秦出版社，2003年。

黃懷信、張懋鎔、田旭東：《逸周書彙校集注》，上海：上海古籍出版社，2007年。

黃侃：《文字聲韻訓詁筆記》，上海：上海古籍出版社，1983年。

J

〔清〕紀昀總纂：《欽定四庫全書總目》，北京：中華書局，1997年。

〔清〕紀昀總纂：《四庫全書總目提要》，石家莊：河北人民出版社，

2000年。

〔清〕江藩:《經解入門》,臺北:廣文書局,1977年。

〔清〕江藩:《漢學師承記》,北京:三聯書店,1998年。

江慶柏編著:《清代人物生卒年表》,北京:人民文學出版社,2005年。

江有誥:《音學十書》,北京:中華書局,1993年。

江沅:《說文解字音均表》,《皇清經解續編》,《清經解 清經解續編》,第10冊,上海:上海書店出版社,2014年。

蔣秋華主編:《乾嘉學者的治經方法》,臺北:"中研院"中國文哲研究所籌備處,2000年。

蔣紹愚:《古漢語詞彙綱要》,北京:北京大學出版社,1992年。

蔣紹愚:《蔣紹愚自選集》,鄭州:河南教育出版社,1994年。

蔣紹愚:《漢語詞彙語法史論文集》,北京:商務印書館,2000年。

〔清〕焦循:《孟子正義》,北京:中華書局,1998年。

金春峰:《漢代思想史》,北京:中國社會科學出版社,1997年。

荊門市博物館編:《郭店楚墓竹簡》,北京:文物出版社,1998年。

K

〔漢〕孔安國傳,〔唐〕孔穎達疏:《尚書正義》,北京:北京大學出版社,2000年。

孔廣森:《詩聲類》,北京:中華書局,1983年。

L

賴貴三編著:《昭代經師手簡箋釋》,臺北:里仁書局,1999年。

〔清〕黎翔鳳撰,梁運華整理:《管子校注》,北京:中華書局,2009年。

〔清〕李惇:《群經識小》,《續修四庫全書》據清道光李培紫刻本影印,第173冊,上海:上海古籍出版社,2002年。

李開:《戴震評傳》,南京:南京大學出版社,1992年。

李開:《戴震語文學研究》,南京:江蘇古籍出版社,1998年。

李新魁:《漢語音韻學》,北京:北京出版社,1986年。

李學勤:《古文獻叢論》,上海:上海遠東出版社,1996年。
李增燾:《廣雅逸文補輯並注》,廣州:暨南大學出版社,1993年。
李珍華、周長楫:《漢字古今音表》,北京:中華書局,1999年,修訂本。
李宗焜編撰:《景印解說高郵王氏父子手稿》,臺北:"中研院"歷史語言研究所,2000年。
梁啓超:《中國近三百年學術史》,北京:東方出版社,1996年。
梁啓超:《清代學術概論》,上海:上海古籍出版社,2000年。
梁啓超:《論中國學術思想變遷之大勢》,上海:上海古籍出版社,2001年。
梁啓超著,朱維錚校注:《梁啓超論清學史二種》,上海:復旦大學出版社,1985年。
梁啓雄:《韓子淺解》,北京:中華書局,2009年。
〔清〕梁玉繩:《清白士集》,清嘉慶梁氏家刻本。
劉殿爵編:《淮南子逐字索引》,臺北:臺灣商務印書館,1995年。
劉殿爵編:《呂氏春秋逐字索引》,臺北:臺灣商務印書館,1996年。
劉殿爵:《淮南子韻讀及校勘》,香港:香港中文大學出版社,2013年。
劉堅主編:《二十世紀的中國語言學》,北京:北京大學出版社,1998年。
劉君惠等著:《揚雄方言研究》,成都:巴蜀書社,1992年。
劉鈞杰:《同源字典補》,北京:商務印書館,1999年。
劉鈞杰:《同源字典再補》,北京:語文出版社,1999年。
劉樂賢:《睡虎地秦簡日書研究》,臺北:文津出版社,1994年。
劉盼遂:《高郵王氏父子年譜》、《王石臞文集補編》、《王伯申文集補編》,收入羅振玉輯印《高郵王氏遺書》,南京:江蘇古籍出版社影印上虞羅氏排印本,2000年。
〔清〕劉師培:《韓非子斠補》,收入嚴靈峰編《無求備齋韓非子集成》,第37冊,臺北:成文出版社影印民國二十五年(1936)《劉申叔遺書》排印本,1980年。
〔清〕劉台拱:《劉端臨先生遺書》,臺北:藝文印書館影印光緒十五年(1889)廣雅書局刊本,1960年。

〔漢〕劉熙著,〔清〕王先謙補證:《釋名疏證補》,收入《漢小學四種》,成都:巴蜀書社,2001年。

〔清〕盧見曾:《雅雨堂詩文遺集》,道光二十年(1840)刻本。

〔清〕盧文弨:《鍾山札記》,收入《抱經堂叢書》,北京:直隸書局,1923年。

〔清〕盧文弨著,王文錦點校:《抱經堂文集》,北京:中華書局,1990年。

〔清〕盧文弨:《重校方言》,收入《字典彙編》編委會編輯《字典彙編》,北京:國際文化出版公司影印《抱經堂叢書》本,1993年。

〔清〕盧文弨:《群書拾補》,《續修四庫全書》據《抱經堂叢書》本影印,第1149册,上海:上海古籍出版社,2002年。

〔唐〕陸德明:《經典釋文》,北京:中華書局,1983年。

陸宗達:《陸宗達語言學論文集》,北京:北京師範大學出版社,1996年。

陸宗達、王寧:《訓詁與訓詁學》,太原:山西教育出版社,1996年。

羅常培、周祖謨:《漢魏晉南北朝韻部演變研究》,北京:中華書局,2007年。

羅振玉輯印:《高郵王氏遺書》,南京:江蘇古籍出版社影印上虞羅氏排印本,2000年。

羅振玉著,羅繼祖主編:《羅振玉學術論著集》,上海:上海古籍出版社,2010年。

羅正堅:《漢語語義引申導論》,南京:南京大學出版社,1996年。

〔戰國〕呂不韋:《呂氏春秋》,收入《百部叢書集成》,臺北:藝文印書館影印乾隆五十四年(1789)《經訓堂叢書》本,1969年。

M

馬奔騰輯注:《王國維未刊來往書信集》,北京:清華大學出版社,2010年。

馬承源:《上海博物館藏戰國楚竹書(二)》,上海:上海古籍出版社,2002年。

馬承源:《上海博物館藏戰國楚竹書(五)》,上海:上海古籍出版社,

2005年。

〔清〕馬瑞辰著,陳金生點校:《毛詩傳箋通釋》,北京:中華書局,2008年。

馬王堆漢墓帛書整理小組:《馬王堆漢墓帛書(叁)》,北京:文物出版社,1978年。

麥耘:《音韻與方言研究》,廣州:廣東人民出版社,1995年。

〔漢〕毛亨傳,鄭玄箋,〔唐〕孔穎達疏:《毛詩正義》,北京:北京大學出版社,2000年。

P

潘景鄭:《著硯樓讀書記》,瀋陽:遼寧教育出版社,2002年。

濮之珍:《中國語言學史》,上海:上海古籍出版社,1999年。

《普通邏輯》編寫組:《普通邏輯》(第4版),上海:上海人民出版社,1993年。

Q

漆永祥:《乾嘉考據學研究》,北京:中國社會科學出版社,1998年。

祁龍威、林慶彰:《清代揚州學術研究》,臺北:臺灣學生書局,2001年。

〔清〕錢大昭:《廣雅疏義》,《續修四庫全書》據上海圖書館藏清愛古堂鈔本影印,第190冊,上海:上海古籍出版社,1995年。

錢穆:《中國近三百年學術史》,北京:商務印書館,1997年。

〔清〕錢儀吉等纂:《清代碑傳全集》,上海:上海古籍出版社,1987年。

〔清〕錢繹撰集:《方言箋疏》,上海:上海古籍出版社,1984年。

清國史館原編:《清史列傳》,北京:中華書局,1987年。

裘錫圭:《古代文史研究新探》,江蘇:江蘇古籍出版社,1992年。

裘錫圭:《裘錫圭學術文化隨筆》,北京:中國青年出版社,1999年。

裘錫圭:《中國出土古文獻十講》,上海:復旦大學出版社,2004年。

裘錫圭:《裘錫圭學術文集》,上海:復旦大學出版社,2012年。

裘錫圭主編:《長沙馬王堆漢墓帛書集成》,北京:中華書局,2014年。

屈萬里:《先秦文史資料考辨》,臺北:聯經出版事業公司,1983年。

R

容庚:《金文編》,北京:中華書局,1985年。

容肇祖:《韓非子考證》,收入嚴靈峰編《無求備齋韓非子集成》,第39冊,臺北:成文出版社影印民國二十五年(1936)上海商務印書館排印本,1980年。

〔清〕阮元:《揅經室續集》,上海:商務印書館,1935年。

〔清〕阮元校刻:《十三經注疏》,北京:中華書局,1996年。

〔清〕阮元著,鄧經元點校:《揅經室集》,北京:中華書局,2006年。

S

單殿元:《王念孫王引之著作析論》,北京:社會科學文獻出版社,2009年。

商承祚:《甲骨文字研究》,北京:北京圖書館出版社,1999年。

上海大學古代文明研究中心、清華大學思想文化研究所編:《上博館藏戰國楚竹書研究》,上海:世紀出版集團,2002年。

上海大學古代文明研究中心、清華大學思想文化研究所編:《上博館藏戰國楚竹書研究續編》,上海:世紀出版集團,2004年。

上海圖書館:《上海圖書館善本書目》,上海:上海圖書館,1957年。

〔清〕邵懿辰著,邵章續錄:《增訂四庫簡明目錄標注》,上海:上海古籍出版社,2000年。

沈兼士:《沈兼士學術論文集》,北京:中華書局,1986年。

〔唐〕釋慧琳、〔遼〕釋希麟:《正續一切經音義》,上海:上海古籍出版社,1986年。

〔遼〕釋行均編:《龍龕手鏡》,北京:中華書局,2006年,高麗本。

舒懷:《高郵王氏父子學術初探》,武昌:華中理工大學出版社,1997年。

舒懷、李旭東、魯一帆輯校:《高郵二王合集》,上海:上海古籍出版社,2019年。

睡虎地秦墓竹簡整理小組:《睡虎地秦墓竹簡》,北京:文物出版社,1978年。

〔宋〕司馬光編:《類篇》,上海:上海古籍出版社影印上海圖書館藏汲古閣影宋鈔本,1988 年。

〔漢〕司馬遷:《史記》,北京:中華書局,1994 年。

〔清〕宋保:《諧聲補逸》,上海:商務印書館,1936 年。

蘇杰編譯:《西方校勘學論著選》,上海:上海人民出版社,2009 年。

蘇新春:《當代中國詞彙學》,廣州:廣東教育出版社,1995 年。

蘇新春:《漢語詞義學》,廣州:廣東教育出版社,1997 年。

孫欽善:《中國古文獻學史》,北京:中華書局,1995 年。

〔清〕孫星衍:《尚書今古文注疏》,北京:中華書局,1998 年。

〔清〕孫詒讓:《札迻》,清光緒二十年(1894)原刻本。

〔清〕孫詒讓著,孫啓治點校:《墨子間詁》,北京:中華書局,2001 年。

孫雍長:《訓詁原理》,北京:語文出版社,1997 年。

(日)松皋圓:《定本韓非子纂聞》,收入嚴靈峰編《無求備齋韓非子集成》,第 14—42 册,臺北:成文出版社有限公司據日本大正六年(1917)東京富山房排印本影印,1980 年。

T

臺灣"國家"圖書館特藏組編:《"國家"圖書館善本書志初稿·經部》,臺北:"國家"圖書館出版中心,1996 年。

臺灣中山大學清代學術研究中心編:《清代學術論叢》,第 1 至第 6 輯,臺北:文津出版社,2001—2002 年。

臺灣"中央"圖書館編印:《"國立中央"圖書館善本書目》,臺北:"中央"圖書館,1986 年。

(日)太田方:《韓非子翼毳》,收入嚴靈峰編《無求備齋韓非子集成》,第 48—49 册,臺北:成文出版社影印日本大正六年(1917)東京富山房排印本,1980 年。

陶鴻慶:《讀諸子札記》,北京:中華書局,1959 年。

陶鴻慶:《讀韓非子札記》,見陶鴻慶著《讀諸子札記》,收入嚴靈峰編《無求備齋韓非子集成》,第 37 册,臺北:成文出版社影印 1959 年排印本,1980 年。

〔明〕陶宗儀編纂：《説郛》，收入《説郛三種》，上海：上海古籍出版社影印明刻一百二十卷本，1988年。

W

王德毅：《王國維年譜》，臺北：蘭臺出版社，2013年，增訂本。

王國維：《王國維遺書》，上海：上海書店出版社，1996年。

王國維：《觀堂集林》，北京：中華書局，1999年。

王國維著，謝維揚、房鑫亮主編：《王國維全集》，杭州：浙江教育出版社，廣州：廣東教育出版社，2009年。

王國維、馬衡著，馬思猛輯注：《王國維與馬衡往來書信》，北京：三聯書店，2017年。

王俊義：《清代學術探研録》，北京：中國社會科學出版社，2002年。

王俊義、黄愛平：《清代學術與文化》，瀋陽：遼寧教育出版社，1993年。

王俊義、黄愛平：《清代學術文化史論》，臺北：文津出版社，1999年。

王力：《漢語音韻》，北京：中華書局，1963年。

王力：《漢語史稿》，北京：中華書局，1982年。

王力：《王力文集》，濟南：山東教育出版社，1986年。

王力：《漢語語音史》，北京：中國社會科學出版社，1997年。

王力：《同源字典》，北京：商務印書館，1997年。

王力：《王力古漢語字典》，北京：中華書局，2000年。

王力：《清代古音學》，北京：中華書局，2013年。

王力：《漢語音韻學》，北京：中華書局，2014年。

王利器：《曉傳書齋文史論集》，香港：香港中文大學出版社，1989年。

王利器：《文子疏義》，北京：中華書局，2000年。

王利器：《吕氏春秋注疏》，成都：巴蜀書社，2002年。

〔清〕王念孫：《讀書雜志》，王氏家刻本。

〔清〕王念孫著，徐煒君等校點：《讀書雜志》，上海：上海古籍出版社，2017年。

〔清〕王念孫：《方言疏證補》，收入羅振玉輯印《高郵王氏遺書》，南京：

江蘇古籍出版社影印上虞羅氏排印本,2000年。

〔清〕王念孫著,鍾宇訊點校:《廣雅疏證》,北京:中華書局,1983年。

〔清〕王念孫:《廣雅疏證》,王氏家刻本。

〔清〕王念孫著,陳雄根標點:《新式標點廣雅疏證》,香港:香港中文大學出版社,1978年。

〔清〕王念孫著,張靖偉等校點:《廣雅疏證》,上海:上海古籍出版社,2016年。

王青:《揚雄評傳》,南京:南京大學出版社,2000年。

王慶祥、蕭立文校注:《羅振玉王國維往來書信》,北京:東方出版社,2000年。

王叔岷:《管子斠證》,收入王叔岷著《諸子斠證》,北京:中華書局,2007年。

王叔岷:《韓非子斠證》,收入王叔岷著《諸子斠證》,北京:中華書局,2007年。

王文進:《文禄堂訪書記》,上海:上海古籍出版社,2007年。

〔清〕王先謙:《荀子集解》,北京:中華書局,1997年。

〔清〕王先慎著,鍾哲點校:《韓非子集解》,北京:中華書局,1998年。

〔清〕王先謙:《莊子集解》,北京:中華書局,1999年。

王欣夫:《王欣夫說古文獻學》,上海:上海古籍出版社,2000年。

王欣夫:《蛾術軒篋存善本書録》,上海:上海古籍出版社,2002年。

〔清〕王引之:《經傳釋詞》,王氏家刻本。

〔清〕王引之:《經義述聞》,道光間王氏家刻三十二卷本。

〔清〕王引之著,虞思徵等校點:《經義述聞》,上海:上海古籍出版社,2016年。

〔清〕王引之:《經義述聞》,收入《國家圖書館藏未刊稿叢書》,江蘇:鳳凰出版社,2021年。

〔宋〕王應麟:《玉海》,臺北:華文書局,1964年。

王章濤:《王念孫　王引之年譜》,揚州:廣陵書社,2006年。

韋力:《批校本》,南京:江蘇古籍出版社,2003年。

〔唐〕魏徵等撰:《群書治要》,上海:商務印書館《四部叢刊初編》據涵芬樓藏日本尾張刊本影印,1919年。

吳九龍:《銀雀山漢簡釋文》,北京:文物出版社,1985年。

〔明〕吳任臣:《字彙補》,《續修四庫全書》據清康熙五年(1666)彙賢齋刻本影印,第233冊,上海:上海古籍出版社,2002年。

〔清〕吳汝綸:《韓非子點勘》,收入嚴靈峰編《無求備齋韓非子集成》,第25冊,臺北:成文出版社有限公司據清宣統元年(1909)衍星社排印本影印,1980年。

X

向宗魯:《說苑校證》,北京:中華書局,1987年。

〔梁〕蕭統編,〔唐〕李善注:《文選》,北京:中華書局,1977年。

〔清〕邢澍著,時建國校釋:《金石文字辨異校釋》,蘭州:甘肅人民出版社,2000年。

徐復:《徐復語言文字學論稿》,南京:江蘇教育出版社,1996年。

徐復主編:《廣雅詁林》,南京:江蘇古籍出版社,1998年。

徐復觀:《兩漢思想史》,上海:華東師範大學出版社,2001年。

徐興海:《廣雅疏證研究》,南京:江蘇古籍出版社,2001年。

徐元誥:《國語集解》,北京:中華書局,2002年。

徐振邦:《聯綿詞概論》,北京:大衆文藝出版社,1998年。

徐中舒:《漢語古今字字形表》,成都:四川辭書出版社,1985年。

許嘉璐:《語言文字學及其應用研究》,廣州:廣東教育出版社,1999年。

許嘉璐:《未輟集》,北京:中國社會科學出版社,2000年。

〔漢〕許慎:《說文解字》,北京:中華書局,1996年。

許維遹著,梁運華整理:《呂氏春秋集釋》,北京:中華書局,2015年。

〔唐〕玄應:《一切經音義》,臺北:"中研院"歷史語言研究所,1992年。

Y

〔唐〕顏元孫:《干祿字書》,北京:國際文化出版公司,1993年。

嚴佐之：《古籍版本學概論》，上海：華東師範大學出版社，2008年。
楊伯峻：《孟子譯注》，北京：中華書局，1960年。
楊伯峻：《春秋左傳注》，北京：中華書局，2008年。
楊伯峻、何樂士：《古漢語語法及其發展》，北京：語文出版社，1992年。
楊樹達：《積微居小學述林》，北京：中華書局，1983年。
楊向奎：《清儒新學案》，濟南：齊魯書社，1994年。
〔漢〕揚雄著，〔晉〕郭璞注：《輶軒使者絕代語釋別國方言》，收入《四部叢刊》，上海：上海商務印書館影印江安傅氏雙鑒樓藏宋刊本，1919年。
〔漢〕揚雄著，〔晉〕郭璞注，明刻本《方言》，〔明〕程榮、何允中、〔清〕王謨輯刊：《漢魏叢書》，收入《四部集要》，臺北：新興書局影印萬曆二十年(1592)刊本，1966年。
〔漢〕揚雄著，〔晉〕郭璞注，明刻本《方言》，〔明〕吳管輯：《古今逸史》，收入王雲五主編《宋元明善本叢書十種》，臺北：臺灣商務印書館影印上海涵芬樓影明刻本，1969年。
〔清〕葉德輝：《藏書十約》，收入《叢書集成續編》，臺北：新文豐出版公司據郋園先生全書本影印，1989年。
葉國良編：《文獻及語言知識與經典詮釋的關係》，臺北：財團法人喜瑪拉雅研究發展基金會，2003年。
葉景葵著，顧廷龍編：《卷盦書跋》，收入《中國歷代書目題跋叢書》，上海：上海古籍出版社，2006年。
葉樹聲、許有才：《清代文獻學簡論》，合肥：安徽大學出版社，2004年。
殷寄明：《漢語語源義初探》，上海：學林出版社，1998年。
尹桐陽：《韓子新釋》，收入嚴靈峰編《無求備齋韓非子集成》，第26冊，臺北：成文出版社有限公司據民國八年(1919)本影印，1980年。
于省吾：《甲骨文字詁林》，北京：中華書局，1996年。
于省吾：《雙劍誃諸子新證》，上海：上海書店出版社，1999年。
余嘉錫：《余嘉錫文史論集》，長沙：嶽麓書社，1997年。
余嘉錫：《余嘉錫說文獻學》，上海：上海古籍出版社，2001年。

余嘉錫:《四庫提要辨證》,雲南:雲南人民出版社,2004年。

俞敏:《俞敏語言學論文集》,北京:商務印書館,1999年。

余迺永校注:《新校互注宋本廣韻》,香港:香港中文大學出版社,1993年。

虞萬里:《高郵二王著作疑案考實》,上海:上海教育出版社,2019年。

余英時:《論戴震與章學誠——清代中期學術思想史研究》,臺北:東大圖書公司,1996年。

〔清〕俞樾:《諸子平議》,《續修四庫全書》據光緒二十五年(1899)春在堂全書本影印,第1161—1162册,上海:上海古籍出版社,2002年。

〔清〕俞樾等著:《古書疑義舉例五種》,北京:中華書局,2005年。

袁家驊等著:《漢語方言概要》,北京:文字改革出版社,1989年。

袁珂:《山海經校注》,上海:上海古籍出版社,1980年。

Z

〔清〕臧庸:《拜經堂文集》,《續修四庫全書》據民國十九年(1930)宗氏石印本影印,第1491册,上海:上海古籍出版社,2002年。

〔清〕曾釗:《面城樓集鈔》,《續修四庫全書》據清光緒學海堂叢刻本影印,上海:上海古籍出版社,2002年。

曾榮汾:《字樣學研究》,臺北:臺灣學生書局,1988年。

張斌、許威漢主編:《中國古代語言學資料匯纂》(文字學分册),福州:福建人民出版社,1993年。

張斌、許威漢主編:《中國古代語言學資料匯纂》(訓詁學分册),福州:福建人民出版社,1993年。

張斌、許威漢主編:《中國古代語言學資料匯纂》(音韻學分册),福州:福建人民出版社,1993年。

張錦少:《王念孫古籍校本研究》,上海:上海古籍出版社,2014年。

張覺:《韓非子校疏》,上海:上海古籍出版社,2010年。

〔清〕張佩綸:《管子學》,收入《漢學彙編》,臺北:廣文書局影印"中研院"藏手稿本,1978年。

張其昀：《〈讀書雜志〉研究》，北京：社會科學文獻出版社，2013 年。

張世超、張玉春：《睡虎地秦簡文字編》，京都：中文出版社，1990 年。

張世祿：《張世祿語言學論文集》，上海：學林出版社，1984 年。

張舜徽：《清儒學記》，收入《張舜徽集》，第 2 輯，武漢：華中師範大學出版社，2005 年。

張雙棣等編譯：《呂氏春秋譯注》（修訂本），北京：北京大學出版社，2000 年。

〔清〕章學誠著，馮惠民點校：《乙卯劄記　丙辰劄記　知非日劄》，北京：中華書局，1986 年。

〔魏〕張揖：《博雅》，收入《北京圖書館古籍珍本叢刊》，第 5 册，北京：書目文獻出版社，1988 年。

張元濟：《涉園序跋集錄》，臺北：臺灣商務印書館，1979 年。

張志毅、張慶雲：《詞彙語義學》，北京：商務印書館，2001 年。

〔明〕張自烈編著：《正字通》，《續修四庫全書》據康熙二十四年（1685）清畏堂刻本影印，第 235 册，上海：上海古籍出版社，2002 年。

趙爾巽等纂：《清史稿》，北京：中華書局，1977 年。

〔漢〕趙岐注，〔宋〕孫奭疏：《孟子注疏》，北京：北京大學出版社，2000 年。

趙守正：《管子通解》，北京：北京經濟學院出版社，1989 年。

〔漢〕鄭玄注，〔唐〕賈公彥疏：《周禮注疏》，北京：北京大學出版社，2000 年。

〔漢〕鄭玄注，〔唐〕孔穎達疏：《禮記正義》，北京：北京大學出版社，2000 年。

鄭張尚芳：《上古音系》，上海：上海教育出版社，2019 年，第二版。

支偉成：《清代樸學大師列傳》，長沙：嶽麓書社，1998 年。

中國古籍善本書目編輯委員會編：《中國古籍善本書目·子部》，上海：上海古籍出版社，1994 年。

中國古籍善本書目編輯委員會編：《中國古籍善本書目·經部》，上海：上海古籍出版社，1998 年。

中國國家圖書館古籍館編:《國家圖書館藏王國維往還書信集》,北京:中華書局,2017年。

中國社會科學院考古研究所編:《殷周金文集成》,北京:中華書局,2007年,修訂增補本。

中國社會科學院歷史研究所編:《甲骨文合集》,北京:中華書局,1978年。

"中研院"歷史語言研究所編印:《"中研院"歷史語言研究所善本書目》,臺北:"中研院"歷史語言研究所,1968年。

周大璞主編:《訓詁學初稿》,武漢:武漢大學出版社,1995年。

周法高主編:《金文詁林》,香港:香港中文大學出版社,1974—1975年。

周法高:《金文詁林補》,臺北:"中研院"歷史語言研究所,1982年。

周法高主編:《漢字古今音彙》,香港:香港中文大學出版社,1989年。

周法高主編,陳雄根等編纂:《廣雅疏證引書索引》,香港:香港中文大學出版社,1978年。

周薦:《漢語詞彙研究史綱》,北京:語文出版社,1995年。

周振鶴、游汝杰:《方言與中國文化》,上海:上海人民出版社,1998年。

周祖謨:《問學集》,北京:中華書局,1966年。

周祖謨:《方言校箋》,北京:中華書局,1993年。

周祖謨:《周祖謨學術論著自選集》,北京:北京師範學院出版社,1993年。

周祖謨:《魏晉南北朝韻部之演變》,臺北:東大圖書股份有限公司,1996年。

周祖謨:《文字音韻訓詁論集》,北京:北京大學出版社,2000年。

朱謙之:《老子校釋》,北京:中華書局,1996年。

朱强主編:《書城春秋——北京大學圖書館110年紀事》,北京:北京大學圖書館,2012年。

〔清〕朱慶瀾、梁鼎芬、鄒魯等編:《廣東通志稿》,北京:全國圖書館文獻縮微複製中心,2001年。

〔宋〕朱熹:《楚辭集注》,上海:上海古籍出版社,1979年。

〔宋〕朱熹:《四書章句集注》,北京:中華書局,2003 年。

朱曉農:《方法:語言學的靈魂》,北京:北京大學出版社,2008 年。

朱曉農、焦磊:《教我如何不想她——語音的故事》,北京:商務印書館,2013 年。

〔清〕朱一新:《無邪堂答問》,《續修四庫全書》據清光緒二十一年(1895)廣雅書局刻本影印,第 1164 册,上海:上海古籍出版社,2002 年。

諸祖耿:《戰國策集注彙考》,南京:鳳凰出版社,2008 年,增補本。

乙、中文參考論文

A

(美)艾爾曼:《再説考據學》,《讀書》,1997 年第 2 期。

B

白兆麟:《〈方言〉雙音詞探析》,《古籍整理研究學刊》,1999 年第 2 期。

邊田鋼、黄笑山:《上古後期支、脂、之三部關係方言地理類型研究》,《浙江大學學報》(人文社會科學版),2018 年第 4 期。

C

車淑婭:《讀〈韓非子新校注〉札記》,《古籍整理研究學刊》,2005 年第 3 期。

陳東輝:《論〈經籍籑詁〉的編纂及其功過得失》,《古籍整理研究學刊》,1998 年第 1 期。

陳鴻森:《阮元刊刻〈古韻廿一部〉相關故實辨正——兼論〈經義述聞〉作者疑案》,《中研院歷史語言研究所集刊》,2005 年第 76 本第 3 分。

陳鴻森:《〈經傳釋詞〉作者疑義》,《中華文史論叢》,2006 年第 4 期。

陳鴻森:《洪頤煊年譜》,《中研院歷史語言研究所集刊》,2009 年第 80 本第 4 分。

陳靜言:《郭璞與歷史方言學》,《河北師院學報》,1984年第3期。

陳素貞、高秋鳳:《〈說文〉所見方言研探》,《中國學術年刊》,1986年第8期。

陳雄根:《從王念孫的〈廣雅疏證〉看他的聲訓理論及其實踐》,香港中文大學研究院中國語言及文學學部博士論文,1989年。

陳雄根:《從〈廣雅疏證〉看王念孫的聲轉理論及其實踐》,《中國文化研究所學報》,1989年第20卷。

陳雄根:《王念孫連語理論探賾》,《中國文化研究所學報》,1990年第21卷。

陳雄根:《〈廣雅疏證〉"之言"聲訓研究》,《中國文化研究所學報》,1992年第1期。

陳雄根:《從〈廣雅疏證〉看王念孫的聲義相通說》,《人文中國學報》,2005年第11期。

陳亞平:《清人"因聲求義"述評》,《玉溪師範學院學報》,2005年第4期。

陳志峰:《高郵王氏父子"因聲求義"之訓詁方法研究》,臺灣大學中國文學研究所碩士論文,2007年。

陳忠華:《西方語言學中的科學範式及其轉換》,《煙台大學學報》(哲學社會科學版),2016年第1期。

程豔梅:《〈讀書雜志〉專題研究》,南京師範大學學位論文,2007年。

程泱:《王念孫〈讀書雜志〉研究》,復旦大學博士論文,2009年。

崔驥:《〈方言〉考》,《圖書館學季刊》,1932年第2期。

崔樞華:《〈廣雅·釋詁〉疏證以聲音通訓詁發覆》,《北京師範大學學報》(社會科學版),1991年第6期。

D

(日)大谷敏夫著,盧秀滿譯:《揚州、常州學術考——有關其與社會之關連》,《中國文哲研究通訊》,2003年第10卷第1期。

戴雪梅:《從〈廣雅〉和〈廣雅疏證〉看合成詞的語素意義》,《北京師院學報》,1987年第4期。

都惠淑:《王念孫生平及其古音學》,臺灣師範大學國文研究所碩士論文,1993年。

F

范常喜:《〈上博五·三德〉與〈呂氏春秋·上農〉對校一則》,《文獻季刊》,2007年第1期。

方俊吉:《廣雅疏證釋例》,臺灣政治大學中文研究所碩士論文,1970年。

方一新:《試論〈廣雅疏證〉關於聯綿詞的解説部分的成就》,《杭州大學學報》(哲學社會科學版),1986年第3期。

馮勝利:《語言研究的科學屬性》,收入馮勝利、李旭主編《語言學中的科學》,北京:人民出版社,2015年。

馮勝利:《論王念孫的生成類比法》,《貴州民族大學學報》(哲學社會科學版),2016年第6期。

馮勝利、殷曉傑:《王念孫〈廣雅疏證〉類比義叢纂例》,《文獻語言學》,2019年第7輯。

G

甘勇:《〈廣雅疏證〉的數位化處理及其同源字研究》,華中科技大學碩士論文,2005年。

〔漢〕高誘、〔宋〕姚宏注:《宋本戰國策》,北京:國家圖書館出版社,2017年。

葛兆光:《十八世紀的學術與思想》,《讀書》,1996年第6期。

(美)顧史考:《郭店楚簡〈成之〉等篇雜志》,收入李學勤、林慶彰等著《新出土文獻與先秦思想重構》,臺北:臺灣書房出版有限公司,2007年。

郭明道:《王氏父子的訓詁思想和方法》,《古籍整理研究學刊》,2005年第4期。

H

何志華:《研思精微　學術典範:劉殿爵教授生平概述》,《中國文化研究所學報》,2010 年第 51 期。

湖北省文化局文物工作隊:《湖北江陵三座楚墓出土大批重要文物》,《文物》,1966 年第 5 期。

胡楚生:《高郵王氏父子校釋古籍之方法與成就》,收入胡楚生《清代學術史研究》,臺北:臺灣學生書局,1988 年。

胡楚生:《清人所著讀書札記中的學術資源及其整理》,《"國立中央"圖書館館刊》,1989 年第 2 期。

胡繼明:《〈説文解字注〉和〈廣雅疏證〉的右文説》,《四川大學學報》(哲學社會科學版),1993 年第 4 期。

胡繼明:《〈廣雅疏證〉的"字異而義同"》,《古漢語研究》,1995 年第 3 期。

胡錦賢:《淺論戴震的重要佚著〈經雅〉》,《古籍整理研究學刊》,1994 年第 3 期。

胡適:《校勘學方法論——序陳垣先生的〈元典章校補釋例〉》,《國學季刊》,1934 年第 4 卷第 3 期。

華學誠:《〈方言校箋〉拾補》,《揚州師院學報》(社會科學版),1995 年第 4 期。

華學誠:《〈方言校箋〉拾補(續)》,《揚州大學學報》(人文社會科學版),1997 年第 4 期。

華學誠:《論〈爾雅〉方言詞的考鑒》,《徐州師範大學學報》(哲學社會科學版),1999 年第 4 期。

華學誠:《王念孫手校明本〈方言〉的初步研究》,《文史》,2006 年第 1 輯。

黄愛平:《乾嘉學者王念孫王引之父子學術研究》,收入中國人民大學清史研究所編:《清史研究集》,第 5 輯,北京:光明日報出版社,1986 年。

黄愛平:《七十年來段玉裁和高郵二王研究狀況述評》,收入張之强、許嘉璐編《古漢語論集》,第 2 輯,長沙:湖南教育出版社,1988 年。

黄慶榮:《王引之〈左傳述聞〉研究》,香港中文大學研究院哲學碩士論文,2021 年。

黄文傑:《〈方言〉引〈爾雅〉考》,《中國語文通訊》,2000 年第 56 期。

J

賈雯鶴：《〈山海經·中山經〉校議》,《西昌學院學報》,2021 年第 1 期。

賈雯鶴：《〈山海經·海内經〉校議》,《史志學刊》,2021 年第 1 期。

賈雯鶴：《〈山海經·東山經〉校證》,《唐都學刊》,2021 年第 4 期。

賈雯鶴：《〈山海經·海外四經〉校詮》,《四川圖書館學報》,2021 年第 4 期。

姜躍濱：《論王念孫"同義相因"說》,《北方論叢》,1991 年第 4 期。

蔣冀騁、邱尚仁：《從〈經義述聞〉看王氏父子的治學方法》,《江西師範大學學報》(哲學社會科學版),1987 年第 1 期。

L

賴貴三：《清代乾嘉揚州學派經學研究的成果與貢獻》,《漢學研究通訊》,2000 年第 19 卷第 4 期。

賴炎元：《王念孫的讀書雜志》,《南洋大學學報》,1972 年第 6 期。

賴炎元：《高郵王念孫引之父子的校勘學》,《中國學術年刊》,1989 年第 10 期。

冷玉龍：《〈方言〉"通語"再研究》,《南充師院學報》(哲學社會科學版),1988 年第 1 期。

李零：《跋北京圖書館藏王念孫校〈孫子注〉》,收入氏著《〈孫子〉古本研究》,北京：北京大學出版社,1995 年。

李恕豪：《許慎的方言研究》,《天府新論》,1995 年第 4 期。

李恕豪：《鄭玄的方言研究》,《天府新論》,1997 年第 3 期。

李恕豪：《論顏之推的方言研究》,《天府新論》,1998 年第 3 期。

李學勤：《戎生編鐘論釋》,《文物》,1999 年第 9 期。

李裕民：《楚方言初探》,《山西大學學報》,1986 年第 2 期。

李苑靜：《王念孫〈讀書雜志〉校勘方法研究》,西南師範大學碩士論文,2004 年。

李運益：《戴震的〈方言疏證〉和王念孫的〈方言疏證補〉》,《古籍整理與研究》,1987 年第 2 期。

李中耀:《論清代王念孫、王引之訓詁研究之成就》,《新疆師範大學學報》(哲學社會科學版),1988年第4期。

李宗焜:《王念孫批校本〈呂氏春秋〉後案》,載復旦大學出土文獻與古文字研究中心編《出土文獻與傳世典籍的詮釋:紀念譚樸森先生逝世兩週年國際學術研討會論文集》,上海:上海古籍出版社,2010年。

梁保爾、雷漢卿:《〈廣雅疏證〉的寫作時間》,《四川大學學報》(哲學社會科學版),1999年第1期。

梁春華:《廣雅考》,臺灣政治大學中文研究所碩士論文,1975年。

梁孝梅:《〈廣雅疏證〉術語研究》,揚州大學碩士論文,2008年。

林慶勳:《王念孫與李方伯書析論——清代古音學重要文獻初探之一》,《高雄師院學報》,1987年第15期。

劉成文:《〈廣雅〉及其注本》,《齊齊哈爾師範學院學報》,1988年第2期。

劉川民:《略論〈方言箋疏〉中的"聲轉"和"語轉"》,《杭州大學學報》,1996年第4期。

劉川民:《〈方言箋疏〉同源詞研究簡析》,《杭州師範學院學報》,1997年第4期。

劉川民:《論〈方言箋疏〉在古音推求中存在的問題》,《台州師專學報》,1998年第1期。

劉殿爵:《秦諱初探——兼就諱字論古書中之重文》,《中國文化研究所學報》,1988年第19卷。

劉殿爵:《揚雄〈方言〉與〈孟子〉》,《中國文化研究所學報》,1992年第1期。

劉殿爵著,何志華譯:《〈呂氏春秋〉文本問題探究並論其對全書編排的意義》,載《采掇英華》,香港:香港中文大學出版社,2004年。

劉精盛:《王念孫的訓詁理論與實踐研究》,陝西師範大學博士論文,2007年。

劉精盛:《王念孫〈讀書雜志·逸周書〉校讎補正》,《古籍整理研究學刊》,2007年第3期。

劉精盛:《芻議研究王念孫之訓詁理論與實踐的意義》,《漢字文化》,2011年第1期。

劉精盛、陳衛南：《從修辭角度論王念孫〈讀書雜志〉校勘得失》，《漢字文化》，2008年第2期。

劉君惠：《讀王念孫〈方言疏證補〉》，收入張之強、許嘉璐編《古漢語論集》，第2輯，長沙：湖南教育出版社，1988年。

劉墨：《乾嘉學術的知識譜系》，南京師範大學博士論文，2003年。

劉如瑛、李德先：《從〈經傳釋詞〉看王引之的治學》，《揚州大學學報》（人文社會科學版），1984年第4期。

劉如瑛：《略論王念孫對〈管子〉的校釋》，收入揚州師院學報編輯部編《揚州學派研究》，揚州：揚州師院印刷廠，1987年。

劉思亮：《王念孫手批本〈山海經〉初考——兼及〈河源紀略·辨訛〉之纂修者》，《文獻》，2021年第3期。

劉世俊：《評清代小學家的字詞觀》，《寧夏大學學報》（社會科學版），1987年第2期。

劉文清：《〈讀書雜志〉"聲近而義同"訓詁術語探析》，收入《龍宇純先生七秩晉五壽慶論文集》，臺北：臺灣學生書局，2002年。

劉文清：《〈讀書雜志〉"字異而義同"訓詁術語析論——兼論其術語意義之生成》，《臺大中文學報》，2003年第19期。

劉文清：《〈讀書雜志〉"之言"術語析論——兼論其"因聲求義"法》，《臺大中文學報》，2004年第21期。

龍宇純：《有關古書假借的幾點淺見》，《訓詁學論叢》，第3輯，臺北：文史哲出版社，1997年。

陸宗達：《王石臞先生〈韻譜〉〈合韻譜〉遺稿跋》，《國學季刊》，1932年第3卷第1期。

陸宗達：《王石臞先生〈韻譜〉〈合韻譜〉稿後記》，《國學季刊》，1935年第5卷第2號。

陸宗達：《編輯慧琳〈一切經音義引用書索引〉之經過二》，《國學季刊》，1936年第6卷第1號。

陸宗達口述，王寧筆錄並整理：《我的學、教與研究工作生涯》，《文獻》，1986年第3期。

呂景先：《廣雅疏證指例述要》，收入氏著《語言文史叢談》，開封：河南大學出版社，1997年。

M

馬王堆漢墓帛書整理小組編：《十大經・姓爭》，收入馬王堆漢墓帛書整理小組編《經法（馬王堆漢墓帛書）》，北京：文物出版社，1976年。

馬學良：《〈方言〉考原》，收入馬學良《馬學良民族研究文集》，北京：民族出版社，1992年。

馬振亞：《王氏父子與訓詁實踐》，《東北師大學報》（哲學社會科學版），1984年第4期。

P

裴學海：《評高郵王氏四種》，《河北大學學報》（社會科學版），1962年第3期。

彭逢澍：《同源詞方言證詁》，《古漢語研究》，1998年第2期。

彭俞霞：《法國文本發生學述評》，《法國研究》，2012年第1期。

彭展賜：《〈經義述聞〉研究》，香港中文大學研究院哲學博士論文，2016年。

彭展賜：《高郵王氏父子〈左傳〉校勘與訓詁傳承探論》，《東華漢學》，2020年第32期。

彭展賜：《王氏父子〈周易〉論説比較研究》，《清華中文學報》（臺灣），2020年第23期。

彭展賜：《從名字明義：王引之〈周秦名字解故〉詞義研究探論》，臺灣中興大學中國文學系主辦，2021經學與文化"全國"學術研討會，2021年12月3日，未刊稿。

濮之珍：《〈方言〉母題重見研究》，《中國語文》，1966年第1期。

濮之珍：《略論清儒對古代語言學的繼承和發展》，《學術月刊》，1987年9月號。

Q
裘錫圭:《燹公盨銘文考釋》,《中國歷史文物》,2002年第6期。

R
任繼昉:《王念孫的〈釋名〉校語》,《文獻》,2002年第1期。
銳聲:《辭書史上不可忽略的一章——〈廣雅〉叙略》,《辭書研究》,1996年第1期。

S
佘彥焱、柳向春:《王念孫手稿辨誤》,《圖書館雜誌》,2005年第5期。
沈兼士:《右文説在訓詁學上之沿革及其推闡》,載《慶祝蔡元培先生六十五歲論文集》,下册,北平:中央研究院歷史語言研究所,1935年。
沈明謙、鄭誼慧:《從語言跨界的探尋者——香港中文大學陳雄根教授》,《國文天地》,2011年第317期。
沈乃文:《北京大學圖書館藏古籍的價值及來源》,收入氏著《書谷隅考》,上海:上海古籍出版社,2011年。
施春宏:《語言學理論體系中的假設和假説》,收入馮勝利、李旭主編《語言學中的科學》,北京:人民出版社,2015年。
施向東:《試論上古音幽宵兩部與侵緝談盍四部的通轉》,《天津大學學報》(社會科學版),1999年第1期。
石毓智:《喬姆斯基語言學的哲學基礎及其缺陷——兼論語言能力的合成觀》,《上海外語大學學報》,2005年第3期。
舒懷:《高郵王氏父子〈説文〉研究緒論》,《古漢語研究》,1997年第4期。
束景南:《〈別字〉即〈方言〉考》,《語言文字學》,1996年第2期。
孫計康:《略論王念孫讀書雜志一書的校勘學特色》,《圖書館學刊》,2009年第4期。
孫玄常:《王念孫〈爾雅郝注(疏)刊誤〉札記》,收入吴文祺主編《語言文字研究專輯》,下册,上海:上海古籍出版社,1982—1986年。

孫雍長:《王念孫語義學說闡微》,收入張之强、許嘉璐編《古漢語論集》,第 2 輯,長沙:湖南教育出版社,1988 年。

T

唐蘭:《〈老子〉乙本卷前古佚書與其他古籍引文對照表》,收入馬王堆漢墓帛書整理小組編《經法(馬王堆漢墓帛書)》,北京:文物出版社,1976 年。

唐蘭:《馬王堆出土〈老子〉乙本卷前古佚書的研究——兼論其與漢初儒法鬥爭的關係》,收入馬王堆漢墓帛書整理小組編《經法(馬王堆漢墓帛書)》,北京:文物出版社,1976 年。

W

萬玲華:《〈讀書雜志〉與古書校勘》,《上海師範大學學報》(哲學社會科學版),1999 年第 3 期。

王國維:《高郵王懷祖先生訓詁音韻書稿序録》,《國學季刊》,1923 年第 1 卷第 3 期。

王國維:《最近二三十年中中國新發見之學問》,《學衡》,1925 年第 45 期。

王輝:《從〈經義述聞〉看王引之的訓詁方法》,陝西師範大學碩士論文,2006 年。

王健庵:《〈詩經〉用韻的兩大方言韻系——上古方音初探》,《中國語文》,1992 年第 3 期。

王力:《略論清儒的語言研究》,《新建設》,1965 年第 9 期。

王云路:《〈讀書雜志〉失誤舉例與分析》,收入杭州大學古籍研究所編《文史新探》,上海:上海社會科學院出版社,1988 年。

王云路:《〈讀書雜志〉方法論淺述》,《杭州大學學報》,1990 年第 20 卷第 2 期。

王允莉:《高郵王氏讀書雜志訓詁術語之研究》,臺灣中國文化大學中文研究所碩士論文,1981 年。

韋澤輝:《王引之〈經義述聞〉探微》,香港中文大學研究院哲學碩士論文,2018年。

吳禮權:《王引之〈經傳釋詞〉的學術價值》,《古籍整理研究學刊》,1995年第4期。

吳慶鋒:《〈方言·郭注〉述例》,《古漢語研究》,1995年第1期。

X

蕭璋:《王念孫父子治學之精神與方法》,《思想與時代精神月刊》,1978年(據1944年11月號影印)。

徐仁甫:《〈經傳釋詞〉辨正》,收入吳文祺主編《語言文字研究專輯》,下册,上海:上海古籍出版社,1982—1986年。

徐文炎:《漢揚雄撰〈方言〉開拓了訓詁新徑》,《新疆大學學報》(哲學社會科學版),1990年第2期。

徐興海:《王念孫傑出的訓詁學思想》,《古籍整理研究學刊》,1988年第2期。

徐興海:《王念孫訓詁學思想初探——讀〈廣雅疏證〉》,收入中國歷史文獻研究會編《歷史文獻研究》,新1輯,北京:北京燕山出版社、北京師範大學出版社,1990年。

許華峰:《王引之〈尚書訓詁〉的訓詁方法》,收入蔣秋華主編《乾嘉學者的治經方法》,上册,臺北:"中研院"中國文哲研究所,2000年。

許抗生:《初讀郭店竹簡〈老子〉》,收入《中國哲學》,第20輯,沈陽:遼寧教育出版社,1999年。

許世瑛:《由王念孫古韻譜考其古韻二十一部相通情形》,收入氏著《許世瑛先生論文集》,第1集,臺北:弘道文化事業有限公司,1974年。

許維遹:《郝蘭皋夫婦年譜》,《清華學報》,1935年第10卷第1期。

薛其暉:《〈廣雅疏證〉淺探》,《華中師院學報》,1984年第1期。

Y

嚴耕望:《揚雄所記先秦方言地理區》,收入嚴耕望《嚴耕望史學論文選集》,臺北:聯經出版事業公司,1991年。

楊效雷:《王引之〈經義述聞〉對虞翻〈易〉注的辨駁》,《古籍整理研究學刊》,2009年第4期。

姚曉丹:《淺談〈讀書雜志〉中的語法分析》,《鹽城師專學報》(哲學社會科學版),1994年第2期。

葉渡:《王念孫王引之手稿合卷》,收入首都博物館編集委員會編《首都博物館叢刊》,第8輯,北京:地質出版社,1993年。

葉樹聲:《王念孫父子校書特點概說》,《山東圖書館季刊》,1993年第2期。

銀雀山漢墓竹簡整理小組:《臨沂銀雀山漢墓出土〈王兵〉篇釋文》,《文物》,1976年第12期。

銀雀山漢墓竹簡整理小組:《銀雀山竹書〈守法〉、〈守令〉第十三篇》,《文物》,1985年第4期。

于廣元:《〈經傳釋詞〉作者考證》,《揚州大學學報》(人文社會科學版),2005年第9卷第5期。

虞萬里:《王念孫〈廣雅疏證〉撰作因緣與旨要》,《史林》,2015年第5期。

虞萬里:《王氏父子著述體式與〈經義述聞〉著作權公案》,《文史》,2015年第4期。

虞萬里:《高郵王氏四種成因探析》,《中國文化研究所學報》,2020年第71期。

袁海林:《王引之〈經傳釋詞〉的引據》,《語文研究》,1998年第4期。

Z

曾向鑒:《王念孫〈讀荀子雜志〉新論》,香港中文大學研究院哲學碩士論文,2021年。

張家英:《讀〈讀書雜志·史記雜志〉札記》,《綏化師專學報》,1997年第2期。

張金霞:《王引之虛詞研究方法探討》,《漢字文化》,2001年第3期。

張錦少:《從〈廣雅疏證〉看王念孫的〈方言〉學》,香港中文大學研究院哲學碩士論文,2002 年。

張錦少:《王念孫〈方言〉校本研究》,《中國文化研究所學報》,2009 年第 49 期。

張錦少:《王念孫〈呂氏春秋〉校本研究》,《漢學研究》,2010 年第 28 卷第 3 期。

張錦少:《〈經義述聞〉、〈經傳釋詞〉作者疑義新證》,《清華學報》,2011 年第 41 卷第 2 期。

張錦少:《王念孫〈管子〉校本研究》,《臺大中文學報》,2012 年第 39 期。

張錦少:《從北京大學圖書館藏王念孫〈合韻譜〉手稿看其合韻理論的得失》,2015 年 8 月首爾漢陽大學第 23 屆國際中國語言學會年會(23rd Annual Conference of the International Association of Chinese Linguistics)宣讀論文,未刊稿。

張錦少:《中國國家圖書館藏王念孫〈方言疏證補〉殘稿王國維鈔本研究》,《經學文獻研究集刊》,第 21 輯,上海書店出版社,2019 年。

張錦少:《北京大學所藏高郵王氏手稿的流布與現狀考實》,《中國文化研究所學報》,2021 年第 73 期。

張文彬:《高郵王氏父子學記》,臺灣師範大學國文研究所博士論文,1978 年。

張文彬:《高郵王氏父子訓詁學之成就》,《中國學術年刊》,1978 年第 2 期。

張文彬:《〈經義述聞〉作者之商榷——兼駁劉盼遂"〈述聞〉係王引之竊名"之說》,《國文學報》,1980 年第 9 期。

張小麗:《論王念孫王引之父子的治學特色》,《貴州社會科學》,2006 年第 2 期。

張意霞:《王念孫廣雅疏證訓詁術語研究》,臺灣師範大學國文研究所博士論文,2005 年。

張治樵:《王念孫訓詁述評》,《四川師範大學學報》(社會科學版),1992 年第 2 期。

趙曉慶:《北大藏〈王念孫手稿〉價值述略》,《文獻》,2018 年第 2 期。

趙曉慶:《北大藏王念孫〈合韻譜〉稿本二種考述》,《經學文獻研究集刊》,第 21 輯,上海書店出版社,2019 年。

趙曉慶:《王念孫〈合韻譜〉〈古韻譜〉比較研究》,《漢語史學報》,2019 年第 21 輯。

趙宣、單殿元:《王引之〈經傳釋詞〉編撰思想述論》,《山東圖書館學刊》,2011 年第 2 期。

趙永磊:《〈讀書雜志〉稱引王引之學說探源——〈經義述聞〉疑案考實》,《漢學研究》,2016 年第 34 卷第 2 期。

趙永磊:《王念孫"古韻二十二部"形成源流考》,《中國學術年刊》,2016 年第 38 期。

趙永磊:《王念孫古韻分部新探——〈詩經群經楚辭韻譜〉韻部體系形成考》,《漢語史學報》,2016 年第 16 輯。

趙振鐸:《讀〈廣雅疏證〉》,《中國語文》,1979 年第 4 期。

趙振鐸:《〈廣雅〉散論》,收入吴文祺主編《語言文字研究專輯》,下册,上海:上海古籍出版社,1982—1986 年。

趙振鐸:《揚雄〈方言〉在語言學史上的地位》,收入張之強、許嘉璐編《古漢語論集》,第 2 輯,長沙:湖南教育出版社,1988 年。

趙振鐸、黄峰:《揚雄〈方言〉裏的外來詞》,《中華文化論壇》,1998 年第 2 期。

趙振鐸、黄峰:《〈方言〉裏的秦晉隴冀梁益方言》,《四川大學學報》(哲學社會科學版),1998 年第 3 期。

周何:《訓詁學中的假借說》,《訓詁學論叢》,第 3 輯,臺北:文史哲出版社,1997 年。

周慧儀:《從王念孫對〈爾雅〉首三篇的研究看其對音、義原理的構建與實踐》,香港中文大學研究院哲學碩士論文,2017 年。

周祖謨:《讀王氏〈廣雅疏證〉手稿後記》,收入周祖謨《問學集》,北京:中華書局,1966 年。

朱國理:《〈廣雅疏證〉的"通"》,《古籍整理研究學刊》,2001 年第 1 期。

左民安:《〈讀書雜志〉校讎類析》,收入張之強、許嘉璐編《古漢語論集》,第 2 輯,長沙:湖南教育出版社,1988 年。

丙、外文參考資料

濱口富士雄:《王念孫の禮記"穀實鮮落"解の周辺》,《秋田大学教育学部研究紀要》,1983 年第 33 號。

濱口富士雄:《王念孫における訓詁の意義》,《東方學》,1983 年第 65 輯。

濱口富士雄:《王引之の考拠:"経義述聞"卷五における"歌以訊止"の考拠から》,《群馬県立女子大学紀要》,1989 年第 9 號。

濱口富士雄:《清代考據学の思想史的研究》,東京:国書刊行会,1994 年。

小川美江:《"広雅疏証"の研究——王引之の関与について》,《中國語学》,1986 年第 233 期。

Bellemin-Noël, Jean. "Psychoanalytic Reading and the Avant-texte." In Deppman, Jed Ferrer, Daniel and Groden, Michael eds. and trans., *Genetic Criticism: Texts and Avant Textes*. Philadelphia: University of Pennsylvania Press, 2004.

Bieler, Ludwig. "The Grammarian's Craft: A Professional Talk." *Folia* 10, no.2 (1958).

Bruce, Federick Fyvie. "Textual Criticism." *The Christian Graduate* 6, no. 4 (December 1953).

Clark, Billy. "Linguistics as a Science." In Brown, Keith ed., *Encyclopedia of Language and Linguistics* (2nd edition). Boston: Elsevier, 2006.

Coblin, W. South. *A Handbook of Eastern Han Sound Glosses*. Hong Kong: The Chinese University Press, 1983.

Elman, Benjamin A.. *From Philosophy to Philology: Intellectual and Social Aspects of Change in Late Imperial China*. Cambridge (Massachusetts): Council on East Asian Studies, Harvard University, 1984.

Elman, Benjamin A.. *Classicism, Politics, and Kinship: The Ch'ang-chou School of New Text Confucianism in Late Imperial China*. Berkeley:

University of California Press, 1990.

Gorden, Michael. "Writing Ulysses." In Latham, Sean ed., *The Cambridge Companion to Ulysses*. New York: Cambridge University Press, 2014.

Greetham, David. "A history of textual scholarship." In Margaret Smith ed., *The Cambridge Companion to Textual Scholarship*. Cambridge: Cambridge University Press, 2013.

Harbsmeier, Christoph. *Aspects of classical Chinese syntax*. London: Curzon Press, 1981.

Harris, Roy. "Modern Linguistics: 1800 to the Present Day." In Keith Brown, ed., *Encyclopedia of Language and Linguistics* (2nd edition). Oxford: Elsevier, 2005.

Haselden, Reginald Berti. *Scientific Aids to the Study of Manuscripts*. Oxford: Oxford University Press, 1935.

Hogan, Patrick Colm. "Preface: On the Very Idea of Language Sciences." In Hogan, Patrick Colm ed., *The Cambridge Encyclopedia of the Language Sciences*. New York: Cambridge University Press, 2011.

Housman, Alfred Edward ed.. *Astronomica* (Volume 1). Cambridge: Cambridge University Press, 1903.

Housman, Alfred Edward. "The application of thought to Textual Criticism." In Housman, Alfred Edward, *Complete Works of A. E. Housman*. East Sussex: Delphi Classics, 2013.

Kenney, Edwin James. *The Classical Text: Aspects of Editing in the Age of the Printed Book*. Berkeley: University of California Press, 1974.

Lau, D. C., trans.. *Mencius*. Hong Kong: The Chinese University Press, 2003.

Lyons, John. *Introduction to Theoretical Linguistic*. Cambridge: Cambridge University Press, 1968.

Maas, Paul, Flower, Barbara, trans.. *Textual Criticism*. New York: Oxford University Press, 1958.

Mierlo, Wim Van. "What to do with literary manuscripts? A model for manuscript studies after 1700." *Comma* Volume 2017 Issue 1.

Norman, Jerry. *Chinese.* Cambridge: Cambridge University Press, 2000.

Postgate, John Percival. "Textual Criticism." In *Encyclopædia Britannica (11th edition)*. Cambridge: Cambridge University Press, 1910–11.

Serruys, Paul Leo Mary. *The Chinese Dialects of Han Time According to Fang Yen.* Berkeley: University of California Press, 1959.

Shaughnessy, Edward L. ed.. *New sources of early Chinese history: an introduction to the reading of inscriptions and manuscripts.* Berkeley: Society for the study of Early China and the Institute of East Asian Studies, University of California, Berkeley, 1997.

West, Martin Litchfield. *Textual Criticism and Editorial Technique.* Stuttgart: B.G.Teubner, 1973.

Yong, Heming and Peng, Jing. *Chinese lexicography: a history from 1046 BC to AD 1911.* Oxford and New York: Oxford University Press, 2008.

丁、網上參考資料

陳斯鵬:《讀〈上博竹書(五)〉小記》,2006年4月1日發表於簡帛網(www.bsm.org.cn)。

東京大學東洋文化研究所漢籍善本全文資料庫(http://shanben.ioc.u-tokyo.ac.jp/index.html)。

傅斯年圖書館珍藏善本圖籍書目資料庫網站(http://140.109.138.5/ttscgi/ttsweb?@0:0:1:fsndb2@@0.4809864367710025)。

侯乃峰:《〈上博(七)・鄭子家喪〉"天後(厚)楚邦"小考》,2009年1月6日發表於復旦大學出土文獻與古文字研究中心網站(http://www.gwz.fudan.edu.cn/Default.asp)。

李宗焜:《王念孫批校本〈呂氏春秋〉後案》,2009年10月23日發表於復旦大學出土文獻與古文字研究中心網站(http://www.gwz.fudan.

edu. cn/Default. asp）。

日本所藏中文古籍數據庫（http://kanji. zinbun. kyoto-u. ac. jp/kanseki? detail）。

上海圖書館古籍書目查詢系統（http://search.library.sh.cn/guji/）。

舒乙：《呼喚手稿學》，2002 年 7 月 18 日發表於《人民日報》，據中國網（http://www.china.com.cn/chinese/RS/175847.htm）。

王晶：《釋〈上博五·三德〉簡十六》，2006 年 3 月 6 日發表於簡帛網（www.bsm.org.cn）。

後　記

　　清代是中國傳統學術研究成果最爲豐富且最具科學意識的時期，被學者譽爲堪比西方的"文藝復興時代"。而王念孫以其在古音、訓詁、古籍校釋等重要領域的成就，成爲清代學者中對後世影響較爲深遠的代表人物。他的古學研究，包括上古韻部的分合、詞義句法的訓釋、古籍文字的考訂等，至今仍普遍爲學者采信與肯定，他的不少見解更爲近年出土古文獻所印證，卓識可見一斑。王念孫的學術成就早有定論，其學術貢獻更可以說是跨時代的，因此以王念孫及其子王引之的學術著作與治學方法爲研究核心的"高郵王氏之學"，一直是中國語言學、語文學、文獻學、校勘學、學術思想史的熱點，具有較高的學術價值。

　　王念孫存世的古學研究成果主要散見於四類材料：其一是刻本，即"高郵王氏四種"。其二是稿本，即王氏學術論著的稿草。其三是校本，即王氏在古籍原書上的批校。其四是抄本，即其他學者謄錄王氏論著的寫本。這四類材料中，已經刊刻行世的"高郵王氏四種"，是學者研究王氏之學的主要依據。然而這些論著數量再多，範圍再廣，如果不能夠掌握刻本以外的稿抄校本，王氏之學的實績是無法得到全面評價的，個別與王氏有關且具爭議的學術問題也無法解決。陳寅恪指出："一時代之學術，必有其新材料與新問題。取用此材料，以研求問題，則爲此時代學術之新潮流。"這段話很能說明現藏各地圖書館的王氏稿抄校本的研究價值。王氏的手稿、批校甚至是他人迻錄原稿的抄本，屬於王氏學術論著成書或學術觀點構築的最初形態，沒有傳抄翻刻而出現人爲刪改的問題，配合相關的刻本，可以如實反映王氏之學從萌芽、形成、演變、發展、成形到定見的軌迹。爲了突破研究材料上的局限，推進研究方法與範式的創新，筆者自

2010 起在中國香港特別行政區研究資助局的支持下，開展"新見王念孫古籍校本研究"、"王念孫、王引之稿本、抄本、校本研究計劃"、"新見王念孫《荀子》校本、王引之《經義述聞》稿本研究計劃"。在此期間，筆者親自到各地圖書館借閱、過錄、拍攝王氏稿抄校本，並進行整理研究，迄今收集所得的新材料達四十七種之多。2014 年，筆者的《王念孫古籍校本研究》由上海古籍出版社出版，《王念孫〈韓非子〉校本集證》由香港中文大學出版社出版，可以說開拓了"高郵王氏之學"研究中一個全新的領域。

本書是筆者第三部利用新材料探析王氏之學的論著。與前著相比，本書研究的對象由四種古籍校本增至四十多種稿抄校本，研究的重點則從闡發王念孫對個別古籍的批校，擴展至綜論王氏的古籍校本學，鈎沉王氏分合古韻、通釋故訓的遺稿，以及考證與稿抄校本流布息息相關的民國學術史，乃至於從比較中西校勘學的背景下，評騭王氏校勘的實績與屬性等。可以說本書各章所論，在廣度與深度兩方面皆有所拓展與深化。全書分爲五章，分別從稿本、抄本、校本三類材料中，選取各類之中最爲重要且能凸顯王念孫治學旨趣與成就的材料，結合"高郵王氏四種"，參照近人論著，因應材料的內容與性質的不同，采用語料分析、數據統計、原典細讀、史實考證、綜合論述、理論比較等不同的研究方法與框架，如實呈現各種材料的特色與價值。第一章述論近二十年王氏稿抄校本的發現與研究情況，以爲後文各章的引論。第二章基於筆者近年校注北京大學藏王念孫《合韻譜》手稿的成果，從六種共十二册的《合韻譜》手稿所見近四千個二部通合的文例，重新尋繹王念孫對古韻分合的看法，並首次以數據統計的方法，歸納其"合韻"說的特色。筆者參照今人對先秦兩漢韻部的研究成果，評騭《合韻譜》的得失，肯定手稿在韻字校勘、審訂韻字、鈎稽語料、梳理上古音各韻部的關係以及對各部韻值擬測的參考價值。

第三章以中國國家圖書館藏《方言疏證補》王國維抄本爲座標，以接近原稿的狀態，考察王念孫補正《方言疏證》的經過以及前後文字增訂、觀點嬗變的緣由，並探論王國維在民國時期推動王氏之學的導引之功。抄本中五條王氏直接批駁盧文弨《重校方言》的材料，不但涉及方法學上迥然不同的校勘理念問題，更爲釐清盧氏暗襲王念孫《方言》校本成果的學術史公案提供了難得的史料。第四章則是筆者在王念孫古籍校本研究工作上的總結。筆者從校本存佚的現狀、校本真僞的鑒定、校本材料的過錄三個方面,總結二十年來親自從北京、上海、南京、臺灣等地圖書館過錄、整理、研究十二種校本的經驗。校本所見批校數量相當可觀,但大多相當簡略,且不同校本由於内容各異而各具特色,如何把這些校本的批校整理成具系統的研究材料,成爲了校本研究的一大挑戰。幸而這十二種校本與通行的"高郵王氏四種",有不少可以直接或間接比勘的材料。而從研究校本新見王氏校釋古籍的成果,更爲今人研治傳世與出土先秦兩漢文獻提供了極爲重要的參考。此外,校本的發現,爲二王著作權公案的爭議提供了最爲原始的實物證據。筆者全面爬梳這十二種校本後,非但沒有發現任何王引之塗抹父説的痕迹,更在校本裏找到父子二人當日旦夕相從,研討學術的記録。現存校本裏部分可以確認爲王引之手迹的批校即爲明證,而校本在清代學術史研究上的意義亦由此可見。

　　作爲清代首屈一指的校勘學家,王氏校釋群籍的成果除了直接見諸十二種校本外,亦淹貫於王氏的手稿之中。如何把如此大量的校勘成果提升到理論層面上的討論,是筆者近年研究王氏之學經常思考的問題,本書第五章的撰作是這個方向的一種新的嘗試。筆者選取二十世紀三十年代,胡適對王念孫理校成果的批評爲背景,從中西方校勘學的比較,剖析有本可依的對校與無本可據的理校在中西方不同歷史條件下的發展,藉此反思王氏校勘方法的實績與理路,並回應近年學界有關乾嘉學派科學思想的討論,探論王氏理校方法的科學屬性。

　　本書各章的部分内容曾在國際學術會議上宣讀,修改後又曾在《漢學研究》、《清華學報》、《臺大中文學報》、《中國文化研究所學報》、《經學文獻研究集刊》等學術期刊上發表。承蒙諸刊延請專家學者匿名評審,其中評審意見洞中肯綮,筆者獲益良多,謹申謝忱。論文發表後,引起了部分同行的注意,一方面肯定了筆者在"高郵王氏之學"研究上的新嘗試,一方面指正了筆者部分考證不周的地方。這次重整舊稿,筆者大幅增訂内容,修正舊説。本書的出版,不僅是新材料在數量與種類上的增加,更是在這個新領域裏,以較爲宏觀的角度,還原了王氏不同學術觀點的演變過程,考索了王氏治學方法的要領,使王氏久藏書庫的珍貴材料得以重見天日。

　　本書得以出版,首先要感謝的是業師陳雄根教授多年來的教導,更蒙雄根師賜贈題簽。何志華教授、馮勝利教授在筆者求索過程中多所鼓勵。周慧儀、林詠恩、麥芷琦諸生或協助查對資料,或整理格式,或校對書稿。又蒙上海古籍出版社奚彤雲總編支持,徐煒君博士細心審校,杜東嫣女士、張衛香女士統籌擘畫,謹此一併致謝。筆者識力所限,錯謬難免,尚祈方家不吝指正,以匡不逮。

張錦少
kscheung@cuhk.edu.hk
2022 年 9 月　香港